激活
（第2版）

让员工享受工作

[美] 戴维·西洛塔（DAVID SIROTA）
道格拉斯·A·克来恩（DOUGLAS A. KLEIN）◎著

付彦 ◎译

THE
ENTHUSIASTIC
EMPLOYEE
How Companies Profit by Giving Workers What They Want, 2e

中国人民大学出版社
·北 京·

译者前言

翻译本书的第 1 版（*The Enthusiastic Employee*，译作《激情员工》）已经是近十年前的事情了。我也从而立之年步入了不惑之年，在翻译第 2 版的过程中，感觉自然与从前大不一样。

十年前的我已在学校任教数年，对未来充满憧憬，经过继续深造，完成博士学业，仍处在不断学习、努力奋斗的阶段。那时的我是充满干劲的。翻译第 1 版时也是充满激情的。因为我喜欢翻译，喜欢将国外那些优秀的思想转化成国人能懂的文字，通过我的笔让那些思想流淌在读者的心海；我更欢喜我的专业能力得以发挥，凭着多年在企业管理方面的学习和教研经历，对作者思想的理解和呈现方能更为准确。

十年后的我仍在学校任教，一切似乎变化不大，却又变化万千。因为我们经历了中国经济、社会各方面快速发展的时代，人还是那个人，却有了不同的人生阅历。这种经济与社会的快速变化传导到了社会的各个角落，处在象牙塔中的我也无法躲避。各种新鲜资讯扑面而来，各种互联网时代的新科技和新应用让人应接不暇，国际化的潮流、新生代的挑战接踵而至。稳定如教育行业尚且变化如此，何况处于激烈竞争之中的各类企业呢?

在此背景下，作为个体的员工是否能在应对快速变化的过程中一如既往地充满激情是一个值得探讨的话题。而组织在此过程中能够做些什么，则是本书想要告诉我们的。正因为如此，与十年前不同的是，我个人是带着对这一问题的疑惑和更深入的思考而来的。十年前，我更多的是一名懂点专业的翻译者；十年后，我则更像一名对现实社会有着更深感悟的探寻者，希望能找到让个人和组织充满激情的方向。

也正因为如此，整个翻译过程中，我一再推敲，希望能更准确地反映原著的观点。就翻译的“信达雅”而言，个人认为，虽然对于文学著作而言，“优雅”的文字固然让人着迷，但对于专业著作而言，确保“准确无误”地传达作者的思想尤为重要，因能力所限，也是怕过于注重“优雅”而离“准确”远矣！

而在第1版长达十年（1994—2003年）的对237家公司的250万名员工的调查数据基础上，第2版又包括了2003年以来新增的412家公司的860万名员工的数据，如此广泛而新近的数据，更令我对其研究结论颇有期待。

而且，本书新增的许多内容都让我颇感兴趣：

一是，关于教师的业绩工资制，相关研究认为，“业绩工资制不适用于那些以团队为基础、以集体为特色、运作良好的学校；它不仅没能提高学生成绩，同时也破坏了教师互相之间的协作以及教师对管理者的信任”。因此，如何让各类绩效考核既不破坏教师之间的合作，也不破坏教师身为教育者对学生的成绩之外的品德人格的塑造的关注，是值得仔细思考的。

据《华盛顿邮报》报道，截至2015年8月，有将近10%的《财富》500强公司取消了年度绩效考核。曾经的知名践行者、拥有30万名员工的通用电气公司也在2015年宣布放弃正式年度绩效考核，而是用一款名叫“PD@GE”（意为“通用电气的绩效发展”）的App来给员工带来更积极频繁的工作表现反馈。这意味着企业开始从事后评价员工为企业创造多少价值转变为支持、帮助员工在未来能够更好地工作。

正如埃森哲CEO奈特所说：“领导力的艺术不在于花时间衡量评价，而在于选择对的人。如果你相信你选了对的人，你就应该用非常简单的评价方式给他自由和权限去创新、去领导。”

这些商业实践中的变化和新观念正好与本书的观点有着异曲同工之妙。其根本点在于对员工假设的变化，之前的企业更像是“交易型企业”，员工不过是提供劳动的商品，是经济人，对企业有价值，能获得相当的物质报酬，而在企业面临经济困难时，则会通过裁员随时被抛掉；变化后的企业更像是“合作伙伴型企业”，员工是有着独立人格的伙伴，是社会人，企业与员工之间是双赢的、互信的、着眼于长远的、追求卓越的、开放的、互助的、彼此赏识和尊重的、利益共享的。而想要拥有激情员工的企业，就需要创建此种合作伙伴文化。

本书作者指出，在几百万名被调查的员工中，有78%的人表示喜欢自己的工作。虽然人们的工作种类不同，但几乎每个人都希望能为自己所做的事感到自豪。这种自豪感来源于优秀的业绩、能力的发挥和做重要的事情。因此，对于企业管理者来说，重要的不是事后的考核，而是为员工提供发挥其才能的机会，做些对企业和社会有价值的事情，通过反馈帮助其持续进步，并给予恰当的赏识和奖励，使其因自我的成就而感到自豪，唯如此，员工方能成为最优秀的自己，企业方能拥有最有激情的员工。

二是，本书第2版新增了关于企业社会责任的内容。人们愿意为那些干得好而且干好事的组织工作，后者涉及的就是近几年来颇受关注的社会责任话题。好市多联合创始人、前首席执行官吉姆·辛内格曾说道：“华尔街做的业务是从现在到下周二期间赚到钱。而我们做的业务是建立一个机构，一个我们希望它50年后依然存在的机构。”这正好反映了企业基于社会责任追求长期利润与一味追求短期利润之间的差异，而书中提及的丰田、强生和高盛公司由长期导向到关注短期的转变所带来的不利影响也值得人们深思。

我国的三鹿毒奶粉事件则作为一个标志性事件使得消费者等各类利益相

关者的诉求进入了企业决策者的视野，也使得面临短期竞争压力的企业开始考虑长期持续的问题。

尽管为短期目标而经营并不一定等同于不道德的行为，但是，一味关注眼前的利润营造了一种让不道德的行为更可能发生的环境。人是复杂的，只有很少一部分人会在任何时候都不择手段地挣钱。但是，如果需要达到本季度或者本月的业务目标，否则将面临失业或另谋生计的选择，即使是平时道德高尚的人也可能会做一些不太道德的事，并以“迫于生计”进行辩解。试想，在如此生存状态下的员工，又何谈激情呢？

为此，企业的社会责任并不仅仅意味着不做违法的事情，也并不仅仅意味着向慈善团体捐款和向他人献爱心，它与企业在商业上的长期成功是紧密相关的，需要企业有一套经得起时间检验的价值观来指引，并真正践行，持之以恒。

三是，新增了有关远程办公的内容。起因在于雅虎公司新任CEO玛丽莎·梅耶尔颁布了一项规定，要求所有的雅虎公司员工在办公室里工作而不是在家工作。由于在家办公作为一项颇为人性化的举措受到了很多企业的欢迎，这一关于“远程办公”的禁令引起了激烈的争议。

作为高校教师，自从工作伊始就享受了在家办公的福利，那时这一举措在企业界尚未流行。多年的经历，让我对在家办公的利弊也深有体会，一方面，它给了我自由的空间，避免了大都市路途奔波之苦，节省了不少时间；另一方面，它使得人与人之间的连接似有若无，通过各种先进的通信设备和信息技术实现的连接既保证了效率又切断了面对面交流的互动和亲切。

为此，本书所推荐的基于“弹性工作制”的远程办公不失为一种颇具平衡艺术的良策。其实施的关键在于明确核心时段，即一周内希望员工到公司工作的核心的日子，其他时间则可灵活选择是否在家办公。加金德兰和哈里森的研究发现，当员工每周在家工作的时间超过 2.5 天时，互动的工作关系的确会受到损害。而核心日子就是为了在给予员工在家办公的灵活性的同时保证互动的机会。

四是，新增了关于经济大衰退的内容。从全球来看，这十年间一个值得关注的重大变化是 2008 年那场全世界范围内的金融和经济危机，这也是本书作者在更新第 2 版时特意关注的，并专门新增了一章“第 5 章　大衰退的影响：飞向保守”来呈现其研究结果。

有意思的是，在大衰退期间，员工对公司的平均满意度水平不降反升。而员工对公司的总体满意度是一个重要的指标，本书对拥有“激情员工”的组织的定义是：这些组织拥有 85％以上的总体满意的员工、低于 10％的不满意员工。根据这一标准，本书作者所在的西洛塔咨询公司曾经调查过的大多数组织中，仅有约 14％可以说是拥有“激情员工”的组织。这类组织可以说是“超级棒的”，而我们多数人所工作的组织也许只能算是“还不错的”或“比较令人满意的”。

关键在于，拥有“激情员工”的企业通常也会有着更为优异的绩效表现。员工对公司的总体满意度越高，员工士气越高。而本书通过数据分析证明，公司员工士气越高，公司在股票市场上的表现越强势。具体来说，高士气组织的表现比行业中的对照公司要高 11％，一般士气的公司比行业中的对照公司仅高 0.8％，而低士气的公司则要比行业中的对照公司低 13％。

那么，如何让员工士气高涨、充满激情呢？答案就是贯穿全书的西洛塔三因素理论，即公平、成就和同事情谊这三个激励因素对于员工是否能充满激情至关重要。而这三者之中，公平尤为重要。在公平环境下，让员工拥有成就感并享受与同事的美好情谊。就是如此简单，但它背后有两位作者及其团队几十年的咨询实践和研究的支持。其中的理念和举措唯有相信，方可践行；唯有持久，方有成效。唯如此，方有望成为拥有激情员工的组织。

本书的翻译得到了许多人的帮助。在第 2 版的初步翻译过程中，我要感谢陈平、廖敏婷、董露怡、隗青华和郭艾，因他们的认真和付出，才使得本书的最终译本能够更快完成。尽管译者希望更真实地再现作者的思想，但囿于水平，译文不当之处，恳请读者批评指正。

付彦

中国人民大学商学院

于 2016 年春节前夕

第 2 版前言

本书的第 1 版出版于 2005 年，是一本以行动为导向，关于工作中的员工的书，涉及他们的目标、他们被正确管理或不当管理的方法及其相应的绩效。我们的目标，简单来说，就是帮助公司从员工那里收获更多，同时员工也能从他们的公司那里收获更多。这些并不是矛盾的目标，因为我们基本的前提就是，在一种正确的领导方式之下，一方收益越多，另一方的收益也会越多。这本书基于强有力的证据（利用广泛的雇员调研数据），提出了两种基本的概念：关于工作中人类动机的“三因素理论”和基于三因素理论的“合作关系型”公司文化，并且到目前为止，随着人们充满激情地对他们所做的工作和他们为之工作的公司做出回应，这一合作关系文化激发出人们最优秀的一面。

本书的第 2 版中有哪些全新的内容呢？基本上体现在两个方面。首先，自本书第 1 版出版以来，发生了很多事情，其中最令人震惊的是经济衰退。在第 2 版中，我们使用了从 2004 年以来收集到的更新的调研数据，以了解经济衰退及其影响。其次，我们收到了许多询问，要求对书中的关键信息进行更清晰的阐释，例如，讲述关于现实生活中有着合作伙伴文化的公司的更多细节。我们在第 2 版中将提供这些内容。我们也受到了一些读者的强烈质疑（我们对“新生代”理论的揭示首当其冲地成为质疑的目标），因此我们将更为直观地对这些受质疑的点进行解释并且提供更多额外的实验证据。

更具体地说：

更广泛且更近的数据。本书第 1 版的一大特点是，我们是在大量数据和数据分析的基础上得出的结论。我们通过长达十年（1994—2003 年）在 237 家公司对 250 万名员工进行的问卷调查，收集到了数据，并且通过硬性的绩效测量方法进行修正。大量来自真实世界的实例为这些原始数据增添了内容，成为这些数据的补充。

在本书第 2 版中，数据库甚至变得更为庞大！从 2003 年起，数据库不断扩大，又包括了另外的 412 家公司中的 860 万名员工的数据，我们因而有机会利用更为广泛且近期的数据来测试我们的结论。读者将从我们的数据中了解到如今员工们对各种各样的有关工作的问题的感受，例如薪水、福利和老板，以及这些感受与公司绩效的关联。

在这些经过更新的分析中，一项分析显示，一家公司的员工士气与它在股票市场上的表现密切相关。我们想知道这是否属实，特别是在经历了这十年间剧烈的市场波动之后。答案是，是的，这是肯定的！

经济大衰退。当然，自我们的书出版以来，最主要的经济事件是经济大衰退。在那段时期，我们的调研一直在继续；因此，我们能够追踪经济衰退对我们调查的员工产生的冲击。在第 5 章中得出的结果，令我们十分吃惊，可能也将使您十分吃惊。我们将分析经济环境变化的情况下，员工们对工作稳定性、工资和福利的态度及其相互之间的影响。

组织文化。基于我们的研究，本书第 1 版提出了一个显著不同于在美国产业中常见的组织文化的案例，即合作伙伴文化——公司与它的员工的合作伙伴关系，或者说是与它所有的利益相关者之间的合作伙伴关系。我们揭示了，这些有着合作伙伴文化的公司，获得了巨大的长期商业利益。

并且，证据强有力地揭示出，这些公司无论在好的时期还是在坏的时期都获得了收益。贯穿本书的一个主要的主题是一种在任何情况下都适用的文化：追求卓越的共同责任、相互信任和尊重、开放以及有福同享、有难同当的文化。

人们要我们提供更多、更具体的真正的合作伙伴文化的实例。我们在这一新版本中提供了许多实例，其中之一就是梅奥诊所，这是一家在提供世界知名的高质量且价格低廉的护理服务方面已取得巨大成就的组织。我们从2005年起对梅奥诊所进行了广泛的研究，同时我们也会提及一些对它的鼓舞人心的文化的阐释，包括这种文化的源头，以及它如何在超过一个世纪的时间内持续发展。好市多是这一合作伙伴文化优秀的执行者和典范（同时也因其提供丰厚的员工工资和福利经常被华尔街批评），它也是在这一新版本中被我们广泛研究的几家公司之一。

读者感兴趣的还将有这些公司——例如美国强生、丰田和高盛——它们的合作伙伴文化一直以来受到我们和其他人的赞美，但已经开始严重偏离为它们带来赞赏和盈利的道路。从这些令人遗憾的例子中学到的经验，与从那些已在正确的方向上发展的公司或者像梅奥诊所和好市多这些从一开始就坚持合作伙伴文化的公司身上学到的经验，几乎是一样多的。

企业的社会责任。与我们沟通的读者中许多人都很关心“企业的社会责任”这一问题，对此我们进行了定义和讨论，它是合作伙伴文化不可或缺的一部分。我们被问及成为一个负责任的企业与商业成功之间的关系，成为负责任的企业要做到的远不止向地方慈善团体捐赠以及不违法。我们努力将企业责任置于商业的环境中，以展现它与长期的商业成功之间紧密的联系。

事实上，在这个新版本中我们阐明，对于那些以快速盈利为基本目标的人，我们无法提供太多他们感兴趣的内容。我们不对那样的目标进行道德上的判断；这本书的目的是帮助领导者和管理者建设有着持久价值观的组织。

领导力。来自读者的另外一系列问题是有关领导力的。我们在第1版中既没有就领导力本身（研究所揭示的伟大的领导者所具备的特质），也没有就合作伙伴文化对领导力的意义进行很清晰或全面的阐释。比如，读者想要知道，合作伙伴文化是否使我们不再需要强有力和果断的领导者。我们的答案是：绝对不是，并且我们在关于领导力的一章中，讨论了在“软性”与“硬性”的管理领域内诸如此类的明显的冲突。

远程办公。就像在第2版中写的那样，新任雅虎公司CEO玛丽莎·梅耶尔颁布了一项规定，要求所有的雅虎公司员工在办公室里工作而不是在家工作。这一关于“远程办公”的禁令引起了强烈的争议，凭借着研究证据，我们也加入争论，对梅耶尔女士所采取的举措是否明智提出了我们的观点，并为雅虎公司及所有组织深入思考远程办公的优劣推荐了方法。

教师的业绩工资。在过去的几年中，围绕着教师的业绩工资，公众一直进行着激烈的争论和冲突。我们在两个版本中都就公司的业绩工资谈了很多，我们想要就其在全美国的学校中的应用谈一谈我们的观点。我们的研究促使我们得出这样的结论，大体上说，这是一个坏的想法，并且我们有另外一个建议——这一建议将会奖励绩效而避免传统的业绩工资所产生的有害结果。

代际差异。我们继续探讨关于几代（X世代、Y世代、千禧一代）之间的巨大差异。我们在第1版中简要地讨论了我们对这些差异的看法，并且说，实际上，这根本就是无稽之谈。针对这一观点，我们收到了诸多反对意见，反对者提出了大量的奇闻轶事来“证明”这些差异是存在的并且是非常重要的。但它们并不存在，也并不重要。我们在此修订版中提供了更多的证据——系统性的证据——我们希望，这些证据能够完全解开这一谜团。

女性和少数群体。在第 1 版中，我们忽视了女性和少数群体在职场中的情况，这是一个严重的疏忽。尽管就这一问题全面的论述仍然有待未来发表，但我们已经根据我们的调查数据确定了在当今公司中女性及少数群体的满意度水平和观点。

THE ENTHUSIASTIC EMPLOYEE

目　录

导　论

飞机撞毁了一切。大火，成千上万加仑的喷气发动机燃料结合碰撞区周围空气中的氧气熊熊燃烧着，在这里，随着世贸大厦开始倒塌，附近许多大楼的窗户爆裂了。在世界金融中心的第32层，《巴伦》杂志公司（Barron's）的办公室在摇晃。电脑、办公用品和设备都冲出了窗外。震惊的员工们把握住了珍贵的生存机会。之后，他们小心翼翼地努力走出大楼，来到安全地带。《巴伦》杂志的编辑和业务办公室几乎立即就遭到了毁坏。破坏是如此巨大，以致公司用了一年多的时间来重新整修这些办公室。

然而，在2001年9月11日，当人们逃离这座大楼时，《巴伦》的员工们已经把注意力放在按时出刊的任务上。几个月后，《巴伦》的执行总编艾德·芬恩（Ed Finn）回忆说，那场灾难并没有阻止他的员工在办公室遭到破坏的三天后就顺利出版完整版的杂志。事实上，暂停出刊的念头从未出现过；员工想到的唯一问题是团队如何实现继续出刊的目标。没有人想要面对《巴伦》以及许许多多其他人在那天遭遇的挑战，但我们都很欣赏《巴伦》的员工所做的一切。我们一致认为，大多数的组织会很高兴拥有那样的员工，那种对其工作、公司和同事表现出如此激情的员工。

这是一本关于激情员工的书。

所有层级的经理们都会花费过多的时间在个别“难对付”的员工身上——易怒的、不合作的或特别需要关注的员工。事实上，对这些行为问题的处理通常被认为是一种人力资源成本。然而，现实比这更糟，因为更大的问题是，大量的员工不是公开地带来麻烦，而是对组织及其目标漠不关心。

这是最大的问题，因为常惹麻烦的人能被确认和处理，但是那些“活着的冷漠人”却是沉默的杀手。他们已经学会不要期望太多，也不要给予太多。然而，这些员工都是有合理的人类需求的普通人。不知何故，他们所在的公司几乎只能满足他们的一小部分需求。相应地，他们也只向公司贡献能力所及的很小一部分力量。这种人力资源不充分的利用给受影响的企业所带来的经济成本是巨大的。

公司应如何处理这个问题呢？一个方法是更密切地监督员工，向他们施压，让他们做更多工作。另一种积极点的做法是，有的经理让他们的员工加入到“激发积极性的”演讲者团队、啦啦队以及各类节目的表演团队之中。两种方法都没有太多好处——事实上，前一种方法很可能会使问题恶化。我们需要探寻问题的根本，即员工冷漠的缘由，并且要重视它。真正的挑战是将冷漠的员工转变成激情的员工。解决的方法可能会让你吃惊。

首先，我们必须了解员工想要什么。其次，我们必须把想要的都给他们！

对某些人来说，这听起来有点荒谬，他们肯定认为这并非解决之道。但相反，这是企业通向成功的途径。我们为什么这么说呢？

（1）多年研究证实，令人惊讶的是，在绝大多数员工的目标与其雇主的目标之间，几乎不存在真正的冲突。

一个普遍但有害的错误看法是，认为员工与其组织之间存在利益冲突是很自然的事。本书从纠正这些传统思想开始，调查这些困惑的来源，并提供一种有新意的开端去理解员工真正想要的是什么。我们发现关键问题不是如何去激励员工，而是如何保持——并防止管理者破坏——绝大多数员工身上本来存在的积极性。

（2）员工有基本的人类需求，管理者对此能够并且应该努力强调。要营造一种环境，在其中，当这些需求被满足时，不仅仅产生满意的员工，还会产生有激情的员工。极不正确的观点是，认为这些需求是贪得无厌的，是贪婪而自我放纵的。对工作中的员工的传统看法是：想要尽可能少地工作，尽可能多地赚钱，并且总是抱怨。我们的看法则不同，这在我们关于员工动机的三因素理论中有所概括。

（3）员工激情——通过满足员工的三个关键需求所获得的员工士气高涨的状态——为那些拥有领导优势的公司带来巨大竞争优势，从而有利于其真正获得长期的成功。

（4）满足员工需求的根本是具体的政策和实践，整体来看，就是一种合作伙伴文化，确切地说，是有助于员工绩效的提升和持续的最强有力的文化。

我们支持这些主张的证据是我们 40 多年来的调查研究结果，这些结果涉及员工认知和态度对组织绩效的影响。我们探讨数据所表明的问题，通过来自员工的评论和许多公司的实例来解释这些数据，并把数据与经营成果相联系。

提问题

我们如何宣称自己知道员工想要什么呢？不是靠未经检验的假设、想象或者哲学观点。不是像流行的方式那样“跳出框架”去思考，也不是建立在收集一系列逸闻趣事的基础上。弄清员工所想的唯一方法是向他们提问！这包括使用问卷调查的方法向他们简单而直接地提问，以保证结果具有代表性和有效性。

为避免仅依靠个人偏见、流行观点或者逸闻趣事来得出结论，真实的数据是最好的纠正方法。通过使用真实的数据，我们知道员工想要什么、为什么想要以及那些东西意味着什么。

在西洛塔咨询公司（Sirota），我们对员工的调查提问已经超过40年了，自从1972年以来，我们从世界各地的840多家公司的员工那里收集了超过1 360万份调查资料。调查的问题涉及关于态度的多种具体的主题或维度。随着时间的推移，基于统计分析，我们将那些维度组合成了一个把员工态度与经营结果紧密结合的模型。

提正确的问题

尽管我们通过实际询问员工的意见来收集大量态度方面的数据是值得肯定的，但我们也想到，有读者很好奇我们如何知道该问哪些问题。对这个问题的回答要求有一些背景知识。

1972年，戴维·西洛塔（David Sirota）组建了一家小型企业，其使命是通过对公司所有关键利益群体（员工、顾客、社区、供应商、投资者和公众）的态度进行系统的评估与分析来改进组织绩效。1959—1972年，戴维是IBM的行为科学研究与应用中心的负责人。在那里，戴维的活动包括建立IBM的全球员工态度调查项目。

戴维拥有广泛的行业和学术背景。他在密歇根大学获博士学位，并担任该校社会研究所的负责人。他曾在康奈尔大学的工业和劳工关系学院、耶鲁大学、麻省理工大学的斯隆管理学院任教，并在宾夕法尼亚大学的沃顿商学院任管理学副教授。现在，他是西洛塔咨询公司的名誉主席。

本书合著者之一的道格拉斯·A·克来恩（Douglas A. Klein），同样在调查研究领域耕耘多年，有着长达25年的研究经验。在加入西洛塔之前，他在美国电话电报公司和时代华纳工作，在那里他开展了员工和顾客满意度研究。道格拉斯将他在员工和顾客满意度研究领域的洞察力带到了西洛塔，并协助启动了西洛塔的“相关性”工作，即将员工态度、顾客态度与“硬性的”业务指标通过统计学方法关联起来。他在公司向针对消费者、组织文化和价值观调研领域的业务扩张中发挥了重要作用。目前，作为公司首席领导力顾问，他能够将他强大的分析能力和数十年间积累的客户经验应用于组织价值观和文化问题，以及公司高管在公司管理工作中日复一日面临的诸多问题的研究中。道格拉斯在纽约大学获得了工业与组织心理学硕士学位。

由于一流的研究能力和为现实企业收集有效数据的能力，戴维和西洛塔公司的名气越来越大，这家小型的企业扩展成一家国际知名的、受尊敬的顾问公司。西洛塔咨询公司现在是美国擅长组织调查研究的一家独立的大型私人公司。西洛塔的顾问们已为世界各地成百上千家组织做过各种各样的调查。公司的使命仍与戴维最初创办它时一致：用调查数据帮助组织建立与所有关键利益相关者之间强有力的、富有成效的关系。

尽管我们的经验很丰富，但这并不是证明我们知道该问哪些问题的唯一依据。西洛塔近些年来所做的研究都遵循态度研究的被广泛接受的方法：个人访谈、焦点小组以及信度和效度测试。我们的调查中所涉及的主题在我们的访谈、焦点小组座谈、调查后的分析和讨论中体现出来，也从其他研究者的工作中体现出来。我们的基本标准是问那些真正对员工士气和组织绩效有价值的问题。你可以在第 2 章“员工激情与经营成功”中找到更多关于我们的调查方法的细节信息，还可以在我们的网站 www. sirota. com/enthusiastic-employee 的两个附录：附录 A“问卷调查管理和样本人员构成”和附录 B“数据的信度和效度”中找到相关信息①。

① 本书中所提到的附录均出现在作者的公司网站上，请读者根据网址查阅。——译者注

我们多年的研究、经验和测试获得了大量的回应，本书的数据就来源于此。

问题形成数据

我们的调查数据是由什么组成的？就我们所问的问题种类而言，我们的方法，正如我们所指出的，就是要简单而直接地提问。你会看到，我们没有对调查答案的解释和我们提问题的方式做“心理分析”。如果我们想知道员工对他们的薪酬有何感觉，我们就问他们对薪酬感觉如何。我们没有因如下的假设而使用“投影”方法（比如，问他们认为其他人会如何评价他们的薪酬待遇）：假设他们不愿告诉我们他们的感觉，而只会把他们的意见“投影”在别的东西上。尽管在调查研究者中存在使用直接方法和间接方法的争论，但证据是很明确的：当正确对待员工的疑虑时，比如，保证保密时，几乎所有的员工都能诚实回答直接的问题。此外，把对这种问题的回答汇报给管理者时，是不会出现歧义的：员工说他们对薪酬感到高兴或不高兴，那正是他们的真实意思。你可以在附录B中找到关于这方面的详细讨论和我们用于分析数据的大量信度和效度测试的例子。

我们调查的员工又是怎样的呢？这是一个重要的问题，因为我们需要知道证据的代表性和时效性。首先，这本书的分析建立在更新后的员工调研数据之上：这些数据是在2004—2012年收集的，而第1版中的数据则是在1994—2003年收集的。再者，尽管样本来自于许多组织，但我们并未声称这些数据代表了那个时间段各个地方的所有员工。数据并不具有那么大的代表性。的确，它代表了许多类型的企业，但我们的证据大多来自私有企业，只有5%被调查的组织是政府机构和非营利组织。由于种种原因，我们没有在小型组织中特别开展这类调查，大型公司在我们的例子中占据了大部分。许多参与的公司是跨国公司；大部分的总部在北美，被调查的员工有75%在美国或者加拿大工作。剩下的员工大多在欧洲工作。调查样本的组成情况详见附录A。

显然，我们的数据只是来自于要求我们调查他们的员工的组织。有些读者会认为，这个事实可能会使参与调查的组织不具有代表性，因为这些样本是由那些比一般公司对员工满意度更感兴趣的公司组成的。尽管理论上这是正确的，但事实上，在所有经济领域的绝大部分大型企业都接受了调查，所以这个问题并不是那么明显。

另一个受关注的点是那些委托西洛塔咨询公司来负责调查的组织的类型。为确保调查的效用，西洛塔咨询公司引入了一个相当细致的数据反馈和行动计划，这比典型的员工投票要求管理者花费的时间还要多。同意这个计划可能意味着该公司比一般的公司更注重士气，因此，这里的士气可能比别的地方更高。我们已经收集和回顾了其他许多人（外部的和内部的顾问）所做的调查数据，而且，我们发现，我们得出的与他们得出的结果有大量的相似之处。因此，这也不是一个重要的问题。附录D包含我们的数据与他人的调查数据的比较。

于是，主要的问题是，我们的样本在组织规模和地理位置方面可能存在偏差。但是，尽管公司的委托人总的来说可能不能完全代表世界上的所有组织，但它们还是相当多元化的，这体现在规模、行业类型、职业类型、雇员的平均年龄等方面。本书表明，我们所描述的基本结果适用于所有这些不同的组织。因此，从统计学角度看，一个包含所有组织的更具代表性的样本（比如，包含更多小型公司），对我们的结论的影响很可能是微乎其微的。

我们能把来自许多不同组织的结果放在一起是因为，尽管调查会依据单个客户的需要和情况进行调整，但一系列核心的问题是恰当的，并得到了广泛应用。核心的问题能保证对各种组织的员工态度进行广泛而可靠的描述，而且，对员工态度的分析决定了它们的原因和组织的经营成果。这些数据和分析——通过系统的研究和对他人的细致观察得到足够的补充——形成了本书的研究基础。

这些数据还大量地通过各方面“定性的”和“逸闻式”数据而得到补充。定量信息和分析提供了科学的精确性；定性信息则赋予数字以意义。定性信息的一个来源就是在我们的调查中的“开放式”问题，即要求员工用自己的话来回答的问题。比如，一道有关员工完成工作的能力的多选题，当公司中73%的员工对该问题给出消极回答时，对“开放式”问题的回答就能告诉我们为什么他们会有这种感觉。例如，在对“您在这里工作时最不喜欢的是什么”这一“开放式”问题的回答中，一个员工这样写道：

> 这儿最大的问题是官僚主义和繁文缛节式的错综复杂的事。我经常看到长长的电子邮件链条，它非常清楚地显示，人们经常花费很多天，即便不是很多星期的话，只是为了与合适的人或部门取得联系以获得帮助或批准。为什么我们需要那么多审批层级呢？我常常感到这家公司走不出自己的套路，与注定遭难的泰坦尼克号相似。

在对那家公司的调查中出现了大量针对“官僚主义”的类似意见。

我们的定性信息的其他主要来源如下：

● 焦点小组，这是指在几乎每次调查之前都要从整个组织中任意选出一小群员工来开展的分组调查。我们使用自由式讨论来帮助确定需要在组织问卷中提及的独特问题，并帮助解释问卷所收集的定量数据。

● 深度访谈和案例研究，这来自明显高士气、高绩效的委托组织，便于更深刻地了解那些组织的管理者做了什么。这里的组织既包括组织整体，也包括组织中的一部分（比如《巴伦》杂志，现属于道・琼斯集团）。

● 我们自己在做这项工作时的非正式的观察和讨论。例如，我们观察到经理们如何与各种绩效薪酬计划抗争，并试图寻找能奖励和激励员工的最佳方法（或者，至少是使不满意度降到最低的办法）。随着我们辗转于各种公司，我们观察到哪种制度最有效、哪种制度最不好，我们把这些观察结果与读者分享。在进行关于这些问题的可靠研究后，我们就将其引入，来影响我们的结论。

因此，本书的数据是定性和定量数据的结合。[1]虽然在社会科学界，这两种信息的支持者之间有着激烈的争论，但两种数据都很重要——每一种单独来看都站不住脚。一种提供统计上的可靠度和证明，另一种提供意义——它使干巴巴的数据变得生动，也可以为解决调查所揭示的问题提供方向。然而，本书的基本框架大部分来自于定量数据——在调查中表示满意或不满的员工百分比，以及那些数据在统计上彼此相关、与管理实践和绩效指标相关的方式。正如你将在本书中所看到的，我们的结果，与其他人的调查结果一样，在一次次研究中都以相似的基本方式不断重复。这是定量研究的一大好处：其结果能够采用科学方法通过复制来进行检测。定性信息——比如逸闻趣事——没有那种能力：通过精选的逸闻趣事或开放式意见，人们能“证明”或“反驳”任何事情。他们的作用在于给予数据深层的意义。[2]

总之，西洛塔咨询公司已对从业员工的态度（以及那些态度下的经营成果）做了 30 多年研究。自从 2004 年起，我们已经在超过 160 个国家的 412 个私人、公共和非营利委托组织中调查了大约 860 万名员工。西洛塔咨询公司的有关调查答案的数据库很广泛，并且，在丰富的定性数据的补充下，深刻洞察到员工想要什么以及为什么聪明的经理会满足员工的要求！

“蜜月”过后

众所周知的一个现象是，绝大多数人在开始一项新工作时会充满热情。在刚开始一项工作时，人们很自然地会对他们的工作和组织感到兴奋，渴望成为高产团队的成员之一，也很合理地期待着如何被对待。员工总体中大约95%的人都是这样；另外5%的人——大部分可能被描述为对工作“反感”——本应该从来不被雇用，并且在工作中，只能靠不断的密切监管和解雇的切实威胁来对他们加以管理。一个主要的问题是，在许多组织中，管理者把这一小部分人的行为泛化到几乎每个员工身上，从而使工作环境让所有人都难以忍受，并且抑制了大部分员工对工作的自然热情。

由于以上这种原因和其他原因，通常在最初被雇用的六个月后，一些事情就开始在最初带有热情的大量员工身上发生。“蜜月”过后，我们发现90%的公司的士气有明显下降。不只是因为新鲜感的消失；这个下降——以及对绩效的有害影响——是管理实践的结果。事实上，也可以说，常常是管理扼杀了激情！

然而，我们发现有约14%的组织，其员工的热情并没有出现实质性的消失。是什么造成了这种差别？这正是本书要探究和回答的中心话题。

“过时”理论一览

某些人可能认为本书的观点是“过时的”，因为我们的想法与近来流行的理论“忠诚已逝”相悖。宣扬“忠诚已逝”的人认为，新经济环境使以前在“关怀式”公司中的家长型管理方式变得不堪一击。简言之，新理论家争辩说，在雇佣关系只不过是一场交易的残酷的新环境里，每个人都只是为自己的利益打算。

我们认为，如果忠诚源自家长型企业的老式的父母—子女式关系模型，那么，员工与管理者之间的忠诚的确是无从谈起的。那不是我们在主张满足员工需要时所谈论的。我们认为，大多数员工都是成熟的、独立的成年人，而不是孩子。

然而，过去的家长制并不一定要被价值观中立的交易系统取代，在这种系统中，本质上，员工“除了薪水以外一无所有”，并且会在不被需要时立刻从领薪员工名册中被除名。（事实上，如果可能的话，他们的名字不会出现在领薪员工名册中，而是以“独立签约者”的身份被雇用。）

从交易关系中获得的收入通常是短期的，部分原因在于，除非通过明确要求和监视，否则这些组织从大部分员工那里得到的只有很少的东西。例如，当公司把员工看作不可见的、可交换的和可牺牲的事物时，它又如何能期望员工以个人的体贴和关怀（一种能创造忠诚顾客的体贴与关怀）来对待顾客呢？因此，交易关系通常是短期成功（从减少成本的角度看）和长期平庸的方式。

因此，我们认为，无论家长制还是交易关系都不是让组织长期保持高绩效水平的最有效方式。我们在本书中所描述的政策和实践措施总的来说代表了第三种选择方案，我们称之为合作伙伴关系。（我们也将会描述第四种文化——对抗式——在这一文化中，员工既不会被像儿童、交易一样对待，也不会被作为伙伴来对待，而是被作为敌人来对待。这些员工表现出最低的——确实非常低的——士气。）

合作伙伴关系并不是父母与子女间的那种类型，而是在向着共同的长期目标进行合作并真诚关注彼此的利益和需要的成年人之间发展起来的关系。

当我们使用这一术语时，合作伙伴关系是指一种加上人性因素的商业关系，即信任和友善，这使得人们超越金钱、正式合同和极其短期的利益的范畴而拿出更出色的表现。人们不常采用合作伙伴关系来描述实际的甚或完美的员工—管理者关系，但在我们看来，它能最精确地描绘我们在充满激情的高绩效组织中反复发现的政策和实践措施的本质。

本书在其他方面同样是“过时的”。一方面，在这个领域——组织心理学领域——的现代作者中有一个强烈的趋势，几乎只关注他们称作更高层次的员工需要，比如“自我实现”，却很少写到人们也是为了生存而工作的事实！忽略或轻描淡写关于薪酬、福利和工作稳定性之类的问题是一个巨大的错误。正如我们在书中所表明的，如果员工从根本上认为在这些基本问题上受到不公平对待的话，管理者是很难保持员工士气的。

还有一个由“新经济”理论家制造的类似的错误，他们轻视他们认为是“旧经济”的公司和老员工的特征，比如，对工作方向和结构的需要。在极端的情况下，这些理论家支持高流动性的组织，几乎是混乱无序的组织，认为要在迅速变化的环境里生存，这才是当今员工想要的和组织所需要的。无稽之谈！许多关于方向和结构的经典格言在信息时代以前和今天是同样适用的。我们感到奇怪的是，在 21 世纪初，高科技领域公司的内乱在多大程度上是它们对管理的基础［阻止和解决（blocking & tackling)］疏忽的后果。并且我们将证明，员工自身并没有那么大的变化。虽然被微观管理弄得很沮丧，但他们当然不想缺少管理，无论他们处于怎样的行业和年龄情况下。

因此，当我们说到合作伙伴文化时，我们并不提倡“自由放任”——“想做什么就做什么”——这种有着最低的绩效目标和标准的管理方式。恰恰相反：我们在本书中所研究的和援引的有着合作伙伴关系的组织有着清晰而坚实的目标和标准以及出色的绩效结果。如梅奥诊所（Mayo Clinic），其表现世界知名，我们将在第 12 章中具体描述它的文化——合作伙伴文化。没有人会因梅奥有着很低的绩效标准而指责它，但它之所以能提供杰出的护理服务，其中一个原因即为像对待真正的合作伙伴那样对待那些提供护理服务的人：它的员工，无论员工处在哪个级别或是哪个岗位。梅奥诊所的员工对他们的工作和对公司的激情，就像我们要证明的那样，是非常具有典型性的。

我们所要感谢的坚实的理论、研究和管理实践

我们极不赞成此领域中那些既无研究证据又无经营成果支持的人的观点，也不相信存在“万灵药”，但是，还有大量的研究内容充实且具有启发性，虽然较少吸引公众注意，却对管理实践有着显著而持续的影响，对我们自己的工作和本书也有不可估量的重要性。我们要感谢的是该领域内五位巨匠的影响深远的工作：道格拉斯·麦格雷戈（Douglas McGregor）的“X—Y 理论”模型、戴维·麦克莱兰（David McClelland）的“成就和归属需要”、亚伯拉罕·马斯洛（Abraham Maslow）的“需求层次理论”、艾尔顿·梅奥（Elton Mayo）的“工作中人际关系的重要性”以及伦西斯·利克特（Rensis Likert）的“管理系统和风格”。[3] 在我们的调查中，大部分问题都受到这五位的思想的重要影响，我们的解释也同样如此。例如，我们反复声称，大多数员工都渴望工作并渴望把工作做好，这就直接来源于麦格雷戈的“X—Y 理论”。

我们还要大大感谢许多当代研究者，我们在整本书里参照了他们的相关研究。其中，对我们更重要的人是杰弗里·菲佛（Jeffrey Pfeffer）、爱德

华·劳勒（Edward Lawler）、詹姆斯·柯林斯（James Collins）和杰瑞·波勒斯（Jerry Poras）、弗雷德里克·雷奇汉（Fredrick Reichheld）和韦恩·卡肖（Wayne Cascio）。他们的工作因坚实的研究和思想丰富的阐释而突出，虽然他们涉及的领域与我们的有所不同，但是在重合之处，我们与他们的证据和结论相当一致。

本书架构

本书的架构很简单。第 1 章和第 2 章详细论述了员工激情及其对绩效的影响。其中还包括对三因素理论的描述和证据——员工的三种关键需求，他们对此的满意度是打造激情员工队伍的基础。第 3 章和第 4 章以及第 6～11 章则将三因素理论分解成具体的行动实践，以便让组织能够合理调配以保持员工激情。在组织中理解并应用这些具体的行动能带来员工忠诚以及绩效的明显改进和长期的经营成功。在第 5 章中，我们检验了经济大衰退对员工目标和态度的影响。第 12 章提供了综合的视野，在其中，我们展示了各种政策和实践措施是如何集合起来形成合作伙伴文化的。该章包括了对梅奥诊所内部文化的深度阐释。第 13 章是全新的一章，关于领导力和合作伙伴文化，该章包括了我们在研究中发现的对有效领导普遍具有重要意义的基本特性的论述。最后，第 14 章提供了对实现真正的文化变革的实践指导，既包括变革的基本原则，同时有具体的推荐步骤。

在我们的网站 www. sirota. com/enthusiastic-employee 上的附录 A～D 描述了我们的研究方法，并且提供了附加的数据和统计分析。附录 E 包括有助于文化变革的一份“准备状态问卷”。

本书中的结论和建议是在广泛的文化和政策层面上，为高层管理者以及在各个级别上日复一日为了使他们的员工达到尽可能高的绩效而辛勤工作的经理人提供的。尽管有时对读者来说，我们的建议可能显得不是那么乌托邦式的。那些我们在书中援引的有着合作伙伴文化的典范公司的团队，也是由有着所有人性的弱点的人类组成的。本书的哲学中核心的一点是，我们并不试图重塑人或使人完美（或者，像常常应该做的那样，去“激励”他们）。坦白地讲，我们并不知道如何做到那些。然而我们要追求的是营造并且维持一种组织，在这种组织中，人们已经具备的良好的本能能够显现出来并且成为主导，这有利于他们的组织及其组织所服务的对象。

随着科技迅猛发展，我们在第 2 版中已准备好更好地利用它们。我们的数据中的很大一部分将会上传到一个新的网站，我们计划定期更新它，并且添加新的数据和分析以及有关一些当今职场上问题的评论。读者能在网站上与我们互动。我们的新网址是：www. sirota. com/enthusiastic-employee。

注释

[1] 一些逸闻趣事类资料来源于多年来我们在焦点小组、访谈和观察中对人们的反馈意见的回忆；一些开放式意见已做了修改以保护被调查者的隐私。

[2] 我们试图以一种浅显易懂的方式来呈现定量信息，以方便那些对复杂的统计分析不熟悉或不特别感兴趣的读者。我们的统计分析基本上都是“多元性”分析，这样，可以同时包含许多变量。我们的大多数工作都采用这种分析，尤其是我们使用了多元回归分析和结构方程式模型，这样做的好处之一就是检验我们用更简单的方法得出的结论（比如，当加入其他变量时两个变量之间的相关性是否仍然存在）。本书所显示的大多数统计结果一般都经过了这些检验。如果数据本身无效，我们是无法做到这一点的，比如，与客观绩效标准之间的许多关系。在该种情况下，绩效标准可用于所有变量的单位数是不够的。

[3] Likert, R. *The Human Organization*, New York: McGraw Hill, 1967; Maslow, A. H., *Motivation and Personality*. New York: Harper and Row, 1954; Mayo, E. *The Human Problems of an Industrial Civilization*, New York: Macmillan, 1933; McClelland, D. C., *Personality*, New York: Dryden Press, 1951; McGregor, D., *The Human Side of Enterprise*, New York: McGraw-Hill, 1960.

第1篇

员工动机、士气和绩效

第 1 章

员工想要什么——全景图

人力资本将流向需要它的地方，并会在正确对待它的地方停留。我们无法驾驭它，只能吸引它。

——沃尔特·里斯顿（Walter Wriston），

花旗集团（Citicorp）/花旗银行（Citibank）前任董事长

准确理解工作场所中的动机问题不仅仅是一项学术研究。关键经营政策的有效性依赖于我们关于人类动机的假设的准确程度。如果假设不准确，经营政策要么根本没有影响，要么更糟糕，会阻碍和破坏组织发展。准确性不仅依赖于智慧和经验，而且依赖于系统的研究。研究有助于我们避免个人偏见，否则，我们只看到自己想要看到的，而不是事实所在。研究还有助于我们避免追赶流行的趋势。

这一领域的许多理论的不足不是因为什么也没说，而是因为以下几点：

- 仅仅关注员工的一种愿望，把它当作员工士气和绩效的主要激励因素（因而也是主要的原因）。
- 声称多数人对无法实现愿望有挫败感（“天空塌陷”设想），从而认为解决了这种挫败感就可以解决所有问题。
- 断言理论家们所揭示的东西代表了“新生代”员工的特征，从而认为其理论也是新颖的。

在我们回顾系统的研究结果之前，先看看几种较为流行的有关激励的迷思和奇想（涉及代际差异和员工对工作的态度）是有帮助的。

责任全在年轻人

现在的孩子们都是暴君。他们忤逆他们的父母，吞噬他们的食物，欺凌他们的老师。

——苏格拉底（Socrates，公元前470—前339年）

我们将要揭示的是，由于一些原因的误导，关于员工想要什么的流行理论在不断地变化，在对这种变化的表述中，通常的看法是，“新生代”员工的需求和期望与其前辈有着不可思议的差异。有人说，在“婴儿潮期出生者”与“X世代”之间有着显著的差异。然后，“千禧一代”又出现了。由此推论道，必须以不同方式对待他们，因为他们都不一样。

这些看似显著的差异成为有趣读物的内容，商业媒体也很确信地向我们介绍这些。无数以世代变迁及其对管理实践的意义为题材的书籍得以出版。比如，人们普遍认为，X世代过于强调个人自由，而很少强调对公司的忠诚。几年前，《财富》杂志（*Fortune*）有一篇关于X世代的文章，作者指出：“如果你的竞争对手同意让员工将鸟笼放在办公室，那么，你除了效仿之外别无他法。”[1]《时代》杂志（*Time*）的一位专栏作家曾将这一代人总结为：宁愿在喜马拉雅山徒步跋涉，也不愿爬公司的楼梯。[2]

这些观察结果是诱人的。管理员工是一件困难而复杂的工作，充满了令人头疼的事情，大多数管理者想要尽其所能去了解人类的动机。而且，关于世代变迁的理论所提供的答案从直觉来看似乎也是正确的。当人们达到某个年龄段时，几乎不可避免地就会开始以某种方式谈论“新的那一代”，在谈论“这个世界要变成什么样”时，人们会说，新的一代不仅“不像我们”，而且也“不像我们在那个年龄时的样子”。这类议论永远都在继续。看看在本节开头苏格拉底的名言就知道了。

年长者通常如此看待年轻人，这一事实应当引起我们思考有关现实的世代变迁的论调是否恰当。它可能只是年龄的问题，但是，更重要的是，它可能是人们将表面现象（比如，年轻人的穿着打扮和音乐喜好）与真实情况（比如，他们在参加工作后的基本目标）相混淆了。

将年轻人的喜好与人类的需求相混淆的这种倾向在 20 世纪 70 年代早期非常明显。随着喧嚣的 60 年代的终结，大量的书籍、电视节目和报刊文章将关注点聚焦在新一代员工身上。人们推测，这些年轻人对工作很不满意。更糟的是，人们普遍认为，员工不满的传统来源（对工资、福利、工作时间和工作环境的不满意）不再是员工不满意的主要原因。有人指出，正是工作本身的特性使得“新”员工容易分心。这类员工被看作 60 年代的产物，当时，对“30 岁以上”的成年人的实利主义价值观的反对观点普遍呈现出来，而自由和自我实现成为人们的目标。人们声称，这些员工不会安于其父辈的常规的、思维简单的工作。

1973 年，在美国联邦健康、教育和福利部（U. S. Department of Health Education，and Welfare）的资助下，进行了一项叫作“工作在美国”的研究。该项研究可能最好地概括了人们对那个时代的员工及其工作的探讨。该研究的编者指出，工作对如此多的年轻员工似乎有着显著的消极影响，其描述如下：

> 由受到限制的、非人性化的工作导致的工人们的不满正在导致生产效率低下、旷工日益增长、工人流动率高、自发的罢工、怠工、质量低劣的产品和工人不愿意投身工作。
>
> 与工作相关的问题正在导致身体和精神健康水平下降，家庭稳定性和社区凝聚力减弱，以及更不“平衡的”政治态度。对工作的日益不满

也在导致工作场所和社会上的吸毒、酗酒、攻击行为和违法行为的增加。[3]

那一描述就像一场控诉，一场媒体永无止境的重复的控诉。当然，如果人们假定单个因素（这里是指“非人性化的”工作内容）要为如此之多的商业、社会和个人的困境负责的话，那么，其他人也可以确信，单一的解决方法很快将随之而来。在美国联邦健康、教育和福利部的报告中，这一解决方法（或者更确切地说，这一包治百病的万灵药）就是充满魔力的“工作丰富化”。

洛兹敦罢工和工作丰富化“解决方案”

根据弗雷德里克·赫茨伯格（Frederick Herzberg）的“激励—保健”理论，工作丰富化被认为是试图通过对真正成就的期望来重新激发工作的热情，从而创造出真正的满意和激励。简言之，激励—保健理论认为，工作本身——如自始至终从事一项工作的挑战性——是员工的真正激励因素，而工作环境——“保健”因素（如工资、福利和人际关系）——是不能有效激励员工的，但是，在“保健”因素恰当时，可以暂时阻止员工感觉不愉快。因此，真正激励和长久满意的关键在于使工作丰富化，即重新组织工作，使之能够给员工带来成功感和成就感。[4]

激励—保健理论和工作丰富化解决方案在20世纪70年代的多数管理思想和教学中是极为流行的，但是从那以后开始逐渐消退。那是不奇怪的，因为首先，包治百病的解决方案很少是真的。且不论其学术陷阱，这类声音还有点医药推销的味道。事实上，想一想，大多数所谓的被关注者都是装配线上的蓝领工人，为什么没有任何工会把对更有意义的工作的需求放到它们的集体谈判日程上呢？实际上，许多工会领导明显自降身份加入到了支持与工作内容有关的甚嚣尘上的呼声当中。

1972 年，位于美国俄亥俄州洛兹敦的通用汽车公司（GM）装配工厂的工人罢工事件引起了人们的关注，这进一步强化了人们对工作丰富化及其论调的怀疑。人们最初以为并且普遍认为，这次罢工是装配线工作的非人性化特性的结果。然而，洛兹敦的真实情况与媒体和学术界通常描绘的情形大不相同。在 20 世纪 60 年代，通用汽车在洛兹敦建立了一家新的制造工厂，专门用来装配“织女星”载客轿车，通用汽车希望该车能阻止外国制造商蚕食公司在小型汽车市场上的利润。到 1966 年，通用汽车在该工厂雇用了大约 7 000 人。该新工厂采用了先进的自动化设备，公司投资了 1 亿美元。

通用汽车录用了更年轻的、受过更好教育的工人。据称，这些工人深受 60 年代社会思潮的影响，许多人甚至还留着长长的头发，因此，这些工人确实是“新生代”。接着，通用汽车采用了各种效率规则，旨在将新的“织女星”轿车的产量从每小时 60 辆（或每分钟 1 辆）提高到每小时 100 辆（或每 39 秒 1 辆）。公司没有增加员工人数或减少每个工人负责的程序数量，只是要求工人加快进度。工人如果落在后面，就相当于没能跟上生产线的速度。

如果落后的进度较多，结果会非常糟糕。工人尝试过各种自助措施，如不经过必需的程序就让轿车轻易通过流程以及将工作合二为一（偷偷用很短的时间——通常是少得可怜的时间——同时做另一个程序的工作，这样，某个工友可以休息一下）。缺勤现象日益增加，公司制定了更严厉的工作规则，这些规则违反了许多惯用的但却未用明文加以规定的车间惯例。

工人开始罢工。罢工的主要原因在于，工人认为公司让他们加速工作，这在劳工与管理层的冲突史上几乎不是什么新鲜的话题。从某种意义上说，这并不是因为工作本身变得更不人性化，而是因为公司对加速工作的需求不可能让人满意。正如一位作者指出的："洛兹敦工厂像亨利·福特（Henry Ford）曾提出的要求一样进行加速化。"[5]

代沟神话再度出现

将员工队伍出现的问题归咎于新生代的员工，这样的解读以一个更为复杂的形式在过去的 20 年间再度出现，并发展成一种虚拟的产业。许多咨询师现在就如何对待新生代的员工以从他们那里获得最高的生产力以及确保和谐的跨世代的工作关系，为经理们提供建议。通常四代人被确定出来：在 1945 年以前出生的员工，通常被称为传统主义者；婴儿潮一代，在 1946—1964 年出生；X 世代，在 1965—1980 年出生，以及员工队伍中最新的成员，千禧一代，在 1981—1995 年出生。

这几代人被认为有着不同的特征。尽管在不同的作者之间描述不尽相同，但以下是较为普遍的定义[6]：

- **传统主义者**。工作努力；忠诚（对他们的国家和雇主）；服从（尊敬权威，不惹是生非）；抵制变革；受到新技术的挑战。
- **婴儿潮一代**。以工作为中心（工作极为努力，以他们的职业成就来定义自己）；独立（自信、自力更生）；以成就为导向；好竞争（想要胜利）。
- **X 世代**。以自我为中心（独立、机敏善变，珍视自由和责任，藐视权威和固定的工作时间）；善于应用新技术；灵活（善于随机应变，更乐意去改变雇主，能够容忍另类的生活方式）；珍视工作与生活的平衡（"工作是为了更好地生活，而不是活着是为了工作"）。
- **千禧一代**。科技达人；以家庭为中心（愿意放弃高薪以换取更少的工作时间、更灵活的工作日程和更好的生活与工作的平衡）；以成就为导向（雄心勃勃、自信，对雇主有着很高的期望，寻求新的挑战）；质疑权威；以团队为导向（珍视团队合作，渴望被接纳，寻求他人的支持与肯定，渴望被关注）。

这些描述和他们的变体已经被广泛接受为准确的描述，如 20 世纪 70 年代的年轻工人们被描述为“疏离异化的”。但是，也有如下的说法：“在 70 年代，没有一丝一毫的系统性证据表明任何关于几代人的描述是正确的”。它们完全基于奇闻轶事，并有着自己的来源，但从某种程度来看，有着一个基本的错误：将年龄的影响和“世代”的时期所产生的影响混为一谈。毕竟，所谓的传统主义者不仅仅出生并成长于文化不同的时代——他们也在他们的公司中有着更长的工作年限且更为年长。他们对变革的抵抗——如果真的存在的话——可能与他们的世代没有关系，而可能完全是与他们的工作年限或年龄以及他们不愿意用没有尝试过的某种东西来替代他们使用多年的东西有关。换言之，就算是千禧一代，当他们变老并且在公司工作更长时间时，也可能与现在的传统主义者没有区别。

就我们所知，目前仅有两种真正的系统性研究对代际差异理论进行过具体的检验，一个由加拿大会议委员会（Conference Board of Canada）[7]开展，另一个由创新领导力中心（Center for Creative Leadership）[8]的詹妮弗·迪尔（Jennifer Deal）开展。两个研究都是基于问卷调查的基础之上的。在加拿大会议委员会的研究中，调研样本包括了 900 名加拿大员工，限定在三个世代：婴儿潮一代：出生于 1945—1965 年；X 世代：出生于 1965—1979 年；以及 Y 世代：出生于 1980—2000 年。另外，迪尔的研究调研了 3 200 名美国工人，并且将她的调研群体划分为五代人：沉默的一代（Silents）（出生于 1925—1945 年）；早期的婴儿潮一代（出生于 1946—1954 年）；晚期的婴儿潮一代（出生于 1955—1963 年）；早期的 X 世代（出生于 1962—1976

年）；晚期的X世代（出生于1977—1986年）。[9]

以下简要介绍这些研究的结论：

- 加拿大会议委员会报告的作者得出如下结论："不同年代的人看待其他人的方式之间有着明显的差异，许多差异反映出流行的（且通常是消极的）对不同世代的刻板印象。然而，来自所有三个世代的员工从他们的工作、同事和雇主那里想要得到的许多东西都是相同的。简言之，许多人们头脑中的婴儿潮一代、X世代、Y世代之间的差异都是基于感觉而非事实的。"[10]因此，公司需要"提供员工希望得到的尊重、灵活性和公平"。[11]只有在偏好上的两种差异被发现是比较显著的：相比其他两个世代，婴儿潮一代多多少少更喜欢面对面的交流而不是通过技术手段，如电子邮件（有没有读者感到惊讶呢?），并且他们对下班后与同事的社交更不感兴趣（考虑到婴儿潮一代的年龄，这并不令人惊讶）。

加拿大会议委员会的研究揭开了关于代际差异大量具体的谜团。其中一个就是"X世代并不喜欢在团队工作，而婴儿潮一代和Y世代更善于合作并以团队为导向"的说法。他们的数据表明：事实上，62%的X世代的人说他们更愿意单独工作，相比之下这个比例在婴儿潮一代的人中为59%，而在Y世代的人中则是64%。此外，57%的X世代的人说他们喜欢在团队中工作，与之相对的则是有55%的婴儿潮一代的人和61%的Y世代的人喜欢团队工作。[12]另一个流行的说法是："相比生活而言，婴儿潮一代的人珍视工作胜过生活，X世代的人则珍视生活胜过工作，而Y世代的人只在工作之余珍视生活。"但是数据却显示"三代人都追求工作与生活的平衡。他们都为了从工作中获得快乐而工作，并且都为了能够享受个人生活而工作"。报告的作者提醒道："……雇主们需要提防那些会造成几代人之间巨大鸿沟的程序和做法，以及避免通过那些可能会被称为‘以刻板的印象来管理’的做法来提高组织的绩效。”这样的方式已经不管用了。在管理由几代人组成的员工队伍时，通往成功的秘诀不是设计适合特定年代的员工的政策，而是开发一套人力资源管理系统，以使所有的员工都能感到被平等地重视，并且这一系统是基于尊重、共同的价值观、灵活性及公平的。[13]

- 詹妮弗·迪尔也提出了类似的数据，并得出惊人相似的结论："……在工作中，表面上的代沟比本质上的代沟多……人们在工作中想要的东西也基本一样，无论他们属于哪一代人。”[14] 迪尔对管理者的建议是：“记住，你不需要自我束缚，试图去适应每一代人的独特念头，你也不必担心在下一代人出现时要学习了解一系列新的念头。来自不同世代的人，在他们的想法、信念和想要从他们的工作中得到的东西这些问题上都是非常相似的。一旦人们接受了这一事实，并且使他们的行动与适用于与所有世代的人一起工作的这些原则相一致，那么代沟就不复存在了。”[15]

然而，在工作中，员工和经理们仍然不接受这些关于代际之间缺乏差异的结论，因为这些结论掩饰了他们所宣称的他们确实每天都能看到并且经历的代沟。他们看到婴儿潮一代的人表现得更为保守，并且对公司更为忠诚且更为满意。他们看到将公司视为一个整体的传统主义者，在工作中表现得比几乎所有人都更为积极。就像加拿大会议委员会所强调的，不同年代的人之间看待对方的方式确实存在差异。然而，同样正确的是，婴儿潮一代的人年龄更大并且通常在公司工作的时间更长，比如说，长于X世代，因此在公司中可能比后者更投入。同时，传统主义者，最老的一群人，则更有可能位于管理层，我们知道这群管理层的人通常更为积极。因此，在公司工作年限的长短和级别的高低都会混淆人们亲眼所见的事物——你无法“看到”工作年限的长短，但你可以看到“年龄”，把年龄与“世代”视为同一概念。我们所进行的一个相关的数据分析显示了员工结构对总体满意度的影响。我们发现，当我们使用统计学方法排除掉工作年限和级别的影响时，年龄所造成的差异（世代差异）消失了——除了在传统主义者身上有非常微弱的正向效应之外。因此，我们的分析是，我们知道对于总体满意度来说，是工作年限——而不是年龄或世代——有着真正的影响。人们常常充满激情地加入公司，他们希望能够找到一个满足他们的工作目标、兴趣和志向的组织。然而，在大多数公司中，员工们最初的期待并未被满足，进而他们的态度就会变差，在他们工作的第 3～6 年降到最低点，然后开始回升，就像在表 1—1 中显示的那样。这些影响自我们从 1972 年开始收集数据以来就一直年复一年地存在于管理层和非管理层之中。以下是对工作年限与满意度之间关系的分析，这一分析是基于我们近期的调查结果的。

表 1—1　　2011—2012 年以工作年限划分的总体满意度（%）

	＜6 个月	6 个月～1 年	1～3 年	3～6 年	6～11 年	11～16 年	＞16 年
管理层	87	83	78	76	77	80	84
非管理层	85	78	76	72	73	77	78

更进一步的分析表明，这种工作年限的影响发生在所有年龄段！年龄本身没有影响，除了对传统主义者（那些 68 岁以上的人）有轻微的正向效应外。比如说，如果一个中年人加入一家公司，那么经过一段时间，他所表现出的满意度结果与相同任期的年轻人一样。（欲进一步了解这些分析，请访问 www.sirota.com/enthusiastic-employee。）

一个人职业生涯中后期回升的态度很有可能是以下几点的结果：员工流失（许多不开心的员工已经离开了）、态度行为不一致（“如果我还在这里，我肯定是满意的!”）以及习惯（“毕竟这段时间里，我已经逐渐适应了这个地方。”）的作用。除了提防有关代际差异的成见外，对管理者而言，关于这个主题的研究中唯一有实际意义的结论是：如果你在寻找一种方法来提高你的员工满意度的话，你可能会考虑雇用那些68岁及以上的人（传统主义者）——并且雇用他们的时间不能多于一年!

关于工作本身的神话

长期存在着一种广泛流传的说法（在我们的文化中根深蒂固），大多数人，无论是哪一代，都不喜欢工作。这是一个古老的观点。（毕竟，工作曾是对亚当的惩罚之一，因他在伊甸园偷吃了禁果：“你必汗流满面才得糊口。”）并且几千年来，大量的工作，事实上是极为繁重的，并且人们常常是在危险甚至致命的环境下进行工作的。但是，许多东西已经改变了，特别是在今天的发达经济体中。体力繁重的、无休止的劳动消失了，工业革命及信息革命的产物在很大程度上帮助了人们，同时在社会规范和劳工法规的限制下，工作强度在很大程度上已经变小了。但是，工作本质上“就是令人不愉悦的”这样的观点仍然继续存在于几乎所有人的脑海中。

在我们的员工调研中，我们定期具体地询问人们对工作本身的感觉，而不是工作中的其他方面，如他们的薪水或是他们与上司的关系。我们得到的工作平均满意度是78%。这意味着，平均来看，在所有被调查组织的所有员工中，有78%的人是喜欢他们所从事的工作的。尽管78%的平均满意率并未接近全体满意的水平，但看起来却证明了如下想法的错误：对大多数员工来说，不知何故，工作本质上是令人不满意的。

进一步地说，与种种未经证实的关于员工态度的理论（如代际差异和工作丰富化热潮）相反，我们发现，在许多行业中，员工对他们所从事的这类工作的总体满意度是强烈而持续的。例如，从满意度高的例子来看，在保险行业的员工的工作满意度达到83%；而从满意度低的例子来看，零售行业员工的工作满意度则为75%，差异并不大。所有行业的管理者相比非管理者而言有着更为积极的态度（前者平均为84%，后者为77%）。管理层次越高，积极性就越高。历史数据显示，非管理类专业人士（如工程师、会计师和销售人员）比其他支薪员工（如文秘）满意度稍高，而后者则比计时工（多数为蓝领）的满意度更高。但是，在过去的八年中，计时工的态度已经有了提高，目前已经可以与其他非专业的支薪员工相较。因此，对每个群体来说，对工作感到满意的员工的比率都是较高的；其余员工多数持中性态度，只有一小部分人表示不满意。各类群体之间的差异较小，大体与预期一致。

而且，没有证据显示，更年轻的员工比年长者的不满意程度更高（或更低）。种族和性别差异也很小或不存在，地区差异也是如此。附录C“工作满意度：人口、职业和地区细分”详细列举了各种人口、职业和地区群体的工作满意度数据。具体的各种人口、职业和地区群体的工作满意度数据也可以在我们的网站 www. sirota. com/enthusiastic-employees 上找到。

我们关于工作满意度的结果看起来可能与那些不熟悉员工态度调查结果的人的直觉是相反的。然而，正如在序言中所指出的（以及在附录D“与其他标准值的比较”中所概括的）一样，我们的数据与其他研究者所收集的数据是相似的。而且，回顾1972年西洛塔咨询公司所做的调查，我们发现，这个数据几乎没有任何变化。在1972—1982年的调查中，工作满意度的平均水平是73%，而在2002—2012年为77%。

与社会上流行的看法相反，如果员工通常喜欢他们所从事的工作，那么，为什么又有一些员工会比其他员工表现出更大的动力？为什么一些公司的员工比其他公司的员工通常会表现得更好？而且，为什么员工通常没有明确的动机要把工作做好，尽管他们显然喜欢他们所做的工作？换句话说，如果员工通常喜欢他们所从事的工作，那么，为什么他们通常对其工作情形并不满意？他们是非理性的吗？这种显著差异的原因何在？我们通过直接接触员工来得出答案。

让我们询问

以一种简单而直接的方式询问员工其目的和观点，如此你可以了解什么？首先，试图获知员工最易受激励的因素是在浪费时间。绝大多数员工都“最”想要许多种东西。实际上，只想要一件东西是一种心理疾病，比如，只想要金钱而拒绝所有其他东西，或只想要同事情谊以至于愿意舍弃其他任何东西，包括对个人劳动的公平报酬。

西洛塔三因素理论

在我们的调研的基础上，我们认为，工作中的员工有三类主要目的：公平、成就和同事情谊。我们称之为工作场所中人类动机的三因素理论，我们主张：

(1) 这三类目的代表了绝大多数员工的需要——无论是哪一代人。

(2) 对绝大多数员工来说，没有其他任何目的与这三个目的同样重要。

(3) 就我们所知，这些目的并未随时间而改变，它们跨越了文化的差异，至少在经济发达地区是如此（我们只研究了这类地区）。

(4) 理解这几类目的并制定与之相一致的组织政策和实践措施是实

现高涨的员工士气和公司高绩效的关键。在多数员工的目的及组织的需要之间不存在任何冲突。

注意：记住我们的关注点是工作中员工的目的。生命的意义远不止工作，我们的理论并不打算涵盖所有人类动机。

我们一直对于未经系统性的证据证实的人类动机理论保持着高度的辩证态度——事实上，这些理论是与确实存在的证据相矛盾的。我们关于人类动机的主张依据何在？首先，我们在观察和询问员工方面已有40多年的经验。多年来，我们直接接触了上万名员工，通过调查问卷调查了上百万人，我们看到某些话题一次又一次出现。不论何种职业——从装配线工人到科学研究者，不论世界上哪个地区（北美洲或欧洲，拉丁美洲或亚洲），也不论何种性别、种族或年龄，这些话题都会不断重复。当然，具体细节各不相同，但在我们工作的每个地方，人们都期待为其所从事的工作感到自豪，想努力获得公平的报酬并有稳定的工作。与同事的合作和志趣相投对他们较为重要。工作中的员工的这些根本需要及在需要得到满足时所感受和表达的激情（以及未得到满足时的沮丧）无一遗漏。

更具体地说，我们的证据包括：

- 我们对问卷中的选择题答案进行了统计分析，分析表明，与员工士气和绩效最为相关的那些问题就是衡量这三个因素（公平、成就和同事情谊）的问题。

- 当直接询问员工他们想从其工作及公司获得什么时，他们提到了几个目的，这些答案也可以归结为这三个因素。

- 在焦点小组座谈和问卷结尾的“开放式”问题中，我们询问员工在为其公司工作时最喜欢和最不喜欢的是什么，详细的定量分析表明，他们喜欢的和不喜欢的几乎总会涉及这三个因素。

● 在关于员工流动的研究中，我们了解到，员工留在或离开一家组织的主要原因——除了个人原因，如配偶在不同的地区工作——几乎总是涉及这三个因素。

归结起来，无论是根据印象还是系统研究，这些证据都是不可抗拒的。我们随后将在本章回顾其中的一部分证据。不过，首先，我们这里要描述一下这三个因素以及员工在工作期间对此的满意程度。

公平：在基本工作条件方面受到公正对待

仅仅根据工作关系就可以预期某些基本条件。它们与在公司中的职位或绩效无关。它们是通过普遍接受的道德和社会公众标准来确定的，尽管基本的目的不会随着时间改变，但是，用来界定什么可以接受的那些标准，确实有许多发生了变化。基本的条件如下：

● 生理条件，比如有一个安全的工作环境、不会伤害身体或感情健康的工作负荷以及合理的、舒适的物质工作条件。

● 经济条件，比如有合理的工作稳定性、满意的报酬和满意的额外福利。

● 心理条件，比如受人尊敬，有满足个人和家人需要的合理的住宿，有值得信赖且始终如一的管理者，其投诉意见能够得到公平处理。

这些令人吃惊吗？当然不。令人吃惊的是，许多现代管理理论对此关注不多。但是，如果员工认为他们没有受到基本公平的对待，那么，在达成企业目标过程中要获取员工的自愿合作是不可能的。

我们在定义中经常采用"合理"这一术语，因为员工并没有期望达到脱离我们的现实世界的完美程度。例如，渴望工作稳定并不意味着员工期望终身的工作保障。他们并不天真。他们了解，这类保障实际上在现代资本主义经济中是不可能的。但是，当公司在没有紧迫需要必须让他们离开时（比如，当公司已经获得高额盈利或公司还没有用尽其他更显而易见的办法来削减成本时），如果他们（或他们的同事）被解雇了，他们会感到愤怒。他们的愤怒因为公司麻木地对待被解雇人员而被扩大了，比如，当公司没有充分告知原因或给予足够的资金以及没有尽力帮助安排再就业而进行人员解聘时就是如此。

换句话说，在员工看来，他们变得愤怒，是因为公司在追求短期经营利益，而完全没有考虑公平性问题，比如，期望通过宣告裁员对公司股价立即产生影响。

类似地，以薪酬为例。大多数员工知道，变得极为富有仅仅是幻想而非现实。因此，通常认为“员工永远不会对其薪酬感到满意”这一假设是不合理的。我们关于薪酬满意度的调查结果是 51％的满意和 25％的不满意（其余的对其薪酬持中性态度）。尽管薪酬满意度的比率较低，但也不是非常消极。而且，那是许多组织的平均水平，答案的范围是很广的：最积极的公司有 78％的员工表示满意，而最不积极的是 25％。

与“常识”相反的是，员工可能认为其薪酬是公平的。我们的研究表明，人们所感知的公平薪酬是受许多变量影响的一个函数，这些变量包括：对其他组织类似工作的薪酬多少的感知、薪酬与员工贡献之间的关系以及公司的盈利水平。第 4 章“薪酬”详细阐述了这些变量。这些结果反映出，员工的态度取决于组织是试图采用公平的工资政策还是试图从员工身上榨取最后的一分钱。而且，“公平”并不意味着极其慷慨。在其他条件等同的情况下，我们发现，员工对“竞争性”薪酬表示满意，而且对仅仅高于其他公司薪酬几个百分点的薪酬待遇表示非常满意。

类似的观察结果在公平因素的其他要素上也有体现，如福利。但是，有一些要素是最为根本的，比如：

- **安全**。在有生命危险或残疾风险时，安全无恙便成为目的，这是可以理解的。

- **尊重**。员工想被当作有责任感的成年人看待，但是，正如我们通常看到的，许多工人——主要是在工厂——还有许多白领，被当作孩子或罪犯来看待，其工作和其他行为受到严格监督，并被强迫执行和服从“规则”。对这类待遇的回应是，员工的愤怒与日俱增，而且，在我们所研究的日益严重的劳资关系冲突中，这一直是个主要因素。即使是在员工反应并不是很激烈的情况下，这种管理方式对公司来说也是不正确的。它是基于对绝大多数员工的错误假设基础之上的（比如，假设他们是不负责任的），并成为一种恶性循环：对员工做最坏打算的管理者也会自食其果。

- **管理者的可靠性**。人类从孩童时代到长大成人一直存在的一个基本需求就是，当他人的行动对他们有重大影响时，他们要能够相信那些人的话。许多员工不满意的一个主要原因就是，关于重要事件的信息不完全、不清楚、自相矛盾或完全缺失。当员工认为公司是在故意隐瞒信息时，空气中就会弥漫着关于真实情况的猜想。这肯定会破坏管理者与员工之间的关系。

员工对其公平需求得到满足的程度是如何判断的呢？我们的研究表明，平均满意度的最高值涉及员工对工作中的安全性的感觉如何，而最低值与组织的薪酬有关。答案从最高值到最低值存在很大的差异；具体情况是，从81％的安全性满意率到51％的薪酬满意率。这证明，员工对其工作的各个方面的满意度有着显著的区别。

表 1—2 是有关公平的标准数据样本。表中显示了我们对每个问题的所有调查的平均满意度百分值及其范围：所获得的关于该问题的最低分值（最小值）和最高分值（最大值）。

表1—2　　2004—2012年公平问题样本的标准值及其范围

问题	范围		
	标准值	最小值	最大值
安全性	81%	59%	96%
受到尊重和享有尊严	74%	43%	93%
上级的人际关系能力	73%	57%	87%
物质工作条件	70%	38%	91%
预期工作量	70%	52%	87%
工作稳定性	67%	50%	89%
公司对员工福利的关注	65%	23%	92%
管理层言行一致	64%	29%	88%
公司在重要事件上的沟通	64%	34%	86%
福利	62%	23%	94%
偏袒（缺乏）	54%	41%	71%
薪酬	51%	25%	78%

在被调查的多数组织中，所有指标的排序是类似的。当发现这种模式的例外情况时，就会引起我们的特别关注。以安全性为例，一般来说，安全性指标在调查中的比率分值是较高的，但是，有几个组织，尤其是在重型制造业中，该指标的分值是较低的。但也有例外，比如，第7章所讨论的前财政部部长保罗·奥尼尔（Paul O'Neill）在美国铝业公司（Alcoa）担任董事长期间在安全方面所做的工作。这些“例外之例外”是尤其值得关注且能给人以启发的，因为从这些例子中我们了解到，在管理实践中，只有少数是先天注定的。如果愿意，我们可以做很多事情。

尽管这种模式一般会在所有组织中继续存在（除上述例外情况），但满意度水平（在这种广泛的模式之内）却是大不相同的。因此，举例来说，在所有的公平指标中，A公司和B公司的员工可能对安全性的评价都属于较高范畴，对薪水的评价都属于较低范畴，但是，A公司的员工可能比B公司的员工对两项指标的评价（以及对几乎所有其他公平指标的评价）都要高一些。

组织之间的这种较大偏差可以在表1—2所示的变动范围中看到，而且这些变化特别重要。首先，它们否定了人们通常所持的假设，即认为无论员工在何处工作，他们在对工作条件的不满方面是相似的。管理者的工作是关键的，组织之间在管理行为方面的差异以及相应地在员工反应方面的差异可能是巨大的。其次，这种变化使我们要去回答“然后怎么样呢?”这样有关员工态度的问题：员工满意度确实对经营成功至关重要吗？在第2章“员工激情与经营成功”中，我们揭示了在有着不同程度的员工满意度的组织之间，经营绩效是如何显著变化的。[16]我们必须着重强调的是，在满意度水平上的偏差，并不常常出现在高度满意的（或者说“充满激情的”）与高度不满意的（或者说“生气的”）员工之间。这是本书的一个基本观点：当员工说“这个地方极其适合工作”和感觉到“这挺不错”或“OK”时，两者在动机与结果上有着巨大的差异。

成就：通过做好重要的事情而为自己的成就感到自豪；因自己的成就而获赏识；为组织的成就感到自豪

员工关系中的基本公平感是员工高士气得以保证的基础：为自己及组织的成就感到自豪的强烈需求因此得以满足，从而使员工采取行动努力获得高绩效。自豪既来自员工自身对成就的感知，也来自他人的赏识。

这就是为什么常问“你如何激励员工”这一问题是很愚蠢的原因。大多数人进入一个新的组织和工作岗位时是充满热情的，他们渴望工作，渴望贡献，渴望为自己的工作和组织感到自豪。荒谬的是，许多管理者却在尽最大努力打击员工的积极性！

如果你认为员工（除了少数“圣人”、超级成就追求者或神经质的工作狂）在工作时基本上是贪婪而懒惰的，那么你可能不同意以上观点。然而，相反的是，大多数员工对待遇的期望是合理的，他们渴望完成工作并对其绩效感觉良好。当我们在一个员工身上看到相反的情况时，这或许是一个非典型的例子（参见下面关于个体差异的讨论），或者说，最普遍的情况是，因为管理者的做法打击了那个员工的积极性。

我们的统计分析显示，成就感有六种主要来源：

- 工作自身的挑战性。主要指员工在工作中运用智力、能力和技能的程度。
- 获取新技能。
- 执行能力。这主要指员工拥有所需的培训、指导、资源、权利、信息和合作来很好地完成工作。
- 对员工工作重要性的认识。包括对组织、对顾客以及对社会的重要性。
- 对绩效的赏识。既包括非物质奖励（如来自老板或顾客的一句简单的"谢谢"），也包括物质奖励（基于绩效的薪酬和晋升）。
- 为能让员工感到自豪的公司工作。员工自豪感源自公司的目的、产品（其质量及对客户和社会的影响）、经营成绩、经营道德（对待客户、员工、投资者和社区的态度）及领导者的素质。

就像公平指标一样，我们的调查揭示了关于成就的一幅复杂景象。与成就相关的标准数据样本如表1—3所示。我们询问了许多有关这一领域的问题，这些将在相关章节进行讨论。但是目前，我们注意到，获得最积极评价的那些因素集中在组织中相反的两个方面：宏观和微观。一方面，员工对组织的整体特性（如组织的产品和服务的质量、其盈利性和道德）是最为满意的。另一方面，对直接工作环境（如工作、同事和直接上级的专业技能）也是最为满意的。评价最为负面的一般是关于"中观"层面的效率问题（如官僚、管理层指挥的一致性以及随后要探讨的部门之间的合作）和奖励问题。这里还存在一些明显的矛盾，比如一方面，许多员工认为，期望他们完成的工作量过大以致对质量造成了损害；另一方面，他们对组织向顾客提供的产品和服务的质量却持极为正面的评价。这些事实都将在本书中进行详细讨论。我们还与其他调查进行了比较，其结果与我们的调查基本类似（参见附录 D“与其他标准值的比较”，见 www.sirota.com/en-thusiastic-employee）。

表 1—3　　2004—2012 年成就问题样本的标准值及其范围

问题	范围		
	标准值	最小值	最大值
对预期结果的清晰理解	86%	63%	95%
提供给顾客高质量产品或服务	82%	52%	96%
上级的专业能力	82%	67%	95%
对组织的自豪感	82%	55%	98%
企业公民	79%	43%	95%
工作本身	78%	24%	92%
所用技能和能力	76%	53%	89%
工作所用工具和设备	72%	33%	91%
工作所需信息	69%	37%	91%
公司整体上得到了有效管理	67%	32%	93%
上级对工作业绩表示赏识	64%	38%	86%
绩效反馈	63%	45%	82%
看重员工	62%	38%	81%
参与性环境	61%	24%	74%
培训	60%	29%	84%
没有过多浪费时间和精力	50%	24%	70%
决策没有过度拖延	49%	8%	77%
没有从管理者那里收到矛盾的指令	44%	33%	56%
基于绩效的业绩工资	40%	5%	91%
官僚（缺乏）	39%	12%	72%

同事情谊：与工作场所中的其他人有着温暖、有趣、合作的关系

人是社会动物：与他人积极交往不仅能令人满足，而且是精神健康的根本需要。我们经常忽视如下事实：一个组织——以及组织的各个部分——不仅在某种程度上是作为经营实体在发挥作用，而且是作为一个满足其成员的社会和情感需要的团体在运行。

调查中，我们为受访者提供了一个把他们的意见写出来的机会。一个典型的问题是：您对在这里工作最喜欢的是什么？在对此问题最常见和最一致的回答中，有一个答案就是和他们一起工作的人。那是因为同事是重要的，而且人们希望在其工作单位中彼此的相处是融洽的。就与组织中其他部门的关系来看，我们收到的正面意见相当少；那些意见通常是对员工最不喜欢什么的问题的答案。比如，注意如下表述：

- 一位房地产公司的员工说（最喜欢什么）：“我的团队有许多聪明的人，他们很友好，一直想要做得更好，并且相互帮助。我们在一起工作感觉十分美好。”
- 一位工厂的员工说（最喜欢什么）：“与我一起工作的人们”就是这类短语或类似的回答（比如，“与我一起工作的那些了不起的人们”）几乎在每次调查人们最喜欢什么时都会反复出现。
- 一位医院的员工说（最不喜欢什么）：“外科医生和护士之间的合作和沟通有待改进。护士是真正了解病人的。我们就在病床旁边与家属和病人打交道。但我们经常被忽视，仿佛是外科医生的仆人，当他们这样对待我们时我们本应该气得跳起来的。”
- 一位银行的信息技术小组的员工说（最不喜欢什么）：“让我最难过的是，我们不得不为之服务的那些部门完全不了解我们有多忙、多么缺人手。

我们无法在他们需要时马上去做任何事情。他们才不在乎呢，当他们向我们的副总裁抱怨时，他就不会支持我们了。”

组织中相互交往的质量很显然不仅仅会受友谊和互利的影响，而且会受同事的能力和合作的影响。在那种环境中，“友善的逃避工作者”是一种矛盾的说法：从定义上看，对同事没有提供帮助是不友善的。这是员工的需求（这里指工作环境中积极的人际关系）与组织对高绩效的需求之间相一致的又一个实例。而且，就像我们在第 8 章“工作赋能”中所论述的，创新精神常常是同事之间的这种积极互动的结果。

同事情谊概念相比公平和成就来说没有那么复杂。我们是在工作后期才逐渐清楚地意识到其重要性的。因此，在我们的调查中，关于同事情谊的问题较少，这些问题在表 1—4 中列了出来。对同事情谊评分最高的是同事之间的关系，随后是部门内的团队合作，然后是某地区的部门之间的团队合作，最后才是整个公司的团队合作。

表 1—4　　2004—2012 年同事情谊问题样本的标准值及其范围

问题	标准值	最小值	最大值
同事之间的关系	90%	71%	97%
部门内的团队合作	80%	39%	92%
某地区的部门之间的团队合作	66%	26%	88%
整个公司的团队合作	62%	23%	87%

如先前所说，团队合作不仅仅是同事情谊的问题，它还对成就有重要影响。我们认为，对团队合作的态度在微观层面（部门内）相比中观层面（部门之间）更为积极。然而，公司之间的差异较大，这说明亲密程度和接近程度并不总是带来满足或疏远敌对。例如，尽管在部门内团队合作的标准值是 80%，但是范围却从 39%～92%不等。另外，部门之间的团队合作的标准值是 66%，但是范围却从 26%～88%不等。

在第11章“团队合作”中我们将讨论同事情谊及其对绩效的影响以及改进的方法，并讨论同事情谊有时可能与组织目的相对立的情况。例如，一个工作组内成员团结一致，当他们认为管理者的举措不公平时，就可能会形成与管理者的对立。管理者变成了“敌对者”，在那些情形下，公平问题必须首先得到处理。

这里概括了绝大多数员工的一组关键目的。除了我们的理论不适用的极端情况外（这些在下文将会讨论），我们断言，管理者不需要对员工在工作中的动机知道得比这更多。这的确是一种断言，但是，我们敢于接受任何人挑战，看谁能指出其他适用于工作场所的强有力且普遍适用的动机。我们进一步声明，如果那些需要没有得到满足的话，要得到真正高士气的、激情的且生产效率高的员工队伍是不可能的。

我们所提出的这三组目的是截然不同的需求，遗憾的是，它们无法相互替代。例如，工作内容丰富化并不能增加员工对于薪水的满意度，也不能使员工将其对薪水不满意的重要影响降到最低。对薪水的不满只有通过增加薪水来改进！类似地，对枯燥工作的不满只有通过重新设计工作或将员工调到更有意思的岗位上加以解决，付给员工更多薪水并不能解决这一问题；每个目的及每个子目的都必须单独对待。万灵药是不存在的。

三因素理论的具体证据

我们对这三组目的的普遍性提出了强力的声明——有人可能会说这是令人吃惊和无法相信的。我们认为，它们几乎是普遍存在的，适用于85%～90%的员工队伍（这几乎相当于所有员工队伍）。

我们的断言看起来可能是违反直觉和常识的。毕竟，管理者和员工关系专家总是不断地谈论差异：个体员工之间的差异、各类员工群体（比如男性和女性、年长员工和年轻员工、专业人士和非专业人士）之间的差异以及不同国家的员工之间的差异。难道我们是在说这些都是胡说八道吗？是的，很大程度上是这样的。

让我们先来看看与这三个因素相关的如下问题：你认为有某个类别的员工整体——按人口特性（年龄、性别、种族等）、职业或国别分类——没有把自己受到雇主的公平对待（如工资待遇）看作最优先考虑的问题吗？你认为存在某一类员工群体，其绝大多数成员都不想为其工作和组织感到自豪吗？你认为存在某一类员工群体，对他们来说志趣相投和合作性的同事是不重要的吗？当然，这些规则对于某些个体来说是不适用的——甚至有些个体愿意让自己在经济上被雇主利用——但是，在任何一个类别中，这都只是极少数人。

在这些需求中不存在主要的人口特性、职业或国别差异吗？应该说，在我们所描述的基本需求（对公平、成就和同事情谊的渴望）中是没有的。差异主要存在于用什么来满足这些需求，这类差异的存在是因为客观条件和期望的不同。让我们看看以下几个例子。

- **工作本身**。在第 9 章“工作挑战”中，我们讨论了员工从其所从事的工作中寻求满意的情况。我们认为，员工想要为其工作感到自豪。对工作的自豪有许多来源，其中包括员工对其聪明才智得以施展的感觉，这反过来又部分成为他们必须在工作中做出判断的自由度的函数。比如，我们知道，从客观上说，给予普通工程师的自由度一般会比给蓝领机械操作工的大得多。即使存在这种差异，他们所体会到的对其工作自主权的主观满足程度却可能是相同的。机械操作工并没有期望拥有工程师那样的自由度——实际上，他们还会认为这种期望是不恰当的。但是，他不想被当作机器人一样看待；也就是说，他想要做出对那项工作和他的技能有意义的判断，而且那种自由度可能是值得考虑的（正如你将在第 9 章中看到的一样）。人们在工作中并不愚蠢，并且也没有离谱的期望。机械操作工需要在工作中被当作有智慧的人类来看待（这种渴求并不亚于工程师），但是判断的标准显然有点不同。

- **工作稳定性**。第 3 章将讨论工作稳定性。一个组织处理好这方面问题是员工士气的一个重要来源，但是，美国人对公平的认识在过去几十年间已发生了很大的变化。尽管许多组织中的员工先前期望终身工作稳定，但如今的员工很少如此期望。他们认识到世界已发生变化，但这并不意味着他们对稳定的渴望已经消退。变化的是员工用来判断组织处理这一问题公平与否的标准。组织在这方面（比如，在是否将裁员看作最后的手段而非最先采取的行动方面）的表现大不相同，这些差异对员工队伍的士气和绩效有显著影响。

- **休假**。文化差异的一个具体可见的例子就是，西欧国家的员工得到的休假与美国员工的大不相同。平均来说，西欧国家有更长的假期，即使是新员工也至少可以得到整整一个月的假期（法国、瑞典、奥地利、丹麦和西班牙是五周）。这当然是一个主要的差异，有着显著的文化意味，可能还有重要的经济作用，但是，对我们有关基本需求的普遍性的主张来说，这又有什么意义呢？难道说欧洲员工懒惰吗？他们对于好工作更不感兴趣吗？他们认为他们的工作更无趣吗？这类主张都绝对没有任何证据。根据主要的历史和社会趋势，不同国家形成了不同的劳工关系模式，包括不同的预期休假时间。这些差异源自对什么是“公平”的不同主观标准，但是，绝不会削弱我们关于员工的基本目的的主张。

就许多其他目的和子目的的满意度而言，我们也可以做出类似的评论：在美国，员工对组织提供的额外福利（尤其是医疗保险）的期望已发生了极大的变化，十年前被看作不公平的事情，如组织没有支付全额的医疗保险费，可能在今天却是完全令人满意的；而对于机械设备来说则正相反，因为员工在工作中使用的工具不断得到改进，因此，从前感到满意的工具却很少能在今天仍然令人满意。

我们并不认为不存在任何人口特性的、职业的或文化的差异，或认为这些差异是不重要的。我们的看法是：当我们说员工想要为其工作感到自豪时，指的是几乎所有员工，无论他们是谁、他们在做什么以及他们在何时或何处工作。这些基本要素是永恒不变的。但是，知道如何满足那些基本需求通常需要了解特定群体的员工的期望。举一个极端的例子，如果一个组织决定将欧洲员工的休假时间减半，而仅仅依据如下假设：他们想要干好工作并得到公平待遇的基本需求与美国员工是相同的，那这个组织必将遇到大麻烦。

但是，同样不要犯相反的错误，也就是说，不要假设在期望和标准方面的显著的文化、职业和人口特性差异也会体现在基本目的中。例如，在对待蓝领工人时，仿佛所有他感兴趣的就是他的工资待遇，而他在工作中独立做出判断并不重要。如果这样，你在不知不觉中就会面对一个冷漠或敌对的员工。另一个极端的例子是，在对待工程师和科学家时，仿佛工资待遇并不重要，而所有他们想要的就是创新的机会，如果这样，那么你在不知不觉中也会面对有敌意的工程师和科学家（如果他们还留在该组织的话）。

表1—5概括了一部分有代表性的、充实的定量数据，我们的这些关于员工目的普遍性的主张就是以此为基础的。正如我们将说明的，该表显示，员工士气与三种需求的任何一种得到满足的程度之间有着强相关性，而且这种关系在所有人口、职业和国别群体中都特别相似。这些目的被谈及的力度没有任何差异，实际上，它们几乎是通用的。

表 1—5　三因素近乎通用的证据

	与总体满意度的相关性		
	福利（公平）	对技能的运用（成就）	团队合作（同事情谊）
总体	0.59	0.43	0.36
种族/民族			
白人	0.60	0.45	0.34
黑人	0.57	0.45	0.34
拉美人	0.58	0.47	0.41
亚洲人	0.63	0.45	0.41
印第安人	0.54	0.44	0.37
任职期			
0～2 年	0.60	0.48	0.35
2～5 年	0.60	0.45	0.33
5～10 年	0.58	0.42	0.33
10～20 年	0.59	0.44	0.36
20 年以上	0.56	0.39	0.36
性别			
女性	0.59	0.42	0.35
男性	0.59	0.45	0.37
层级			
管理者	0.58	0.44	0.33
非管理者	0.58	0.43	0.36
职务			
专业人士	0.60	0.46	0.36
非专业人士	0.55	0.39	0.30
地区			
北美	0.60	0.45	0.37
欧洲	0.58	0.40	0.32

我们又如何以系统而定量的方式来了解一个目的是否重要以及它是否通用呢？一种方法就是要让对此目的的满意度与员工对组织的总体满意度相关。表 1—5 在许多群体中显示了这种结果。总体满意度指员工感觉其具体

目的得到满足的程度，因此，对某个具体目的的满意度和总体满意度之间的相关性越高，我们就可以认为这个目的越重要。如果某个员工不太关心某件事，比如，他工作的场所的墙壁颜色，那么，喜欢或不喜欢它就对他如何看待整个组织没有任何影响。相比较而言，他如何看待他的工作或老板则显得很重要。这种推理就好比对美国总统的支持率——由针对民众的政治观点进行的民意调查而定——是美国人如何看待该总统表现的具体方面（比如，他对经济、国家安全等问题的处理情况）的一个函数一样。总体表现的具体方面与整体支持率之间的相关性越强，该方面的重要性也就越大。

我们可以用多种方法来评估变量之间（如总体满意度和对工资待遇或墙壁颜色的满意度之间）的关系。在我们的分析中，是用统计学中的相关系数进行测量的，其符号是 r。r 值越高，相关性越强。r 值介于 0（无相关性）和 1（完全相关）之间。（r 也可以为负值，这时，二者呈反向变化：某个变量的值升高，则另一变量的值降低。）

我们的主要发现是，在调查中涉及三种需求的那些问题与总体满意度之间存在很强的正相关性。这些相关性在所有人口、职业和国别群体中都存在，并且几乎处于同样的水平。对这些相关性的描述参见表1—5，其中，在涉及这三种需求时我们提出了如下的问题：

- **公平问题**。"您对您的组织在关心员工的福利方面的评价如何？"
- **成就问题**。"您是否同意：我的工作充分发挥了我的技能和能力？"
- **同事情谊问题**。"您会如何评价您的部门内的协作和团队合作？"
- **测量整体士气的问题**。"将所有因素考虑进来，您现在如何评价您对组织的总体满意度？"

表1—5所示的相关性数据是采用我们对几万名员工在组织中的调研数据并经过计算得出的。针对每个组织，所有四个问题的询问方式都是一样的。

此表包含了三个人口细分群体的相关性：种族/民族、性别和任职期，还包含了职业和地区细分群体的相关性。我们相信，那些对相关数据比较熟悉的人会对这些模式恰好那么相似感到吃惊。在每一个例子中，测量公平目的的指标与士气的相关性都在0.50～0.60的范围内，测量成就目的的指标则在0.40左右，而测量同事情谊目的的指标则在0.30～0.40的范围内。我们将在本章后面讨论这些数据的相关性出现差异的原因——为什么有关公平的数值是最高的，而有关同事情谊的数值是最低的呢？目前，仅需要说明的是，不仅所有相关性都是极高的，这证明了这些目的的重要性；而且实质上，它们在所有员工类别中也都具有相同的趋势。

那么，我们发现工作中的哪些因素与员工整体士气没有相关性呢？它们一般都是关于我们可以称为“装饰”的那些工作因素。尽管高级经理们经常把大量的时间花费在这些因素上，但是，它们并没有真正触及员工的基本需求，在他们的日常工作中也并不重要。我们所指的那些事情诸如物质工作环境的美感（如墙壁的颜色）、娱乐活动（如假日派对）、各种正式的“程序”（如提建议的程序）以及正式的沟通机制（如公司的新闻通讯）。并不是说员工根本就不关心这些事情，而是说与其他更基本的关注点相比，这些事情对他们并不太重要。比如，员工的直接上级能够与之沟通和倾听他们的意见，与此相比，公司有没有设计精美的新闻通讯或提建议的程序对他们而言就没那么重要了。我们绝不是说要把这些“装饰”取下来——几乎每个人都喜欢假日派对——而是说我们应当把它们当作贯穿本书的最基本的政策和实践措施的补充物，而不是替代物。

我们在分析开放式问题的答案时也获得了类似的结果。这类分析表明，员工自愿填写的关于他们“最喜欢”和“最不喜欢”的有关组织的那些事情时，几乎总是涉及这三种因素。这些发现成为贯穿全书的实例，而那些“装饰”几乎没有被员工提到。

三因素如何共同起作用

我们的分析表明，这三种因素以一种复杂的方式相互影响着。三因素理论认为，员工在任何工作情形中都会试图去满足三种需求——公平、成就和同事情谊。该理论进一步认为，当所有这三种因素都得到满足时，就会促使人们充满激情地去完成组织目标。正如我们在第 2 章将要讨论的一样，激情不仅仅涉及更快乐或更满足——它是员工认为他们在为一个伟大的公司工作的一种感觉。为此，他们愿意为公司付出更多的时间和精力，超过对报酬的要求，超过公司对他们的期望和监督。对员工来说，一个伟大的公司是基本能够满足他们对公平、成就和同事情谊这三种需求的公司。只有在那时，它才不仅仅是一个令人“比较满意”的公司。

统计上对这一观点的支持表现为，个人对这三种需求的满意交互作用，从而产生整体的满意。它们的影响不仅仅是简单叠加，而是让彼此的影响成倍增加。图 1—1 显示的员工对如下问题的回答：“将所有因素考虑进来，您现在如何评价您对组织的总体满意度?”中所示的比例，仅仅计算了那些表示“非常满意”的员工，这也是对此问题的最有可能的回答。比例分四个员工类别表示：那些对所有三种需求的满意度都较低的员工（用“0”表示），那些只对一种需求表示满意的员工（用“1”表示），那些对两种需求表示满意的员工（用“2”表示），那些对所有三种需求都表示满意的员工（用“3”表示）。用来评估员工对这三种需求的满意度的问题与表 1—5 所示的相关性分析是一样的：您对您的组织在关心员工的福利方面的评价如何？您是否同意：我的工作充分发挥了我的技能和能力？您会如何评价您的部门内的协作和团队合作？

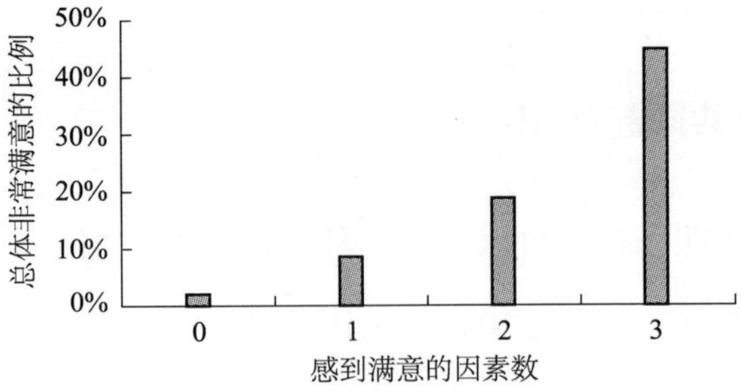

图1—1　三因素的指数级影响

可以看到，随着更多的得到满足的需求加入进来，感到非常满意的员工的比例会呈指数级增加。当所有这三种需求都得到满足时，比例达到了45%！你认为你为之工作的伟大的公司会是怎样的呢？也许不仅仅有非常高的薪酬福利待遇，还有充满挑战性和令人愉快的工作，抑或有极棒的同事。它包含所有这三种需求，而且，当所有这三种需求都得到满足时，就会有某种特别的东西在许多员工及其与组织的关系上产生……它就是我们所说的激情。在回顾我们的数据和论述时，我们要记住这一重要发现。然而，比如74%的员工说他们受到了公司的尊重对待——因此他们难道会没有激情吗？——但仅此一点并不足以营造激情。如果说，他们处在一个无趣的岗位上并且想做具有挑战性的工作，或者，也许他们在与他们的同事相处时有困难，这就更将使情况恶化。激情需要在工作期间对所有关键方面都感到满意时才会出现。

这里还存在一个重要的复杂因素，即公平的特殊影响。更深入的分析显示，尽管所有这些需求都很重要，但是，公平有着某种根本的重要性。也就是说，如果员工对他们得到的公平性感到不满，那么，另外任何一种需求的满足对士气的影响都相对较小。即使另外两种需求的任何一种或两种都没有得到满足，感觉受到公平对待也具有较大影响。这就是为什么总体满意度与公平需求的相关性总是要比与其他两种因素的相关性高的原因。[17]

这一说法的寓意在于，当员工认为他们基本上没有受到公平对待时，即使给予他们富有挑战性的工作（属于成就需求），也可能很难激起他们对公司的激情。不过，单是公平并不足以创造激情：公平待遇的影响在所有这三种需求都得到满足时会被放大。

这些分析和结论在所有人口群体、职业和地区类别中都以惊人一致的方式不断出现。关于公平所具有的突出的重要性的发现——特别是工作稳定性——对于我们理解经济大衰退的影响是重要的，我们将在第 5 章“大衰退的影响：飞向保守”中进行讨论。

种族/民族和性别差异

在本书的第 1 版中，我们很少提及种族/民族和性别之间的不同。关于这个问题，我们的读者与我们多次交流，因此我们在新版本中加入了这一部分，来帮助弥补这一疏忽。

我们已经证明了三因素的重要性在更细分的组内几乎变化不大（见表 1—5）：这些因素与总体满意度的相关性对每个细分组来说基本上是一样的，包括那些由种族/民族和性别定义的因素。但是，在这些细分组在满意度水平上是否存在差异呢？

首先是一些“客观的”数据。我们知道，我们已经在少数群体和女性融入职场上取得了很大的进步。例如，根据劳工统计局（the Bureau of Labor Statistics）的数据，女性目前占据了员工队伍的 47%，而 1950 年这一数字仅为 30%。但是，我们同样需要看到下面这个情况，在 2012 年《财富》500 强企业的 CEO 中，只有 4.2%是女性。少数群体目前在员工队伍中占 33%，并且这一数字还在增长，但是仅有不到 1%在《财富》500 强公司中担任 CEO。尽管许多少数群体的企业家在领导着整个国家最成功的一些小型公司。[18]非常清楚的一点是，从女性和少数群体的角度看，还有许多事要做。

我们现在来看态度数据：在我们的调研中，少数群体和女性的总体满意度分数可以在表 1—6 中看到。因为存在着不成比例的大量的男性白人管理者，我们将数据划分，这样就可以分别从管理层和非管理层来分析了。

表 1—6　　2004—2012 年公司员工总体满意度（%）

		管理层	非管理层
男性	亚洲人	81	79
	黑人	84	80
	拉美人	84	79
	白人	82	76
女性	亚洲人	77	77
	黑人	80	77
	拉美人	86	80
	白人	82	79

表 1—6 揭示了，首先，在种族和民族以及性别组群中的员工满意度差异是非常小的：所有百分比都是在 70%～80%这一区间。我们确实发现了一些差异（尽管不是特别明显），有以下这些：

- 首先，从管理层和非管理层来看。不出所料，除了一项以外，每一行的数据中，管理层都比非管理层感到更为满意。
- 在男女之间的差异并不一致。有时男性更为积极，有时则相反，而有时两者一样。
- 亚洲管理者——无论男女——几乎与亚洲非管理层中的男性及女性员工没有区别。数据显示，原因在于亚洲管理者的评分有些悲观，同时也是管理层群体中评分最低的。
- 在所有组中最为满意的是拉美人女性——管理者（尤其如此）和非管理者都是。

● 黑人在他们的总体满意度水平上的差异并没有表现出特定的模式。

现在，我们来看不同组群之间在直接处理多元化的某个问题上的比较。这个问题是："您在多大程度上同意或不同意如下表述：公司已经营造了一个不同背景的人都能取得成功的环境。"回答如表 1—7 所示。

表 1—7　"公司已经营造了一个不同背景的人都能取得成功的环境"：2004—2012 年（%）

		管理层	非管理层
男性	亚洲人	79	77
	黑人	69	72
	拉美人	81	77
	白人	86	79
女性	亚洲人	72	75
	黑人	66	65
	拉美人	76	76
	白人	81	80

此处，就像我们所看到的，一些更大的差异出现了：

● 与总体满意度数据相反，管理层和非管理层之间的差异在关于多元化这一问题上并不一致：对于一些种族/民族和性别组群来说，相对于相应的非管理层而言，管理者更为满意。也有一些组群中二者满意度相同，还有些组群中管理者更不满意。

● 同样与总体满意度数据相反的是，女性——在几乎每个比较中——都比男性更不满意。总的来说，男女之间态度上的差异——女性相对来说不太满意——在管理层中比在非管理层中更大。

● 黑人——无论是在或不在管理层中以及无论是男性还是女性——在这一问题上均为最不满意的组群。尽管将他们视为是消极的可能会不准确，他们确实在多元化方面看到了最少的进步。

● 最为积极的组群是白人——他们表示看到了最多的进步。在管理层中的白人男性特别满意。

● 亚洲人和拉美人在这一问题上的评分都一致地处在黑人和白人的评分之间。

鉴于总体的满意度以及多元化的态度，最后得到的数据是意料之外却又是情理之中的。可能令人震惊的是，鉴于女性和少数群体在我们的社会中（包括在职场上）面临的问题，各个组群的总体满意度水平居然显示出如此之少的差异。但是那些问题在关于多元化的问题的答案中直接反映了出来，在这一方面的结果可能更符合预期：女性比男性满意度更低，并且黑人比白人和其他少数群体满意度更低。

一些员工们怎么会——如黑人和女性——对他们的公司在促进多元化上所取得的进步持不太积极的态度呢？但平均来看，在对公司的总体满意度方面，他们的态度却与其他人没有太大的差异。而且，非管理层的白人男性的态度怎么会截然相反呢？他们对公司为了促进多元化所做出的努力更为满意，但是在总体满意度上却是所有组群里最不积极的。这样的情况同样令人难以置信。就像我们所说的那样，总体满意度是大量不同的、具体的力量相互平衡的结果。我们因此结合其他一系列更为具体的调研问题来分析这些组群的态度。（完整版的分析结果可以在我们的网站 www. sirota. com/enthusiastic-employee 上找到。）以下是分析报告中重要的部分：

● 与多元化的发现相符合的是，在许多关于权益和公平的问题上，相比其他人，黑人确实倾向于更为不满意，例如，薪酬、福利和徇私舞弊这些方面。但是他们却在效果问题上表现得更为满意，无论是在当前工作（例如，拥有在工作中所需的资源——工具、信息等）或广泛的公司绩效上（例如，公司在总体上管理有效，对商业环境中的变化做出了有效回应以及令消费者满意）。也就是说，黑人更容易对公司的商业管理感到满意，而在他们自身的待遇及平等问题上却相反——这导致其总体满意度处在大致平均的水平。

● 迄今为止，拉美人是持最高满意度的种族或民族群体。在所有我们所测试的具体的问题上，他们仅仅在如下这一个问题上始终表现出不太满意的倾向：“我的经理对我的工作生活平衡问题很敏感”。

● 亚洲人态度的一个非常明显的特点是在管理层和非管理层之间缺乏差异。亚裔管理层人员在我们所测试的许多具体问题上是管理层群体中最不满意的。相反，亚裔非管理层的员工平均来说是非管理层群体中最为满意的（有三个例外：福利、薪水公平以及培训，这三个方面他们是最不满意的）。因为管理层人员的态度总的来说比非管理层员工更为积极，结果是亚裔管理者和非管理者的态度是非常相似的。

● 白人的模式也很有特点：白人管理者——无论是男性还是女性——与其他种族和民族的管理层群体是非常相似的，但是在总体满意的群体中，非管理层白人男性却总是最少的，或是最少的之一。辨别他们相对不满的原因并不容易。在消极的方向上，最大的差异出现在那些与更高层的管理效果相关的问题上，如公司管理的总体效果、有明确的方向感以及迅速对商业环境中的变化做出反应。那些问题的答案与黑人直接相反，黑人在这些方面倾向于更为满意。同时，与黑人直接相反的是非管理层白人男性就公司在促进多元化上取得的进步是最为满意的群体之一。基于其他我们所进行的研究，那样的态度可能是一把双刃剑，事实上这些员工中一部分人觉得，公司在多元化方面做得太多了。

● 总的来说，相比男性来说，在大部分的具体问题上，女性倾向于更不满意。她们更满意的问题是那些关于福利、她们受到的培训以及公司有效性的许多方面。我们有趣的发现还有，相比于男性来说，女性总是在公司的“开放性”问题上特别不满意，例如如下方面：公司面对并解决问题；员工能够不惧报复地表达他们的观点；人们接受不同的观点和看法；最高管理层鼓励员工向上报告信息，即使是坏消息；管理层能够按照员工的想法和观点行事。可能这些关于开放性的结果反映出女性“在什么是开放性交流”这个话题上有着比男性更高的标准。或者，她们可能觉得，作为女性，她们在公司中是公司沟通网中的少数群体。在作为雇员受到重视以及清楚地知道可以选择的职业路径方面，女性也更不满意。

● 管理层中的女性表现出有趣的现象：她们与管理层中的男性之间的差异比非管理层女性和非管理层男性之间的差异更大，并且更不满意。除了先前提到的态度之外（先前提到，总的来说，她们与男性的差异比她们与非管理层女性之间的差异更大），她们在如下方面的态度上表现出相当大的差异：她们的工作量的合理性和她们在个人生活和工作之间保持合理平衡的能力；她们的权威性；工作中的高水平表现能够带来更大的升职机会的程度；管理政策的一致性；偏袒。要明确的一点是，我们并不是说在管理层中的女性比不在管理层中的女性更不满意。相反，在管理层中的人们——包括女性——通常情况下比那些不在管理层中的人更满意。也正是那些女性，在她们晋升到管理层时，并不会像男性那样从晋升中获得更大的斗志。事实上，在某些方面，这可能是一项劣势，就像在她们达到个人生活和工作之间的平衡的能力中所表现出的那样。在“平衡”这一问题上，不仅管理层中的女性比男性更不满意，而且她们也比她们的非管理层的女性同事更不满意。我们猜测，走到肩负更大责任的岗位上对许多女性来说，并不意味着工作之外责任相应减少。

概括来说，我们认为，总体上，我们所调查的公司中的少数群体和女性地位毫无疑问有了非常实质性的进步——否则，那两个人群的态度就会非常消极——但是调查数据和我们从其他来源了解到的情况也表明，仍然有很长一段路要走。女性和少数群体（特别是黑人），尽管并不一定是消极的，但对多元化的进步不如白人乐观。我们对一系列具体的态度所做的回顾表明：在有关公平的许多问题上，黑人更少感觉受到了公平对待；亚裔管理者持比较消极的态度；白人中可能有一些强烈不满者，特别是在男性非管理者中；许多女性问题值得关注，如工作与生活的平衡（特别是承担管理工作的女性）。

个体差异

我们反复提及“绝大多数员工”的目的，并且认为这些代表了广大的各类员工的目的。但是，在目的的强度方面当然是存在个体差异的。有些人比另一些人更缺乏社交导向；有些人更容易比其他人看到他们的待遇中的不公平之处；还有些人更不看重将工作作为自豪的来源，也许是因为他们参加了许多外部活动。对管理者来说，最具实践意义的个体之间的差异则来自那些处于极端状态的员工。以公平需求为例，就是指那些每次都只看见不公平的事情或从来看不见不公平事情的员工。我们估计这些极端人员占员工总数的12%～15%，其中 5%的人几乎总是消极的，7%～10%的人几乎总是积极的。我们的理论及其对管理实践的意义对这些极端的员工不太适用。

我们怎么去了解这些占一定百分比的极端员工呢？

通常来看，当我们询问员工关于组织的总体满意度时，即使是那些在我们的数据库中获得评价最为正面的组织（超过 85%的满意率）中仍然有 6%～8%的员工认为他们自己不满意（其余的持中立态度）。这些员工的一部分并不总是不愉快，也可能是不适应他们在那个组织中的具体职位或与具体的某个管理者合不来，甚至可能是不适应某种激情的文化。不过我们确实知道，有些人天生就很古怪，而且不会对在任何地方的工作持积极态度。主要基于多年的非正式评估，我们粗略估计，这些人在大部分的员工队伍中大约占5%。

在另一个极端，即使是在士气非常低的公司中，仍会有12%～15%的员工表示满意。其中一些人毫无疑问非常适应他们自己的工作、管理者或企业文化，尽管这对那些组织来说可能是不寻常的。（还有些人可能是那种喜欢让别的人都不愉快的人！）但是，我们也知道，有一些人是那种无论环境多么恶劣都能始终以愉快的精神来面对的人，是众所周知的乐观派，总是试图看到光明的一面，并且通常也让管理者看到问题好的一面。花费无数精力也很难挫败或激怒这些人，我们粗略估计，他们占到一般员工队伍的7%～10%。

这就是那些例外且持续地表现出不满意或满意的个体的一般状况。我们的理论对他们不太合适，因为他们的满意（或不满意）不会受到管理行动的过多影响。在与三种因素相关的更具体层面上，来看看我们所说的例外情况。我们主张，大多数人想要工作并希望对其工作感到自豪。但是，实际上有一些员工对工作"反感"——他们就是要做其他任何事情来避免工作。对他们来说，我们的问题"您如何防止管理者打击员工的积极性?"是一句废话。他们没有动力，管理他们的唯一办法可能就是纪律约束，包括解聘。

相反的极端就是那些几乎不可能被打击积极性的人，即工作狂。他们会解决组织在他们前进道路上设置的任何障碍，甚至可能欢迎这些障碍，因为这些障碍给他们提供了在工作上花费更多时间的机会。对他们来说，我们正在讨论的动机问题基本上也是不适用的。

在本书的一位作者举办的一次关于赏识实践的研讨会中，他要求管理者描述他们关于赏识所产生的"无意识的影响"的有关经历。其中一位在谈及她的经历时提到，有两位员工是她的部门中工作效率最高的，也是她迄今所遇见的效率最高的员工。她几次给他们大幅提薪，还想给他们更多。她把他们叫进办公室，宣布批准他们增加两天带薪假期以示赞赏。他们却皱起了眉头，她问是否有什么问题。是两天假期不够吗？他们的回答却很特别：对他们来说，有几天不工作是一种惩罚，而不是奖励。他们对工作的投入程度就是这样。她将休假换成了晚宴，他们很愿意。

类似的极端例子在公平和同事情谊因素中也可以发现。例如，有些人无论什么事都会觉得不公平（如果你愿意，可称之为“不公平收藏家”），还有些人无论管理者做什么都从来看不到不公平。还有一些社交孤立者，对他们来说社会交往似乎是不重要的（甚至是令人厌恶的），而有些人却热衷于此。

显然，管理者必须对这些极端人士保持敏感，并相应调整他们的行为。但是，一个主要的问题是，许多组织和管理者个人容易把这些极端个体误认为是整体。这在成就需求中表现尤其明显，并显得失调。许多组织和管理者认为，员工渴望做重要的事情并将之做好的这种愿望只是例外情况而并非常规。因此，当出现某种个别情况时，控制系统和管理风格却被用到每个员工身上，那种做法带来的影响就是打击了那些想要工作、渴望贡献的绝大多数人的积极性。

总之，本章提出了应对工作中的员工特性的积极观点。这种观点得到了我们多年研究中所收集到的无数证据的支持，得到了其他人的思想和系统研究的支持，并且，就那些在政策和实践措施中反映出此类乐观精神的组织来说，我们所观察到的其成功的事迹也是明证。

我们认为，人类动机的实质随着时间的发展只有很小的变化。如果你发现了重大的变化，那并不是员工需求发生了改变，而是管理者采取不同行动导致的结果。

例如，将员工看作一次性商品，这始于 20 世纪 80 年代后期和 90 年代的裁员潮期间，而且——多么令人吃惊——员工不再“忠诚”。他们为什么会这样？多数人是强烈渴望加入他们能为之自豪并对他们很好的组织之中的。但是，人们对不关心他们（基本上只是把他们当作完成工作的临时“劳动力”）的组织保持忠诚，则是非理性的。

我们提出的主张没有极其复杂的东西。留待后面的章节讨论的管理实践的具体意义也没什么复杂的。我们称之为开明管理者的“滑轮”，试图让他们明白：绝大多数员工从工作中所寻求的与管理目标并不冲突，实际上通常还是与之相符的。满足这些目的——公平待遇、对工作和公司感到自豪以及感受到与同事之间的情谊——是对每个人都有利的，结果将是令人瞩目的。现在，让我们更具体地看看员工激情在商业意义上的事实证据。

注释

[1] Munk，N. “The New Organization Man.” *Fortune*. January 31，2002.

[2] Gross and Scott. “Proceeding with Caution.” *Time*. July 16，1990.

[3] O'Toole. J.，et. al. “Work in America：Report of a Special Task Force to the Secretary of Health，Education，and Welfare.” MIT Press. Cambridge，USA. 1973.

[4] Herzberg，F.，Mausner，B.，and Snyderman，B. *The Motivation to Work*. Wiley. New York. 1959.

[5] Rothschild，E. “GM in More Trouble.” *New York Review of Books*. March 23，1972.

[6] AARP. 2007. “Leading a Multigenerational Workforce.” AARP Report.

[7] Krywulak，T. and Roberts，M. November 2009. “Making the Most of Generational Differences and Similarities in the Workplace.” The Conference Board of Canada.

[8] Jennifer J. Deal. 2007. “Retiring the Generation Gap：How Employees Young and Old Can Find Common Ground.” Jossey-Bass and CCL.

[9] Ibid.

[10] Krywulak，T. and Roberts，M. November 2009. “Making the Most of Generational Differences and Similarities in the Workplace.” The Conference Board of Canada. Page 8.

[11] Ibid.，page 54.

[12] Ibid.，page 27.

[13] Ibid.，page 50.

[14] Jennifer J. Deal. 2007. “Retiring the Generation Gap：How Employees Young and Old Can Find Common Ground.” Jossey-Bass and CCL. Page 212.

[15] Ibid.，page 213.

[16] 一群组织心理学家曾以“组织公正”为名研究过公平问题。研究人员列出了不同形式的公正之间的许多细微区别——比从我们的主张或管理者的实践中所感觉到的要大得多——但是他们的基本结论和我们的基本一致：对于员工及其对组织的贡献来说，有一种受到公平对待的感觉是相当重要的。若要全面了解此研究，可参阅 Colquitt，J. A.，Conlon，D. E.，Wesson，M. J.，Porter，C.，and Yee Ng，K. “Justice at the Millennium：A Meta-Analytic Review of 25 Years of Organizational Justice Research.” *Journal of Applied Psychology*. 86，2001，pp. 425-445。

[17] 相比成就来说，总体满意度与同事情谊之间的相关性一般要低一些，这主要是由于技术原因，也就是说，在回答同事情谊问题时偏差明显更小。

[18] Sara Hottman. 2008. “Rethinking Minority Business.” Inc. com website.

第2章
员工激情与经营成功

……不管经济处于兴盛期还是衰退期，都有一个盈利性和稳定性的关键因素：员工士气。

——赫布·凯莱赫（Herb Kelleher），
西南航空公司（Southwest Airlines）创始人

只有真心愿意做事的人才会努力去工作。

——吉姆·米特豪泽（Jim Mittelhouser），网景（Netscape）
创始工程师对网景每周工作70小时标准的评论

前面的章节中我们曾探讨了员工究竟想要什么这个问题，现在则要提出一个明显的商业问题：那又如何？简单来说，员工与企业成功之间有何干系？因为从组织的立场来看，除非在员工的需求与组织所要的经营成果之间有一种关联，否则没有任何理由去探讨这个话题。

建立联系

多年来，我们的很多客户都因为它们的长盛不衰而著名。这些客户包括星巴克（Starbucks）、英图伊特（Intuit）、美国运通（American Express）、《巴伦》杂志、美国蜂窝通信公司（US Cellular）以及梅奥诊所。这些公司从表面上看并没有太多的共同点；它们有着各不相同的行业、地理区域和商业模式。然而，它们确实有一个共同点：根据我们的调查，这些公司员工的士气都明显高于大多数其他公司。我们相信，这是使这些公司保持长盛不衰的关键要素之一。我们推测，这些公司员工的高昂士气产生的原因就在于公司所采取的具体政策和实践措施激发了员工对他们的工作与所在公司的无限激情。

这些公司是如何获得员工激情的，我们将在后面章节具体描述。现在让我们详细阐述员工激情的内涵及其与企业成功是如何紧密联系在一起的。

员工士气的衡量可以用一系列连续值表示，但我们粗略地把它划分为四个等级：激情、满意、中立和气愤。这些等级通过直接询问员工对组织的看法并对其总体满意度进行评级而得。这是我们在第 1 章“员工想要什么——全景图”中所采用的用来检验“三因素理论”的普遍性问题。实际上，它要求员工对他们的士气进行大致的衡量。这个“心理衡量”的过程完全取决于个人（比如，在员工心里，对薪酬、上司、晋升机遇等要素是否看重）。我们既不对满意度的特征进行描述，也没有设定条件或进行比较，这样，我们可以得到一幅清晰而无偏见的图景。

我们从 1972 年以来就开始应用这个方法去衡量总体满意度，不同的组织的差异是很显著的。在回顾这些不同组织的情况之前，先对拥有“激情员工”的组织进行定义：这些组织拥有 85%以上的整体满意度、低于 10%的不满意员工。基于这一标准，我们发现，我们曾经调查过的组织中仅有约 14%可以被归为拥有“激情的员工队伍”的一类。本书的大部分内容聚焦于那些有着较满意的员工（这类员工占我们所调查员工的大多数）与那些有着激情员工的组织之间的极其重要的差异上——一种很少被谈论的差异。（那些拥有真正不满意的、气愤的员工的少数组织将在本章后面讨论。）也就是说，为一个“恰恰好”和一个“超棒的”公司工作是有很大区别的。

组织，尤其是大型的组织，是复杂的实体，有着不同的文化和实践工作，因而其员工的士气水平会有很大差异，然而，它们仍然表现出相当大的内部变化性。

比如，在我们所调查的士气很高的公司中，有一家拥有几百个部门的大型公司，其大多数部门都表现出很高的总体满意度，但是，各部门的满意度从100%到41%不等。在一家拥有最低评分的大型公司中，各部门的满意度从65%到30%不等。这些变化幅度范围是有代表意义的，并存在多种原因——最重要的是那些组织中经理的个人风格的差异。

为什么把那些有优异的总体满意度的组织机构——无论是整个公司还是其中的部门——称为“有激情的”？为什么不直接把它们称为“高度满意的”，因为在这些组织中的某些东西与那些只有一般满意度的组织有很大的不同，并且，正如我们下面将要表述的，一般来说，拥有激情员工的组织比其他组织有更高的绩效。

用你自己的话告诉我们

不仅那些有高度激情或高绩效的组织在统计数据中会显示出差异，而且，他们的员工在提供开放式评论时也会表现出不同。在大多数调查的结尾，我们让员工用他们自己的话来概括一下他们的观点，而非回答选择题。我们经常问员工：“请用您自己的话说，您对在这里工作最喜欢的是什么？”和“您最不喜欢的是什么？”（或者偶尔问道：“您最希望看到哪些方面有所改进？”）我们把答案分成不同的类别。

如下是激情组织中员工的一些评论示例：

> 我们十分关注我们的顾客。这是上到高层经理人员下到一线员工都拥有的激情。我从直接经验中获知，顾客相信他们是我们企业的首要焦

点，他们非常赞赏我们的服务水平以及我们对他们的关注。

我们是拥有一流领导力的有活力的组织，我们的老板是最优秀的。她很讲信用。也许这听起来有些陈词滥调，但是我愿意让她作为我的领导并与之并肩作战。我们每个人都在争取做到最好。我们……在快速变化的市场中可以迅速做出反应，因为我们拥有一个懂得商业的领导。但是，我觉得我们最大的优势在于我们拥有非常正直的管理者。

在这里，底线并不代表一切，员工也很重要。

我们真正像团队一样共同工作。每个人都会尊敬地聆听你的意见。我从来都没有在这样的环境中工作过。在这里，重要的不是你认识谁，或是你的背景如何，而是你懂得什么。我们可以自由地说出我们的想法，像现在这样说出来。没有人指手画脚——如果出现问题，我们会卷起袖子一起去解决。

我的意思就是，我觉得自己在这里就像去世后进入天堂一样。如果可以一直保持下去，我情愿将我的余生都奉献给这家公司。在这里，你感觉自己是一个真正的人，而不仅仅是一个数字。

激情组织中的员工也有担忧的事。针对“您认为作为一名雇主或一家企业，组织待改进的关键领域是什么?”这一问题，下面就是他们对此的一些回答：

在（与某个群体）沟通方面要不断改进！我们的确会查看那些邮件，并且惊奇地发现，让员工感到他们参与公司的发展对他们来说意义重大。

公司为那些法律罚单付出了太多代价。为什么有内部法律顾问却还是有那么多的法律罚单？公司如果能在这方面改变做法，就可以省下一大笔钱。

帮助员工去了解“全景图”是很有意义的。我的意思是，有时公司会问一些关于部门的事情，而我们又不了解“全景图”，也不明白为什么需要了解。也许显示如何汇报的流程图可以组合在一起。这样可以使每个人明白他们在整个企业中的位置。

减少重复和不必要的书面工作来加快业务的审批流程。已经做得不错了，但是还不够好。

发展部门之间良好的内部关系。我始终感觉在某部门的管理团队与某部门的群体之间有一种力量较量。也许这只涉及像我们这样级别的员工。企业可以通过加强人与人之间的关系和交流来获益。

我的团队知道在做什么。我们只是不想让一个更高层次的管理者嘲笑我们。他的意图是好的，只是他总是太过神经质了。

一遍又一遍地重新评估薪资等级。我们也许要有人员流失了。

大多数的担忧都是为了公司而不是针对个人。而且，这些困难也显示了他们对公司的忠诚和尽责，因为他们希望看到公司更成功。

另外，公司中我们标注为“一般满意”的员工通常会表现出对组织的一种喜爱和赞赏，而很少表现出主动的激情或参与。看一下以下评论：

薪酬还不错，福利也很有竞争力。我特别赞赏学费返还计划。

这是一家有很长历史的公司，这让我对工作稳定性很有信心。

我的老板是一个细心周到的人，我很喜欢她。当我们出现家庭问题需要处理时，她总是很通融。

他们仿佛明白每个人都会不时犯点错误，但是世界并不会因为你过了很糟糕的一天而毁灭。

我喜欢我工作的地方。

下面是那些一般满意的公司中员工关于他们希望公司在哪些方面有所改进

的说法。目前，很多个人抱怨都被表达了出来，常常表现为对管理层缺乏信任：

薪酬无法应付生活花销，请解释一下为什么做同样工作的新员工与像我一样的老员工拿同样的薪酬。难道忠诚不重要吗？

在我工作的地方，缺乏结构规划，而且做同样工作的雇员的素质和经验也很不同。没有人能跟我解释为什么会这样以及为什么人与人之间的薪水会形成如此大的差距。

每时每刻都在发生变化而毫无规律和原因可言。难道管理者不知道发生了什么吗？

过分强调系统性和程序性，以致干扰了服务的提供。

像我这样的人总是只能获得很少的机会，因为我没有证书，这很令人沮丧。别人对我的评论总是很正面，我的同事会来找我听取我的建议，但是仅仅因为没有学位，我得不到晋升。

我很少看到我的老板。他总是待在他的办公室里，只有在发生危机时才会露面。也许，高层管理人员偶尔来探访一次下属是一个不错的主意吧。

在决定谁来加班的问题上总会存在偏袒。

激情员工受到组织吸引并对其表示认同，因此，组织的兴衰实际上就是雇员的成败。这远远超越了实用主义的考虑，比如，公司的绩效对员工的潜在收入或工作稳定性的影响。这是一个心理与经济上的现象：心理上，公司成为员工自我形象的一部分，所以，公司的绩效就如同个人的绩效一样。这与那些狂热的球迷为他们所支持的球队的胜败而高兴或沮丧没什么两样。这是我的团队；这是我的公司。

因此，员工激情并不仅仅是一种感觉或一种态度：它是一种被激励的状态，鼓励人们去行动。不同于那些球迷，员工可以做许多直接影响团队成败的事情；事实上，如果他们所做的一切只是像局外人一样喝彩，那么公司就会陷入麻烦。每个工作过的人都知道当员工真正关心公司与工作时他们可能达到的潜力。这个潜力表现为由员工自主决定的努力程度：在员工不得不做的最小工作量和他们有能力做到的事情之间有很大差别。

激情员工通常所完成的事情显著多于工作所要求做的，他们经常无时无刻不在工作，以将事情完成（并且正确地完成）；寻求改善事物的方法，而不是仅仅对管理者的命令做出回应；鼓励同事表现得更好，并且寻找帮助他们的方式；欢迎——而不是抗拒——必要的改变；同时，以能够为公司带来良好信用（和业务）的方式与外部相关者——如顾客——进行交易。

一般满意的员工，包括一个基本上愿意工作的员工队伍，能够做到公司想要他们做到的事情，同时通常不会有怨言。然而，这是一种更为被动的忠诚。激情员工则不需要被命令。

当管理者想到激情方面的差异时，通常就会想到个体员工。人与人之间在激情的倾向上一定会存在差别（某些人的激情天生就比别人要高），没有任何公司的政策、实践措施和管理者能适应每个人或是激起一致的积极态度。但是，我们的数据显示，以团队形式存在的员工所感受或表现出的激情因组织或是部门的不同而存在明显的不同。让我们来了解一下那些拥有激情员工的具体的组织吧。

几家领先的组织

我们在本书中将提供大量的例证来阐明我们所提倡的原则是如何在现实世界中被那些组织所应用（或违背）的，并说明其积极（或消极）的结果。最为详尽的例子是梅奥诊所——世界顶尖的医疗组织之一（见第12章“合作关系文化”）。此处，我们将继续对迄今所讨论的观念，通过一些简要的、现实的例证来加以阐释。

英图伊特公司

大约 30 年来，英图伊特公司通过广受欢迎的 Quicken、QuickBooks 和 TurboTax 等产品，在小型组织的经营和财务管理这一重要领域（财会专业和用户）的软件开发与销售这一快速增长的行业中取得了领先地位。公司还定期对其员工状态进行调查，最近经常通过西洛塔咨询公司来做调查。

看一下数据。首先，该公司的总体满意度达到 88%。这是一个很高的比例，比西洛塔咨询公司的标准值 74%高出许多。然而，英图伊特公司的数据更具启发性并令人印象深刻。英图伊特公司的调查问题涉及三因素。比如，公司让员工就他们受到尊敬和尊重的情况（公平）、他们受到激励去创新的程度（成就）以及他们对共同工作的群体的归属感（同事情谊）对管理进行评价。

表 2—1 显示出英图伊特公司在这些问题上的结果要远高于外部的标准值。

表 2—1　　英图伊特公司的调查结果与标准值比较

	满意度	
	英图伊特公司	标准值
公平	93%	65%
成就	85%	76%
同事情谊	88%	80%

英图伊特公司向它的员工明确了需要达到的目标：“我们的目标就是在管理财务和小型企业方面创造出新方法，这些方法如此简单而影响深远，以至于我们的顾客无法忍受回到过去的旧方法。”同时，公司有一个“员工价

值观主张”，公司对此认真对待并连续进行追踪调查。这个价值观主张表明了英图伊特公司将通过满足员工的如下期望来创造一片工作的新天地：

- 帮助我成为高效率的人，让我做伟大的事情，并成为我所能成为的最优秀的人。
- 让我知道我所处位置和我现在做得怎样。
- 对我进行投资，帮助我快速成长。
- 给予我公平的报酬，赏识我的贡献。
- 让我成为团队的不可或缺的一部分。
- 创造一个积极向上的工作环境。

英图伊特公司在履行对员工的承诺方面做出的努力体现为它对自身表现的认真跟踪与了解：“英图伊特公司的评估体系（员工调查）不断地检验公司践行其价值观的情况，这些价值观反映出管理者知道的与公司的最终财务成功相联系的情况。”[1]公司对调查结果的高度重视不仅仅通过它们所得到的高分数得以体现，而且通过它们年复一年的对调查的 90%的回应率来体现。员工清楚地相信，这些调查——和员工价值观主张——不仅仅是“样子工程”。

赫尔曼米勒公司（Herman Miller）

我们说激情员工的一个特点是他们的积极主动——他们并不需要被命令。以赫尔曼米勒公司为例，这是一家经营办公家具的公司，因其经营成功和极其先进的员工关系举措而备受好评：

> 了解到美国航空公司（American Airlines）总部要搬到公司隔壁，赫尔曼米勒公司，这家办公家具公司的达拉斯分公司的员工给美国航空公司写信，建议他们用赫尔曼米勒的产品装饰其新办公室。
>
> 他们的主动赢得了大批量的订购。但是，就在美国航空公司新办公

室即将启用的前一周，负责检查订货是否安全递送的员工发现上百把椅子上的厚绒布被用来包装的板条箱弄皱了。因此，员工组成团队连夜奋战，用蒸汽熨斗熨平了厚绒布。[2]

联邦快递公司（Federal Express）

管理文献中充满了诸如赫尔曼米勒这类公司的逸闻趣事，它们表明，在那些伟大的时刻——有时不乏英雄主义——受到高度激励的员工会主动服务于公司及其顾客。联邦快递的创始人弗雷德里克·史密斯（Frederick Smith）给我们讲了这样一个故事：

……岩石山的一次暴风雪毁坏了山顶的无线中继设备，中断了联邦快递公司的几个办公室的电话服务。电话公司无法在五天内修理好联系系统。因此哈尔（联邦快递的一名电信专家）自己租用了一架直升机，由于飞行员无法降落，他只能跳伞下去，在齐腰的雪地里挣扎着行走，修复了电缆。他并非为了赞许或是奖赏才这样做，只因他知道他所做的事情是正确的。[3]

克莱森特房地产公司（Crescent Real Estate）

激情的确是克莱森特房地产公司所表述的价值观之一。这是一家知名的房地产公司，公司的价值观包括“正直、领导、员工、团队合作、创新、服务、沟通、人际关系、纪律和绩效”。在阐述“员工”这一价值观时，克莱森特声明：“我们将雇用、培养、保留和奖励杰出的和**激情的**员工。”首席执行官约翰·戈夫直截了当地告诉我们：“我喜欢激情胜过聪明。”因此，如下的员工评论就不会令你感到奇怪了：

我们从来没有停止在服务方面做到最好。员工对房地产有自豪感、激情和承诺。与我交谈过的每个人都对他们的工作充满了自豪感，并对公司的成功充满了激情。

人们互相尊重，并相信不管以个人还是团队方式，他们为营造一个“以解决问题为导向”的工作环境所做出的贡献都是有价值的。

工作并非一件难熬的事情，反而是充满乐趣的。

不管问题如何，他们（即公司）看来总会做出额外的努力，去尝试和解决问题，并确保遇到问题的员工都受到了关照。

克莱森特的确非常关注它的员工，在我看来，正是这种人性化，带来了团队成员的忠诚（员工感到被视为一个真正的人，而不仅仅是一个数字）。

激情并非是保证成功的永久秘方，并且它与“满足”并不是一回事。激情的球迷很希望他们支持的队伍能赢，因此挫败感就会无法避免。所以，对组织关心更多的员工也是很容易沮丧的。毕竟，他们付出了太多的心血。他们的公司或他们的团队有时不仅会失败，而且在一个日益变化和竞争激烈的商业世界里，现状往往并不够好，所以，对成功的追求就会变成对改进的不懈努力。这也难怪那些强烈认同组织的员工，在面对他人对组织绩效的称赞时，可能经常说他们对事情进展仍然感到不满。这是关怀的诅咒。

我们说过，在大多数公司中，员工在工作6～12个月之后其激情会出现明显的下降。如果公司考虑在第一年裁员的话，这种转变会更加明显，因为多数人员的自愿流动都发生在工作的第一年（这时员工和雇主都在逐步了解他们是否找到了最“合适”的对象）。一般来说，那些自愿离开的比留下来的员工满意度更低，如果他们不离开的话，甚至会更多地降低后者的满意度。

然而，尽管总体结果显示了激情的下降，也有很多公司的下降并不那么明显。这些公司就是我们前面提到的“激情”组织。正是通过这些组织，我们总结了一些政策和实践方面的例子，它们很好地利用而非压制了人们带入其工作中的最初的激情和激动。

在总结有关激情的讨论之前，我们需要考虑关于士气的另一个极端，也就是最不满意的情况。在西洛塔公司所做的调查中，大概有 5%的单位拥有不满意度很高的（通常是有敌意的）员工队伍。敌意显然与激情大不相同，但它们之间有一个主要的相似点：它们都是驱使员工采取某种行动的因素。从这一意义上来说，它们与一般满意度和中立都是不同的。（“有没有搞错，这只是一份工作而已。”这句话典型地代表了中立员工的态度。）

愤怒主要是不公平感的产物。一个激情员工会超出工作需要做更多的事情，但一个愤怒的员工则会做更少的事情，并且经常会影响他人，无论是正式的还是非正式的，这样都会限制他们的工作。换句话说，他们的目的就是损害公司，因为他们很苦恼，这样做调整了其内心的不平感：这使得他们的绩效与他们认为从公司所得的相一致。这不仅仅是一个经济问题。那些感觉受到不公平对待的员工不想愚蠢地让自己被利用。气愤带来的其他结果就是对顾客的不友好态度、对“内部顾客”的不友好（与其他部门的不合作）、缺勤、拖拉、偷窃，更极端的情况是暴力以及对公司财产的破坏——这时气愤变成了暴怒，比如在激烈的员工冲突中。

不公平的感觉会令人愤怒，但是，正如我们所认为的，感到公平不一定能产生激情（对大多数人来说以及从它本身来看）。这是激情的前提。也就是说，尽管就基本工作条件而言，要员工对忽视他们的组织产生激情几乎是不可能的事情，但是，在这些方面受到公平对待也只是能产生激情的一部分因素。一个生产线工人可以得到很好的报酬，但是却因重复的日常工作而感到无聊，他很可能成为“一般满意度”的员工。但是，因为受到了公平对待，员工不会感到愤怒。而且，感到无聊的员工可以象征性地或者真正地去睡觉；他们不会不利于公司。然而，如果在这之上再加上不公平感，愤怒则是很有可能发生的结果（请记住第1章曾经讨论过的洛兹敦工厂罢工事件）。

激情与敬业

对近期的组织心理学文献比较熟悉的读者——特别是从本书第1版出版以来——可能会因我们使用“员工激情”（employee enthusiasm）这一术语，而不是现在更流行的“员工敬业”（employee engagement）而感到迷惑。对后者的使用激起了对如下问题的大量回应：在一些理论学家看来，将“满意度”作为一种描述员工情绪的方法是不充分的，尽管公司对此应该感兴趣。员工敬业，正如在操作上定义的那样，通常是由员工满意度、自豪、拥护、忠诚和自由决定的努力组成的某种组合。在这些理论家看来，单是满意度似乎就只有那么一点“满足”的意思，就像一头满意的奶牛一样，他们认为“……一个满意的员工可能会每天朝九晚五地出现……但是那个同样‘满意’的员工可能不会再付出额外的努力……”同时可能会为了在薪水上小小的提升而离开。“满意是不够的。”[4]读者们将会很快意识到，敬业和我们所定义的激情非常相似，近乎等同。

尽管我们可以就这一标签永远辩论下去，但现实是，对于实用目的来说，在单独使用满意度和使用它与其他问题组合而成的“敬业度指标”之间，只有很小的区别。西洛塔公司提问时涵盖了所有敬业度的问题，并且我们也因此能够测量总体满意度的分数与敬业度指标的相关性。相关系数是0.91！这样高的一个相关系数意味着实际上在这两种测量方法之间不存在区别。同时，为了避免让广大的对第 1 版及其结论比较熟悉的读者感到困惑，我们决定继续使用总体满意度的测量方法。考虑到所有关于“敬业度”比“满意度”优越的讨论，这二者其实并没有什么实际区别。

在一个更为实质的层面上，我们认为将我们与其他人区别开来是明智的，因为在一个主要方面上，本书中所讨论的激情的源头与关于敬业度的文献中的研究结论是不同的。敬业度的支持者不仅仅对传统的术语“满意度”和“满足”显示出不屑，而且他们对传统上合理的员工关系的关键决定因素也不屑一顾，如员工薪酬的支付方式的好坏、他们的工作稳定性以及他们的福利。敬业度的讨论焦点在工作的心理层面上，如交流、赏识以及团队合作。毕竟，敬业度是一个心理状态，是一种“提高的情感联系”。正如你将了解到的，我们从未否认工作的非物质要素和工作环境的重要性。我们的许多章节都恰恰致力于探讨那些主题。但是，在我们有关公平的几章（第 3～6 章）中也将看到，如果目的是要构建并维持一个充满激情的、高度敬业的员工队伍，那么忽视工作的物质维度的关键作用是愚蠢的，甚至是疯狂的。

激情与绩效：研究证据

迄今为止，我们对于员工士气与绩效之间关系的证据都主要来自企业的一些逸闻趣事。尽管这些故事充满了趣味，但不能依靠这些来证明我们的观点。毕竟，每一个观点都可以用一些故事来加以证明或推翻。经过对许多公司所做的具体而系统的调查得来的众多令人印象深刻的证据，可以清楚地证明产生员工激情的政策与实践措施和绩效之间的关系。这里有一些相关的研究。

杰弗里·菲佛在对该类研究的综合性回顾中总结道，通过实践措施实现员工高度忠诚（commitment）的公司可以增加30%～40%的收益。他的回顾所涉及的研究是宽泛的，包括对有不同实践措施的公司的公开上市存活率的调查以及在许多不同行业中这些实践措施对盈利性和股票价格的影响的详细研究。比如，对一家小型炼钢厂的研究表明："……通过采用以员工忠诚为导向（commitment oriented）的管理实践，炼1吨钢的工时可以减少34%，在降低报废率方面可以提高63%。"对近200家银行的一项调查研究显示，这类实践方面的差异与财务绩效方面大约30%的差异是相关的。[5]

罗素投资公司（Russell Investments）是一家负责着罗素市场指数的企业，追踪了1998—2010年的标准普尔500指数与《财富》杂志评出的100家最佳雇主（上市公司）的股票收益率的表现（见表2—2）。

表2—2　《财富》100家最佳雇主与标准普尔500指数的表现（1998—2010年）

	100家最佳雇主	标准普尔500指数
年化收益率	11%	4%
累计收益率	291%	63%

资料来源：罗素投资。

表2—2中靠左的年化收益率是指从1998年开始每年出现在100家最佳雇主排行榜上的上市公司的平均年收益率。累计收益率数据是指以百分比形式表示的1998—2010年每年持续累加的总收益。[6]毫无疑问，100家最佳雇主公司的股票收益远优于标准普尔500指数。

我们对员工士气与股票市场表现之间关系的调查同样令人震惊。在本书第1版中，我们考虑了2002年的股票市场表现，2002年对市场来说是很糟糕的一年（标准普尔指数下跌了19%）。我们对2000—2001年曾经调查过的上市公司的绩效进行了分析。以总体满意度作为评估标准，我们把这些公司划分为高士气（75%以上的满意度）、一般士气（74%～60%的满意度）和低士气（低于 60％的满意度）三类。每一家公司在 2002 年的股票市场表现被确定下来，并且三类士气水平的公司的平均表现也被计算出来。由于在一年中不同行业的公司在股票市场上所表现出来的绩效是不同的，而所调查的公司又处于不同的行业，因此，很有必要将这些公司的绩效与其所在行业的绩效进行比较。表 2—3 显示了每一类士气水平样本公司的股票价格的平均变化、这些公司所处行业的平均变化以及两者间的差异。

表 2—3　员工士气和股票表现（2002 年）

	平均股票市场表现		
	样本公司	行业对照公司	差异
士气水平			
高	＋1.8％	－18.2％	＋20.0％
一般	－14.4％	－9.2％	－5.2％
低	－24.9％	－19.9％	－5.0％

高士气水平公司的业绩要远远好于处于同行业的对照公司——高大约 20％——确实显示出在一整年的不景气的股票市场环境中，其股票价格的微小上涨。而一般士气水平和低士气水平的公司就要比同行业的对照公司表现得差一些，大约差 5％。

在第 2 版中，我们重复了 2002 年的分析（见表 2—4），现在使用 2011—2012 年的股票市场结果。我们将 2011 年收集到的总体满意度数据作为我们的评估标准，我们再一次将公司划分为高士气、一般士气和低士气三种。尽管与 2002 年相比有一些不同（比如市场整体表现在这一年中更为积极），但我们的结论仍未改变：公司士气越高，公司在股票市场上的表现越强势。因此，高士气组织的表现比行业对照公司要高 11％，一般士气的公司比行业对照公司仅仅高 0.8％，而低士气的公司比行业对照公司低 13.1％。因此，这一关系继续得到证明——并且是强相关的——甚至在股票市场大幅波动几年之后亦是如此。

表 2—4　　员工士气和股票表现（2012 年）

	年平均股票市场表现		
	样本公司	行业对照公司	差异
士气类别			
高	+15.1%	+4.1%	+11.0%
一般	+3.2%	+2.5%	+0.8%
低	−5.2%	+7.9%	−13.1%

采用公司绩效的其他标准测量（比如，投资收益率和资产收益率），也得出了类似的结果。

经营成果极大地受到员工日常工作表现的影响。比如，我们自己的研究显示，激情员工经常会大大地提高其工作质量——缺陷率下降 75%。[7]我们和其他人都发现，员工满意度与顾客满意度及销售额之间是高度正相关的。[8]在对美国国家海洋及大气管理局（National Oceanic and Atmospheric Administration）的一次有趣的研究中，我们发现不同国家的气象服务机构的“组织文化”指数和“关键成功指数”之间存在强烈的正相关性，关键成功指数是对飓风预警成效的一种客观衡量，考虑了随后确有事故发生的正面预报、对所发生事故未作预报以及错误预警等情况。[9]

在过去几十年间，全世界对人类“幸福”（happiness）做了广泛的研究，包括它的含义、原因以及结果。随着其应用于工作情境中（常常是在“积极心理学”的范围之内），在这一领域中最为杰出的两位研究者得出了如下的结论：“幸福的人对他们的工作感到更为满意。他们在分配到的任务上表现得比不太开心的同事更好，同时他们更有可能承担额外的工作，如帮助他人。幸福的人更不可能表现出退缩行为，如缺勤。总的来说，幸福的人比不太幸福的人在工作中享受着更大的成功。”[10]

回到股票市场，这里甚至有一个所谓的幸福感股票市场基金：帕纳索斯职场基金（Parnassus Workplace Fund）。这一基金由帕纳索斯共同基金

（Parnassus Mutual Funds）的创始人杰罗姆·多德森（Jerome Dodson）于2005年成立并运营。基金只投资于被证明有着杰出的工作环境的美国大公司。当多德森了解到之前所提到的《财富》杂志100家最佳雇主投资分析法中显示最佳雇主公司的收益率远高于标准普尔指数后，成立了这个基金。马克·克劳利（Mark Crowley）在《快速公司》（*Fast Company*）上报道了这个基金的成功，他写道，自从成立以来（2005年4月—2013年1月），它已经获得9.63%的年化收益率，优于标准普尔的6.84%。在文章中，他引用了多德森所说的话：当员工"满足"时，人们就"愿意付出更多努力，并且这种持续的更高敬业度的表现必将在公司的盈亏结果中展现出来"。[11] 报道的时间范围包括经济大衰退时期，并且克劳利认为，在经济不景气的时期，在这些公司中的人们更愿意"团结一致渡过危机"。

简单地说，有强有力的证据表明，极高水平的员工士气对经营成功有着积极的影响。

真是这样吗？个别统计学家可能会拿出"证据"对高士气对绩效有积极影响这一说法提出反对意见。我们知道，我们所做的这类调查——与纯粹的实验不同——无法严格地证明因果关系或其方向。我们可以说看到了"统计学上的显著相关"，但是，这种相关可能是绩效影响士气，而非相反；也就是说，是经营成功导致了愉快，而非愉快导致了经营成功。正如一位经理人员对其公司的一项相当普通的调查结果所做评论一样："看，我们所做的都是为了增加利润和股票价格——这样才能获得士气。士气问题的产生就是因为我们的绩效太差。"这些评论，淡化了员工士气和影响这种士气的管理措施的重要性，如尊重员工。在他看来，唯一重要的实践工作，就是那些他认为可以直接影响利润的工作，比如，公司的经营战略以及经济和市场状况。

毫无疑问，经营绩效对员工士气有较大影响，因为一个业绩良好的组织可以培养出员工的自豪感以及他们对工作稳定性和晋升机会的乐观态度。还有，这样的组织可以提供具体的好处，如工资增长，以此来提高员工士气。

然而，员工士气是否能独立影响组织绩效呢？

建立员工绩效模型

在统计上理清管理—士气—绩效这个方程式的不同要素是非常困难的。有很多需要处理的变量，而且决定因果关系的统计方法也最多只能得到粗略近似的结果。在实验室试验中，除了利益变量，即被操纵的变量，可以让所有的变量保持不变。然而事实上，有许多变量（如工作稳定性）是我们在实验室中无法操纵的，除此之外，在这样的人造环境中，我们所得到的发现对于真实世界是否适用通常是值得怀疑的。

然而，有大量研究最起码间接地与此相关。我们综合了这一领域最好的研究和思想并设计了模型，称为员工绩效模型，它包含了所有关键的变量（领导与管理实践、士气以及绩效）及其相互关联的方式。在这一部分，我们将阐述这一模型是如何一点点建立起来的。

这一模型并非完全真实的：它并未描绘一家公司应该在干什么。然而，它提供了一种图景，来展示各大类的变量是如何相互作用以产生组织绩效的。这些变量的实质——领导者和管理者实际应该做的具体事情——是本书后面所有章节的主题。

在一开始，综合我们和其他人所做的研究，加上一些简单的逻辑，我们发现，士气与绩效之间的关系是相互的：每一方都是另一方的原因与结果。有一些研究显示因果关系主要表现在一个方向上，也有一些研究显示表现在另一个方向上，但是多数都表明因素是互为因果的。[12]

在建立这个模型时，你会发现，这是一个包含了许多反馈回路的关系系统。就员工士气与绩效而言，经营成功所产生的士气提高了员工绩效，反之又提高和增强了经营成功，这又进一步提高和增强了士气，循环往复。这是一个由相互关联的、相互增强的因素构成的系统，是一个良性循环或是恶性循环（如果效果相反的话）。

一个显示这个模型如何运行的例子，就是一贯被关注的顾客满意度和与这些顾客打交道的员工的满意度之间的关系。谁是谁的原因呢？逻辑与经验告诉我们，愉快的员工可以产生满意的顾客（也就是士气产生了绩效），但这是双向的：拥有满意的顾客也可以提高士气，因为这是自豪感的主要来源（并且导致绩效提高，这一点将在之后讨论）。图 2—1 是员工绩效模型的第一个组成部分。

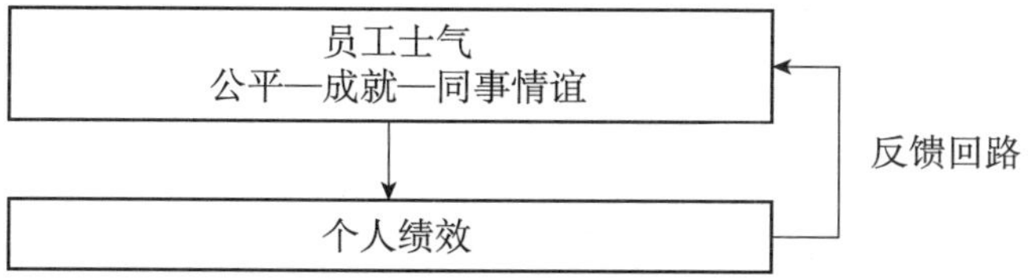

图 2—1　员工绩效模型——员工士气和个人绩效

建立这一模型时，可以看到它包括很多相互影响的关系（或者说反馈回路）。因为我们认为员工绩效对经营绩效有积极影响，所以，图 2—2 在员工绩效模型中加入了经营绩效，这考虑到了经营绩效也会对员工士气产生影响。

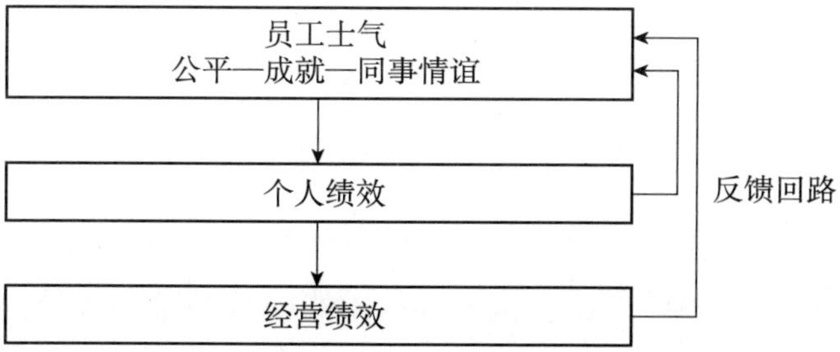

图 2—2　员工绩效模型——增加经营绩效

现在，把管理实践也放入方程式中。在本书中，讨论了管理实践是如何通过影响士气来影响绩效的。但是，管理实践也可以直接影响绩效。比如，以团队合作为例，一种鼓励团队合作的管理实践可以带来高绩效，这是因为团队合作本身（对绝大多数任务来说，合作都可以提高绩效），还因为团队合作可以（通过满足同事情谊的需求）振奋员工的“精神”——动力，即激情。这可以使员工更高水平地发挥。因为士气—绩效关系是相互的，越高水平的绩效可以产生越高的士气，反过来又会产生更高的绩效。图2—3将管理实践也加入了员工绩效模型。

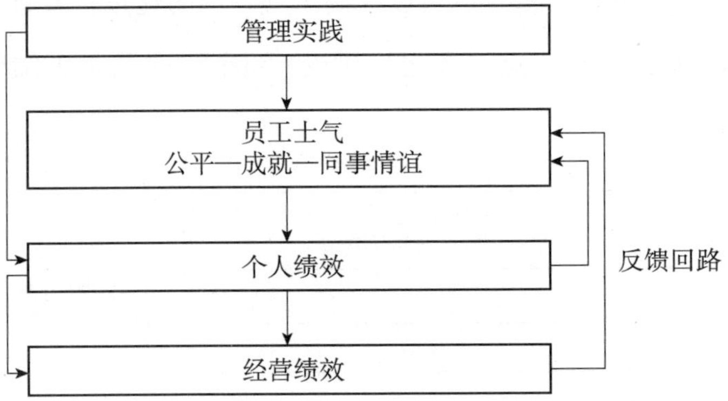

图2—3　员工绩效模型——增加管理实践

在此模型中，最重要的管理实践——那些对员工士气和绩效产生最大影响的管理实践——是关于公平、成就和同事情谊需求的那些实践。

让我们继续深入。将管理者（其实践措施会直接影响员工日常工作的那些人）和领导（制定组织整体的方向和文化的高层管理者）区分开来是很有好处的。这种区分对于理解组织是如何起作用的以及明确行动的平衡点来说十分重要。没有领导者的同意和参与，一个组织很难持续进行重要变革。

同管理者相似，领导力也直接或间接地影响着绩效。领导力决定着企业战略。尽管本书聚焦于员工士气和绩效，但它们显然不是决定经营成功的唯一要素。除了商业环境中的那些无法控制的因素，影响经营是否成功的另一个主要变量就是高层管理者（尤其是首席执行官）的全部能力及企业战略的合理性。企业战略的合理性，作为经营成功的衡量标准，反过来影响员工士气和绩效，所以产生了对经营绩效的多重影响：直接的影响和通过成功对员工士气的影响而产生的影响。

领导力的作用在确定组织文化方面被极大地显示出来，因此，在很大程度上，领导力决定着那些影响员工日常工作的管理措施。即使不同的管理者会有不同的管理方式（比如，某些管理者会比其他管理者更尊重员工），但在遵守高层领导者的要求方面他们都会表现出广泛的一致性。在高层领导者不关心甚至轻视员工的组织中，不尊重员工的管理者的比例往往也很高。这些大的文化差异适用于所有影响员工士气和绩效的管理实践。图 2—4 将领导力的影响加入了员工绩效模型中。（在第 13 章“领导力和合作关系文化”中，我们对领导力进行了非常详细的讨论。）

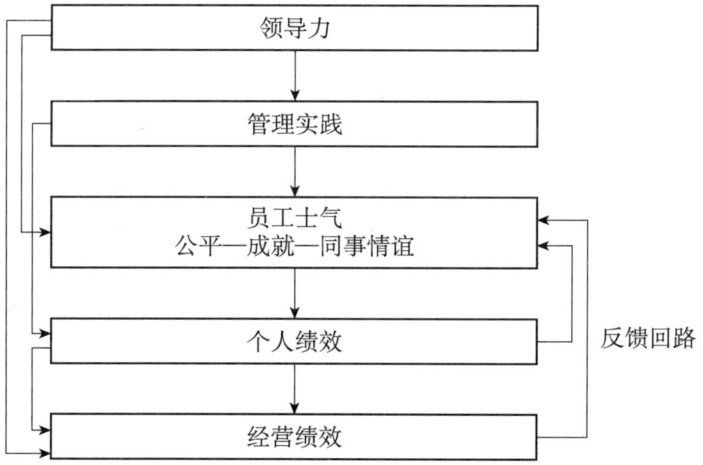

图 2—4　员工绩效模型——增加领导力

没有任何组织可以离开顾客，无数的研究都显示了顾客的满意度和消费行为与员工的态度和绩效的关系。这个关系让我们将顾客满意度和行为也纳入了模型（见图 2—5）。多项研究一致发现，顾客对公司的满意度与公司的经营绩效相关联。[13] 我们发现，顾客满意度是他们从公司购买的产品或服务、公司与顾客接触的经营流程以及公司员工对待顾客的方式的函数。员工对待顾客的方式，又极大地取决于组织如何对待和管理它的员工（比如，组织的薪酬水平如何、是否尊重员工、如何为员工确立目标）。正如前面提到的，顾客满意度也是反馈回路的一部分，它既是员工士气的原因，也是其结果。

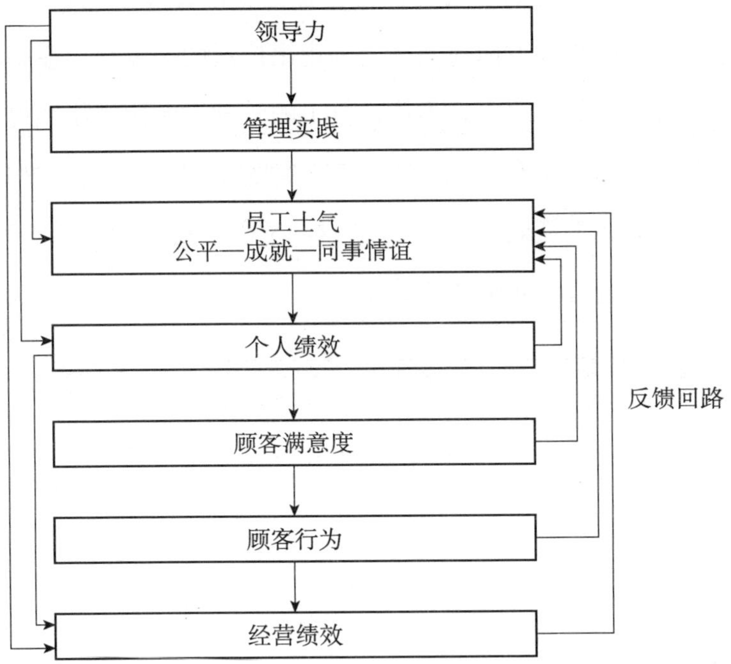

图 2—5　员工绩效模型——增加顾客满意度和行为

虽然看起来很复杂，但实际上，这幅图所呈现的员工绩效模型已经是完整模型削减后的样子。比如，省略了其他影响顾客购买行为的因素，如价格和其他竞争性方案以及不同管理措施对士气的不同影响。同时，我们没有讨论模型中的一些箭头，如个人绩效（尤其是员工效率）直接影响经营绩效的方式。关键要点如下：

- 员工及其士气对经营成功，包括顾客满意度，有着极大的影响。
- 员工士气是组织领导方式和将领导转变为日常管理实践的方式的函数。
- 成功产生成功（反馈回路）。个人与组织的绩效越高，员工士气也越高，并反过来提高和维持绩效。
- 最重要的管理措施能提高员工的公平感、成就感和同事情谊感。

正如我们所说的，领导层面所做的，如确定企业战略，显然对员工绩效和经营成功起到了直接和主要的影响。这正是那些针对组织的战略效果（或缺乏效果）不停地写作或演讲的商业学者和新闻记者所关注的焦点：产品、市场、定价、合并、收购等。正如每一个真正的领导者所知道的，拥有一个正确的战略只是成功的一部分。要想完全实现，尤其是长期来看，必须在实施中将所有层级的员工都调动起来。

本书的余下部分将讨论如何赢得员工的头脑和心灵。下一章将从公平开始：员工所感受到的公司对待他们的基本公平性。

注释

[1] Pfeffer, J. and Sutton, R. "The Knowing-Doing Gap." Harvard Business School Press. 2000.

[2] Goleman, D. (1998). *Working with Emotional Intelligence*. New York: Bantam Books.

[3] Achstatter. G. As quoted in "Honesty." *Investor's Business Daily*, found at www.mta.net/other_info/ethics/perspectives/perspectives_stories/honesty.htm.

[4] Kruse, K. May 22, 2012. "What Is Employee Engagement?" Forbes.com.

[5] Pfeffer, J. (1998). *The Human Equation: Building Profits by Putting People*

First. Boston：Massachusetts：Harvard Business School Press.

[6] Moore，T. 2011. "Investing in the '100 Best' Beats the Market，Hands Down." CNN/Money Online.

[7] Sirota Consulting，LLC.（2003). Unpublished analysis of the relationship between employee satisfaction and defect tates of the Credit and Risk Group of a large financial institution.

[8] See，for example，Rucci，A. J.，Kirn，S. P.，and Quinn，R. T.（1998). "The Employee-Customer-Profit Chain at Sears." *Harvard Business Review*，(76)，82-97.

[9] Smith，S. B.，Del Duco，S. M.，and Mischkind，L. A. "The Impact of Social/Cultural Factors on Tornado Warning Performance." Presented at the Society for Industrial and Organizational Psychology 18th Anuual Conference，Orlando，Florida（April 12，2003).

[10] Boehm，J. K.，Lyubomirsky，S.（2008). "Does Happiness Promote Career Success?" *Journal of Career Assessment*. 16，101.

[11] Crowley，M. C. February 22，2013. "The Proof Is in the Profits：America's Happiest Companies Make More Money." Fast Company website.

[12] For example，see Simon，D.，Gomez，M. I.，McLaughlin，E. W.，and Wittink，D. R.（2009). "Employee Attitudes，Customer Satisfaction，and Sales Performance：Assessing the Linkages in US Grocery Stores." *Managerial & Decision Economics*，*30*，27-41；Eskildsen，J. J.，and Dahlgaar，J. J.（2000). A causal model for employee satisfaction. *Total Quality Management*，*11*，1081-1094；Maister，D. H.（2001). *Practice What You Preach*. The Free Press：New York；Oliver，J.（1998，March 1). "Invest in Peoplc and Improve Profitability and Productivity." Retrieved from www. managementtoday. co. uk/news/411393/；Ostroff，C.（1992). "The Relationship Between Satisfaction，Attitudes，and Performance：An Organizational Level Analysis." *Journal of Applied Psychology*，*77*，963-974；Schneider，B.，Hanges，P. J.，Smith，D. B.，and Salvaggio，A. N.（2003). "Which Comes First：Employee Attitudes or Organizational Financial and Market Performance?" *Journal of Applied Psychology*，*88*，836-851. Black and Scherbaum. April 2007. "Exploring Fi-

nancial and Managerial Determinants of Employee Engagement." Accepted and presented at the 2007 Society for Industrial and Organizational Psychology Annual Conference.

[13] For example, see Reichheld, F. F. (2001). *Loyalty Rules! How Today's Leaders Build Lasting Relationships*. Boston: Massachusetts: Harvard Business School Press; Reichheld, F. F. (1996). *The Loyalty Effect*. Boston, Massachusetts: Harvard Business School Press.

第 2 篇

激情的员工队伍：公平激励

我们从公平概念（员工认为其雇主基本公平地对待他们的程度）开始，探讨那些促进员工激情的政策和实践措施。这既可以通过个体员工的观点（比如，感觉他们的待遇相对于公司其他员工的待遇如何），也可以通过大部分员工的待遇来加以表述。这一章重点关注大群体（通常是指整个组织）的待遇。为此，公平就是指与基本的或是社会普遍接受的标准有关的员工共同待遇。这类社会标准包括“维持生存的工资”、恰当的非工资性福利（现在特别指医疗保险）、处理裁员问题的敏感度、安全的工作环境、合理的工作量和员工机会的平等性。

这些标准常被用来判断雇主和员工的基本关系，以及员工共同总结出的他们受到礼貌对待的程度。传统认为，工会很在意这些事情，但事情要更复杂一些。

对公平的感知并不局限于集体谈判所关注的那些明显的心理或经济因素。因此，举例来说，在多数员工的公平观念中，一个关键的心理要素就是受人尊重的需求。在工作单位中，尊重仅仅指被当作一个有责任感的成人来对待，而非被看成孩子、罪犯或是敌人。尊重感也许不能养活家人，但对员工内心很重要，而且，那种需求被满足的程度对员工—管理者关系有着深刻的意义。

关于公平的讨论，在第3章“工作稳定性”中，我们从员工最基本的经济需求即工作稳定性开始。第4章“薪酬”将专注于讨论薪酬。这两章内容是在本书第1版即2008年经济大衰退发生前便存在的。当然，可以预见的是，这次经济大衰退对员工的态度——特别是对待工作稳定性和薪酬的态度——产生了巨大影响。在本书新版本中，“正常”时期撰写的第3章和第4章的内容本质上将与第1版一致，而新的第5章“大衰退的影响：飞向保守”将主要描述大衰退带来的具体影响。希望经济能很快地回归到一个更正常的、问题更少的状态。第6章“尊重”主要关注尊重员工的问题。

第3章
工作稳定性

首先声明：我们把工作稳定性视为员工士气和绩效的基本所在，并不意味着我们可以提供终生雇用的保证。对于任何组织来说，这都是不可能的。然而，我们确实迫切希望，一个想拥有激情员工的组织必须明白，不能将员工视为可替代的物品。

大体上说，员工是如何看待他们的工作稳定性的呢？“标准值”（或平均值）是67%，这个结果不错，但是该比率在公司之间变化的幅度很大：从39%～89%不等。

可以肯定的是，对于最低的分数，可以部分地通过现实情况来解释。事实上，大多数获得最低分数段的组织，都是那些最近刚刚裁员、或是有计划要裁员、或是传言马上将要裁员的组织。比如，一家分数较低的组织刚刚经历了一次大幅度的裁员。另一个例子是，一家公司的销售周期性很明显，超过了大多数公司，所以它总是重复且大量地进行裁员或是增员。它也得到了很低的分数。

另一家类似的公司经历了一系列裁员（仅在三年半的时间里就发生了三次裁员潮），虽然该公司曾承诺，在第一波裁员后不会再有裁员发生。被调查的员工相信，裁员只是为了取悦投资团体的短期措施，是由一个大概的比例配额驱动的，而并未注意到公司所损失的关键性技能，这打击了士气，对公司产生了灾难性的影响。

一个简单的结论可能是，当员工对于他们的工作稳定性感到焦虑时，那是因为他们的工作的确不够稳定！但是，这只是答案的一部分。比如，它不能解释为什么一些公司的员工对其工作稳定性的态度总是有更加正面的评分，即使实际上这些公司也曾经因为经济衰退而裁员。而且，它也未提及如下观点：如果说裁员是财务困难所致，为什么员工就不能理解并“看淡”（从感情上来说）呢？为什么在如此多的情形中人们感到气愤呢？为什么“这些人”完全不能理解，裁员是公司应对经济上的起伏而最经常使用的必要措施之一，而且商业环境经常是难以预测的呢？

事实上，员工经常把裁员看成一种基本不公平待遇而非深谋远虑的经营管理措施。这种态度从何而来？答案分为两部分：对“实质公平性”（事情本身是否公平）和“程序公平性”（事情是否实施得公平）的感受。首先，考虑一下实质上的公平性。

艾伦·斯隆（Alan Sloan）1996年在《新闻周刊》（*Newsweek*）上发表的一篇文章抓住了新时代的精髓：

> 在美国，裁员已成为一种趋势。而在25年前，建立新工厂以及被看作优秀企业公民可以给你带来炫耀的资本。现在的做法则是解雇员工——尤其是白领——以使公司只剩骨架……华尔街和大企业对于咄咄逼人的资本主义在如何使美国成功方面完全达成了一致。[1]

这种新式管理态度同样包括即使在公司经营状况很好的情况下也要裁员。20世纪90年代初，一些大公司即使能够盈利也依旧裁员。1993年，《纽约时报》（*New York Times*）报道：“……尽管持续盈利，施乐公司（Xerox）（声明）……它将在三年内裁掉近10%的员工以提高生产率。”这样一来，施乐公司成了另一家为提高其运营效率而大幅裁员的大公司。就在它宣布裁员的当天，其股票价格就上涨了7%。

通过这些或是类似的举动，管理者们传递了什么样的信息呢？也许对于投资团体来说是令人鼓舞的信息（尽管在下文将论证并不一定如此），但是对于员工来说就是这样的："忘记那些把你当成公司资产这样的话吧。你真的只是成本，是可以随意处置的商品。而且，我们只想让成本不断下降！"

对于斯隆所描述的或者是施乐公司所表现出的这类公司行为来说，员工如何反应呢？看一下调查中员工们对开放性问题的回答：

> ……在这家公司中，影响士气的最主要决定因素……是经常性的裁员。裁员成了一种生活方式。你也许认为这种行动是必要的，以便即使在不景气的年份依然可以实现盈利，但是，你也因为员工的不忠诚以及与压力相关的疾病等因素付出了惨重的代价。我理解你别无选择，但我还是忍不住想问是否还有其他方法。
>
> 这里没有工作稳定性。技能和培训都不能提供工作稳定性。员工是商品，不是资产。没有人会因过去的业绩而得到保证；对现在而言，那些业绩只是过去。
>
> 在公司里，高层管理者持续获利百万美元却不断裁员，以使他们自己的处境更好，员工怎能产生忠诚？黄金保护伞①是高层管理者利益的另一个例子。

员工会对稳定性的丧失以及在这样的环境中随之而来的公平待遇感的丧失做出强烈的反应。我们已经提到，员工感觉受到公平对待的需求是基本的，对大多数员工来说，没有什么比工作稳定性更基本的了。从这方面来说，那些感到未得到公平对待的员工将会对组织产生极大的消极影响。再来看一下更多真实的评论：

> 面临持续裁员，怎能期望员工去自我成长并表现得更好呢？作为一

① 即黄金降落伞，指因公司控制权变动而离职时高管可获得丰厚补偿。——译者注

个年轻人，我感到这里没有什么机会了。这也正是我最近接受另一家公司的聘用，并将很快离开这家公司的原因。（结果：人才流失。）

公司未来的计划显而易见——裁员。这难道不是他们一直所说的吗？我是一个贡献者……（但是）现在他们竟然说他们要考虑外包！除了高层经理之外，人们的情绪和态度跌到了谷底！（结果：两极分化。）

这里对员工丝毫没有信誉可言——今天还在，明天就会消失。努力工作有什么用呢？不管你做了什么，你都很有可能明天就不在这里。（结果：减少努力和绩效。）

这些持续的裁员使我相信是时候该由工会出面介入了。我们听说公司在外包的同时还要裁减国内的员工。工会有力量防止这一切发生。我们需要这种力量。（结果：劳资冲突。）

即使公司都在竭力鼓吹“我们的员工是我们最重要的资产”，但是，当遇到经济困难，裁员成为公司的第一选择而非最后的选择时，这句话变得毫无意义。更糟糕的是，即使在成功时公司依旧裁员。当程序公平性的标准被违背时，影响同样是消极的，比如被裁员工只得到了很少的财务和其他方面的补偿，或是在毫无准备的情况下被裁。没有什么“万灵药”存在，没有人理智地建议公司即使别无选择也不应该裁员。然而，即使员工理解公司的财务困难，公司的这种行为与方法也会被认为是不公平的。

再来看一些真实的评论：

我感到裁员政策是不公平的。我很快就要离开这家公司并且已经告诉了经理，因为我知道裁员就要在我们的小组中进行……他告诉我，告知他我要离开这件事可能会为另一名员工保住工作，因为我提供了一个空缺位置。然而，当我向其要求薪酬补偿时，他拒绝了。他甚至不去看一下是否有可能。我的感觉是：如果他们想让一批员工离开，我将会是其中一员，我为什么就不能得到同样的对待（裁员补偿）？管理者一贯说这并非故意的，但是这次不同。他们指望我成为他们的裁员“指标”之一。

与其他公司相比，我们得到的对待像是继子女一样！我来上班，完成我的工作，然后晚上回家，带着疑惑……我的确认为公司并未意识到员工在面临这些裁员时遭遇了什么。如果你打算裁员，马上做吧。解决它，停止那些虚假的承诺，比如“这是最后一次”。那些这一次没有被裁的员工未必是幸存者，因为裁员还会继续！快去做这些你们不得不做的事情，赶快把它了结吧。

一个主要的问题是在裁员之前员工所得到的信息量。以下列出了2001年网络行业泡沫破灭时一些网络公司进行裁员的可怕情景：

- 一家公司，在15分钟内，给20%的员工发了电子邮件，通知他们到当地的一家酒店开会。在那里，他们被告知自己被解雇了；他们被锁在办公楼外，并不得不向公司预约时间以便重新进办公楼收拾他们的办公桌。

- 另一家公司，60个员工聚在一间大会议室里，管理层宣布其中40位遭到解雇者的名字。

- 有一家公司的员工去参加一个告知他们中的一些人将被解雇的会议；他们被要求回到办公桌检查他们的电子邮箱，共40人收到了被解雇的电子邮件。

- 一家公司的一位员工在度假回来时发现，他的工作团队的办公桌已被另一组员工占用。半个小时后，经理通知他已被解雇。

公司如何处理工作稳定性是员工眼中公司的本质特征之一。它之所以是一个本质特征，是因为除了经济影响之外，一个裁员的决定传递了对员工来说很重要的信息，这就是，公司如何看待它的员工：不是资产，而只是成本而已。

我们认为，许多美国公司现在看来基本上都把裁员作为战略策略而非因经济所迫必须采取的最后措施，这种方式是错误的，是在自我毁灭。它损害了员工最基本的需求，这样做严重地损害了对于一个高效组织而言至关重要的公平感。

一些人认为这个观点已经过时了，今天的员工对待工作稳定性有着不同的态度。他们的观点是这样的：从 20 世纪 90 年代中期开始，美国的雇员行列涌入了“新一代”员工，他们是很愿意从一家公司换到另一家公司的年轻人，对他们而言，工作稳定性已经不是优先考虑的事情。这些人断定，这批新员工希望得到这样一种工作环境：在这里他们被授权，可以自我实现，最重要的是，在这里，他们可以培养必要的技能，以求在他们想离开的时候能在另一家公司找到工作。

然而，假设其他的工作很难找到，这些年轻人还会对工作稳定性漠不关心吗？对 20 世纪 90 年代的许多年轻人来说，总体而言，并不是稳定性不重要，而是只待在一家公司的工作稳定性不重要。90 年代末是充满工作机遇的兴旺时代。如果其他地方的工作很容易找到，谁还会担忧能否在其所在的公司得到持续雇用？但是，在 2000 年末，情况变了。高新技术领域的泡沫破灭，国家也经历了 10 年中的第一次经济衰退。成千上万的员工被解雇，再一次地，媒体充斥着关于工作场所中员工极度焦虑的报道。调查清楚地显示出，工作稳定性在员工所关注事情的列表中又上升到了其一贯的高度。比如，在电信产业中，不管是否为最近被雇用的员工，都将工作稳定性作为他们寻找雇主时首先考虑的因素。

我们将在第 5 章“大衰退的影响：飞向保守”里讨论大衰退对员工的影响。我们只在此谈一谈它最近对政治领域产生的巨大影响。2012 年总统竞选最重要的议题是：“工作！工作！工作！”还有谁仍然相信工作稳定性对美国雇员和他们的家庭（无论是否为"新一代"）不重要吗?

永远不要认为稳定的工作——不仅仅是指收入的多少，更指收入的可预测性——对员工来说不重要。从定义来说，一个可以得到许多工作的环境是稳定的环境。在大多数员工的职业经历中，90年代末的兴盛是罕见的，所以对多数人的大部分时间来说，公司所能保证的工作稳定性是很关键的。

同样重要的是，一些公司在业内其他公司都在裁员的情况下做出不裁员的决定。这样的公司是确实存在的。斯隆和其他人所描述的咄咄逼人的资本主义虽然渐渐流行，但却不是一个被普遍接受的模式；如果这个模式被普遍接受的话，那我们的调查数据几乎都会是负面的！两位非常成功的首席执行官的如下评论就是不同经营理念的例证：

> 当然，我们可以裁掉很多员工，但我们这是在自毁前程。第一，我们将会伤害留下的员工的士气；第二，他们不会保持现在这样的忠诚；第三，如果有任何优秀的人才留下了，他们也不会久留，他们会四处寻找新工作。而且不确定性也减少了冒险的可能。[2]
>
> ——沃尔夫冈·施米特（Wolfgang Schmitt），乐柏美公司（Rubbermaid）首席执行官，在公司增长放缓时的发言

> 我总是考虑如何去避免裁员。因为我完全相信，当你使一个人成为你的员工时，他们是负债而来的，他们要养家糊口。他们在人生路上前行。夺走他们的工作可能是我能想到的最大的耻辱之一。[3]
>
> ——杰克·斯塔克（Jack Stack），SRC公司首席执行官

从这个角度提出的政策并非只是人道主义的选择——它们是企业的最佳选择。我们是如何知道的？我们来看一下如下主张的核心：通常来说，裁员对公司是有好处的（当然，其含义在于财务利益重于人的价值）。对一些读者来说，施乐公司的行为（如前文所述）毫无疑问听起来像是有利可图的。

我们被告知，这些才是那种最终抛开老套而无效的家长型管理的行为。

当然，裁员可以在短期内带来公司股票价格的上涨。然而，对长期的影响将会大大不同。现在，有大量证据显示，对许多公司来说，裁员作为成本削减战略的功效已受到大大的质疑。最起码，预想的节约被大大高估了。事实上，研究显示，在实行裁员的公司中，只有1/3左右在随后的3～5年里实现了生产率和利润的增长。而且，在这段时期里，这些公司在股票市场上的表现较差。20世纪90年代所做的调查发现，裁员公司在结构重组新闻发布后的6个月里只是略微超过标准普尔的表现，继而就大幅下滑，到第3年末降幅达到24%。[4]

那么，保持公司“至精至简”的理论也许实际上只能保证“至简”。研究显示，一般来说，10%的裁员只带来成本上1.5%的下降。

为什么裁员公司会得到如此令人惊奇的糟糕结果呢？麻省理工学院（MIT）的莱斯特·瑟罗（Lester Thurow）提出：“裁员是痛苦的，也是代价惨重的。如果允许的话，有无数个理由避免裁员。”他提及的理由包括遣散费的支付、公司无法重新雇用到熟练的员工、对新聘员工的培训，以及公司解雇员工的行为导致仍留在公司的员工士气下降和忠诚度降低。[5]

让我们将咄咄逼人的资本主义方法和那些以避免或减少裁员为政策的极其成功的公司的方法进行比较。

● 西南航空公司从未解雇过员工，即使在2001年9月11日后。首席执行官詹姆斯·F·帕克（James F. Parker）说：“我们宁愿承担一些损失，甚至是我们的股票价格损失，也要保证我们员工的工作。”

● 联邦快递公司专注于员工是最宝贵的财富这一原则，这可以通过“员工，服务，利润”这一公司理念来加以印证。员工被慎重地放在首位，因为在公司眼里，把员工放在第一位带有良好的商业意义。这些不只是空话：联邦快递有着明确的承诺，除非在由首席执行官决定的极为特殊的情况下，公司不会裁员。

● 林肯电气公司（Lincoln Electric）是管理类著作中常提到的一家知名的位于克利夫兰市的制造商，不仅因为它一百多年来突出的商业成就，还因为它创新的管理措施。这些措施包括对员工来说有保障的工作稳定性。前任董事长詹姆斯·F·林肯（James F. Lincoln）写道："员工最害怕的……就是收入不够。产业经理非常关注他的部门对持续收入的需求。显然，他完全忘记了员工也有同样需求这一事实。"[6]

● 纽科公司（Nucor）是一家成功的钢铁公司，是迄今为止在此行业中最赚钱的公司，它从未进行过裁员。纽科的前任首席执行官和公司文化的创立者肯·艾弗森（Ken Iverson）曾写道："分担痛苦的方式帮助我们度过了最困难的时期，而无须裁减一个员工，也无须关闭一家工厂而让工人失业，即使那时整个行业都在大量裁员。但是，我们从未裁员的历史并不是高尚的、无私的或家长型的，它甚至不是公司的一项政策。我们经常反复告诫员工：'没有什么是永远不变的。为了生存，我们也会裁员。'问题是，什么时候裁员才是最有意义和最明智的呢？为了长期具有竞争力，公司需要忠诚而受激励的员工。如果在我们不停填满自己腰包的情况下，遇到每一次经济问题都要裁员，又怎能期望得到忠诚而受激励的员工呢？"[7]

● 员工的幸福是一种"核心价值观"，而裁员是世界知名的梅奥诊所的"最后一招"。首席行政官（CAO）雪莉·韦斯（Shirley Weis）说："真正发挥作用的，是我们的医生、我们的科学家、我们的专职健康服务人员和我们的护士……我们致力于保证工作稳定性。我们会尽一切可能保留工作机会。当然，我们也不能保证任何东西。"[8]

显然，我们的观点并不是说公司任何时候都不应该裁员。对有些公司而言，那将会是自杀性的。真正的问题在于，在员工心中，公司的决策是在考虑了那些决策对员工的影响之后做出的，还是为了实现短期商业利益的一种权宜之计。后者意味着这一切只是关注短期的盈利和股票价格，而其余方面都将受到损害。

很少有人会把员工利益当成是商业行为中唯一的甚至是首要的考虑因素。某些行动最好在短期内实施，因为不这样的话，就没什么长期可言了。然而，事情并没有那么黑白分明。许多因素都会影响决策，问题是，在员工的观念里，他们的利益是否被高层管理者放在了最后一位?

正如我们在许多家公司看到的一样，裁员经常是短期解决问题的方法，没有或很少顾及长期利益。

短期的定位显然不是西南航空公司、联邦快递、林肯电气、纽科公司和梅奥诊所这类非常成功的组织的特点。长期观点的重要部分是对待员工像对待不可轻易丢弃的资源一样尊重。《财富》杂志 2002 年 100 家最佳雇主排名中[9]，描述了爱德华·琼斯公司（Edward Jones）——一家股票经纪商（也是排名第一的公司）——的理念。下滑的股票市场对公司造成了很大的负面影响，公司减少了奖金，但却没有解雇 25 000 名员工中的任何一位。该公司的首席执行官约翰·巴克曼（John Bachmann）解释说："我们希望……与员工维持这种能让他们愿意更努力的关系。即使在很艰难的处境中，你都不能试图抛弃那些员工。"

《财富》杂志的报告解释说，有时，类似停止招聘和降低薪酬等手段也许是不足够的，裁员是必要的。所以它在评选"最佳雇主"时，会给那些在裁员时慷慨和富有同情心的公司一定的加分。排名 15 的思科公司（Cisco）是个有趣的例子。思科采取的方式是给那些自愿去社会服务机构的离职员工提供足够的奖金和全年工资的 1/3。思科公司还承诺当公司再次招聘时一定优先考虑这些员工。

报道也描述了安捷伦科技公司（Agilent Technologies）是如何应对突然下跌的销售额和大量的员工过剩的。安捷伦是硅谷的一家公司，主要产品包括芯片、电子部件以及主要面向电信公司的检测设备。在描述安捷伦在穷困时期的做法时，我们可以命名为“怎样在减少工资、裁员 8 000 人的同时，还能拥有爱戴你的员工”。这个命题并非在开玩笑。安捷伦的管理者长期努力地工作（确实非常拼命），首先就是要避免裁员，当不得不裁员时，则争取缓和这种打击。这家公司向我们展示了真正关心员工及其利益的那些举措。《财富》杂志中安捷伦科技公司的故事是以描述谢里尔·韦斯（Cheryl Ways）开始的，她是一名被告知即将被解雇的员工。韦斯在得知这个消息后，反而更努力、更长时间地工作。《财富》杂志报道说，这种现象是普遍的，其他成百上千的安捷伦员工同样是这样面对解雇通知的。在被解雇的 3 个月后，韦斯是这样评价安捷伦管理层的：“我为他们不得不做出这样的决定感到难过。这是我给他们的礼物：以可能的最好方式离开我的工作岗位。”[10]

关于员工对公司的奉献是否还有更好的例子呢？不管是在好的时期或坏的时期，有人还会怀疑这种奉献对公司的巨大价值吗？谢里尔·韦斯这样的个体在公司中并不罕见，罕见的是像安捷伦公司的这类政策和措施。

我们的观点的一个隐含主题以及我们所举出的证据是：公司应该毫不犹豫地抛弃这样的观点，即认为“忠诚已逝”以及对于员工的利益表现出真正的关心是一种无效的、过时的和家长型的管理方式。对于那些奇怪于员工为什么对公司目标漠不关心的经理们而言，应该在他们所有人的办公室墙上挂上“你付出什么就得到什么”以兹警示。或许应该把这句警言贴在他们的镜子上，因为问题的根源就在于那些管理者自己。最终，员工不会以高度的激情和良好的绩效去回报管理者对于他们的切身利益表现出的漠不关心。关于工作稳定性的措施是员工利益的中心内容。

具体的工作稳定性政策和实践

目前为止，我们已经大致描述了那些真正专注于为员工提供稳定工作的公司是如何对待其员工的。接下来将对这些实践给出更系统性的回顾，主要由如下五大基本原则构成：

（1）在裁员之前，这些公司会竭尽全力，想尽一切方法。

（2）当裁员无法避免时，如果有任何可能，公司会采用自愿的方法。

（3）当裁员不可能避免而自愿的方法又不可行、成本太高或无法达到所需数目时，公司会以慷慨而关爱的方式来对待非自愿裁员。

（4）在整个过程中，公司与员工进行诚恳的、全面的且经常性的交流。

（5）公司知道裁员对幸存的员工所产生的影响，并会采取措施将这种影响最小化。

具体措施如下。

原则 1：在裁员之前竭尽全力想尽一切方法

裁员的可替代方法，最有效的是考虑“防御圈”，即防御非自愿裁员。可以把它们分为三类：

（1）通过如下方法为富余员工提供有意义的工作：

- 停止雇用新员工，通过此方法在正常情况下可以为富余员工开辟出他们可以胜任的或是经过培训可以胜任的工作岗位。

- 取消或者严格限制使用临时工，这样可以为富余员工提供工作机会。
- 将已经转包的工作收回来。
- 接受一些公司通常会拒绝的低利润工作。
- 让员工执行其他有用的任务，比如延期的维修。
- 提供那些曾经因为大量工作而被延期的培训。
- 让员工去负责销售来增加需求。
- 扩大库存生产。

当然，在一些公司，富余员工只存在于一个部门，而其他正在拓展的部门又在寻求员工，这些解决方法可以很好地在这些部门实行。如果是这样的话，与接受外部工作相比，公司内的员工会更喜欢留在本公司，前提是他们有足够的技能或是可以通过培训获得那些技能。

（2）通过以下方法减少非人工成本：

- 更高效率地购买和使用资源（原材料等）。
- 资本支出延期。
- 减少差旅费用。
- 减少次要花销，如订购报纸或假期聚会。
- 减少股东所获股息。

（3）通过以下方法减少人工成本：

- 重组主要工作流程以提高劳动生产率。
- 减少或取消加班。
- 推迟或减少加薪。
- 冻结工资。
- 减少整个董事会的薪酬。

- 取消奖金。
- 缩短工作周。
- 不带薪休假。
- 不带薪请假、缺勤。
- 减少公司对员工福利的投入。
- 暂时将员工借给其他公司，如顾客或供应商。

在考虑裁员之前就采取这些步骤对员工士气有着较积极的影响，也存在明显的附带好处。比如，一项设法避免裁员的政策加强了组织的计划性：必须认真对工作量和人员配置进行计划。当一家公司很尽责地去避免裁员时，招聘和雇用人员也就会更有目的性，并且会更加谨慎地执行。我们并不了解这一方面的研究，但令我们印象深刻的是，大体上来说，持有这种政策的公司在招聘过程中会更精挑细选，而且往往能得到更有能力的员工。因为这些公司通常都获得了良好的声誉，被看作适合工作的好地方。与一般公司相比，这些公司往往可以得到更多的有前途的员工。这些组织也会比一般组织开展更多的培训和再培训，因为这里鼓励员工的灵活性。这些公司也更有可能在内部提升员工。这样一来，这套互补的政策与措施使公司想让员工成为真正有价值的资产这一目标成为了现实。

一个关于避免裁员政策对企业的影响的深刻例子可以从瑞飞反光材料公司（Reflexite）找到，这是美国的一家生产反光材料的小型制造商。正如《企业的社会责任》（*Business for Social Responsibility*）中所描述的那样：

> 瑞飞公司有一项商业衰退紧急计划（BDCP），旨在面临销售额下跌或停滞不前时消除发展的不确定性。BDCP 概括了四种等级的严重性、每一种情形的症状、对每一种等级所采取的行动以及每一种行动的预期结果。比如，在第一等级，由于“销售额低于预期却高于上年同期”，

该计划规定，公司要“延迟一些计划内的招聘”、“延迟一些计划内的活动”、“提高对现状的认识”、“在员工会议中讨论”以及“监控整体经济状况”。在第二等级，此计划则要求“想办法降低成本和提高生产率与效率”、“减少加班”、“加速新产品的引进”；在第三等级，此计划要求“自愿请假和休假”、“延缓非优先的资本项目”、“延缓工资上涨”、“减少工作时间”。在第四等级，是最严重的情况，这时瑞飞公司“在两个季度内产生了亏损”，此计划要求“延期或减少豁免员工（exempt employees）的工资”、“减少福利”、“提早退休”、“自愿辞职”到最后——“裁员”。[11]

原则 2：当裁员无法避免时，首先寻找自愿离职者

在所有的可选择方案都无效时，在求助于非自愿裁员之前，应先寻找自愿离开公司的人，通过自愿解除契约或者提前退休的方式，这要通过提供财务激励来完成，如现金奖励加上扩大医疗保险范围以及其他福利。不变的是，遣散费依旧存在。这类方案在实现公司所需自愿离职者数目方面基本上是非常成功的。

这些方案成功的主要原因是，对于许多员工而言，这些提议很好以至于难以拒绝。这使那些接近退休的人可以提前退休，对于其他人而言，原本不可能实现的创业机会如今也出现了。同时，如果公司通过努力无法实现所需的自愿离职者的数目，那些并未收到福利包的员工也会欣然面对非自愿裁员的可能。

因此，对于许多公司和员工而言，自愿性裁员很大程度上都是一种双赢的措施。对公司来说，这些方案愈发不受青睐，是因为和非自愿裁员相比，在短期它们成本更高、耗时更多。同时，通过提供自愿离职，公司也许会失

去一些拥有其最需要技能的员工，原因在于，对于这些员工而言，还有比现有工作更令他们日思夜想的机遇。成功裁员后的公司经常还要特别地告诉这些员工，公司是多么看重他们并且鼓励他们留下来。

原则3：当裁员无法避免并且没有更多的自愿离职者时，要表现得大方得体，从组织的观点来看，你做这些并不仅仅为那些即将走的人，也是为那些留下来的人

当一家公司必须采取非自愿裁员方式时，最优秀的公司——依我们的标准是最优秀的——所采取的方法是对被解雇员工最具支持性而又对留下来的员工的士气损害最小的。正如我们在安捷伦科技公司的案例中所看到的，正确的措施可以增进公司与其员工的关系。

正确的措施包括三方面：财务支持、再就业援助和交流。关于财务支持和再就业援助，最优秀的公司一般在为员工所做的事情上表现得非常慷慨且乐于提供帮助。因此，虽然对低薪员工而言，一般的解雇金是每工作1年有1～2周的薪酬，但这些公司也许会付1个月的薪酬，外加医疗保险。尽管在此行业中提供再就业援助以帮助员工找到新工作已经成了惯例，但这些公司也许还会增加其他援助，譬如财务咨询（包括了解解雇金的税收政策）以及提供教育、再培训花销或开办小企业的津贴。它们经常很积极地为其员工寻找其他工作。同时，它们经常保证，当境况好转时，那些被解雇员工会得到再聘用的优先权。

不管具体方式如何，最基本的原则是简单明了的：为员工提供帮助，使他们清楚公司为了减少裁员带来的影响做了许多事情。这是公司用实际行动来证明自己的承诺，并且，在明显而真正地尝试了所有可能避免裁员的方法之后，这将对被解雇的员工和留下来的员工的士气产生积极的影响。

原则 4：在整个过程中，与员工进行诚恳的、全面而经常性的交流

这些公司并不满足于通常的沟通标准，即只是告知员工他们需要知道的事情。“需要知道”这个规则在现在这个时代对现在的人而言明显是错误的。这个规则基本上是说：“告诉他们越少越好。”这对于公司想对其保密的那些竞争对手是适用的。但是，那些面对——或有可能面对——失业的员工并不是竞争对手。在这种情况下，标准应该是：“告诉他们一切他们觉得有用的明显并非机密的信息”，把这些信息尽早地告诉他们。

我们之前曾经指出，一些网络公司在裁员时是多么不明智。尽管那些公司并不一定代表所有美国公司——它们或许也不能代表网络公司——多数组织还不是特别擅长采取一种有效的沟通方式来使员工感到公司的确关心他们的处境，从而赢得员工赞赏。我们所指的沟通并非只出现在非自愿性裁员时期，而是在公司表现出有可能存在多余员工的时候便开始了。我们从在这方面做得好的公司身上学到了什么？

其中一点，这些公司都是尽可能早地与员工进行沟通——即使当裁员还只是一种可能时。管理者的一个通常的假设是，认为至关重要的是要避免员工接触令人不安的信息。虽然表面看来这是对员工有帮助的，但这种态度当然是完全无益的。如果一家公司真的很关心如何去帮助其员工，它应尽早、尽可能多地向员工提供信息，以使员工可以在一个消息更明确的基础上做出重要决定，比如考虑是否应该缩减主要开销。

值得信任的管理是影响员工公平感的重要因素之一。这在工作稳定性方面再正确不过了。在这方面隐藏信息（或者只是在迫不得已的时候，比如，最后关头，才提供这些信息），这对员工士气和员工绩效有着极大的损害。相反来说也同样正确：对员工说实话，而且真正付出努力去尽可能

地维持稳定并缓和失业带来的影响，这就是得到我们所定义的员工激情的先决条件。

我们是认真严肃的吗？当存在着严重的被解雇的可能性时我们又何谈员工激情？这难道不是矛盾的吗？当然，没有人会对被解雇充满激情。这里我们是指那些员工——被解雇的或是留下来的——是怎样看待公司的。人都是现实的。他们知道商业周期以及单个公司的起伏。正如我们所提到的，他们的基本问题是："在管理者的决策中，员工的利益是否得到了充分的考虑?"如果得到了考虑，即使在最痛苦的时期，员工也会对其组织表现出极大的感激，正如我们在安捷伦案例中看到的。另一个案例是美国大陆航空公司(Continental Airlines)，它们在"9·11"之后裁掉了大约1/5（成千上万）的员工。KPRC，一家休斯敦的广播电台报道了员工们看起来对公司几乎没有怨恨，重复地表达着他们对大陆航空"大家庭"的感谢。一名前员工说："虽然我被解雇了，但是我还会回来的。这是我所工作过的最好的公司，所以我一定会回来。他们一定会重建公司，而且需要员工回来。"[12]我们将在第14章"将合作关系理论转变为合作关系实践"中继续讨论大陆航空公司的文化。

当然，大陆航空公司的问题是突如其来的。通常来讲，问题会在几个月的时间内出现。从有可能存在富余员工那一刻开始就应该不断地告知员工如下内容：

- 公司的商业环境，既包括现有的境况，也包括可以预期的未来前景。
- 公司应对商业环境的想法和战略，比如，新产品开发、销售创新、以提高效率为目的的工作流程重组。
- 公司是如何谋求员工的帮助来应对商业环境挑战的，比如，为成本削减而集思广益。

● 商业环境是如何影响员工的以及公司为了缓和这种影响会如何去做。

● 在充分了解公司的情况下，员工可以期待得到什么——总体层面的和个人层面的。

这里有一些补充的沟通方针：

● 沟通者应该包括不同级别的管理者，尤其是高层管理者和直接上级。员工最感激高层管理者的加入。更低层的管理者可以处理更多的具体问题和担忧，而且管理者必须接受培训以学习如何组织这些会议。

● 正式的媒介，如内部刊物，应该补充——而非代替——面对面会议的效果。

● 会议的目的应当是给员工机会去表露他们的忧虑，让他们提问和提出建议。

原则 5：认识到你所做的事情对那些幸存于组织中的员工的影响，并采取步骤将消极影响最小化

我们提出的所有建议的主要目的在于保证那些未被解雇的员工保持他们对公司和工作的忠诚。事实上，我们所描述的内容将增强那种忠诚，因为在困难时期，在慷慨的举措并非轻而易举之时，公司对待其员工的根本态度才是最真实的。

尽管公司的运营性和战略性问题超出了本书的讨论范围，但请注意，对幸存员工产生决定性影响的另一个关键变量是在重要的商业改进计划情况下裁员发生的程度。也就是说，这种影响既是公司如何对待员工的结果，实际上也是如何以有效的经营管理来对待自己的结果。

我们在前面提到过，裁员对于长期的成本削减和盈利帮助甚少。除了已降低的员工士气所带来的不利影响之外，这些失败的一个主要因素就在于这

些努力通常是短期的修补措施，而不是作为有关重新思考公司的文化、结构、制度和流程以求长期改进的计划的一部分。当这些努力并非这一宏大计划的一部分时，极其可能的结果就是，一段时间后，当公司试图用最初的低效方式去完成工作时，成本会再次上升。

幸存员工的低士气既是经营低效的原因，也是结果。在对待员工方面，一次处理不当的裁员将对员工士气产生消极影响，从而影响到经营绩效。另外，员工是否将裁员看成短期修补措施也会明显影响士气。这时候，至关重要的是员工可以洞察到公司的方向以及他们所起的作用。他们想知道，裁员是否能帮助公司不仅解决当前的困难，而且还提供竞争优势和更稳定的未来。在公司的运营模式和战略没有根本改变的情况下进行裁员并不令人感到乐观。我们前面提到过，公司解决当前经营困境的方法以及它对于建立成功未来的愿景是需要告知员工的关键要素。

还有另一个告诫：不要把提供工作稳定性和容忍不满意的员工绩效二者混为一谈。我们必须把这些情形分清：一种是员工无法控制的——比如，市场衰落或节省劳动力的技术引进；另一种则只是单个员工不愿工作。后者——我们估计一般占员工总数的5%——应该在恰当的忠告和警告后予以解雇。让我们面对这个现实：的确有一些人不愿意工作，至少不愿努力工作。本章讨论的并非这些人。

注释

［1］Sloan，A.（1996，February 26）．“Jobs—The Hit Men.” *Newsweek*，page 44.

［2］Reichheld，F. F.（1996）．*The Loyalty Effect*. Boston，Massachusetts：Harvard Business School Press.

［3］Pfeffer，J.（1998）．*The Human Equation：Building Profits by Putting People First*. Boston，Massachusetts：Harvard Business School Press.

[4] Cascio, W. (1993). "Downsizing: What Do We Know? What Lessons Have We Learned?" *Academy of Manageent Executive*. 7 (1), 95-104; Lehrer, S. (1997). "Effectively Coping with Downsizing." *The Government Accountants Journal*. p. 12-13; Cascio, W. F., Young, C. E., and Morris, J. R. (1997). "Financial Consequences of Employment-Change Decisions in Major U. S. Corporations." *Academy of Management Journal*, 40 (5), 1175-1189; Hitt, M., Keats, B., Harback, H., and Nixon, R. (1994). "Rightsizing: Building and Maintaining Strategic Leadership and Long-Term Competitiveness." *Organizational Dynamics*, *23* (*2*), 18-32.

[5] Thurow, L (2001, March 21). "Worst News on Layoffs Lies Ahead." *USA Today*, p. 15A.

[6] Sharplin, A. D. "The Lincoln Electric Company. Case Study," in: G. A. Steiner, J. B. Miner, and E. R. Gray. *Management Policy and Strategy*: *Text*, *Readings*, *and Cases*. Macmillan, New York, 1982, pp. 958-980.

[7] Iverson, K. "How Nucor Works." *New Steel*. November 1997. As cited in *Plain Talk*: *Lessons from a Business Maverick*, by Nucor Chairman Ken Iverson, with Tom Varian. John Wiley & Sons, Inc. New York.

[8] Kiger, J., Hansel, J., March 12, 2009. "Mayo Says No Layoffs Are Planned." PostBulletin. com.

[9] *Fortune*. 2002. "100 Best Companies to Work For" report.

[10] Ibid.

[11] Business for Social Responsibility (2001). *Downsizing*: *Layoffs/Closings*. Retrieved from www. bsr. org.

[12] As reported on WKPRC. See Click2Houston. com. "Thousands Furloughed at Continental Airlines—International Layoffs Still to Come." Posted: 1: 13 P. M. CDT, September 21, 2001.

第4章
薪 酬

读者可还记得，这一章是在“正常”时期也就是大衰退之前撰写的。这一章的数据和案例都已经根据需要而更新了，但是，其中许多主张仍需要针对严峻的经济形势进行详细的阐述，而这些我们将在第5章“大衰退的影响：飞向保守”中提及。例如，在那一章里，我们将会更具体深入地讨论，在大衰退期间，工作稳定的重要性是如何上升的，而薪酬——尤其是薪酬提升——的重要性是如何下降的。但是，薪酬对任何人而言都不可能是微不足道的，对很多企业里的员工（尤其是出色的员工）来说，薪酬仍是主要问题。进一步说，一旦经济复苏，工作稳定性不再那么重要，那么毫无疑问的是，薪酬将会快速地回到核心位置上来。

在这一章中，我们也新增了一个角度，即关于我们的主张和建议是如何应用到教师的绩效工资上的。这是国家努力提升学生成绩的举措中一个广为人知且充满争议的因素。

员工眼中的金钱

员工认为金钱能够做到以下几点：

- 满足他们基本的物质需要，更理想的状况是，提供一种令他们满意的生活方式。
- 提供一种公平意识（即从他们的劳动中获得公平的回报）。

● 成为衡量他们个人成就的主要标准之一。

● 成为组织看重全体员工和个体员工的贡献的有力象征。

雇主眼中的金钱

雇主希望金钱能够做到以下几点：

● 吸引员工，并保持他们所需员工的数量和类型。

● 明确组织的目标，因为组织用金钱所支付的——不一定是它用语言所表达的——往往正是它真正想要的。

● 激励员工的绩效表现。

● 避免劳资冲突。

虽然经理们普遍（且是不正确地）认为，“员工永远不会对他们的薪酬满意”，但是，他们意识到最大的不满来自一种强烈的不公平感，而且，这种不满会阻碍他们实现吸引、保留和激励员工并实现企业和睦的目标。为避免这个问题的出现，公司在设置薪酬机制时，希望该机制能防止产生过度的不满，并让员工感到公平，但同时又能使公司以最低的总成本让员工效力。那么，就员工对薪酬的态度、其决定因素及影响结果而言，我们的研究（及他人的研究）结果又如何呢？以下是基本的调查结果：

● 薪酬水平及其决定机制和分配机制对员工来说是同等重要的。

● 人们希望尽可能挣得多些，极少有人认为他们的报酬过高。事实上，大部分员工（大约80%）认为他们的绩效高于整个组织的平均水平，所以人们不觉得报酬过高也是合乎逻辑的。

● 尽管很少有人觉得报酬过高，但只有大约26%（这是我们的“标准值”）的人对他们的薪酬表示不满——即认为报酬过低。51%的员工对他们的薪酬表示满意。

● 员工在组织中的层级越高，对自己的薪酬就越满意。在我们的调查中，高级经理总是对他们的薪酬感到很欣喜。

● 对薪酬的满意度越高，对组织的整体满意度以及对管理者的信任度也就越高，员工越能强烈地感受到管理者把他们看成了公司的重要组成部分。

● 我们发现，不同公司的员工对薪酬满意和不满意的百分比的变动范围是很大的。满意的百分比从25%～78%不等，而不满意的从10%～58%不等。

● 在极端的情况下，比如，实际薪酬非常低或非常高时，对薪酬的态度则主要由报酬的多少来决定。对仅能维持基本生活水平的薪酬感到满意是很困难的；在挣得百万美元时，某人的抱怨很少被当真，甚至他自己也不会当真。在一些极端的情况下，对薪酬的满意度很大程度上是比较的结果——与别人比较、与自己的过去比较、与自己所感知的绩效比较以及与生活费用比较，等等。以下是我们调查出的薪酬满意度的主要决定因素，大致是根据它们的重要程度排序的：

（1）对组织所支付薪酬的评价与员工认为别的组织对相似工作支付的薪资水平有关。

（2）薪酬是否随着时间而有所增长，与往年相比其增长情况如何。任职期（无论明确承认与否）是人们用于评判他们的薪酬公平度的主要标准。

（3）人们认为薪酬增长的程度能反映出员工的实际贡献（绩效）和潜在贡献（员工因其培训与技能以及经验增长而能做的事情）。

（4）薪酬增长的程度反映了生活费用增长的程度。在高通货膨胀时期，生活费用成了最严重的开支问题。

（5）人们所感知的非工资类福利的丰富性，特别是医疗保险。由于卫生保健和医疗保险费用的飞涨，员工逐渐地把工资和福利开支看作是互相抵消的：在许多人眼里，医疗费用和保险费用的增长抵消了工资的增长，因此，他们也许认为后者仅增长了一点，甚至完全没有增长（“如果那样，就只是刚好盈亏平衡”）。那么，总的来说，医疗福利越多，员工对工资越满意。

（6）员工经常将薪酬水平与公司的其他员工挣多少进行比较，特别是那些拥有相似技能水平的员工。

（7）公司的盈利性，或者说公司支付薪酬的能力。

（8）普通员工与高级经理之间的薪酬差距。当组织经营状况很好，员工感到他们从公司的成功中得到益处时，报酬的巨大差距也不会引起争议：“让他想挣多少就挣多少吧——那是他应得的，并且对我也有好处。”

在本书中，我们描述了区分有激情员工和无激情员工的情况。其中，薪酬是首要影响因素，既是实质上的——它提供了生活所需的物质基础，又是象征性的——它是获得尊敬和成就以及企业收益公平分配的衡量标准。正如上一章所讲的，公平感（薪酬是其中的关键部分）起到了开启成就和同事情谊需求的“大门”的作用。如果员工没有感受到公平待遇，后两者的影响也会随之消失。薪酬的作用被放大了，因为它自然而然地同时满足了公平和成就的需求。

薪酬也影响组织在员工眼中的基本可信度：它是言行一致，像所说的那样去使用钱的吗？例如，一个运营状况很好并宣称员工是“它最重要的资产”的组织是否在支付员工薪酬的时候却变得小气了呢？企业在强调产品质量和顾客服务时是否使那些生产高质量产品和提供良好服务的人获得了真正的回报呢？我们的调查常常显示，组织的言行之间存在巨大差距，而员工常常根据组织如何支付薪酬来采取“行动”。

基本上说，管理者对薪酬机制有效性的评估是以“客观”数据为基础的，比如，劳工成本百分比和趋势、薪酬调查以及正常的工作评估。除了对这些数据有效性的质疑外，他们还提出如下根本问题："员工是如何看待事物的?"例如，如果他们没有看见绩效薪酬，那就是没有绩效薪酬。要想进行奖赏和激励，绩效薪酬对员工而言必须是存在的。正如我们现在仔细地探究薪酬态度及其影响一样，请记住如下基本主张：管理者对其政策（薪酬公平度及其与绩效的关系等）的看法都是不恰当的（管理者对自己的薪酬的看法除外）。

在考虑薪酬问题并形成有效的报酬政策建议时，将薪酬水平与分配方式区分开来，尤其是将它与绩效的关系区分开来，是非常有用的。

薪酬水平

我们在前面曾提到过，如果公司把员工当成一次性商品，那么想激发员工的忠诚与献身精神几乎是不可能的。相似地，被认为是低报酬的公司（特别是与它的竞争或盈利性有关时）想要获得员工的忠诚和献身精神也是很困难的。对许多员工来说，工作稳定性仍然是第一位的；在必须做出选择时，员工通常会降低薪酬要求而保留他们的工作。但是，薪酬是紧随工作稳定性之后的。

与流行观点相反的是，员工并非期望为公司工作便要获得极高的薪酬。事实上，当薪酬高得令人惊讶时，他们很可能会质疑管理者的动机和能力。因此，我们必须将员工对大量金钱的期望同他们对合理和公平的薪酬的看法相区别。他们有能力把愿望和幻想同现实的期望分开。大部分员工对有"竞争力"的薪酬表示满意，并且对高于竞争对手几个百分点的薪酬表示非常满意。几个百分点可能意味着几百美元，但那对普通员工来说，不管是物质上还是精神上都很重要。

下面一些人评论的实例可能会对我们的主张有所帮助。这些评论是对以下问题的回答："您对在这里工作最喜欢的是什么？"之后，我们将会展示那些对薪酬不满意的员工是如何表达他们的观点的。

> 我对公司最满意的地方就是这里的薪酬待遇相当好。
>
> 这里的医疗福利很好，薪酬比其他公司高。
>
> 我喜欢从这里拿到的薪酬。尽管只多一点点，但与同一领域的其他公司相比是最高的。这说明公司很重视自己的员工。
>
> 我很高兴有机会为像这样的一流公司做贡献，并且在这一过程中能获得相当可观的薪水。
>
> 薪酬高于我们同类型工作的平均水平。
>
> 我认为这里的福利非常好，薪酬在如今的工作场所中是非常合理的。我也非常感激公司给我报销了学费。

遗憾的是，同样的差异原则在薪酬低于竞争对手时也是有效的：仅仅相差几个百分点的效果是显著的。该原则在员工对薪酬增长的反应中也适用。如果薪酬只有微小的增长而低于生活费用的增长水平，尤其是当生活费用明显增长时，员工通常会认为薪酬在下降。大部分员工都知道通货膨胀率是多少，特别是在高通货膨胀时期，甚至会了解到它的小数点后面的几位。

此外，当薪酬增长幅度比以往的增长幅度小时，员工常常会感到苦恼。这也可以看成是薪酬下降，至少是感到失望。

对员工而言，生活水平没有下降是关键的（在薪酬增长没有跟上物价上涨速度的情况下则会出现下降），同时薪酬增长的速度没有减慢也是很重要的。这对于高收入的经理们可能是小事，甚至是无足轻重的，但对看重每一分钱的广大员工来说却是重要的。当然，这还不只是物质问题，因为薪酬对员工还有象征性的价值——它意味着尊重、成就和公平。因此，员工对薪酬以及薪酬增长的态度会对绩效薪酬制度产生巨大的影响。例如，如果“绩效考核式”提薪由于未跟上物价上涨的速度而被认为没有增长（事实上，员工也许会把它看作下降），那么，绩效薪酬制度又如何让员工信赖、感到满意和受到激励呢？我们将在本章的后面部分详细讨论这个问题。

员工如何看待组织的财务状况也在很大程度上影响着他们对薪酬的看法。我们已经反复强调，绝大多数员工都是现实的和通情达理的。在好的时期，他们期待更多的薪酬和薪酬增长，在糟糕的时期则要求较少。当情形真的很差时，他们甚至可能愿意接受减薪，特别是在需要避免或减少解雇风险的时候。

但是，减薪——包括减少加薪或不加薪——的接受程度取决于员工是否信任组织的管理者。信任，是组织中常常缺少的一种元素，也是如下要素的一个函数：

- 员工对组织的总体看法，以他们在组织中的经历、管理者的可信度以及组织对员工福利的关注的总和为基础。
- 在情况糟糕时期，组织内员工从上到下共同为组织奉献的程度。

当信任存在时，组织从员工处获得的支持是绝对惊人的。

这里还有些附加的开放式评论可以证明我们对薪酬的各种分析。这些评论是对以下问题的回答：“您对在这里工作最不喜欢的是什么？”我们列入了大量关于薪酬的评论，以便读者能够充分鉴别，当员工对这个他们认为非常重要的主题感到不愉快时，他们心里的想法是怎样的。

> 我对组织以及它告诉我们的事情完全没有信任感。公司现在运营得很好。为什么只有那么少的钱分下来呢？
>
> 总是要加班却没有实质上的工资补偿。我们可能和别的公司在工资

上相等，但工作量是他们的 12 倍。

这个领域的薪酬完全没有根据生活费用来调整，对此我很不满意。我们的生活水平都下降了。

别的雇主提供颇高的薪酬。当我知道有更好的机会时，我不会继续在这里工作。

最糟糕的是，我们在工作时完成这么多的任务却得不到相应的回报。薪酬真的就这样被吞没了。我们的薪酬至少比别的公司低 5 个百分点。

医疗和牙科保健计划的支出每年都比薪酬增长得多。因此，我们的薪酬没有增长，反而降低了。

我们在一家有上百亿资产的公司工作却仍然负担不起租金、设备和食物。渐渐地，我甚至无法养活一家三口。这多么令人羞耻啊！

薪酬的数量和增长使人感到失望。我已在这儿工作 4 年了，但仅能获得每小时 9 美元的报酬，新雇用的员工却能得到（平均）每小时 10 美元的报酬。

要使收支相抵，工资需要更有竞争力。我认为我们没有得到足够的薪酬。停止吹牛和那些愚蠢的游戏，那都不如付给我们工资。大部分人都没有多余的精力去拥有两份收入。

员工工资低于行业平均水平，因而人员流动率如此高也就不足为奇了。

事实是，我的福利在上涨，我的自付金额也在增长，而且我的药费增长得更多，然而，我们却无法得到令人满意的绩效加薪。还要适当考虑生活费用的增长，即使只增长百分之几。

公司的薪酬上涨没有跟上生活费用增长指数，因此任何的年度提薪都没有实质作用。本质上看，在这家公司待得越久，你停留在原有的薪酬水平的时间就越久，或者还会倒退到更低的水平。我认为这是高素质员工离开公司的主要原因。

我们的实得薪酬应该更多。公司赚了上亿美元，应该分给我们更大份的“馅饼”，因为没有我们就没有它的今天。

我同意改变薪酬激励机制。如果利润下降了，要我们做出调整控制销售专员的月度花销，这是有道理的……那么，为什么当这个信息被透露给我们时，就像是父母尝试说服孩子相信上帝是真实存在的一样呢？“这些改变是一件好事。”“这些对你有利。”真的吗？大家都这么说。我同意这些改变是必要的，但是谁是在撒谎呢？事实上，我最关心的问题是：不诚实。

我感觉，公司已经在多个场合对我说谎了，其中一次是关于薪酬的提高。那时候，公司告诉我说：“当然，你符合条件可以与（公司的）其他人一样按同样的时间表来提高薪酬。”当我想要说出我的担忧时，我却被告知：“我认为我们什么都做不了。”从未有人问我，我认为合适的提薪时机是什么时候；我只是被直白地告知“不行”，即使我的薪酬比同级别的其他经理都低。

相当坦率地说，我毫不相信我的高级主管告诉我的关于薪酬或奖金的一切。他们讲的与我的直属经理告诉我的是矛盾的。他们的话也违背常理。并且最终，他们的话不久就会被证实是与他们的行动相违背的。

过去两年里，我的薪酬上涨了3%，甚至还赶不上通货膨胀率。我从未经历过工作那么累，付出那么多，却得到如此少的回报，而且，是的，我的评价一直都是非常正面的。此外，我不相信这家公司的高管，因为他们只知道想方设法地为华尔街提供季度经营报告，而毫不关心公司同事或消费者。

激励到底意味着什么？对我来说，它意味着当我走在前头或领先时，可以获得更多的回报，无论是物质的还是非物质的。结果我真的领先了，却得不到任何东西，而我的经理却因一些已完成的事情受到好评。

员工的额外津贴被一个一个地逐步夺走，你帮不上忙，只能疑惑这何时能够结束，如果能等到的话。如果这是一刀切或一视同仁的话，这是可以接受的，但事实并非如此。坦白地说，宣布没有奖金或提薪也是令人愤怒的。为什么员工必须要为由那些毫不了解公司应当从消费者的角度来运营的高层管理者造成的错误或做出的糟糕决策承担责任呢？

那么，薪酬水平对组织绩效（如盈利性）的影响是什么呢？人们会认为，当别的开支都一样时，薪酬越高，公司的成本就越高，因此，利润就越少。我们已经讨论过薪酬与员工激情的关系，所以，我们有理由相信，薪酬与公司成本的关系绝不是完全线性的，它对员工士气和绩效的积极影响在某种程度上抵消了劳工成本对利润造成的影响。但是，事实远不止如此。

在经济学中，有一个重要的理论，叫作“效率工资理论”（efficiency wage theory），就是研究这个问题的。在对许多事实（如获利越多的行业工资越高）观察的基础上，该理论指出，当薪酬高于公司应付水平（即高于竞争性市场工资水平）时，会使劳工成本增加，但也会带来好处，如员工更努力地工作以及更多的产出和收益。戴维·I·莱文（David I. Levine）在他的文章《工资增长是否得不偿失？》（Competitive Market-cleaning Wage）中总结道：“经营单位在提高拥有相似人力资本（技能水平、培训等）的员工工资时也能获得高生产率，由此带来的收益增加基本上足以支付增加的工资。”他发现，工资在3年内下降（物价上涨被列为重要因素）的企业，员工产出增长了 2%。而在工资上升的企业，员工产出增长了 12%。[1]

该研究从以下四个方面解释了工资与生产率的关系：

- **员工互惠与士气**。来自雇主的高报酬“礼物”与来自员工的高生产率“礼物”是互惠互利的。这与我们提到的士气对绩效的影响相似。长期来看，员工的绩效当然不只涉及生产率，还涉及成本节约以及以更高的质量和更优质的服务去创造利润，等等。

- **更低的人员流动率**。高报酬的公司会留住更多人（即失去更少员工），因此会减少与人员流动有关的成本，特别是招聘和培训成本。

- **“卸责”行为减少**。与低薪酬相比，在高薪酬情况下，解雇不愿意努力工作的员工便成为一种更严厉的惩罚。

- **聚集优秀的求职者**。高薪酬会吸引大量的更优秀的求职者供企业挑选。

所有四个因素看来都起到了同样的作用。

显然，高工资与生产率之间的关系是正向的。莱文发现，在有大量员工加入工会的公司中，这种正向关系不再那么有效。他指出，在这些公司中，工资的增长超出了用生产率的增长能够补偿的范围。

在关于工资的研究中，一个重要的实践教训就是，错误地将人工工资和人工成本相混淆。计算人工成本不仅要计算支付了多少工资给员工——这是人工工资——还应包括员工生产了多少。正确衡量组织的人工成本的标准是工资与生产率的比例，经济学中称之为单位人工成本（ULCs）。低工资与低生产率通过其对单位人工成本的影响可以互相抵消，但很有可能在工资较低时使人工成本变高。关于这一点，长期的观察发现，高薪酬水平的国家其生产率也总是较高的。尽管低薪酬水平国家也有其竞争优势，但与单位人工成本相比时，优势就折半了。

在生产率有很大差异的国家里，这个分析结果对私人公司也适用。例如，在美国的日本汽车制造商对美国本土的汽车制造商一直具有强大的人工成本优势，尽管二者的薪酬水平相近，但日本公司的生产率更高。表 4—1 是 1996 年（本书第 1 版中的数据）和 2006 年在北美的汽车制造商生产一辆汽车所需工时的比较，其差异颇具历史意义。[2]我们发现，尽管 10 年后依然维持着优势，但该优势已经明显地减弱了。

表 4—1　　制造商生产一辆汽车所需工时[3]

汽车制造商	1996 年	2006 年
日产	27.36	28.46
丰田	29.44	29.40
本田	30.96	32.51
福特	37.92	35.82
克莱斯勒	43.04	33.71
通用	46.00	33.19

人工成本的差别很少被与质量和其他对公司成功很关键的因素相联系。虽然专门针对薪酬水平和产品质量关系的系统研究很少，但仍然有研究揭示出二者之间的正相关关系。[4]高薪酬水平对质量的影响与其对生产率的影响应是一样的（例如，高薪酬水平使组织能够吸引并保留技能更高的员工，从而完成更高质量的工作）。这是温迪公司（Wendy's）总裁在 1986 年面临成本飞涨和销量下降时所做的推论：

（我）发现我们缺乏对人的关注。我们心中对数字充满恐惧，对电脑打印取代书本的趋势感到害怕，以至于我们忽略了客户和员工……我们做了大量的改变，包括对薪酬的显著提高，还有福利的改进。我们的管理层流动率从 1989 年的 39%下降到 1991 年的 20%，而副经理和助理经理的流动率也从 60%下降到 37%——这在同行业中是最低的。拥有一支稳定的、有能力的员工队伍，我们的销量也开始好转了。[5]

好市多公司（Costco）是一家仓储式零售商，尽管它有声望且受大众欢迎，但一直因其慷慨的员工薪酬和福利政策而受到华尔街分析师的抨击。“从投资者的角度来说，好市多的福利政策是过度慷慨了。”德意志银行证券公司（Deutsche Bank Securities Inc.）的零售业分析师比尔·德雷尔（Bill Dreher）说：“上市公司应当首先关注投资者利益。好市多如同一家私人公司一般开展经营活动。”[6]“给予员工的任何东西都来自于投资者的口袋。”桑福德伯恩斯坦公司（Sanford C. Bernstein）的分析师伊恩·戈登（Ian Gordon）说道。[7]

在最近一次的私人沟通中，好市多公司主管财务规划和投资关系的助理副总裁杰夫·埃利奥特（Jeff Elliott）告诉我们，在美国的好市多公司，员工平均工资是每小时21.50美元（不包括医疗和其他福利），此外员工每年还能收到两笔2 500～4 000美元不等的奖金。因此，美国好市多公司的员工每年的平均全勤工资约是45 000美元。90%的美国员工有资格获得医疗福利，并且公司支付92%的员工医疗费用，包括牙科和眼科的费用。该公司还为每一位员工建立401（k）养老金计划，而无论员工是否支付费用。基于员工的工作年限，公司每年的支出是员工年薪的3%～9%。“我们招聘大量大学生，年轻的同事可能不重视他们的退休金，但是他们应当重视，所以无论如何，我们都先为他们支付费用。”埃利奥特说。

这与其他零售商提供的工资和福利形成了怎样的反差呢？劳工统计局公布，2012年第1—3季度零售工人平均时薪为13.29美元，而美国零售联合会在其网站上公布，2010年同行业平均时薪为12.97美元。这比好市多公司（21.50美元）低很多。但最佳的比较对象是一家类似的零售公司，如沃尔玛（Walmart）的一个分支即山姆会员店。遗憾的是，沃尔玛没有公布山姆会员店的工资数据，所以我们一直无法找到沃尔玛作为一个整体在2006

年之后的可靠的工资信息。（最近一些数据公布了，但这往往伴随着对沃尔玛的激烈批评，我们不知道这些数据是否可靠。）科尔曼—洛克那（Coleman-Lochner）报道，2006 年沃尔玛员工的平均时薪是 10.11 美元。[8] 劳工统计局同年报告的零售业的每小时工资和薪金是 11.85 美元。那年，好市多的平均时薪是 17.00 美元。

关于福利，劳工统计局报告说，63%的零售业员工在 2012 年开始享有医疗福利。一家领先的工资单处理公司发现 70%的保险费由用人单位支付。[9] 据《纽约时报》的格林豪斯（Greenhouse）报道，在 2005 年，福利只覆盖了不到一半的沃尔玛员工，而沃尔玛只支付了 33%的保险费。[10]

所以，好市多究竟是为了谁而经营呢？是员工吗？判断谁从好市多获利的一个好方法，除了观察员工薪酬之外，是观察企业在股票市场的表现。在表 4—2 中，我们可以看到，好市多的表现大大优于主要指数，也优于沃尔玛。

表 4—2　　2001 年 5 月 1 日—2012 年 5 月 1 日的累积股票市场回报率

	11 年累积回报率
好市多	122%
标准普尔 500 零售指数	86%
沃尔玛	27%
道琼斯工业平均指数	14%
标准普尔 500 指数	4%

这并没有显示，好市多的股东利益受损，至少比较来看没有。

我们不是指好市多——或任何公司——的绩效是决定员工受到何种对待的唯一因素。高级管理人员的经营能力和经营战略是成功的关键。而且，好市多的战略——如它的会员制模式和限制库存物品数量——一直被许多商学院学生所称赞。

但是，从该公司的联合创始人和前任 CEO 吉姆·辛内格（Jim Sinegal）

的角度来看，如何对待员工是至关重要的，并且事实上这被认为是其经营战略的核心要素。“想象一下，”他在2006年说，“你有120 000名忠实使者正在那里不断地说着关于好市多的好话。它必然会成为你的显著优势……支付高的工资和留住你的员工，对你来说是非常好的生意……为什么员工不应该有权利得到高工资和好职业呢?”[11]辛内格还说，“这绝对能产生很好的商业意义……大多数人都认为我们是成本最低的零售商。然而，我们支付最高的工资。所以这一定意味着更高的效率。这是不言自明的，在我们的业务中——你得到你所付出的。”[12]在2012年，每名相当于全职的员工的工作收入，在好市多是28 800美元，而在山姆会员店是17 400美元。

好市多公司现任CEO克雷格·耶利内克（Craig Jelinek）是在2012年接任辛内格的，在最近的讲话中表达了类似的观点：“大多数优秀的CEO为他们的员工服务，而不是他们的员工为他们服务。这就是全部。如果你和你的员工一起工作，并且为你的员工提供成长的机会，还帮助他们在他们想要成功的领域成功，那么发生在你身上的只有美好的事情。在好市多，我们知道，支付员工高工资是有助于获得业务成功的。不同于报酬最小化，我们知道这是一个在长期更有利可图的减少员工流失和最大限度地提高生产效率、员工承诺和忠诚度的方法。”[13]

是的，好市多的高管是疯狂的。这里有一些附加的数据：劳工统计局报告，在2011年，全国零售业每年的离职率约为26.5%。而最近，好市多的离职率低于11%。在好市多，“损耗率”（实际上是盗窃）还不到0.25%，是全国约1.5%的平均水平的六分之一。

但华尔街却在抱怨!

这些证据清楚地表明，许多高管一般倾向于付出越少薪酬越好的观点常常是错误的。企业需要竭尽全力去给自己的员工好的报酬——甚至高于竞争水平，直至可负担的最高水平。但是，在竞争中的优势，并不一定要在基本工资上获得。稍后，在本章我们将讨论可变薪酬，如收益分享类奖金，其优势在于为企业提供一种根据员工绩效和企业利润调整薪酬的机制。

绩效薪酬

现在，我们来分析薪酬的分配机制，尤其是和绩效有关的分配机制。

在我们前面的讨论中，员工绩效被看成是“因变量”，即受薪酬水平影响。比如，在好市多公司，我们和高级经理认为，更高的薪酬意味着更好的绩效。让我们换个角度，用更合乎习惯的思维方式来看它，也就是将它看成“自变量”：员工绩效影响他们的薪酬。

大多数组织都有这种或那种的绩效薪酬制度。没有这种制度，或者只在部分员工中实行该制度的组织，多是拥有工会的企业和政府机构。在这种情况下，工资增长是谈判而得，或仅仅是工作年限和职级内晋升（in-grade promotions）（薪酬增加但工作责任基本没变的晋升）的结果。

首先，我们来考虑针对员工个人绩效的薪酬制度。两种最常见的情况是计件工资制和业绩工资制。听起来都很不错，它们当然与美国认同个人努力和回报的思想很相符，但在现实中仍有许多欠缺。

计件工资制

正如名称所示，在这种体制下工作的员工是按件数获得薪酬的。采用该制度的最典型的职业是生产工人和销售员。对于后者，“件”是指销售的数量，而这种制度是一种佣金制。我们先来讨论计件工资应用于生产工人的情况。

计件工资在生产领域看起来是非常合理和公平的，因为它把薪酬与绩效直接联系起来，并且衡量绩效的标准是客观的（生产的件数是可计算的）。然而，在现实中，关于这些制度的争论是极其常见的。在有工会的企业中使用计件工资制，员工总是对它满腹牢骚。由于这样或那样的原因，雇用这种计件工人的组织的比例在下降。[14]

为什么呢？在工厂里，关键问题是生产率标准形成的方式，而这是计件工资制得以确定的基础。这个标准明确了对员工的期望，即单位时间（小时、天等）的生产件数。工程师依靠研究成果或某些事先确定的（人造的）数据来制定这些标准。由组织来决定——或与工会谈判达成协议——当工人达到标准时支付多少合理的工资。计件工资率就是指经劳资双方协商同意的在某段时间内的合理工资除以那段时间生产的产品件数得到的结果。例如，生产率标准是100件/天，合理的工资是100美元/天，则计件工资率是1美元。如果工人的产量大于100件/天，就可以挣得多于100美元/天。

这种衡量方法导致两个严重的问题。第一个问题是对标准的合理性和精确性的质疑。典型的问题是，员工抱怨这些标准很不合理。在工会机构中，这常常会成为无休止的牢骚来源和谈判的主题。标准的“客观性”——该制度的关键假设——显然是相当多的争论所在。

第二个问题虽较少被提及，但同样重要。标准是指通过采用一种特殊方法而期望获得的产量。如果一个工人想出一种完成工作的更好方法提高他的产量，比如提高25%，即他的期望生产率（即“标准”）将会提高25%，为了挣得与之前一样多的收入，他必须要多生产25%。否则，他将会被认为挣得过多。事实上，公司削减了他生产一件产品所获得的报酬，并将节省的部分放入了自己的口袋。因此，“计件工资”一词在某种程度上是一种不适当的说法。员工并不是以本身生产的件数计酬，不管采用何种方法；而是根据以特定的工作方法所生产的件数计酬。这会产生两种后果：

(1) 员工在改进生产方法来提高整体产量方面只有很小或完全没有动力。员工在工作一段时间后，通常都会发现改进的方法，但这些改进只会留给自己，因为公开它们不会带来任何奖励。这意味着重要资源（员工的才能、主动性和创造性）的巨大浪费，这和改进的目标是相悖的。计件工资制设计的本意是让员工达到或超过标准，却使员工丧失了挑战标准的信心。这给生产率带来的损失是很大的。

(2) 对待员工时唯一重要的事情仿佛就是要他们竭尽全力，为此，我们拿走了他们获得成就和自尊的主要来源——即剥夺了他们证明思考能力的机会。我们设置了专家思考的体制：方法工程师。他们的工作是找出“最好的方法”使员工完成工作。我们只是要求员工遵守命令和努力工作。任何熟悉这种工厂的人都知道，员工在为难部门经理和职工代表时会变得非常有创意：在作为研究对象时愚弄研究者，在任何可能的时候公开向上级抱怨，以及隐瞒新的方法。

计件工资理论——认为员工所挣工资和他愿意在工作上付出的努力存在线性关系——是有严重缺陷的。这种制度的另一个重要缺陷是它对团队凝聚力的影响。人们常常注意到，对个人的激励会降低团队的能力，因为每个员工都努力为自己工作。虽然这在白领阶层是事实，但在工人中情况却相反。这种制度通常能加强工人之间的团结，但却体现为共同反对管理者。工作团队会设置他们自己的产量标准并希望其成员都能遵守。超出标准的员工是“效率狂人”（这是比较文明的说法之一），他在工厂中的日子也不会好过。

大部分生产工人和销售员是不同的，对销售员而言，在工作上的个人竞争是很正常的，并且是获得成就感的一种途径。我们将在本章稍后部分详细分析这种差异。

在工厂里，计件工资制常会造成劳工和管理层之间的“拔河比赛”：员工和工作团队千方百计地降低产量，而管理层则千方百计地增加它。这似乎与我们先前对员工乐观的看法和员工动机相矛盾，但请记住，员工的态度和行为不仅取决于他们的身份，还与他们被如何对待有关。在我们描述的情景里，当管理者专注于把工作场所变成血汗工厂并限制提薪机会时，面对此类事实，员工把欺骗管理层、发牢骚和限制产量看成是生存的一种手段。管理者通常不是这样看问题，但员工却是这样看的。

我们关注的是实行计件工资制的员工关系及其生产率结果。还有另一个问题也给很多绩效薪酬制度带来了阻碍。那些试图采用绩效薪酬制度的公司还必须解释什么是绩效。实行计件工资制（无论是在生产还是销售领域）的吸引力部分依赖于客观的评价标准（即能够进行计算）。所以，给绩效下定义常常局限于那些可数的东西。由于人们总是关注被衡量的东西，我们经常发现员工走捷径去生产管理层期待数量的产品。员工可能以高于规定的速率去运转机器，也可能牺牲产品的质量，等等。这不仅是在试图达到所期望的生产水平，也是游戏的一部分，是员工与管理者之间的“拔河比赛”。“好啊，你想要 x 件产品，我们把它们给你，再等这些垃圾被退回来!”

于是，管理者引入更多的控制手段和处罚方式来保证质量和设备。这样做成本高昂，正像我们所指出的，也是没必要的。

计件工资制有适用的时候吗？当它用在正确的环境和正确的人身上时，答案是肯定的。

当任务很简单、可重复并能被独立完成时，当管理者真诚回应员工对工资和标准准确性的关注时，计件工资制的问题和成本会减到最少。复杂而不可重复的工作所产生的关于标准的争论最多，在几乎不需要团队合作时，个人激励对团队合作的影响是无关紧要的。把这些情况与真诚关注员工福利的管理者联系起来，就能使个人计件工资制成为最有效的制度。李维斯公司（Levis Strauss）就是一个很好的例子，该公司从个人计件工资向团队奖励转型的管理改革，遭受了产量下降的痛苦。

有些员工更喜欢个人计件工资制。威廉·F·怀特（William F. Whyte）[15] 在 1950 年所做的研究中发现，这些员工大多与他们的同事没有交往，他们拥有自己的家庭，且是共和党人。挣钱对他们而言还有道德的意味，能证明他们是努力工作的。对同事，他们是“效率狂人”，不被喜爱，但也不受人影响；对管理者，他们是最可爱的人。

销售员的薪酬偏好与“效率狂人”相似。两种团体间存在个人品质和能力的不同——一般来说，销售员有更多的社交、沟通的需求和能力，但在个性特征上也有很多相似之处，如独立、坚定刚毅、自信，他们有能力获得高报酬，而高报酬又增强了他们的自尊感。销售员的个性类型与销售工作完全吻合，当然这也是那些人被这类工作所吸引的原因，同时也是以个人奖励为导向的薪酬计划吸引他们的原因（销售佣金计划）。对他们中的大多数人来说，在其他任何环境中工作都会感到沮丧。那正是适合他们的激励计划，只有少数例外——比如，只有依靠团队工作才能获得高绩效的人。

这并不是说销售中的个人激励不存在问题，有些问题与我们在工厂中发现的类似。明显的分歧可能在于工作定额和佣金的公平性、不同产品的不同报酬额度以及如何处理退款等方面。人们常常主要关心的是对高生产率和收入的处理方式。与工厂的工人一样，销售员也经常碰到高绩效的阻碍因素，这是因为当他们生产并赚了很多钱时，他们的定额就会被提高或者他们的管辖范围会缩小。因此，销售员总是一再同管理层谈判，交涉他们的佣金计划条款。

尽管有这些问题存在，我们的调查数据仍显示，专业销售人员普遍比非管理层员工对自己的薪酬显得更满意。这是因为激励薪酬制度很符合他们的个性和目标。另外，他们大多属于高报酬员工人群。他们获得高报酬是因为他们的绩效被看成是经营成功的最根本因素之一：他们带来了金钱！最后，由于他们如此重要，他们有很强的讨价还价能力——特别是更成功的销售员——而管理者常常会做出至少保持他们快乐的安排和计划。除了公平问题，销售薪酬计划还会产生组织争端，比如，个人佣金有可能对必要的团队工作产生有害影响，若佣金（而不是工资）占据了他们薪酬的很大部分，销售员与团队的联系便变得很微弱。人们逐渐认识到这些问题，而团队激励也更多地成为必要的团队工作的准则。现在，大多数销售员有基本工资，还有平均占总薪酬约10%～35%的佣金。

业绩工资制

在美国，大部分拿工资的员工都是在“业绩工资”制度下工作。业绩工资和计件工资最大的一个不同在于：前者并不是直接和立即以产量为基础进行调整的；相反，它们是建立在老板在一段时期内（通常是一年）对员工绩效的主观评价基础上的。

调查中，评价不太积极的领域是，自称按个人绩效支付薪酬的组织真正这样做的到底有多少。我们的绩效薪酬满意度标准值是40%的满意和40%的不满意。换句话说，尽管按“业绩”支付薪酬存在理论上的吸引力，但是绩效薪酬体系对相当一大部分的员工来说，并不特别可靠。部分问题源于管理者对员工绩效的评估方式。这并不是说员工不同意评估；事实上，我们的研究表明，相当多的员工是同意的。[16]相反，问题是评价是好于预期的。这就是为什么那么多的员工同意！实际上，有点玩笑的说法是，业绩工资增长决定了绩效评估，而非反过来。也就是说，为了避免绩效评估会议上发生不愉快的事，许多经理人往往对几乎每个人都评价很高（至少是“满意”或同等级别）。如果业绩工资增长不依赖于评估，该趋势将会更不明显，但是，因为评估与收入相关，积极的偏向确实很强。

工资与绩效相联系的制度使评估的偏见问题被放大了。一种常见的表示方法是采用一个“方格”。图 4—1 是这种“方格”的一个例子。

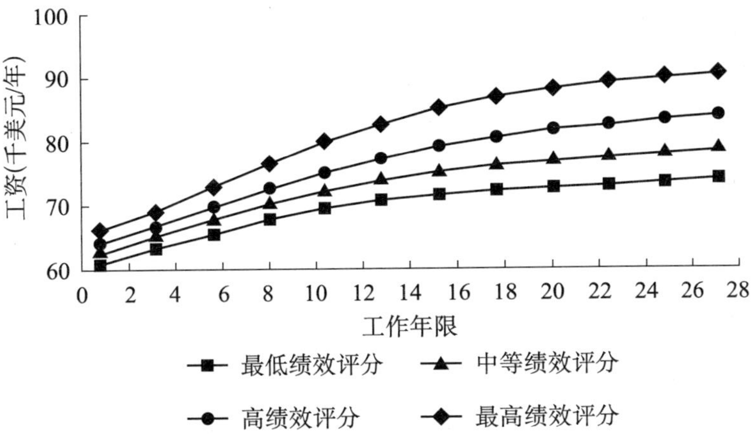

图 4—1　绩效工资“方格”实例

这幅图的纵轴表示工作的工资范围（从最低到最高）。图中线条代表处于不同评估绩效水平的员工。这幅图的主要目标是区分有着不同绩效水平的员工的工资增长情况，同时也包括工资增长的成本。而在现实中，这些目标是有点矛盾的。例如，无论绩效如何，新员工很典型地处于工资范围的低端。同样，无论绩效如何，一些员工的工资增长平稳地处于工资范围的高端。两种结果都有助于控制成本，却极大地削弱了工资增长和绩效的关系。严格来说，组织依据这种制度根据绩效来支付薪酬，但只考虑一定范围内的调整。遗憾的是，员工没有做好必要的精神准备，而难以感到他们的确是根据绩效获得报酬的。员工不会说：“这很好，我的工资比去年有了小幅增长，尽管我的绩效还是一样。毕竟，在这个薪酬范围中我的工资更高了。”只有圣人和超人会接受这种推论，因为在许多公司里，员工很少被告知关于薪酬范围、“方格”之类的情况。

以下因素使问题变得更为棘手：

- **预算**。近几年，组织的工资增长预算为2%～3%。对这些预算的控制是很重要的，因为它们不是一次性的成本：工资增长成为员工基本工资计划的一部分，因此员工留在公司多久，该预算的花费就持续多久。但是，在很小的工资提升预算下，经理们无法在不激怒那些不出色但还算令人满意的员工时仍能使员工的工资之间有很大区别。
- **变化**。工资增长预算每年的变化取决于组织相信它能支付的薪酬数量。在给定的绩效水平下，工资增长的数量会根据预算而改变，这也增添了员工绩效与工资增长范围之间关系的模糊性和主观判断性。
- **通货膨胀**。我们曾说过，如果工资增长率没有超过通货膨胀率，则通常不会被视为一种增长；如果比物价上涨幅度小，它会被认为是减少的。如果物价上涨了3%，而要求仅有3%的增长预算的经理能在绩效基础上对工资增长做出区分，那么，有些（或许是半数）员工会认为工资被削减了。其中的大部分员工的工作表现很可能是完全令人满意的。再者，公司几乎从不为员工区分因生活费用的增长而引起的工资增长的数量，这让绩效与薪酬的关系变得更模糊了。为迎接市场竞争而采取的以市场为基础的工资增长——又一次，难以与业绩工资增长区分开来——使问题更复杂了。

现在，我们可以理解，为何员工难以看到薪酬与绩效之间的关系。这可以归结为：大部分经理都喜欢绩效薪酬，但为了完成日复一日的管理工作，他们也忙于让员工的不满最小化。业绩工资制，伴随着经理们在传递令人不愉快的消息时的不快，使他们在给予业绩报酬的时候难以相信理应如此。因此，很多经理就专注于计算给他们带来最少问题的每个员工的工资增长规模。例如，他们知道谁可能会抱怨，谁可能会接受他们所说的话——如“这是公司艰难的一年，我没有那么多钱来分配到各处；我在尽力做到最好”。他们尽力保证所有——或几乎所有——的员工能得到预算所允许的最大增长，并且会给那些可能给他们带来麻烦的员工更多。这使员工之间的差异最小化，当然，那些“吱嘎作响的破轮子”和绩效确实明显不佳的员工除外。

经理们也围绕这种制度寻找方法：对于可能离开组织（且他的离开会带来损失）的员工，或者可能制造麻烦者，或者确实非常出色的员工，他们可能会采取“例外”方式（在“方格”所示的范围之外的工资增长），或者采用晋升的手段，或者进行职位再评估将该项工作的级别提升到更高水平上。这取决于哪种方式是可能的，并对其他员工和在位的负责人的影响和打击最小。

结果便是绩效薪酬不成熟的翻版，许多人都对其感到不满，但它一般不会产生严重的不良后果：人们都会“容忍它”。我们对组织业绩工资制度的统计研究表明，迄今为止，在一定工作级别中，任职期限，而不是绩效，与员工薪酬有最高的相关性。也就是说，这种制度的净效应与只以资历决定基本工资的方法没有太多不同。唯一的不同在于，它更模糊一些。

建议

我们已经严厉批评了个人绩效薪酬制度。我们很难与个人绩效工资之类的方法一辩高低——这几乎是非美国式的做法——但事实上它们有很多严重的问题。对许多公司来说，它们演变为行政管理的噩梦，且对它们的基本目标（根据绩效奖赏员工）没有太大帮助。

有什么更好的方法吗？有。

更好的选择不是毫无价值地为绩效付酬，也不是简单地给在同一个工作级别的员工支付相同的薪酬，而不管工作绩效是否相同，或者根据资历付酬。这些是应该避免的。当我们实施得当时，绩效薪酬是非常有益和有效的，它有以下的作用：

● 出于公平（分享组织财务收益）和赏识的原因而给予员工物质奖励。

● 通过将奖赏与组织的目标正确地联系起来而为员工指明方向。薪酬可能是组织目标的最主要的“传递者”。

● 可以提供一种根据组织支付能力调整薪酬成本的机制。

因此，很清楚的是，我们绝不反对依据绩效去奖赏员工。问题是，该怎样做？我们知道组织之间——以及组织的各部门之间——有很多不同，所以没有一种方法能适用于所有组织和部门。在设计绩效薪酬计划时，我们这里有一些基本指导原则以及这些原则如何应用于实践的具体说明。这些原则是：

● 员工薪酬应包括基本工资和可变工资。

● 基本工资应具有竞争力并且跟上通货膨胀率。

● 除基本工资外还应加上可变工资，并且对大多数员工来说，应以团队而不是个人绩效为基础。

● 可变工资应按员工基本工资一定的百分比来分配。

● 个人绩效应当以“荣誉”的形式受到奖赏。

我们的详细分析如下。

● **可变工资制与业绩工资制**。我们推荐的基本结构是，员工获得基本工资和依据绩效调整的可变工资。这与员工既能获得基本工资又能获得计件收入的计件工资制相似；你将会看到，其不同之处在于我们所推荐的绩效衡量方式（建立在团队而不是个人的基础上）。

使用基本工资加可变工资的方式与业绩工资制是不同的。业绩工资增长变成了员工工资增长的一部分——它实际上是组织的年金成本。另外，可变工资与组织支付薪酬的能力有关，如盈利性或已实现的成本节约。这是一个巨大的优点，因为它使员工的薪酬总额更容易控制。对员工而言，这可能并不像好处，因为他们的工资中不再包含额外的奖金。但员工的基本工资无论如何也会增加，从而抵消物价上涨的影响，大部分人对此都感到满意。他们的薪酬中表达赏识和奖励的部分是很清楚的，这消除了业绩工资制的模糊性，而在业绩工资中，绩效、生活费用和以市场为基础的工资增长都是混在一起的。

- **团队绩效与个人绩效**。对于绝大多数员工，我们建议可变工资以团队而不是个人绩效为基础。这样做的原因有两个：第一，团队的绩效往往更容易被衡量；它比个人绩效更客观和可信。例如，在整个公司的层面，比较一下对公司利润较为客观的评价和对高级经理个人对该利润所做贡献的高度主观的评价之间的区别。在一个成本中心，比如一个制造工厂，比较一下衡量整个工厂的成本绩效与衡量单个员工的效率之间的区别。我们知道，个人产量标准可能导致他们对标准精确性的大量牢骚。如果目标是要根据个人绩效在员工之间分配物质奖励，那么，就必须对员工进行相互比较。一个维修工人和一个生产工人的绩效如何比较呢？这并不容易。

第二，绩效不仅取决于个人的能力和努力，还取决于团队合作。薪酬的强大力量应该用于鼓励，而不是打击团队工作。基于个人的计划在最好的情况下对刺激合作也收效甚微，并且它还会产生不良竞争和冲突。团队薪酬计划所倡导的团队协作有两个积极的影响：促进提高团队内部和自身的绩效，并能满足员工的同事情谊需求，这些都能提高他们的激情和绩效。

“卸责者”（即那些不愿努力工作的人）又会怎样呢？难道团队工作不是

给了他们不用太多努力就能获得回报的机会和途径吗？研究表明，恰恰相反：在一项得到良好执行的团队薪酬计划中，处理不愿工作的员工的责任部分地由工作团队承担。卸责者伤害了团队绩效，因此，员工工资以及团队标准的提高会对低效率员工产生压力。这比管理者单独处理这个问题有效得多。除了卸责者之外，还有那些受到绩效激励，但又需要绩效辅导或其他类型帮助的员工。基于团队的薪酬计划极大地强化了员工的原始欲望，激励他们为同事提供这类帮助。

确实很出色的员工又会怎样呢？团队薪酬的方式对他们不是不公平的吗？我们对在这些计划下工作的员工的研究表明，在这方面很少有问题。理由是这些出色的员工对整个团队的利益做出了显著贡献，并获得了团队成员的大量赞赏。这与计件工作中对“效率狂人”的反映形成了对比。在那种情况下，高绩效被视为对团队利益有害。稍后我们会谈到，尽管如此，高绩效员工在团队计划下获得的非正式赏识本应用个人正式奖励来加以补充。

什么样的团队薪酬计划对组织是可用的？有无数种计划，但几乎都能被分为三种主要类型：员工持股制、利润分享制和收益分享制。该选择哪一种（些）呢？以下是决定计划选择的标准。在如下情况下，计划会更有效：

- 它能引导员工为完成组织的重要目标服务。
- 它能使员工及时地看到其绩效的影响。
- 目标的最佳实现既需要个人努力，也需要团队合作。
- 绩效的衡量是清晰且可信的。
- 员工心目中的财务收益是可观的。
- 计划能满足员工的公平、成就和同事情谊需要。
- 计划能增强员工对组织的认同。

在所有这些计划中，收益分享制迄今为止最大限度地满足了以上所有目标。但是，它也存在问题，因此，对大多数组织来说，这些计划的组合是更可取的。下面是我们对这些计划的描述以及对其效果的主要研究结果。

员工持股制

员工持有股份有三种基本形式：员工持股计划（ESOPs）；投资于企业股票的年金资产；通过股票期权和股份购买计划直接在公司内持有股份。将采用这三种持股方式的公司合起来看，在美国，估计约有 1/5 的员工在他们工作的公司里持有股份。

员工持股制有强有力的拥护者，有些人甚至像信徒一样地拥护它。这类主张同时以财务和激励因素为基础。持有股份被鼓吹为员工在美国经济增长中增加财产的一种好方式。在 20 世纪 90 年代后期，这自然是一种可信的说法，但近年来，股票市场突然且严重地衰退，使该说法变得非常不可靠。在激励方面，有两种说法：第一，通过创造“资本主义工人阶级”，员工持股制提高了员工对自由企业体制的认同；第二，与本书特别有关的是，员工对股份的持有能增加员工对公司的认同及工作的动力。

关于该制度对员工态度、行为及公司绩效的影响的研究证据是什么呢？

总体而言，调查结果是比较积极的，最大的影响一般在于员工对公司的认同。更少量的研究——但仍然是样本中的大多数——揭示了该制度对更具体的员工态度（如工作满意度）、员工行为（如缺勤）以及公司绩效（如全员劳动生产率）的积极影响。在劳动生产率方面，看似由员工持股制所带来的平均生产率的提高为 2%～6%。据我们所知，还没有例子（至少没有公开发表的例子）证实它对绩效有消极影响。（在结果不积极的研究报告中，只是显示无论如何，二者都没有显著关系。）

为什么员工持股制对公司绩效的影响并不是很大？尤其是在人们看来员

工持股制似乎增加了全体员工对公司的认同的情况下。部分原因在于，员工在工作上表现得如何与公司股票的表现之间存在的是间接关系。许多市场力量影响了股票的价格，远超出了员工的控制力（甚至一家公司的控制力）。就算大量的市场力量不存在，在大多数公司里，也很少有单个员工（或员工群体）的绩效能够对股票价格产生实际影响的。员工可以为其公司的股票表现而骄傲，也可以对他们得到的财务利益感到满意——这些是重要的——但完全缺失的是个人感觉及由直接影响和成就带来的自豪感。回忆一下，我们对可变薪酬制度的选择标准之一是，应能使员工看到其绩效的影响。这一领域的理论家称之为"视线"。在所有的可变薪酬制度中，按此标准来看，员工持股制是最弱的。

我们需要详细阐述员工对公司的认同与员工持股制的关系。尽管缺乏这方面的系统研究，一些逸闻性和间接性的证据则指出，公司文化——特别是员工是否可以参与决策——影响着股份持有制对绩效的影响。试想一下：假设公司推行覆盖范围广泛的员工持股制，却有自上而下的管理模式（一种"按照命令来做"的模式）。那么"视线"问题变得更为复杂，因为员工甚至没有别的途径——除了高强度的体力劳动——能够影响哪怕是他们自己的绩效，更别说影响公司整体绩效了。对大部分员工来说，持有股份既有心理因素，又有财务因素。为得到持有股份的全部权利，拥有股份和心理上"拥有"个人工作的成果（因为参与了企业的决策活动）之间应该彼此强化，而不是彼此否定。收益分享制（稍后在本章会讨论）在这方面则优势明显。

就财务和心理上的满足感来说，考虑一下我们已描述过的相反的情况，即员工参与了很多决策活动，但没有享受活动的直接成果——财务回报。许多参与性方法（如"品质管理圈"）背后的理论支撑点似乎是美德，如员工乐于在削减成本方面提建议。但这并不确切。在美国，这些方法的历史表明，当企业成功时，员工在某种程度上开始质疑为什么他们没有直接分享财务回报。这比员工寻求额外收入机会更进了一步。至少同等重要的是他们的公平感：期望不会被不正当地操纵和剥削。如果参与活动没有获得财务回报，金钱对于员工成就感的影响就会消失。

员工持股制的另一个重要结果自然是股票价值的下降对员工的影响。股票被看好时一切都很好，但股票下跌不只是带来失望，而且会造成员工毕生储蓄的大量减少。股票价格下降可能仅仅是因为经济或市场条件所致，然而，这也可能是由公司经理人员不道德地或明目张胆地非法操控财务所致。股份持有制的固有风险使这种方法不能成为首选——更别说是唯一的选择。

利润分享制

大约 1/5 的美国公司采用某种形式的利润分享制，而在上市公司中该比例接近 2/5。大部分利润分享类收入都会缓发，被放到员工的退休账户中。采取该制度的公司中，有 1/5 会发放现金，还有 1/10 让员工选择延期或是接受现金分红。这些公司所采用的利润分享方案存在很大的可变性——表现在所分配的数量和分配的标准上——并且，在许多公司里，这种方案是很随意的，且每年都会变。

与员工持股制一样，利润分享制也有其强大的拥护者。理由在于它不仅是与员工分享劳动的财务成果的一种方式，也是增强员工对所在公司的财务状况的认识及对公司认同感的一种手段。

有关利润分享制对员工态度、行为及公司绩效的影响的研究又表明了什么呢？令人吃惊的是，几乎没有关于员工态度这方面的研究成果可供参考。最为可靠的说法是员工普遍喜欢这些制度，这并不奇怪。当然在只有很少或没有利润可供分享的时期也会有例外，特别是在经过几年的大量分红之后，它已成为人们所期望的收入或退休储蓄的一部分了。

尽管缺少利润分享对员工态度（如员工对公司的认同感）的影响的研究，但若说它们和员工持股制有很多不同，我们仍会感到惊奇。利润分享应能增进一种“我们都在一起”的感觉，特别是在高层管理者和其他员工之间的利润分享奖金没有巨大差距时。

已经有大量研究涉及利润分享对公司绩效的影响。调查结果与员工持股制相似：从积极到中性均有，对劳动生产率的提高也平均在2%～6%的范围。得出积极结果的研究的比例事实上比员工持股制的更大。

利润分享制与员工持股制的相似之处还表现在员工绩效和经营成果之间的较弱的联系上。这个缺陷可能不如员工持股制严重，因为盈利性不像股票价格那么难以控制。尽管如此，大部分员工和员工团队为公司整体盈利性所做的贡献仍是模糊的，所以对个人成就感的影响是很小的。一些公司已通过建立部门层面的利润分享制度来解决这个问题。但是，这些部门一般也已是相当大的实体，“视线”能否获得许多改进也是令人怀疑的。在确实很小的组织中，如小的部门或独立的企业，这个问题才不会那么严重。

在员工持股制和利润分享制中，回报及时性的缺陷放大了“视线”的问题。人们已相当确定的是，当企业及时地奖励值得奖励的行为时，该奖励就有更大的影响，因为它进一步鼓励了企业所期望的行为。这是业绩工资增长计划（主要评估员工的绩效并影响工资增长，以年计）中的主要问题，也是股份持有制和利润分享制中存在的问题。

与员工持股制一样，一些证据表明，利润分享制在总体包容性的企业文化中（比如，员工在决策中高度参与）有更大的影响。

收益分享制

研究表明，收益分享制虽然不像员工持股制和利润分享制那样为公众所熟知，但它对员工态度和绩效却有最积极的影响。如其称谓所指，它是一种与员工分享收益的方法。尽管存在多种多样的收益分享制度，最常见的还是斯坎伦计划（Scanlon Plan）、拉克计划（Rucker Plan）和随生产率上升的持股计划（Improshare），它们有以下共同特点：

- 用于相对较小的组织中（在员工少于 500 人时是最成功的）。
- 绩效是操作性的衡量指标，如生产率或者成本，而不是财务性的衡量指标，如盈利性；只有员工可控的绩效才被采用。
- 组织确定了团队绩效的基本周期。
- 在该基本周期期间的绩效改进创造了奖金池，即绩效改进所节省下来的资金。基本上讲，这部分资金有大约一半奖励给员工，通常占基本工资的一定百分比，所有参与的员工都获得相同的百分比。如果没有提高收入，就没有奖金；奖金通常是按月或按季度支付——目的是让员工尽早因其值得奖赏的绩效而得到奖励。
- 几乎所有的收益分享制度都让员工高度参与其中，共同形成和实施改进绩效的构想。

虽然收益分享制直到最近仍大多被应用于小型的制造业企业，但它已经扩展到服务行业，比如酒店、餐馆、保险公司、医院以及银行。估计各不相同，但乐观的估计是，约有 20%的美国公司采用了收益分享制。然而，多数情况下，它只是被应用于少数员工，如公司里负责制造的人员。在过去的二三十年里，这种方法似乎正变得流行。

回顾有关收益分享制的研究，我们发现，绝大多数使用这种制度的组织都在生产率上获得了显著提高。提高的幅度差别很大，低至 5%高至 78%，平均大约为 25%。因此，结果应该是真实的。研究薪酬制度及其效应的最卓越的组织心理学家爱德华・劳勒指出："收益分享制最重要的是它的可行性。”[17]

以下是一个关于收益分享制如何开展的简单例子。

● 计算在某个基本周期（通常为上一年或者前18个月）内的平均月销售额，假定为100万美元。

● 计算在同样的基本周期内的平均月工资成本，假定为20万美元。

● 因此，在该基本周期内的工资成本与销售额的比率是20%。

● 在收益分享阶段，如果第一个月的销售额为120万美元，按比例则产生24万美元的工资成本。

● 如果实际工资成本为21万美元，则有3万美元的资金节约，这3万美元将由员工与公司各得一半。

这是收益分享制的一个“简单”方案，因为它只有一个绩效指标：工资成本与销售额的比率。真正的方案包含许多附加的因素，比如质量和交货绩效，每一种因素在“收益”的计算中都占一定的权重。

从我们前面的讨论可以清楚了解收益分享制通常如此有效的原因。在所有制度中（除了计件工资制外），只有它将员工所做的与决定工资的绩效指标清晰地联系起来。在这方面，收益分享制具有优势，即使和计件工资制相比也是如此。相比较而言，后者由工程师制定出的“标准”常引起争议，并且很可能被员工（通过更多的劳动或改变工作方法）超过从而导致标准上升。因此，做得更多（特别是更聪明）常常意味着更重的工作负担，而不是赚更多的钱。在收益分享制中，“标准”是过去的——员工知道它可以实现，因为它已经被实现了，奖励的分配建立在对过去的改进基础上。彼此的联系是清晰的——做得更多获得更多——这种制度鼓励而不是打击改进。

一种天真的看法是，尽管有明显的优点，但企业在引进收益分享制时可能只是将其简单地看作一种机械地将生产率提高与薪酬相联系的方法。企业的组织环境是关键的：迄今为止，最成功的企业都同时采用了高度参与和加强团队合作的过程，因为员工认识到，获得收入的最重要的方法是合作性地和创新性地改进绩效。我们在对员工持股制和利润分享制的介绍中对“所有权”做过同样的解释，但它在收益分享制中更加明显和重要。收益分享制将员工团队的奖金与他们过去一年的改进绩效——他们很大程度上所能达成的绩效——的能力相联系。因为收益分享制关注具体的团队，所以，那些不去鼓励团队成员一起工作以产生和试验有助于改进的想法的组织，将难以成功，甚至荒谬可笑。采取收益分享制的组织恰恰更需要某个实现结果的过程，而非员工个人努力的汇总。在员工持股制和利润分享制中，这种情况却不那么常见，因为衡量的范围很大（常常是整个公司），所以还是会强调个人绩效。

既然被证实那么有效，为什么收益分享制没有得到更广泛的应用呢？以下是使收益分享制难以实施的最主要的几种情况：

- 难以定量测量组织的产出，比如，研究实验室的产出。
- 绩效的衡量标准波动很大，因为决定因素远远超出了员工的控制能力，因此员工的影响无法得到可靠评估。
- 在可以采用此类制度的组织内，难以区分那些相对自主、规模适度的实体。
- 团队成员之间很少或完全不相互依赖，或者团队成员非常愿意在个人激励的基础上工作。
- 组织在文化方面没有为收益分享制做好准备，例如，管理层根本不信任员工参与的价值，或管理层与员工之间存在很多冲突和不信任。

关于信任的几句话：虽然收益分享制能巩固和加强信任，但却不能指望它能将有敌意的环境转换为温馨愉快的环境。收益分享制能否成功，取决于员工与管理层相互的信任和自信。特别重要的是，员工明显相信高绩效能带来更好的薪酬。虽然绩效的计算公式——比如，劳动成本和销售额的比率——看起来很简单，但它也会在缺乏基本信任时引起相当多的争议，并几乎一定会受到怀疑。因此，若企业存在有冲突和不信任的历史，在引进一个收益分享制方案前先做出明显的改进是很重要的。

员工还必须感到他们不会因为高绩效而受到惩罚。一个奖励程序怎么会是惩罚性的呢？问问员工“高生产率”对他们意味着什么，你会经常发现，那意味着“需要更少的工人”。事实上，“效率狂人”的另一个解释是“工作杀手”。员工不会自愿参与筹备他们自己的“葬礼”，所以，必须保证他们从收益分享中得到的任何收益不会造成他们失去工作。最成功的收益分享制度是能够做到这一点的。

即使达到我们所描述的所有条件，收益分享制仍有两个主要的缺陷（或空白）。第一，因为缺乏对整个企业的关注，它不能加强组织范围内的员工认同感或者增加员工对企业整体财务状况的了解。劳勒建议：“对许多大型公司来说，看来最理想的结合就是，全公司范围内的利润分享制和员工持股制，以及主要操作性车间和部门中的收益分享制。”[18]换句话说，我们已经讨论过，这三种可变团队薪酬制度应被看作有着极其不同目标的方法，它们在结合运用时能发挥最大的效用。

第二个缺陷是缺少个人财务回报。我们相信在多数情况下（对绝大多数员工来说）这无法通过以个人绩效区分奖金的方法来解决，而是应该对那些为组织做出杰出贡献的团队成员予以特别奖励。虽然这些奖励应有货币价值，但它们的基本功能是给予个人荣誉。第10章“反馈、赏识和奖励”中讨论了对这些杰出贡献的奖励，现在不必多说。它们应当是真正特殊的——非经常性的奖励、公开的奖励，并且表明了管理者和同事的赞赏之情。

关于教师业绩工资的讨论

如今，教育中最具争议的问题——且是自本书第 1 版出版后最吸引公众注意力的问题——是教师的薪酬问题。总的来说，教师的薪酬由他们的教育水平和工作年限来决定。由于教育质量极受重视，美国学生令人担忧的学习成绩引来了大量的改进建议。来自私营企业的某个评论显示，批评者们关注教师的薪酬。基本建议是薪酬制度应当被改变，参考在私营行业已被证明有效的案例，即高绩效的教师个人将获得更大幅度的工资上涨奖励或其他类型的物质奖励。

据我们所知，没有任何理由相信，业绩工资制在教育行业中比在企业中更有效。事实上，在过去的 20 年左右的时间里，实验性的针对教师的业绩工资计划已经出台，且已得到研究。对其有效性的证据，至少可以说，没有令人印象深刻的。一位学者回顾业绩工资制相关研究后得出结论，虽然这些计划预期能够加大任课教师对课堂表现应负的责任，但是这些计划“在评估他们的表现这个问题上……不仅没能提高学生成绩，同时也破坏了教师互相之间的协作以及教师对管理者的信任”。[19]

范德堡大学的国家绩效激励研究中心公布了 2010 年在纳什维尔公立学校对教师实行业绩工资制的研究成果。如果能够提高学生在标准化考试中的成绩，教师将会获得每年高达 15 000 美元的奖金。该研究的结论是：业绩工资制“并没有多大帮助”。在业绩工资制度下的教师们的表现并不比那些不在业绩工资制度下的教师们好。[20]艾伦·奥登（Allan Odden）依靠他在该领域的经验和研究，得出的结论是，“业绩工资制不适用于那些以团队为基础、以集体为特色、运作良好的学校，因而对提升学校水平的潜在帮助有限。"[21]

我们认为，对教师影响最大的是全校性绩效评估和物质奖励的收益分享制形式。这种方案已被尝试过（通常称为“学校绩效奖”或“合作性绩效奖”），但遗憾的是，我们知道，还没有任何研究通过对全校性的收益分享制与个人业绩工资制或根本未实行业绩工资制的直接比较而完成了对其有效性的测试。基于我们所知的一切，我们建议实行收益分享制，如果引进和管理得当，将有很大可能获得成功。基于全校范围而不是基于个人的绩效评估将会更加可信。此外，教师之间的合作与互助，对他们的绩效表现有着非常重要的影响，因此应当支持而不是阻碍这种行为。

我们提到，“如果引入和管理得当”，收益分享制在学校将能发挥效用。而在企业里，收益分享制不应被看作一个可以预见效果的机械的方案而脱离于其文化背景，比如，员工和管理者之间相互信任的程度和员工参与其工作相关决策的程度。实施一个有效的收益分享制需要教师、教师工会和学校管理者之间的密切合作，而不仅仅是一个关于薪酬安排的合约谈判，并且要在学校里营造一种真正的相互信任的氛围，同时形成让所有教师参与提高学校水平的机制。第 12 章“合作关系文化”将描述合作关系文化，以及第 14 章“将合作关系理论转变为合作关系实践”将描述引入和延续这种文化的方法，这些就是我们心目中想要将收益分享制应用到学校时的样子。

实现教师业绩工资制的动力与另一个广为宣传的和有争议的问题密切相关，这一问题处在绩效系列问题的另一端：如何应对教师绩效不理想的问题。正如我们前面所说，合作小组成员对管理层是信任的，他们通常会采取非正式的行动，去帮助难以提升绩效的成员，同时试图将一些“卸责者”转变为有责任心的人，或者，在不可能实现，并且管理层要解雇“卸责者”时不挡路。这是真实的，尤其是当一个或一些人造成不能令人满意的绩效意味着整个团队的奖金变少时。于是，与参与性的、尊重性的工作环境相结合的收益分享制，可以大大降低员工的保护性心理，并且代之以使员工与管理层协同一致去追求整体利益的群体规则，否则他们常常感觉有义务向他们之中最不值得保护的人展现保护欲——而且在相当大的程度上，工会的目的就是为了提供这种保护。

注释

[1] Levine, D. I. (1992). "Can Wage Increases Pay for Themselves? Tests with a Production Function." *Economic Journal*, *102*, 1102-1115. Royal Economic Society.

[2] Pfeffer, J. *The Human Equation*. Boston: Harvard Business School Press. 1998, p. 200.

[3] Harbour Report, 2006.

[4] Abowd, Kramarz and Moreau. "Product Quality and Worker Quality," NBER Working Paper # w5077, 4/95; "Policy Brief—Prevailing Wage Laws." January 7, 2000; found at www. lbo. state. oh. us.

[5] Clark, Kenneth and Miriam (1996). Choosing to Lead. Center for Creative Leadership, pages 58-59.

[6] Zimmerman, Ann. May 18, 2011. "Costco's Dilemma: Be Kind to Its Workers, or Wall Street?" In HireCentrix.

[7] Shapiro, N. December 15, 2004. "Company for the People." SeattleWeekly. com.

[8] Coleman-Lochner, Lauren. August 2006. "Wal-Mart Stores to Increase Starting Pay Rates (Update3)." Bloomberg.

[9] ADP Research Institute. 2012. 2012 Study of Large Employer Health Benefits Benchmarks for Companies with 1,000+Employees. APD. com/Research.

[10] Greenhouse and Barbaro. October, 2005. Wal-Mart Memo Suggests Ways to Cut Employee Benefit Costs. New York Times online.

[11] Carmichael, Evan. "Respect Can Reel in Greater Returns." Evancarmichael. com.

[12] Hellriegel and Slocum, 2010. "Organizational Behavior," South-Western Cengage Learning, p. 389.

[13] Kagarise, Warren. 2011. "Jim Sinegal to Retire as Costco CEO." Issaquahpress. com.

[14] Lawler III, E. E (1998). "Lawler in Strategic Pay." *The Journal of the Minerals, Metals and Materials Society*, *50*, *11*, pages 57, 80.

[15] Whyte, W. F. *Money and Motivation*: *An Analysis of Incentives in Industry*. New York: Harper and Row. 1955, pp. 41-44.

[16] Our norm for attitudes on the fairness and accuracy of appraisals is 70 percent.

[17] Lawler III, E. E. (1992). *The Ultimate Advantage*. San Francisco, CA: Jossey-Bass, page 177.

[18] Lawler III, E. E (1998). "Lawler in Strategic Pay." *The Journal of the Minerals, Metals and Materials Society*, *50*, *11*, page 125.

[19] Protsik, J. (1996). "History of Teacher Pay and Incentive Reforms." *Journal o School Leadership*, *6*, 285-286.

[20] Springer, Matthew G., Ballou, Dale, Hamilton, Laura, Le, Vi-Nhuan, Lockwood, J. R., McCaffrey, Daniel F., Pepper, Matthew, and Stecher, Brian M. 2010. "Teacher Pay for Performance: Experimental Evidence from the Project on Incentives in Teaching." RAND Corporation.

[21] Odden, A. (2000). "New and Better Forms of Teacher Compensation Are Possible." Phi Delta Kappan. January: p. 1.

第 5 章

大衰退的影响：飞向保守

我们曾主张，绝大多数员工的目标主要有三大特征：得到平等的对待（公平）、拥有成就感（成就）以及和同事建立令人满意的关系（同事情谊）。不过，我们还主张，尽管对一直以来我们所研究的所有人群来说，这个结论是正确的，但是，这三个主要因素的子目标的重要性却可能因社会、经济和个人情境的不同而大不相同。比如，晋升机会（成就因素的一部分）对将要退休的员工来说，显然不那么重要。还有，我们曾指出，在 2000 年信息技术产业泡沫破灭期间，IT 行业的员工对一份稳定工作的渴望显著增加。

信息技术产业泡沫破灭及其对员工的目标和态度的影响是 2008 年大衰退带来的影响的一个小预兆吗？让我们首先来简单地回顾一下，对美国员工来说，大衰退意味着什么：

● 总计 880 万人因大衰退而失业。2010 年初，失业率达到了 9.9%。2010 年，一个失业者平均持续失业时间上升至 33 周，而经济衰退前，这个数字是 8 周。

● 道琼斯工业平均指数下跌了 53%，从 2007 年底 14 100 点的高位跌至 2009 年 3 月 6 600 点的低位。由于 401(k) 养老金计划持有大量股票，股市下跌对保障计划参加者的退休金产生了极大的影响。在写这些时，股市已经恢复到新时期的高点，但股市低点对员工产生的负面影响可能是毁灭性的，尤其是对那些接近退休年龄的员工。

● 在大衰退期间，房屋价格大幅下降，据报道，2006—2009 年下降了

29%，且截至2012年第三季度仍没有恢复。[1]

● 就业率、股市，特别是房价的下降导致了美国家庭净资产的中位数下降了39%，从2007年的126 400美元下滑到2010年的77 300美元（根据通货膨胀率调整后）。

大衰退的影响本身是非常大的，但是随之而来的一些大的历史趋势并没有鼓舞美国员工。根据劳工统计局的数据，今天的实际工资只是比1979年稍微高了一些。1979—2012年这段时期，根据通货膨胀率调整后的工资增长率小于5%，真是令人震惊！

进一步增加员工负担的是健康保险费用的飞涨，而且，部分费用的增长是通过增加的保费、自付额、共付医药费和共同保险等形式转嫁给员工的。比如，2002年以来，雇员支付的保费上升了102%！而且，仅仅两年间（2008—2010年），自付额为400美元或以上的雇员比例从20%上升到43%。[2]

最后，20世纪80年代以来，工作稳定性一直在下降。尽管在1981—1982年的大衰退之后，失业率从1982年超过10%的高点回落到1989年5%的较低水平，但是，越发激烈的国际竞争、结构重组、由低工资水平国家提供的外包以及采用临时员工和独立外包商，导致了许多员工相当大且持续的工作不稳定性。当然，由于大衰退中私人企业和公共部门大规模的裁员，这一点被显著放大了。

通过对调查数据整体的理解，我们将要展示的是，在过去几十年里，对员工来说，工作稳定性、工资和福利间的平衡已发生了变化。工资和工作稳定性之间平衡的变化在工会的合同谈判中体现得最明显，这始于20世纪80年代，有关工作稳定性的条款取代有关工资增长的条款，成为许多美国工会最看重的合同目标。举个例子，在过去的几十年里，全美汽车工人联合会有一个敏锐的关注焦点，就是为它的成员谋求工作稳定性，其中包括在谈判中迫使汽车公司通过扩大美国工厂的生产规模来实行“内包”。在工资方面，工会对企业做出最主要的让步是实行双轨工资制，其中，新员工要接受比已加入公司一段时间的员工少得多的薪酬。这确实是一个巨大的变化。例如，对于要支撑六口之家的员工来说，在通用汽车装配厂的起步工资实际上处于美国的贫困水平。在2011年对全美汽车工人联合会的会长鲍勃·金（Bob King）的采访中，美国公共电视网（PBS）的杰弗里·布朗（Jeffrey Brown）就直接提出了这些问题。

杰弗里·布朗：“首先想问的是一些关于谈判的基本问题，现在你必须要做的是达成协议，而现在更重要的是坚持实现就业，而不是通过谈判获得更高的工资，对吗?”

鲍勃·金：“当然。除非有新的产品和新的投资进入他们的企业，否则没有任何工人是安全的。这是我们最高级别的优先事项，且是我们获得最大成功的标志。”

杰弗里·布朗：“在过去的几十年失去了这么多的成员之后，在几年前所发生的事情之后，你参与过像这样不可避免地处于弱势地位的谈判吗？或者说，在参与时你是什么感觉?”

鲍勃·金：“不，我认为我们……在这个行业还是有相当大的影响力和实力的。我认为，我们的看法已经改变，我们知道，在这些公司长期成功的过程中最关键的人，才是我们的成员。”

“首席执行官会变动，股东会变更，管理层会变化，但我们的成员始终都在那里。而他们长期的工作稳定性，他们的养老金，他们的医疗保险，他们的经济安全与公司的长远成功紧密相连。”

“因此，我们专注于确保有新的产品、新的投资、良好的技术，以及为消费者提供尽可能最高的品质。因此，我们的角色已经发生变化，因为我们已经更多地被卷入全球经济和全球竞争中。”[3]

在美国一些州，与公共部门工会的谈判表明了与工作稳定性和工资之间的平衡有关的同样的观点。在2011年纽约州州长安德鲁·科莫（Andrew Cuomo）与公务员员工协会（Civil Service Employees Association）的谈判中，由于税收收入的下降，州长与本州公务员艰难地讨价还价。《纽约时报》报道说，为了缩小国家预算缺口，州长科莫正在进行“一场赌博，打赌公务员为了保住他们的工作而愿意忍受工资停止上涨以及医疗保险费用的增加”。他赌赢了，因为工会领袖大多关注于在经济困难时期对工作稳定性的承诺。60%的工会成员投票赞成批准该合同。[4]

因此，对许多员工和他们的工会来说，工作稳定性已经成为最重要的目标。我们在医疗保险中发现了类似的条款：工人牺牲工资增长的机会以保住他们的保险，或者，至少保住核心部分。曾经被视为“边缘”的医疗保险费用，现在日益凸显，这是由于其快速增长，同时因为它是稳定性的关键要素——保险一般提供了对非计划内和大额支出的补偿。对于大多数员工来说，这些支出能弥补那些没能如他们真实期望而实现的加薪。无论是否加入工会、是否心甘情愿，甚至是否自觉，员工都已经接受牺牲他们部分的工资，以换取雇主提供医疗保险。

调查结果

在这样的背景之下，现在让我们回顾对员工态度的调查数据。我们提问：一直以来，大衰退对员工的士气及其对组织的承诺产生了什么影响？因为我们知道，经济衰退对美国员工有着明显且严重的后果，我们预计对员工的调查可以反映这一点，即他们的士气严重下滑。如果这就是你预期的，那么你错了！正如我们一样。

我们只从数据库中选择那些被我们调查了不止一次、而是多次的公司，从经济衰退之前到衰退期间，再到衰退之后，我们进行“苹果与苹果”式的有可比性的比较。这与员工调查类研究常用的方法相反，我们会监测一段时期的趋势，比较在不同年份里调查的所有公司的结果。使用该方法的问题是，不管采用怎样的措施，在某一年里调查的公司不可能与在其他年份调查的一样。随着调查客户以及在不同时间间隔进行调查等因素的变化，许多公司诞生或倒闭。因此，我们已经消除了潜在严重误差的来源。

然而，我们还没有消除如下问题，这些可能是错误或偏差的其他来源：

这些都是我们的客户，不一定代表所有的企业。我们的客户往往比一般的美国公司大，许多都颇有名气，而且，我们认为，在经济衰退期间，它们会比一般公司经营得稍微好一些，并且，它们的员工关系政策和实践将会更“积极”。我们这么说是因为，虽然几乎所有参与调查的企业都曾辞退过员工，但是它们中只有一些真的遭遇了业绩上的严重下滑，并且这只是暂时的。

此外，哪些公司会在大衰退期间进行员工态度调查？其一，它们不太可能一直处于严重且长期的经济困境中，因为员工调查通常属于那些在困境中首先被削减的项目，这种降低成本的行为几乎总是随着衰退而来临。其二，进行调查，尤其是在经济衰退期间（不管问题严重与否）、特别是多次进行调查的公司，很可能是由那些相信员工和员工态度能起作用的管理者在经营。在这个意义上，这些公司也可能与美国的一般企业不同，并且这些不同的方面对我们关于员工如何被管理的重要性的基本论点来说，会产生影响。

由于这些可能的偏差，我们将会大量地采用在此期间的其他调查结果，以测试我们数据的代表性和结论的正确性。

不仅这些公司是我们的客户，接受调查的员工也显然是正在被雇用的，也就是总体来说，这些都不是因大衰退而受损最严重的员工。这并不意味着他们不担心自己的工作，最近几乎所有这些公司都不得不裁员，并且我们调查的一些员工可能已经在最近被解雇或被返聘，但总体而言，经济衰退对他们的影响肯定不会大到同期在街上找工作的那些人。

也请记住，这些数据反映了大衰退的影响，在那期间数以百万计的员工被解雇。那么，裁员在这段时间里成为“新常态”，预计这将发生在美国各地的很多公司里。2008—2010年，72%的美国企业减少了雇员数量。[5]这与大衰退之前的裁员非常不同，之前的许多裁员被员工深深怨恨，反映出管理者在员工的心中一直是贪得无厌的形象，决心要从公司榨取最后一分钱的利润，而不管这样做对员工的影响。然而，在那个时候，工作机会非常多，这使大多数人尽管切实受到了经济状况的影响，但是持续时间较短；而在大衰退期间，被辞退则可能意味着多个月、甚至数年的经济困难。

现在，以下是我们在大衰退期间对西洛塔的客户公司的员工进行多次调查得出的结果。首先是总体满意度（见表5—1）。

表5—1　总体满意度：大衰退之前（2006—2007年）、期间（2008—2009年）、之后（2010—2011年）

	满意度（%）		
	之前	期间	之后
考虑所有因素后，目前您如何评价您在××公司的总体满意度？	75	78	75

我们可以看到，平均而言，总体满意度在大衰退期间实际上上涨了3个

百分点，然后才回落到之前的水平。这不是一个大的变化，但员工士气在大衰退时期仍维持不变，对许多读者来说这是非常令人惊讶的，对我们来说也是。虽然我们分析的公司数量是有限的，但所调查的员工数量仍以万计，且该变化在统计学上是非常显著的。（此数据的差异的 P 值小于 0.001。）因此，这是真正的差异而不是偶然的变化。另外，这是对许多公司进行计算得出的平均变化。通过对不同公司进行观察，我们发现 63％的被调查公司在大衰退期间总体满意度有所提升，16％的公司保持不变，而 21％的公司出现了下滑的情况。

通过对在此期间由其他研究人员或机构进行的调查进行梳理回顾，结果表明，我们的研究结果是具代表性的：

● 我们在前面章节中提到“私人部门标准值”（见我们网站上的附录 D），以证明我们的标准数据十分接近从其他地方的众多公司中所发现的数据。而现在我们发现，在大衰退期间，那些公司的标准值的变化，在方向上与我们的相似。例如，那些数据显示，在大衰退期间，样本公司的平均总体满意度提升了 7 个百分点。在将我们的数据与其他调查结果进行比较之后，基于对我们自己的调查方法的了解，我们对这些数据是非常有信心的。

● 盖洛普公司（Gallup）在其调查中确实发现了员工总体满意度的轻微下降，从 2006—2007 年的 30％下滑到 2008—2009 年的 28.5％。[6]但是，盖洛普的研究人员总结说：“尽管……这是几十年来最严重的经济衰退，但是在情感上员工的总体满意度并没有显著下降……”

● 怡安翰威特公司（Aon Hewitt）则发现在整个大衰退期间美国员工态度有所改善，并且是多家调查公司所发现的结果中提高幅度最大的。该公司还采用一种员工“敬业度”指数，结果发现，虽然敬业度得分在 2007 年（自 2006 年以来）已经增长了 4％，但到 2009 年末又增长了 11％，直到

2010年才下降了5%。[7]

● 创造性领导力研究中心发现，在大衰退期间，敬业度上涨了2.5个“标准值”单位。(标准值，一种统计方法，使研究人员能够将大量不同的测量值组合成一个单一的“尺度”。)[8]

● 罗致恒富公司（Robert Half）发现，31%的美国员工在大衰退期间感觉自己的敬业度提高了，只有18%的员工认为自己的敬业度降低了。[9]

其他对适于比较的员工群体的研究并未发现员工的总体满意度或“敬业度”在大衰退期间有所下降。[10]因此，我们可以相当自信地总结出，在大衰退期间，被雇用员工对公司的平均满意度水平没有下降，反而有可能提高了。

现在让我们来谈谈员工对工作稳定性的态度（见表5—2）。

表5—2　工作稳定性：大衰退之前（2006—2007年）、期间（2008—2009年）、之后（2010—2011年）

	满意度（%）		
	之前	期间	之后
您如何评价您的工作稳定性（不担心被解雇）?	68	66	68

变化的趋势是，平均而言，下降几个百分点，符合预期，虽然降幅远小于预期。但是，从个别公司的角度来看，我们发现13%的公司员工感觉工作稳定性得到了提高，38%的公司员工感觉无明显变化，而50%的公司员工感觉有下降的趋势。这与我们计算的总体满意度的提高（63%）、保持不变（16%）和下降（21%）的比例形成了鲜明的对比。

我们认为，工作稳定性是影响员工士气的关键因素。那么，50%的公司员工认为工作稳定性出现了下降，但为何只有21%的公司员工的总体满意度出现下降呢？很大一部分的原因从调查时提出的书面问题所得到的回答中可见一斑。针对“您对在这里工作最喜欢的是什么?”这一问题，下面是相关的书面答复的样本：

在这种经济背景下，我能拥有工作就感激不尽了。

我有一份好工作，并且很感激在今天的市场环境下能拥有一份工作！

我为能有机会工作而感恩。

我想不出我所工作的这家伟大的公司有任何不好的方面。在如今的经济环境下，我们都应该感激能为一家如此关心员工和承包商的公司工作。

当我看到城市另一头那家工厂的遭遇，我要感谢我的幸运之星让我能为我的公司工作。那家工厂30%的员工都被解雇了。但是，我所在的公司无论如何都不会裁员。

今年的“总奖励和赏识”（一个薪酬方案的名字）被彻底改变了。有人觉得这是不公平的。但是，我们中的一些人非常感激我们能在这种经济环境下拥有一份工作，并将继续忠心耿耿地工作。

我非常感激能有一份工作，尤其是一份我非常满意的工作。如果薪水更高那就更好了，因为当你在财务上处境艰难时很难在这里生存下去。我知道，在这里我拥有安全感和稳定性。我不想因为薪水而丢掉这份工作。如今，拥有一份工作比高薪更重要。但是，如果有更高的薪水就更好了。

考虑到此时的经济环境，目前的工资或薪酬水平实际上是合理的。美国其他“电话类”企业和呼叫中心都已经倒闭了，相比之下，我们还在这儿，并且还在运营。尽管提薪和奖金可能会被搁置，但我仍然认为，为了使我们的业务保持运行并获得积极的业绩，这些都是可以接受的。我赞同我们的上级做出的这个明智的经济决策。

我感谢在如今的经济情况下，我仍获得加薪和季度奖金。

在当今的经济环境下，我很感谢能有一份工作，并且是在一个我信任的公司，但愿这家公司也信任我和所有员工。我喜欢为一个关怀员工的企业工作。这让艰苦的工作变成一种享受。

当做得好的人得不到激励时，我很难对这份工作感到兴奋。不过，我仍感谢能有一份工作。激励措施可以鼓舞人们。

已经裁员好几次了，我很感谢他们所采用的处理方式。我认识这些人好几年了，每个人都得到了预警和时间以寻找新的就业机会，这是很好的。这让我感觉更舒服，并对这家公司更有信心，因为知道他们是不会随便赶走贡献多年的员工的。

尽管经济不景气，但（公司）一直在努力，尽量不裁员或不大幅降低福利或薪酬。这提供了一种安全感，使我们始终专注于我们的工作，而不必担心会发生什么事情。

我们的福利已经略微下调。他们是伟大的，现在他们已经做得非常好了！

我很惊讶，尽管经济存在问题，事实上我们在前一年仍获得了小幅的加薪。这当然有帮助，因为这使我们跟上了通货膨胀的速度。

对于很多员工来说，情况非常简单明了：在这样的经济环境中，我很感激能拥有一份工作！无论最近自己的公司是否裁员，尽管大多数公司都裁员了，人们知道组织内部发生了什么，并且，尽管意识到更严重的不稳定性，人们仍感激于没有丢掉自己的工作。我们称之为“相对的满意”（而不是更常见的“相对的损失”），也就是说，与人们所看到或听说过的其他情况以及对可能发生在他们身上的事情的恐惧相比，员工们感到满意。

虽然在这些企业中对工作稳定性的主要意见是积极的，主要是感谢在此时能拥有一份工作，但这不是普遍的，特别是涉及一些公司的管理层如何处理裁员时。以下是对问题“您对在这里工作最不喜欢的是什么？”以及“请您对管理层提出一条改进建议。”的答复样本：

> 我看到，实现完全满意的唯一障碍，是在去年糟糕的重组（裁员）之后产生的工作不稳定的气氛。似乎每次召开部门电话会议时，所有人都在担心自己的工作。
>
> 将工作外包到这个国家之外是可耻的。成千上万人的命运被这一过程影响，留给我们太多对于金融行业的未来的不确定感。
>
> 我最不喜欢的是可能被解雇的不安全感。
>
> 我们似乎失去了我们的优势。我们失去了很多优秀人才。裁员处理得很糟糕，令人泄气。我的团队很难获得所需的资源。官僚作风盛行。
>
> 大大困扰我的事情是公司如何处理裁员事宜。很多人都被重新聘用，那为什么不在裁员之前就给他们机会在公司找到另一份工作呢？为何要让他们承受失业的困难和压力，然后又把他们聘请回来？有些人放走了非常有才华并且做出了伟大贡献的员工。公司传递给这些人的信息是，他们不关心你曾经为公司贡献了什么。你只是一个数字。看起来几乎就是这样，公司只按需要来裁员，而不考虑找谁来填补。即使公司受制于解雇员工的相关法律，我仍然认为应当与那些表现良好的员工进行沟通，让他们知道他们做得很好，并且有其他的机会。管理者应该努力帮助这些员工找到其他的工作。这些服务可以通过外部公司来提供。我更愿意人力资源部打电话给我，为我找到匹配我的技能的工作。
>
> 这次裁员和重组没能得到很好的处理。最初的裁员过后，员工可以计算出剩余的裁员数量，并在接下来的几个星期在阴影和威胁下工作。重组后，变动的个人和部门的角色产生了混乱。重组的部门感觉仍未被

充分整合。

在过去5～7年（合并前后）的多次裁员之后，我相信大量企业的员工忠诚度和团队合作精神已被侵蚀。太多非常合适的员工被辞退，这给留下的员工形成了一种无情的感觉。此外，团队合作被显著削弱，因为人们很快就会意识到，为了保住工作，今天他们帮助的人，明天就有可能变成他们的竞争者。据我所知，重组和偶尔的裁员是无法避免的真实情况，但在相当长的一段时间里，它已成为每年必将出现的事件。

在我们调查过的一些企业里，裁员被认为处理得不当或不近人情。

现在我们来分析工资和福利满意度的相关数据（见表5—3）。

表5—3　工资和福利：大衰退之前（2006—2007年）、期间（2008—2009年）、之后（2010—2011年）

	满意度（%）		
	之前	期间	之后
您如何评价您从工作中获得的工资？	52	55	53
我对我的福利感到满意。	66	69	67

对工资和福利的态度，尤其是对工资的态度，在大衰退期间得到改善，然后又恢复到之前的水平。考虑到大部分员工都经历过工资停滞和福利削减，态度为什么反而会得到改善呢？这是因为对工资、福利和工作稳定性的态度，不能彼此孤立来考虑。

我们在问卷的书面评论里看到的一些证据显示，在这段时期，员工对工资和福利感到满意，或至少勉强接受。正如我们在本书中多次提到的，对于大多数人来说，稳定是最基本的需求。当员工几乎感觉不到不稳定时——无论是在他们自己的公司中，还是因为在其他地方有充足的就业机会——工作稳定的重要性可能并不明显。在这些时候（我们姑且称之为“正常”时期）其他需求（比如，提薪和升职）占主导地位。但是，当稳定性受到威胁时，正如我们在工会的谈判中观察到的，保住工作是最重要的目标，人们也愿意做出牺牲以保住自己的工作。毕竟，工作稳定性意味着得到一份薪水（尽管工资停滞不涨）和拥有医疗保险（即使不如以前那么多）。罗斯·杜塔特（Ross Douthat）是这样描述大衰退所带来的新态度的：

> 两年之后，在 2010 年中期，那种经济危机的感觉已经成为一个严峻却可以忍受的现状。在这种新常态之下，罗纳德·布朗斯坦（Ronald Brownstein）（根据一项全国性调查）在《国家杂志》（*National Journal*）上报道说："现在微弱多数的美国人表示，他们将前进定义为不后退，或股市没有下跌，或没有背负债务，而不是传统的工资和收入的增加。"[11]

布朗斯坦在调查之后总结说："……56%的民众表示，他们更喜欢一份'提供足够稳定性、即使只有较低的工资和较少的晋升机会'的工作，而不是一份'提供更多机会、有机会获得更高工资但工作稳定性低'的工作。密歇根州赫斯珀里亚的一位年轻家庭主妇佩迅斯（Patience）正在找工作，她反映了大多数人的情况，她说她优先考虑的与其说是晋升，不如说是工作稳定性。'我希望不管发生了什么，我仍能保住工作。'"[12]

这就是许多美国人眼中的大衰退的故事："飞向保守"。也许不只有美国人如此。韬睿惠悦公司（Towers-Watson）在世界范围进行的一项调查显示，"……如今对安全和稳定的渴望压倒了一切，部分原因是员工将稳定性视为工作中将迅速消失的一部分。"[13]

当然，重要的是，不过分夸大员工愿意牺牲他们的工资和医疗保险的程度。严重削减任何一个都不利于实现保守和稳定性的目标。至于工资，员工认为，当一个公司处于财务困难时，工资水平或加薪频率降低是可以理解的。当然，最能被接受的是，适当增长以足够支付生活所需，但仅限于此。

员工的实际收入没有被削减，并且仍然保有一份工作，这在大衰退时期实际上是相当加分的。我们不应该试图将人们的反应校准得过于精细：他们会因各种因素的变化而变化，如自己的个人情况、员工所感知的公司财务状况以及对管理层信任的程度。最基本的是，我们的目标是保住工作，当员工可能失去工作时，会愿意为了实现这个目标而做出牺牲。当企业的压力明确且严重时，实际的减薪，即使非常令人不愉快，但也会被理解。但是，当这种情况发生时，那些被减薪的员工要看到各级别的同事都在做出极大的牺牲，这一点尤为重要。否则，这些行为将会引来不满和愤怒。

医疗福利存在着类似的情况。正如我们所说的，该福利已经不再是次要的了：对普通工人而言，这是很大一笔钱。从这个意义上来说，医疗福利是薪酬，而削减它，如提高保费、自付率和免赔额，会被认为是在减薪。许多员工都意识到了这种权衡对公司薪酬政策的影响：2011年调查全国私人部门员工的报告指出，49%的人认同"公司不断上升的医疗成本降低了我的年薪增长"。[14]

我们发现，如果医疗福利已经很高——并且许多公司都曾提供极好的福利（通常完全由公司支付）——那么，减少一些福利不仅被接受，而且受到欢迎。"我们仍然有很好的福利，"员工会说，"谢天谢地，变化不是很大，不像其他公司。"随着经济环境的恶化和医疗保险费用的直线上升，越来越多的员工愿意接受雇主不再那么慷慨的事实，愿意自己承担更多财务负担。2008年6月（大衰退开始之前），19%的员工表示："我愿意每个月从我的薪水中付出较高的金额，以便在使用医疗服务时能享有较低的、可预测的成本。"2010年6月，这一比例已经上升到42%，并在2011年6月达到45%。[15]

因此，福利削减有些不同于工资降低：人们现在已广泛接受的是，即便削减医疗保险计划是不可避免的，但如果不是过于繁重的压力，福利保障所带来的稳定性，其重要性实际上多半超过了工资降低的重要性。而且，与工资降低相比，人们对福利削减的反应受到实行削减时的环境影响极大，如公司的财务状况和对管理层的信任。

总之，在匮乏和不稳定的这段时间里，牺牲部分工资比削减医疗福利（医疗保险提供了稳定性）或裁员更获认可，并且，稍微削减福利比完全失去福利或裁员更获认可。概括地来说，这就是目前员工目标的重要性排序；这是员工心中在有利于保全财产的各类目标间的平衡。

管理层的角色

除了经济性问题，即工作稳定性、工资和福利之间的平衡之外，这些事情发生的背景也必须加以考虑。我们曾经提到，"对管理层的信任"是一个关键变量，决定了人们对公司应对经济衰退的做法有何种反应。我们也曾表示，我们的样本企业的管理层可能与其他调查中的管理层有点差异，因为事实上他们在大衰退的中期开展了员工调查，并且开展了多次调查。这些调查结果所反映的员工对管理层的评价，从两层意义上支持了这一推测：管理层应对经济困难时期的效果和在那段时期可以感觉到的他们对员工的关心。在大衰退期间，认为企业运营良好且高效的员工比例提高了 10 个百分点，而认为管理层关心员工福利的员工比例上升了 7 个百分点。（我们没有来自其他调查的较好的对比数据，所以我们不能判断在这些方面我们数据的代表性如何。）

在我们调查的公司中，员工对管理层的信任（其能力及其对员工的关心）在大衰退期间出现了显著增长。最起码，我们可以说，在这些公司里，员工的就业困境（实际的和潜在的）并不能归咎于他们。我们知道，大衰退要归咎于大型银行和政府。这种状况与“正常”时期（至少自 20 世纪 80 年代起）完全不同，那时，失业往往被视为是管理层贪婪和无能的结果。大衰退的浪潮席卷了大量公司和整个市场，使许多公司的产品和服务的需求大大降低。我们在问卷的书面评论中看到，在这些被调查的员工中，许多人因他们仍然有工作而感到欣慰，有的人则因他们的好运气而对管理层表示赞赏。下面是在“这些时期”关于领导层更直接的评论：

我认为我们公司的领导层在目的、使命和战略的沟通方面做得非常好。我认为，我们的领导者为变革建立框架和为公司设定目标的方式，能够激励员工，即使是面对严峻的经济形势和去年夏天的裁员时也是如此。我觉得员工真的相信公司可以改变，并将再次发展成为一个创新性的成长型公司。

哇，当我看到所有关于经济环境的坏消息时，我有时甚至认为，像我们的 CEO 和 CFO 这样的人应该竞选美国总统！尽管我们的公司无力恢复经济，但是我们的管理层已经聪明地将我们的焦点放在能为客户做些什么并且真正地帮助到他们上来，并且为公司及其员工保证一个长远的未来。也许某天我们的 CEO 可以竞选州长。

我们的公司关心员工，并且将其放在首位。由于领导层，公司整体的运营正走在正确的方向上，考虑到当前的经济状况，公司已经运转得非常好。公司内部的领导层也鼓励员工不断创新和尝试新事物。

考虑到当前和未来的经济和市场环境，高层领导者确实在挑战传统模式和推动公司朝着良好的方向前进，他们做得相当出色。虽然仍有改进的余地，但我不会认为这是一个弱点。

即使在这样的经济环境中，公司仍是非常成功的，且总的来说是一个很令人满意的单位。我们公司拥有强大的、充满激情的和创新性的企业文化。

我想说，我们受到了家人一样的对待；我们始终能够多少获得一些决策圈的消息，了解其他金融机构和经济体正在发生的事情，这是当务之急。在像我们这样的大公司中，有种“小公司”的感觉是很重要的。

我真的觉得我们公司通过各种福利来关怀自己的员工，我真的很感激，尽管经济下滑，但他们仍坚持他们的价值观。人们很容易喜欢上为一个喜欢你的公司工作。

员工的态度真的取决于高管技能，真的取决于他们的价值观，正是在困难时期，这些素质才真正面临考验和赞赏。

我们对员工目标（经济性）和管理实践的研究结果对未来将会有什么意义呢？关于员工的目标，我们只能说：这要视情况而定。这主要取决于影响职位需求的关键因素：如何迅速且强烈地使国家从大衰退中复苏；工作外包将如何发展，特别是外包到海外；技术和自动化会对人力劳动需求产生何种冲击（目前看来冲击到来的速度已大大加快了）。甚至很多专家都未能预测经济发展方向，我们（作为经济方面的业余爱好者）也无法做任何这样的预测。

但是，根据我们对就业员工多年的调查，包括他们对经济波动的反应，在预测员工将如何应对经济变化方面，我们没有遭遇同样的阻碍。我们认为，如果就业机会很快地增多，失业率恢复正常，我们将看到令人吃惊地快速逆转的员工目标，例如，增加工资将成为影响员工态度和行为的更加突出的因素，而工作稳定性不再那么重要。我们的理解是，20世纪30年代的大衰退引发的心理影响持续了很长一段时间（对员工和他们的孩子都有影响），但那时的经济危机比现在更糟糕。如果目前的经济状况继续得到改善并加速发展，在美国文化和美国精神中根深蒂固的霍雷肖·阿尔杰（Horatio Alger）式前进模式会重启，并会将“坏时代”模糊成一段糟糕的回忆。

但是，有效管理实践的准则，比如，把员工视为不可替代的对象，在好时代和坏时代都是同样重要的。当公司庞大且在不断增长时，这些准则更容易实现，例如，那时在组织的其他地方为剩余劳动力找到工作问题不大，但即使在那个时代，正如我们所展示的，有些公司仍会选择裁员以期获得华尔街的肯定。在困难时期，对很多公司来说，避免裁员是不可能的，但最根本的原则是，应将这一行动视为最后的手段，并且对那些被解雇的员工保持关心和人性。而且，在大衰退期间，管理层特别容易像这样来对待幸存者，比如，“有一份工作就算幸运了”；“如果你不喜欢，就辞职吧”。但恰恰是当管理层的权力与员工相比较大时——当其他工作并不容易获得时——明智的领导者不会在言语上吹嘘那强大的权力，或者在行动上真的使用它。在经济窘迫时期，当管理层无须“不得不”做什么时，员工对为其利益做出的努力表示的赞赏是最大的，这将显著提高他们对组织及其长期目标的认同感。忠诚会带来忠诚。

注释

[1] The S&P/Case-Shiller National Home Price Index.

[2] PWC Report. 2010. Health and Well-Being Touchstone Survey.

[3] PBS Newsmaker Interview Air Date：October 26，2011. Between Jerry Brown（host）and Bob King（UAW president）.

[4] Thomas Kaplan. August 16，2011. “State Employees' Union Accepts Wage and Benefits Concessions.” *The New York Times* online.

[5] Towers Watson. 2010. Global Workforce Study.

[6] Gallup Consulting Report. 2010. State of the American Workplace：2008-2010.

[7] Aon Hewitt. 2012. Trends in Global Employee Engagement Study.

[8] Deal，Stawiski，and Gentry. 2010. "Employee Engagement：Has It Been a Bull Market?" Center for Creative Leadership. Greensboro，North Carolina.

[9] Robert Half. 2010. "Workplace Redefined：Shifting Generational Attitudes During Economic Change."

[10] 一些研究的确发现了士气提升的情况，但在对其研究的回顾中，我们发现，这些研究与我们所引用的研究并不可比。波士顿咨询集团2010年的报告指出："在过去的两年间，由于裁员和其他方面的问题，员工敬业度变糟了。"但是，据我们所知，这些调查是针对经理人员的，而非针对员工的。一般来说，经理人员所认为的员工的感受并不能很好地反映员工的实际感受。[Boston Consulting Group，Creating People Advantage (2010).]

[11] Ross Douthat's column. 10/1/2010. *The New York Times* online.

[12] Brownstein，R. September 28，2012. "Struggling to Advance." *National* Journal.

[13] Towers Watson. 2010. Global Workforce Study. 支持"飞向保守"这一假设的其他研究数据可参见：MetLife. 2011. 9th Annual Survey Study of Employee Benefits Trends a Bluepring for the New Benefits Economy；Randstad Workmonitor. May-June 2012. Global Press Report. Trade Job Security.

[14] Steve Nyce. February 2012. "American Workers Seek More Security in Retirement and Health Plans." *Towers Watson Insider*，Volume 22，Number 2.

[15] *Towers Watson*. 2011. Retirement Attitudes Survey.

第6章 尊　重

判断一个人性格的最好标准是：第一，他如何对待不能给他任何好处的人；第二，如何对待无还手之力的人。

——阿比盖尔·范·布伦（Abigail Van Buren），专栏作家

真正能评判你性格的不是你的邻居、你的亲戚或是和你打桥牌的人。真正了解你的是男侍者、女侍者和职员们。

——凯瑟琳·派珀（Katherine Piper），作家

几乎所有人都能忍受逆境，但要想检验一个人的品格，就给他权力吧。

——亚伯拉罕·林肯（Abraham Lincoln）

人们不会特别注意的是，组织中员工对他们的老板是"尊重"的，一个人的层级越高，他得到的尊重就越多。不管下属的赞赏是否真诚，老板们总能得到很多的感谢，甚少受到辱骂或强烈反对。我们把这种尊重加上引号，因为它不是我们在本章所说的尊重的类型。

我们讨论的这种尊重——在员工士气里有深刻含义——不是来自对权力的遵从或对回报的期待，而是来自员工内心所感受到的身为人类的内在价值。我们认为，公平需求就是与基本雇佣条件有关的渴望被公平对待的感觉。员工因为被雇用才有所期待，且源于普遍接受的道德和社会标准。公平中主要的财务要素是指工作稳定性、工资和福利。主要的非财务要素就是尊重。

我们在调查中得到的一些开放式评论生动地说明了对员工尊重和不尊重的现象。

首先，以下的评论来自工作中受到不尊重对待的员工（关于“您对在这里工作最不喜欢的是什么?”这一问题的回答）：

> 我的老板就像一个监狱长……我们就是被链子拴着的囚犯！他咆哮着发布命令的方式像是一种威胁，他期望完全的服从。
>
> 这家公司最让人沮丧的是管理者对员工的尊重程度很低。我相信，团队中的所有员工都是负责任的成年人，他们总是根据顾客的需要做出决定。我们的团队领导……一点也不尊重我们。她总是对我和团队的每个人发表恶意的和挖苦的言论。她自己对我们所谓的公司价值观毫不尊重。
>
> 和我们一起工作的领导下贱卑鄙，他们总是打击而不是树立个人信心。高级领导并不知道他们的行为。
>
> 管理层给予顾客的奉献精神和尊重却没有同样给予作为公司基石的员工。
>
> 我们的管理者和主管完全缺乏尊重和谦逊的态度，这经常暗示着他们的不称职以及这个公司缺乏前进的方向。公司所宣扬的东西很明显地没有得到实施，存在着歧视和偏袒，我们的领导具有所有令人厌恶的品质。我请求高层做一个彻底的清除，他们能吗?
>
> 这个经理是我遇到的最不专业的“经理”。他恐吓和羞辱我的许多同事。他似乎对任何人都缺乏尊重。他是有极度控制欲和急性子的人。如果他对人不那么差劲，我会认为这里是一个工作的好地方。
>
> 这里的临时工就像苦工似的。如果你不是正式员工，你就什么都不是，是傻瓜。只有从工会那里我们才能找到自尊。

我们总是像孩子似的受到不信任的监视。监督者总是鬼鬼祟祟地走来走去，以确保我们没有玩电脑游戏、打私人电话或聊天。令人惊奇的是，我们上洗手间还不必得到她的许可。很可能接下来就要这样了。

现在，来看一下员工在这方面的比较积极的开放式评论（关于“您对在这里工作最喜欢的是什么?”这一问题的回答）：

和我一起工作的人是这家公司最美好的财富。从我的高级领导、顶头上司到我所有的同事，我感到每个人都互相尊重并且工作都很努力。

我的领导诚实而正直，在我做一些可能不大受欢迎的事时给我支持。我很尊重她，同时也很尊重她的投入。

我的上司……诚实又直率，她曾不得不做出并传达很多困难的决定，但她会以敏感而尊重人的方式来做。

我的顶头上司有非常棒的人际交往技巧，因此他很受尊重且被高度评价为楷模。他的开放政策是我在工作中所经历的最好的。

我喜欢在这里工作，因为我的领导所营造的一切。他……懂得人们的需要且仔细聆听每个员工的要求。他因诚实、奉献以及人际技能这些上帝赐予的才能而颇受尊重。他关心员工并花时间来解决员工的争端。每个向他报告的员工都很喜欢这份工作和为他工作。他是最棒的。

尊重而有尊严地对待员工并在裁员时提供可观的遣散费是相当不错的。在2001年的“9·11”事件之后，公司的每个层级都显示了对员工和顾客的深切关心，这反映了领导层的积极态度。

对于为公司工作而言，最好的事情在于你周围有好的环境。你有权对与顾客相关的第一线的事务提出想法并改进工作程序。我们的领导欢迎新主意并随时给予反馈，在你需要他们的时候他们总会在身边。你能在工作环境中获得所期望的尊重，甚至更多。

这家公司有意尝试以人为本地对待全体员工。它的政策棒极了，家里有急事时可以请假而不会被问得心烦。公司信任员工，员工想把自己的全部奉献给公司。

尊重之心

平等是尊重的核心——把每个人都看成是重要的和独特的，而不去考虑任何别的特征，比如，性别、种族、收入或是预设的绩效和对组织的贡献。平等是否意味着，某些人比别人赚得更多或拥有更多权力在本质上是一种对他人的不尊重呢？那只是极端平均主义思想的观点。其他人则期望根据责任不同收入有所差异，并认为无权力差异的组织是荒唐的和不正常的。

核心争论点是，拥有合法的高收入和高权力的人如何对待处于低收入水平的人，也就是，他们怎么使用权力。

举一个简单的例子，飞机上的乘客会认为机长和空乘人员的指挥和命令是不合法的吗？当然不会。但是，在礼貌和态度方面，空乘人员是如何对待乘客的呢？让他们感到自己是受航空公司欢迎的客人，还是被粗鲁地当成摆脱不了的麻烦？或者说，可能最常见的是，被冷漠地当成“座位”？

顾客受到何种对待对于他们持续与一家公司打交道的意愿有很大影响；对于员工及其实现高水平绩效的意愿的影响也不小。这里，我们谈及的是一种基本的人类需求，尽管听起来有点琐碎和老生常谈——比如，想要为待人友好的老板工作——但对人们的行为和组织的有效性将带来巨大影响。

为避免误解，在这里我们再次说明，尽管受尊重对人们来说非常重要，但它不是金钱的替代品。两种需求都很重要。事实上，如果员工在享受尊重待遇和其他方面的良好“人际关系”的同时感到他们在经济上受到剥削，那么这种待遇会被看成是耻辱。“人际关系”不应像“公共关系”那样用友善的外表来掩盖实际的不平等。

关于员工受尊重的情况，我们的数据显示了什么呢？我们常用于衡量尊重的问题是：“请评价管理者对您的尊重程度，即把您当成一个负责任的成人来对待的程度。”

基本上，对这个问题的回答比较令人满意。平均来说，74%的回应是积极的，但变动范围很大：最积极的组织中有 93%的员工反应良好，而最消极的组织中只有 43%的员工有这样的反应。

组织中员工受尊重的程度可分为三大层次：积极的、冷漠的和羞辱性的。让我们从最消极的开始。

羞辱性对待

根据我们的调查结果，羞辱是相对稀少的情况，至少在大多数组织和在今天这个年代是这样。但当它确实存在时——它可存在于缺乏尊重感的组织里某个老板对待员工的方式中——它对于员工及其绩效有毁灭性的打击。

羞辱意味着被明显地当成不重要的人对待：不称职的、不值得信任的，或事实上被当成奴仆。它有两种形式：人与人之间的，比如，员工的工作被他的顶头上司嘲笑；结构上的，比如，不允许员工在工作中有决策的权力。而且，在结构这方面的实践中，还以某种方式来鲜明地区分社会地位，尤其是贬低低层人员（例如，临时工有不同的出入口、有不同的和完全不能引起食欲的餐具、有不同的离工厂较远的停车区域）。

这些管理行为和地位差别主要用于清晰地描绘工作场所中人们从高到低的排位。它们没有别的目的，因为它们与实际职能——完成工作——没多大关系。在更传统的社会里，它们就像谚语中所说：“我生逢其时而你不是。”

在美国，这话的意思通常就是："我成功了而你没有。"

公民维权、妇女维权以及同性恋维权运动证明了美国社会的"传统"程度：天生的"错误的"种族、性别、民族或性取向导致一些人被看作"不如"美国社会中更受优待的阶层。这些社会运动全是关于公平的，当然包括经济上的公平，但也包括在受尊重方面的心理上的公平。我们不需要重复各种缺少人缘的团队遭受过的无数羞辱。不必多说，它们不只是琐碎的烦恼和失意，而常常是狂怒的缘由以及做出改变的强有力动因。

在组织中，羞辱的后果在员工冲突中表现得最多、最明显。在我们研究过的严重的劳资纠纷中，明显会出现员工感到屈辱的现象。这些纠纷也是有关经济问题的——我们没有宣称经济需求没那么重要或者能以某种方式取代心理需求。但是，我们没有在大量的员工中发现真正的愤怒，除非他们感到在日常工作中遭到管理者严重贬低。劳工与管理者可以因为金钱产生分歧，但是除了发表很生气的公开言论外，他们仍然能尊重彼此并公事公办地找到和解的方法，那就是劳资双方的集体谈判。但是，侵犯员工尊严又要如何靠谈判来解决呢？

更严重的羞辱形式的发生率——既有人际的也有结构上的——这些年在美国的工作环境中无疑显著减少了。发生改变的原因有很多，包括美国劳动力中制造业雇员比例的减少（总的来说，工厂工人比办公室员工更容易被歧视）；美国的商学院也在教授现代管理理论，作为工会问题解毒剂的"柔性"管理风格的有效性得到了证明；日本产业对美国管理实践的影响。最后一个原因特别重要，因为日本企业在与美国企业的竞争中获得了显著的成功，所以它们所主张的理论不能被简单地贬低为"书呆子理论"和"愚蠢的"的管理风格。

日本的员工管理方法强调员工参与决策、团队工作、公司内的地位差别最小化以及工作稳定性。尽管很少有美国公司完全接受这些日本哲学（特别是工作稳定性的重要性），但它的影响依然是很重要的。

冷漠对待

比明显的羞辱更常见的是冷漠。冷漠覆盖了管理实践的很大范围。有时候，它看起来似乎和完全的不尊重相一致，但通常更好的表述是称之为“善意的忽视”。举一个例子，美国航空公司是一家长年有劳工关系争端的公司。1993年，P. T. 基尔伯恩（P. T. Kilborn）在《纽约时报》上发表了一篇关于该航空公司罢工事件起因的文章：

> 不是因为薪酬或福利，或时常令人烦恼的一天之中在四五个城市之间的飞行，或一些没完没了的不付报酬的航班之间的延误，而是一些小事情打击了美国航空公司的空乘人员，比如，对他们说话咬牙切齿和总体来说缺乏尊重。“他们把我们当成可随意处置的一个数字。”海伦·纽霍夫（Helen Neuhoff），一位33岁的空乘人员说。另一位空乘人员说：“我愿意在飞机上工作。但是我必须坚持我的尊严。我的自尊比我的工作重要得多。”争端并没有消失。四年后，美国航空公司再次遇到同样的麻烦，主题还是一样。一位不满的飞行员抱怨道：“如果你把员工仅当成‘单位成本’，像每次航班后我们扔掉的一次性塑料杯，员工的士气就会停留在谷底。”[1]

该公司当时的董事长罗伯特·克兰德尔（Robert Crandall）任职期间，因其咄咄逼人的领导风格而导致对员工的漠不关心更严重了。他被认为只对业绩感兴趣，且他的工作方法是争强好胜，表现为对竞争者、社团、行业监管者和员工及工会的强势。害怕克兰德尔发怒的员工给他起了个绰号叫“达思·韦德”[2]。换句话说，他是一个极度严厉和直率的商人，他不会欣然和沉默地容忍愚蠢的人（以他的眼光来看）。尽管如此，员工们相信他是聪明的，虽然他对员工和他们的需求麻木不仁（如他们所定义的），他对航空公司付出了100%的精力。但是，他的敌对的和极度粗暴的风格放大了其他管理问题，使之演变成经常性的、严重的劳工纠纷。[3]

克兰德尔的风格使他处于冷漠对待的一个极端。大多数对员工漠不关心的管理者没有像他那样经历劳工纠纷。以下是在其他环境（即我们所说的“善意的忽视”环境）中有代表性的评论：

> 在这里，你几乎就是一个号码。他们不关心你是留下还是离开。我留下是因为这里的薪酬非常高，并且我喜欢与我一起工作的人们。我想大多数公司几乎都是一样的。
>
> 我能说的是，它是一份工作。管理者不会打扰你太多——只要做你的工作，遵守规则，他们就几乎不管你了。你甚至很难见到他们。对我最重要的是，公司处于很方便的地理位置。
>
> 我见过更好的和更差的。这里的工资还行，医疗福利也还好。由于我儿子的健康问题，所以医疗保险对我非常重要。此外，我感觉在这里我的工作不会真正被赏识，除了必须表扬我的时候，我几乎从未听到过我的老板说话——只是远远看见过他。
>
> 员工的评论、建议和担忧都被忽略。管理者让我知道我只是一个号码，公司不会真正在意我的想法。
>
> 管理者似乎并不关心你和你的想法，他们的态度就是，你是可替代的。
>
> 我认为管理者不在意低层员工对工作的想法和感觉。一些员工相信他们自己拥有更多的知识和实践技能。管理者应该开始聆听而不总是发号施令。你没受过大学教育不代表你是笨蛋。

他们是商人——他们并不吝啬，但当事到临头时，他们关心的只是利润。

我对领导高高在上很反感。他不会让员工知道他的行踪，而且，即使他在工作区域，也是在打电话。如果部门领导能花一点时间来表达日常的礼节，如说“你好，早上好”，那将会很好。

我的上司在我开始工作的几个小时后才来上班，并且从来不走过来问好，甚至不让我知道他已经到了。有时，我会很长一段时间见不到他。

为什么我们说冷漠的管理者，即使是相对善意的，本质上也都是不尊重员工的呢？这种态度暗示了员工不值得花费管理者的时间和精力，这对人是不尊重的，给员工的感觉是，他们是无关紧要的。冷漠是不作为式（管理者没有做事）的过失，而不是有所作为式（比如，羞辱）的过失。冷漠的经理不是残酷的或口出恶言的，他们只是不关心员工，把员工当成可替代的经济实体。这是前面描述为交易型的工人—管理者关系的本质，他们的行为可以归纳为这样的观点：“我们付给你薪酬，现在我们扯平了。”

我们对尊重的定义是把员工当成重要的和独一无二的人对待。冷漠传递给人们的信息是他们不重要，至少不太重要。感到无关紧要和被忽略比受羞辱更难处理。你期望员工大喊“请注意我！”吗？事实上，除了在接受意见调查和在他们互相交谈时，员工未必想要说出他们渴望被关注的需求。渴望被关注可能是人类的深层需要，但在商业环境中，站出来说出这种需求并不被认为是可接受的。

除非由于某些人的行为而使情况恶化，如美国航空公司的克兰德尔，否则，员工对冷漠的反应更多的是失望和辞职，而不是愤怒。还经常伴随着某种心绪不宁的忧虑，因为员工甚少得到管理者对他们的绩效的反馈，并且经常设想最糟糕的情形。尽管他们可能会有年度绩效考核，但考核常常是例行公事，而且信息也不太多。每天，员工听得最多的是管理者对他们的绩效的不满：

> 我觉得这份工作给我最大的挑战是，我总是要在为顾客做完事以后自己给自己鼓励。你常常听到的是，你做错了事及其后果。可是人们在得到赞扬后一般都会成长。我觉得自己全靠职业道德在工作了。

一种没有任何积极反馈的情况会导致人们产生一种感觉，即认为管理者不在乎员工是留下还是离开。让员工觉得公司很可能在经营业绩刚出现下降迹象时，或者在他可以用更便宜的或他认为绩效更好的或他更喜欢的人（比如，经理的朋友）来替代时，他就会解雇员工。因此，工作的不稳定性在冷漠的环境中可能是无处不在的：

> 看起来如果我们犯了一两次错误，我们很容易就会被替代。
>
> 我们听到外包就很烦。每次开会，我的团队领导都会威胁说我们将要被替代，因为外包对公司来说更便宜。
>
> 他们似乎把一些标准定得高到无法达到或是难以达到的地步。它使我没有动力去工作，同时，当你觉得会被扫地出门时，也很难开心，因为总有人可以取代你，至少在你不满意时他们会这样告诉你。
>
> 我看到人们因为勉强的理由而被解雇，这让我感到我们对于公司并无多大价值，并且是很容易被取代的。
>
> 我觉得自己好像没有真正被公司赏识。在任何时刻，我都可能会被取代并且没有人（指管理者）会在意。

当然，在现实中很少有某个人是不可缺少的。但这和我们的观点是无关的。虽然自认为对组织是不可缺少的想法是不成熟的，但是，员工想要相信他是有价值的，他没有被视而不见，这完全不是孩子气的愿望，而是人的一生中很重要的一种需求。当员工确实感觉自身有价值时，给组织带来的回报是不可估量的。

冷漠的管理者常常只关心业绩；对他们而言，这完全是商业性的，并且，这通常是短期的商业活动造成的结果。由此，有一些员工确实得到了让人欣喜的关注：那些迟早都会成为顶级生产者的员工。员工中很小的一部分——大约10%——经常得到大量的赞扬和奖励。但是，我们没有把这种关注归为尊重性对待的类型，因为严格说来，那些员工得到的是当前绩效带来的结果，而且它很快就会消失。

尽管尊重和对绩效的赏识在某种程度上有相同之处，但我们还是要对两者进行区分。关键的不同之处在于，尊重是无条件的，它不是由于员工所做的事情而是由于他本身——一个人。而赏识是员工凭借对组织的贡献而应得的。二者都很重要，第10章“反馈、赏识和奖励”对赏识的重要性进行了探讨。

无条件的尊重——或无条件的任何东西——在组织中是现实可行的吗？这听起来更像是给完美的父母—子女关系的建议（无条件的爱的忠告），而不是给管理者和员工关系的建议。我们倡导的不是这种对孩子的无条件的爱，而是成人之间对待彼此的日常礼貌。

不管是物质的或非物质的赏识，基本公平的要点是每个人都有资格得到它。不是每个人得到的赏识的程度和种类都是一样的。在赏识与尊重可能互相冲突的方式上，我们能最清楚地看到其差别。例如，不是每个人都可以得到晋升，也不是每个人都能做老板。对大多数人来说，晋升是赏识的一种重要形式，没有一个组织能没有老板而正常运转。没有被提升到管理职位就是不受尊重吗？除了通过晋升让恰当的人得到合适的工作外，如果还想通过晋升的方式，表明那些没有得到晋升的员工本质上是劣等的，只有在这种情况下才是对人不尊重。换句话说，尽管在让某些人晋升时几乎不可能不让另一些人失望，却有可能使另一些人不被贬低。贬低别人不一定是通过显而易见的羞辱方式做出的，也可能只是对那些人的需求（例如，希望了解为什么他们没得到晋升以及他们可以做些什么来增加未来晋升的机会）漠不关心而产生的结果。

类似地，我们知道员工当然不希望被解雇。但是，正像第 3 章“工作稳定性”所揭示的，处理裁员问题有着尊重的、冷漠的和完全不尊重的等方式。

被尊重对待的细节

讨论过羞辱性对待和冷漠对待后，让我们更系统和更具体地来看看什么是尊重对待。员工感到被尊重对待的一个重要标志是（简单地说），他相信管理者很高兴他在那儿。他不只是被容忍（像对待“必要成本”一样），而是感到受欢迎和真正地属于团体。在那种意义上，人们不会有被羞辱和忽略的感觉。感到受欢迎对每个人都是巨大的士气增强剂。在工作以外的生活中我们已知道这些，在工作中也是一样的。

在组织中，是什么导致员工感到受欢迎或者不受欢迎呢？让我们从许多员工进入一个组织时接触的第一份读物开始：《员工手册》。大部分手册都充满冗长的规定、规章和警告。本质的信息是，员工是必要的麻烦：的确，公司需要一些人来工作，但员工会带来麻烦，所以要通过监管和纪律加以控制。

关注规则及其实施是令员工感到恼火的官僚主义思想的本质。作为消费者，我们全都碰到过这样的服务人员，他们似乎不是在帮助我们，而是强行实施公司的政策，这些政策给解决抱怨带来阻碍或者使之变得困难。在这些交流中，常常使消费者感到自己是公司问题的来源而不是生意的来源。想起一个故事：图书馆管理员热衷于让所有的书都被还回来，当她收回所有书时，就锁上图书馆的大门，然后再没有人能带走一本书！没有顾客，就没有问题。所有的书都好好地待在书架上。

官僚可被定义为固守于组织规则而忘记其目的的人。

现在，来看看诺茨罗姆公司（Nordstorm）的长度只有一页纸的《员工手册》，该公司是一家位于西雅图的非常成功的零售商。

欢迎来到诺茨罗姆公司

我们非常高兴您加入我们公司。

我们的首要目标是给顾客提供一流的服务。

为您个人的职业生涯设定很高的目标。

我们十分相信您有能力实现它们。

诺茨罗姆的规则：

规则 1：在任何情况下运用您优秀的判断力。

不会再有其他规则。

若有任何问题请随时向您的部门经理、店面经理或分部总经理咨询。

这短短一页纸的手册说出了很多关于这家公司的信息。它特别强调诺茨罗姆公司对顾客满意度的关注、有意体现的非官僚文化以及对员工能力和品质的信任。简言之，这样的表述体现了这是一个欢迎和尊重新员工的组织。[4]

当然，言语必须转换为行动。接下来是让员工体会到他们受组织欢迎和尊重的各类具体行动。大部分的行动既不令人惊奇也不复杂，但也有例外，它涉及我们熟知的日常礼貌和文明行为标准。像我们在前面提到的，某人向有权的人表示礼貌和尊重并不值得特别关注。因此，这里主要的评判标准是，拥有更少权力和重要性的人是否也能得到相似的待遇。

物质工作环境

我们从物质工作环境这一基础要素开始谈起。

> 如果洗手间对管理公司的人来说不够好，那么它对于商店里的人来说也不够好。
>
> ——摘自玛莎公司前任董事长马库斯·西夫（Marcus Sieff）的一次演讲，解释为何他每次视察玛莎的商店时第一站都是洗手间[5]

若某人的工作环境很脏、很拥挤，他就不可能在组织中感到自己是受欢迎的。一个人不关心自己的衣着和卫生情况，常常是不自重的标志；对员工工作环境的不关心就是对他们不尊重的标志。员工通常不期望奢华的环境，一些人会认为那是浪费钱，但很期待有一种像他们所说的“适合人类工作”的环境。

以下是来自我们调查的一些评论：

> 这里的办公环境与大多数公司比起来既狭小又破旧。很显然，公司优先考虑的是在这方面的花费尽可能少。公司在许多方面都做得很好，但工作环境除外。
>
> 恶劣的工作环境反映出“公司的领导”多么不重视我们。我们每天要在那间多人共用的狭小办公室里待上8～10小时，却要经过一排排空着的房间。还记得非正式的星期五吗？不花一分钱的士气激励手段？已经不存在了。我想这是一种“进步”。

这里的工作环境是可怕的。我们共用一个办公室，很难开展日常工作。没有人有空间展开他们的文书工作。我感到很失望，人们现在都清楚地知道，通过你的办公桌的种类就可判断你在公司的级别。

休息室真可怕。这是对我们的侮辱。

这家工厂最棒的一点在于工作环境。你可以坐在地上吃午饭！约翰（工厂经理）坚持要保持工作区域的井然有序和清洁，搞清洁的工作人员也不会懈怠。这和我曾经工作过的公司有天壤之别，那里很脏、油腻、杂乱并且没有空调，公司把我们当猪一样对待。因此，工具和原料常会弄丢。

良好的工作环境不仅使工作更容易完成，还能提高员工士气和生产率，因为它表达了对员工的尊重。

地位差别

对工作环境的讨论让我们考虑到在组织中的地位差别。一些读者肯定会认为，高级管理者的休息室和办公室很少有不干净的。如果说许多普通员工的工作环境还过得去，那么那些高级管理者的环境很可能要明显好得多。如果说员工自助食堂的食物非常可口，那么，通常高级管理者的食堂会有极好的食物和优质的服务。诸如此类。

问题在于：如果大多数员工的工作环境还过得去，那么高层的环境更好并且拥有普通员工所没有的特权，这是可接受的吗（事实上，这合适吗）？毕竟，除了薪酬和权力以外，那不正是“等级”的标志吗？

的确，正常来说，高级别意味着这些，但又不是，这些差别大多是不明智的。

普遍受到善待的员工不会对地位差别抱怨太多。这些抱怨主要在员工感到待遇实在太差（不只是相比较而言）或高级管理者不称职（质疑为什么他们有这些特权）时才会在焦点小组调查中得到体现。否则，员工偏向于认为地位差别是正常的——事情本来就是这样。

本书对“正常”不感兴趣。在前面的章节，你会看到，正常来说，大多数员工相信管理者对他们几乎没有一点忠诚，所以在追求短期利益时，他们的工作岗位几乎无须考虑就可能被裁减。但是，我们也看到某些组织明显存在例外：它们真正致力于维护员工福利，包括工作稳定性，这也为高水平员工的长期奉献和出色绩效打下了基础。

相似地，很多公司特意地并成功地想办法消除了组织层级间不必要的界限和差别。最重要的词是“不必要的”。几乎每个人都同意组织中应该存在和责任相联系的有差异的权利与薪酬。但是，仅仅是地位上的差别有什么用呢？它们的主要作用是满足那些高层人士的虚荣心。

不要误会我们：几乎每个人，包括我们自己，受到盛情款待时都会得到极大的满足。这感觉很好。然而，关键是，当只有某些个人和阶层得到那种待遇时对组织是否有好处。

地位象征对组织无疑是没有好处的，因为，最明显的是，它们导致组织成员间物质上的沟通障碍。高级经理楼层、不同的饮食设施、不同的出入口等，这些将高级别与低级别的人员相隔离，并且严重减少了员工之间信息与思想的交流。

地位象征加深了重要性和权威的差别，从而阻碍交流。在组织中，“尊重权威”的问题是，这种尊重通常太多了，而不是太少了，大多数人都感到在坦诚地与有更多权力的人沟通方面存在许多限制。信息与观点的自由交流对绩效是非常重要的，组织应该鼓励这种交流，使人们在决策中的权力差别更小而不是更大。消除或使明显的权力差别最小化将大大促进这种交流的实现，因为它使权力和职位不再那么让人敬畏。为实现开放性的交流和体现平等主义哲学，越来越多的公司已经消除了许多地位差别。作家沙利·考德龙（Shari Caudron）写道："……位于匹兹堡的美国铝业公司的新总部将所有的工作空间都设计成同样大小，不分等级。"正如该工程的设计师阿格斯·拉斯利（Agus Rusli）解释的："少数人的隐蔽的空间为开放的、灵活的工作站所代替。"[6]

确定应该消除的阶层差别的一个好的规则是：考虑消除所有无明确商业目的的差别。商业目的指的是有效的工作绩效所需要的。商业目的是如何实现的呢？是通过不同的食堂、停车场、休息室和出入口，或不同的徽章颜色、制服和安全帽的颜色，还是不同的咖啡服务、办公室的装修质量来实现的吗？通常来说，以上一个也不是！

当罗斯·佩罗特（Ross Perot）在通用汽车董事会任职时，他观察到："在密歇根州庞蒂亚克市下雪时，通用汽车高层经理的停车库里有暖气，而在工厂工作的可怜的人们还要在雪地里走着去上班，忍受严寒。每年为一个车库供暖就要花费14万美元。我会停止这种事情。它和制造汽车没有任何关系。"[7]

执行官们应该拥有私人办公室吗？这听起来像是个怪异的问题，但很多组织已经完全取消私人办公室了。会客厅被保留下来，以便让任何人有独处需要时使用。

20世纪70年代，本书的一位作者曾和位于俄勒冈州比佛顿市的泰克公司（Tektronix）的CEO有过一次会谈，讨论该公司当时人事工作的发展状况。

那时，公司雇用了2万人，并因测试、测量和监测技术的开发和制造而闻名世界。据说泰克公司曾经对俄勒冈州的硅谷（英特尔和成百上千家高科技公司的所在地）的发展有极重要的影响。

该作者进入公司办公楼，请人带他到 CEO 的办公室。最后，他发现自己坐在一个正在完成文书工作的年轻人的桌子旁。几分钟后，他询问 CEO 的办公室在哪里以及他什么时候有空。那个年轻人说他就是 CEO，他一会儿就有空。

作者对此布局大为惊讶，问他需要完全独处时怎么办。他指向墙角一个很小的、完全隔绝但有玻璃窗的办公室。他说需要时每个人都可以进那个房间。

纽约市市长迈克尔·布隆伯格（Michael Bloomberg）在他所创建和领导的彭博资讯公司（Bloomberg LP）实行了开放式办公管理，他把这个想法引进了市政府机关。在他管理下的高级官员，包括市长本人都在一个巨大的开放区域里的小空间里工作。副市长帕蒂·哈里斯（Patty Harris）说，这种模式还延伸到了一楼会议室，透过市政大厅的玻璃门就可以看见。哈里斯先生说："重要的是要保证事情的公开和透明。"

薪酬待遇是一个基本的差别

在一个产业中，最根本的地位差别就存在于计时工和支薪员工之间：前者按工作时间获得报酬，而后者的薪酬则建立在更长的时间期限基础上，如 1 周、1 个月或者 1 年。实际上，可归结为：计时工若缺勤或者迟到就会失去报酬，若超时工作他们一定会得到补偿；基本上，支薪员工在工作日内不管工作多少小时，都能得到相同的薪酬。[8]

两种员工的差别建立在不同工作类型的基础上。计时工主要从事体力劳动从而有物质产出，比如，装配器具或处理文件。当他们缺勤或迟到时，产品就不能生产出来，公司就无须为没有做的工作付钱。与此相反，支薪员工的工作包含了复杂的脑力活动，比如，管理、实施和计划——一句话，需要使用判断力。这些非体力的活动更少受时间限制，所以他们的有效绩效只是大约上与工作花费的时间相关。例如，对支薪员工而言，迟到一小时并不意味着少了一小时的产出，对于管理人员和专业人员，人们不期望他们一下班就马上停止工作，或为他们晚上花费在工作上的时间以及周末考虑和开展工作的时间提供薪酬。

然而，在员工的脑子里，这才是差别真正所在，即存在两个等级（几乎是两个阶层）的员工：一些人是“公司的一部分”并且是可信任的，另一些人来工作只是为了挣钱且对组织没有特别的忠诚。事实上在许多有工会的公司中，计时工几乎被认为是工会的雇员，就像临时工被看作第三方服务机构的员工而不是公司的员工一样。

表现差别的另一种方式是，支薪员工被看作“专业人士”，这意味着他们不只是接受过高等教育。一个专家关心的是他的工作质量以及为哪个组织工作。对他的工作进行密切监视是不必要的，因为他是一个“专家”。其他人——“工人”或者“劳工”——只是来谋生的，偶尔也会被认为表现很好，但只是在认真监督下如此。

打卡机通常用来记录计时工的工作时长，很少用在专家身上，若要使用，专家会非常气愤。公共雇员联合会纽约专业员工工会的会长，用以下方式回应州政府的一个合同提案：

> 州政府想解除我们在合同中对打卡上班的禁令，要求使用ID磁卡来计时。
>
> 我们不会让州政府使用ID磁卡来追踪我们的工作时间和在工地上的位置，这样会影响我们的专业水准并打击我们的自尊。
>
> 州长和他的全体职员不用打卡上班。医生、律师、电脑程序员、工程师以及其他私人部门的专家也不用打卡上班。让我们使用它是一种侮

辱和贬低……[9]

使用打卡机对钟点工是一种“侮辱和贬低”吗？有趣的是，尽管计时工有时会抱怨记录时间的方式（特别是对伪造时间记录的严厉的惩罚），但他们甚少表达对使用打卡机的不满。最主要的是，计时工几乎从未抱怨过区别计时工和支薪员工的机制。与前面讨论过的地位差别一样，这些机制在组织和员工心中是如此根深蒂固，几乎像自然规律一样。因此在我们的调查中，计时工并没有感到他们不受尊重。

对许多员工来说，经常性的裁员代表另一种“自然规律”，除了在那些想尽一切办法来避免解雇和把解雇当成最后的解决办法的企业中。实际上大部分这样的企业都已经废除了或从来没有计时工和支薪员工之间的差别。

一支全是支薪员工的队伍能强有力地支持管理者努力营造一种相互尊重的工作环境的目标。它说明公司雇用和支付薪酬给所有层次的员工是为了使用他们的头脑，而不只是他们的双手。它表达了对他们的诚实和奉献精神的信任。例如，一支全是支薪员工的队伍实际上是在使用一种“不追究责任”的方法来解决缺勤问题。每天来工作的动力由员工自己掌握。我们不了解这方面的系统研究，但许多事实表明，转型为全是支薪员工的公司最初经历了缺勤时间的增长，然后缺勤时间又减少到或低于产业的平均水平这一过程。当然，少数利用这种制度的员工——显然很快就能知道那些员工是谁——必须受到警告，而且，如果他们不改变，就会被开除。这些员工占5%——在所有层次的员工队伍中都存在，而不只是计时工中——对于他们，无法保证给予信任。

工作自主权

对信任的讨论把我们引到员工的工作自主权问题上来。稍后我们会详细阐述这个问题，我们将看到，给予受过培训的员工以自由对他们的绩效有积极的影响。这是因为通常员工最了解如何最高效地工作，因为无论他们的想法从客观上来说好不好，但实施自己的想法时他们是最有动力的。

给员工提供工作自主权有着显著的意义，它使员工相信管理者对他们是尊重的。工作中受过培训的、有经验的员工的每一步骤都会受到公司的指挥，而且公司还密切监督他们，以确保每一步都得到严格遵守，这种组织把员工当成不值得信任或者不称职的人。

以下的评论进一步说明了这个观点：

> 我的经理是没事找茬的人，他似乎不能做出明智的商业决策，却总是在没必要时或对无关紧要的事情提出质疑。他至今还没有从战略角度进行过思考或行动。他不尊重我们，不像一个领导，也不受尊重。
>
> 当前，我面临的最大挑战是为一个管得很细的领导工作，我们很难在工作时发挥最大的能力。
>
> 我受到过多的来自领导团队的微观管理。监控每天的活动是一回事，而当某个人必须坐在你旁边，打探你的活动，审核你的工作，收听你与顾问和客户的电话时，又是另一回事。
>
> 最令人沮丧的是管理者对员工的低程度尊重和表现出的低能力。我相信我的团队里的所有员工都是负责任的成人，他们总是在顾客需要的基础上做出决策，却没有得到应有的待遇。
>
> 这里的官僚作风令人窒息。向上级反馈意见会使你被解雇。员工没有受到尊重对待，而被当成孩子。

认为在工作时若没有密切监视，人们就不会好好工作，这是官僚主义的一大特点。正如我们前面所说，官僚主义主要关注的一点是规则，特别是关于所有级别的员工都不允许做的或者只有当其他人同意后才能做的事的规则。这些规则影响的职位范围很广：从工厂经理到办公室员工。工厂经理即使可能领导着一个年产上百万美元商品的组织，他自己也不能购买任何花费超过1万美元的办公用品；而办公室员工则不得不去填写15行的表格以申请经费，并且连买邮票也要经过批准。

这些规则，特别是对工厂和车间的基层员工来说，超越了完成工作本身的范畴，而延伸为“行为”或“操行”问题。我们指的是着装要求、拖拉与迟到、早退、休息时间的长短、私人使用公司设备、离开工作岗位的自由、与同事的交谈，以及像我们见过的规则手册中所说的“在工作时间闲逛”。违反这些规则几乎总是伴随着惩罚，重者包括开除。

在员工手册的讨论中，我们看到，这些规则是如何在本质上和表面上，主要以书面的方式向员工传递他们不值得信任的信息。我们把它和诺茨罗姆公司给员工的极其简单且充满尊重的信息相对照——规则1：在任何情况下运用您优秀的判断力。不会再有其他规则。

与对打卡机的反应不同，大多数员工憎恶组织制定数不胜数的、详尽的规则来管理他们的行为。他们认为这对孩子是合适的，而不是对成年人：

> 我讨厌被管得很细（请假、打电话时间、午餐）以及像孩子似的被看管。
>
> 这份工作降低人的身份。每时每刻都被管着，去休息室要给出解释，因为2～3分钟的耽误而受到斥责是一种羞辱。人们害怕来这里。
>
> 每天和我的领导打交道是一个挑战。他对这里的每个人都像对学校的孩子一样，并且对你的想法毫不尊重。对他而言，我们在工作上做的事还不如我们按时上下班重要。
>
> 我们处于照顾人以及处理问题、麻烦、疑问、忧虑的第一线，而我们的报酬最低、待遇最差。我们被当成在学校的孩子，而不是成年人。

但愿上帝让我们不必去休息室，每个人都知道人是要休息的，而管理者却把它看成一个大问题。

你总是被监视。他们就是这里的老大哥。他们总是听你的电话，总是监控你，总是在你的桌子旁走来走去，不希望你在工作时互相交谈。请把我们当作负责任的大人来看待！

一个组织需要行为准则吗？当然需要。就连诺茨罗姆公司也通过培训和日常沟通使它的规则变得清晰。但是，这样的组织与其他组织有两方面的不同：首先，它们从未考虑过实行禁止员工在工作时交谈这样的规则。这样的规则用在成人身上难道不是最贬低人格和最可笑的吗？尝试加强这种限制花费了大量成本（在监督时间和解决员工抱怨方面）。其次，一些必需的规则会以积极的方式表达出来，而且通常都是大致的指导方针和期望而不是严格的要求。看看下列"带薪休假"的指导方针：

公司是一个拥有熟练的专家的、有活力的组织。我们的客户经常会继续购买我们的大部分服务，因为我们有能力及时完成复杂的大型项目。这些服务的进程通常是由客户的高层管理者制定的，并会影响客户组织中成千上万的人。我们保证在规定期限内交货的能力是至关重要的。

反过来，高水平的响应要求我们在安排休假时间上尽可能灵活一些，无论是假期、个人假、病假、家庭急事还是宗教仪式。作为员工，我们承认我们需要支持公司的工作并做出贡献；作为个人，我们知道每个人对休假的个人需要是独特的和会改变的。

请注意，带薪休假如果不使用的话，一般来说是不会保留至下一年的。然而，我们认识到，可能会有与工作量或其他因素有关的特殊情况，并且，你的部门领导可能得到批准可以特别安排将某些或所有带薪

> 休假时间延期一段时间，延期时间由他们来决定，不会超出一年。
>
> 我们知道有时会发生紧急事件或其他无法预料的情况，导致某人不可避免地缺席或迟到。如果出现这种情况，请尽早通知您的部门领导，有可能的话最好预先通知。尽管如此，请注意，只告诉您的领导您会缺席或迟到不代表这样做是合适的。事实上，缺席和迟到是在绩效考核时会被考虑的因素。您的主管需要限制过多的缺席或迟到，并采取补救措施。[10]

基本意思就是，大部分员工都是负责任的、通情达理的成年人，他们理解合理的规则，不需要逼着他们顺从。只有少数确实不负责任的员工需要个别地、严厉地处理。

受限制的沟通

在讨论地位差别时，我们提出了一个基本的主张：如果员工之间的差别只是为了满足那些高级别的人的虚荣心——而不是建立在商业目的的基础上——就请考虑废除它们。这对于沟通（比如，在何时告诉谁什么）的规则也同样有效。正如常言所说，知识可以是力量，但也可以是地位："我知道一些你所不知道的东西，所以我肯定更重要。"

在商业中，其中一条最能产生相反结果的指导方针就是，在"需要知道"的基础上去发布信息。这听起来是正确的——我们也同样把"需要知道"当成制定政策的标准——但正如实践所示，这通常是一种严重的、没必要的和破坏性的信息流动方法。这一方针的精神实质是非常狭隘的："和所有需要知道的人沟通"，并且也是非常排外的："只和需要知道的人沟通"。

这种限制的本意是保守那些机密信息。当然，每个组织都有需要限制发布的信息。但是，有三个问题削弱了管理者的意图：第一，需要保密的信息比管理者一般认为的要少得多；第二，大量管理者认为是机密的信息却大多以谣言或其他方式不胫而走；第三，员工常以猜测填补信息空白，而在这方面，他们总是想到最坏的情况。

对沟通的限制常常是不合理的，并会产生相反的结果，它们强化了许多员工的二等公民的感觉。员工对缺乏沟通而产生的受挫感是我们在焦点小组和开放式问题中碰到的最常见的评论之一。以下的评论是对员工在组织中"最不喜欢什么"这一问题的回答：

> 我的三大担忧是：沟通、沟通、沟通。实施新政策时，并非所有员工都能得到通知。难道我们不需要知道吗？
>
> 不同的办公室之间与同一个办公室内部同样都极度缺乏沟通。
>
> 这里的每件事都要保密。这很可笑。我们又不是中央情报局。
>
> 如果我没有被告知对我有影响的信息，或者我没有简单的方法获取信息，就会感到很难做好我的工作。
>
> 部门之间没有任何沟通，也没有人告知我们部门的职能和我们应该处理的事务。许多误导性的通话，导致被踢来踢去的顾客感到失望。如果沟通是清晰的，顾客和我就不会有那么多的失望和沮丧。
>
> 沟通的缺乏已成为一个巨大的挑战。我们只是在"需要知道"的基础上得到信息，并且有好几次，信息都传递得太少、太晚。为什么他们不干脆隐瞒我们必须知道的东西呢？这毫无意义。
>
> 公司缺乏来自管理者的（关于我们的）业务工作的沟通。大体上，组织内部很大程度上存在困惑、不确定性以及被替代的担忧。
>
> 我所在的部门的问题是很难跟上变化的脚步，因为在发生变化时缺乏沟通。

组织只需要向员工隐瞒少量的信息，一般来说包括财务信息。提倡与员工分享这类信息的最著名的倡导者可能是SRC公司的首席执行官杰克·斯塔克。他已经将他的方法正式命名为“公开账务管理”（open-book management）。他的观点是财务信息应该让每个人知道、谈论和关注，这标志着对按“地位”使用信息这一规则的改变：

> “你想知道我认为在企业中最大和最危险的谎言是什么吗？信息就是力量。这个固执错误的陈词滥调……怂恿人们隐藏信息，信息不是力量。它是一种负担。分享信息，就是在分担领导的负担。”[11] 斯塔克以让所有公司成员都能查阅公司运营和财务指标的方式将“公开账务管理”制度化。他坚信，有越多的人了解这些信息，就会有越多的人愿意来为公司解决问题。

斯塔克的公开账务管理方法是他的管理哲学的一部分，该哲学包括与员工分享由改进带来的经济收益，以及公司尽最大可能去保证员工的工作稳定性。他的经营成果，很大程度上归功于这套完整的哲学，同时也让人印象深刻。[12]

无论是职能（员工完成工作所需要的），还是心理（使员工感到受尊重、关注并对管理者的诚信有信心的那些因素），都要求极少限制流向员工的信息。确保公司的诚实运营对公司的所有关键利益相关者而言特别重要，他们依靠精确的企业信息做出自己的决策。这就是我们所说的“透明度”，而缺少透明度已成为我们这个年代美国公司的主要问题。

我们关于和员工充分交流的忠告只存在两个限制：首先，很明显，一些事的确是机密的或者需要在一段具体的时期内保密。其次，充分沟通的指令并不意味着将员工抛入无条理的、不分主次的和无关的信息洪流中，这是无沟通的另一种形式。

日常礼貌

在考虑如何在商业中对人展现尊重时，很容易忽略基本礼仪和礼貌的重要作用。老板如何对员工说话是非常重要的。这听起来可能是小事甚至很琐碎，但日常礼貌反映了在最基本的人与人的层次上的平等主义：老板的口头禅是“我的权威和权力绝不会抹杀你在我面前作为一个人的价值”。员工对公司老板到他们的工作区域进行非正式参观的反应生动地说明了这一点，特别是在参观过程中他叫出他们的名字时，他们是高兴的，甚至是狂喜的。他们可能好几天都在谈论这件事，并且把它告诉家人和朋友。

有趣的是，员工可能觉得这种友善是颇具表演性的，老板可能事先被告知他们的名字和个人的一些事情。但是，看起来这并没有影响，他们会说：“他是一个聪明的商人，他知道怎样赢得民心。”也就是说，员工很欣赏他能认识到赢得员工对企业有效运行的重要性。对员工来说，这是尊重他们的一个标志，这与经理不做任何努力去表演，因此经过员工身边时对员工漠不关心和蔑视是非常不同的。老板的友善只有在与其他行动不一致时才会起反作用。一个不愿意花钱改善恶劣工作环境的老板，当他兴高采烈地向员工道“早上好”时，员工是很难认真对待的。

汤姆·彼得斯（Tom Peters）和鲍伯·沃特曼（Bob Waterman）在其《追求卓越》（*In Search of Excellence*）一书中的一个主要贡献就是他们对“走动式管理”（MBWA）的强调，这个理论非常著名。他们建议管理者75%的时间都应当用在办公室外。做什么呢？大部分时间是“闲逛”，为与他们的员工进行非正式的双向交流提供机会。MBWA的主要职能是“倾听，教导，推动”，并且，通过这种方法——与传统的和正式的官僚渠道形成对比——管理者能了解到最多，并能最大限度地帮助他们的员工。[13]

尽管如此，MBWA也可能会产生相反效果，如果它是微观管理员工的一种方法，它必须落实到谈话的层面，借此团队间能交换信息并相互学习。如果它看起来像是“国事访问”，有随从人员、严格的时间安排以及事先确定的“固定”问题（并且，公司很可能会拍照记录执行官与“这些傻瓜”的交谈），它也可能产生相反的效果。要想成功，这种交谈必须真的是个人对个人的。让我们来看看MBWA的一个重要的、常常没有表达出来的意图：表达对员工作为人的价值的尊重。当执行官坐在办公室里并“接待”他的下属时，地位差别被放大了。一个行走在商店或办公楼的执行官——非正式的、没有职位的限制——展现了相反的形象：人们像同事般为达成的共同目标而工作。员工非常欣赏不造作和不浮夸的执行官。

在与我们共同工作过的执行官中，很少有人比唐·格雷厄姆（Don Graham）能够更全面地证明我们的观点。他是《华盛顿邮报》公司（The Washington Post Company）的首席执行官，前任首席执行官、已故的凯瑟琳·格雷厄姆（Katherine Graham）的儿子。唐·格雷厄姆在《华盛顿邮报》升至高层管理职位后，1975年经历了一场痛苦的印刷工人罢工。罢工后，他在推进印刷室的“和平”中扮演了关键的角色，大半是因为他谦逊的个性、随和的态度以及与员工经常性的交流。当然，不仅仅是蓝领工人欣赏这种方式。下面是罗杰·威尔金斯（Roger Wilkins）于1972年去该公司工作时所观察到的事情：

> （威尔金斯）是员工中第一位黑人主笔，他会继续写《华盛顿邮报》对水门事件的大部分社论。威尔金斯最近说：“一天，这个人出现在我门前，他是个有着灿烂笑容的友善的人，并且说（威尔金斯提高了声音，模仿格雷厄姆的音调）：‘你好，我是唐·格雷厄姆，我只是想欢迎你到《华盛顿邮报》来，我也希望你在这里度过最美好的时光。’那真

的很棒，你知道吗？像那样美好的事情在报界很少发生。”[14]

人们常认为强硬冷酷的、愤世嫉俗的报业员工不在乎“和善友好”。那是他们制造并试图欺骗他人（可能还有他们自己）的部分神话，但这全是胡扯。

这里有另一个例子，说明了在所有层次上保持礼貌得体的重要性。1985年，我们和一个需要与它的工会建立更积极关系的铁路公司合作。这个项目是成功的：其成就包括通过高效的共同努力提高绩效和公司员工工作、生活的质量。工人与管理者之间的这种合作在一年以前是不可想象的。公司和工会的官员都很愉快，并筹备了晚餐以庆祝该项目的成功。晚餐开始前，在等待公司首席执行官的到来时，本书两位作者之一与最大的铁路工会的主席聊天。后者提到对于这项工作的成功有多么吃惊，想想在这之前他们之间的关系是多么紧张，他对此很高兴。但公司总裁到达后，工会主席向作者提出：“看看现在，他甚至不会对我说‘您好’，这是一种伤害。”

直到顾问提醒，公司总裁才说了“您好”。这位工会主席是一个难缠的人——多年来以对管理者特别好战而闻名——对他来说，日常礼貌的小细节也是十分重要的。再次强调一下，将人的需求过分简单化是危险的，我们应该尽力了解一件事情对个人而言有何重要之处。许多事情对于这位工会主席是重要的，有些是明显的，比如，为其成员争取权利；而有一些是不明显的，比如，得到权威人士最基本的尊重。

注释

[1] Kilborn，P. T. “Strikers at American Airlines Say the Objective Is Respect.” *New York Times*（November 22，1993）：A1，A8.

[2] 例如，Kathryn Jones 在 2001 年 3 月 *Texas Monthly*“商业”专栏“美国飞人”中描

述道："Crandall是一位脾气火暴的、残酷的CEO，他以其竞争性的、嗜血的绝对力量把沃斯堡（Fort Worth-based）的美国人塑造成了工业世界的主宰。他的绰号'毒牙'和'达思·韦德'就是很好的证明。"

[3] 据报道，美国航空公司近期已开始主动改善与其雇员的关系，以寻求一种真正的"合作伙伴关系"——而不是一种对抗性关系。参见"A Profile：American Airlines changes its business operation to move on workers' ideas." National Public Radio，*All Things Considered*，September 13，2004。

[4] 要全面了解诺茨罗姆的政策和实践，参见R. and McCarthy，P. D. The Nordstrom Way：The Inside Story of America's ＃1 Customer Service Company. New York：John Wiley and Sons，2000。同时参见Peters，T. J. Thriving on Chaos. New York：Knopf，1987，pp. 378-379。

[5] Peters，T. J. and Austin，N. A. *A Passion for Excellence*. New York：Warner Books，1985，p. 207.

[6] Caudron，S. "The New Status Symbols." *Industry Week*. 248，no. 12，June 21，1999，p. 44.

[7] Peters，Tom. *Thriving on Chaos*. New York：Knopf，1987，p. 381.

[8] 我们说"基本上"，是因为对支薪员工来说，这些实践还存在很多不同之处。例如，在一些组织里，一个支薪员工可能会因为缺勤时间超过了规定的病假或个人休假期限而拿不到薪水。还有，某些支薪员工——那些像计时工一样工作的员工——不排除按法律规定获得加班报酬。而且，我们没有强调"排除"和"不排除"员工在法律层面上的区别。尽管美国公平的劳动法所提到的地位差别一般与我们所描述的是同一类，但法律的目的是为了保护工人，使所有者不要基于武断的时间限制和界定来强力推行苛刻的报酬标准。在这里，我们所关心的是维持工资地位差别——主要是支薪员工与计时工相比——对工作环境的文化以及对员工激情的影响。

[9] President's message（Roger E. Benson）. November 1999（PEF web page）.

[10] 摘自西洛塔咨询公司手册。

[11] Muoio，A. "The Truth Is，The Truth Hurts." *Fast Company Magazine*. April

1998，Issue 14，p. 98.

[12] 全面了解 Stack 的哲学可参阅 Stack，J. and Burlingham，B. *The Great Game of Business*. New York：Doubleday and Company. 1994。

[13] Peters，T. J.，Waterman，R. H. Jr.（1982），*In Search of Excellence*. New York：Harper Row.

[14] Sherman，Scott. "Stability：Donald Graham's Washington Post." *Columbia Journalism Review*. May/June 2002.

THE ENTHUSIASTIC EMPLOYEE

第3篇

激情的员工队伍：成就激励

员工的成就感或自豪感有着广泛的来源，从他们所服务的组织的目的这类宏观事务，到发生在他们身上的日常琐事，例如，影响他们发挥自身能力去完成工作并做好工作的环境。对自己有能力挣钱谋生感到自豪一般被认为是“专业人士”的特点，但是我们发现这其实是组织中所有层级的员工共同的需求。人们希望自己能对他们正在做什么以及为谁而服务感到满意，并且假设公平的需求得到合理的满足，自豪感将是员工绩效和承诺的主要驱动力。

第7章
组织目的和原则

不做小计划……因为它们没有足够的力量使人热血沸腾。

——尼古拉·马基雅维利（Niccolo Machiavelli）

在我看来，领导力不是源于权力，而是源于引人注目的愿景和追求卓越的目标。

——弗雷德里克·史密斯，联邦快递公司首席执行官

使员工保持工作激情的一个关键就是要有一个清晰、可信和鼓舞人心的组织目的。实际上，对于员工来说，“组织存在的价值”就是他们“存在于这一组织中的原因”。这也许听起来有些奇怪，特别是谈及那些以营利为目的的企业时——难道它们不只是为了赚钱吗？难道员工不明白这一点吗？难道他们不是仅想得到优厚报酬吗？事实上不是这样。我们人类并不是那么简单的物种。无论是我们想要的，还是期望从我们所属的并要为之付出我们的才智与忠诚的组织中得到的，都没有那么简单。

公司自豪感的基本要素

如果一个人对某事引以为豪并且十分关注它，而自己又是这件事的一部分，那么，大多数人就不难理解此事对他的重要性。我们能清楚地认识到这一点，如人们对祖国、本民族、本种族、宗教、城市、学校，甚至是一支球队均会产生认同感并关注它。员工们是在十分关注其所在公司的情况下开始

他们的职业生涯的。若他们对公司的关注程度下降，主要是因为公司及其管理的特点，而不是员工个人的原因。举例来看，人们很难对某些组织忠诚或感到自豪，因为这些组织仅仅把员工视为可减少或勉强容忍其存在的人力成本，而不是企业真正的资产。

人们也很难对那些只顾赚钱而不管其他的组织保持忠诚。很显然，赚钱并不是小事，事实上，公司的财务成就可能是员工对公司产生自豪感的一个重要来源。但是，正如员工个人不只是从他的收入中获得自豪感一样（比如，从完成高质量的工作中也可获得自豪感），员工对组织的自豪感也不仅仅取决于利润的多少。

我们的研究显示，员工对组织的自豪感与其对组织的总体满意度之间有着明显的相关性。[1]我们找出了自豪感的四个主要来源，它们均从不同侧面反映了同一特质——卓越：

- 组织财务绩效的卓越性。
- 组织工作效率的卓越性。
- 组织产品特性的卓越性，如产品的效用、独特性和质量。
- 组织道德品质的卓越性。

人们愿意为那些干得好而且干好事的组织工作。大致上讲，以上提到的前两个因素与干得好有关（为一个盈利并且经营有道的企业工作），而后两个与干好事有关（给顾客提供真正有价值的产品并且经营行为符合道德标准）。当然，这四个方面是相互关联的。正如我们所展示的，如果组织不提供给顾客真正的价值，或想从长期不道德的商业实践中成功，就很难有长期优秀的财务绩效。但是，作为自豪感的决定因素，这四个因素中的每一个都是独特而重要的。因此，员工对公司商业行为符合道德标准以及生产出高质量产品的期望本身是非常重要的，这不仅仅是因为道德的行为和高质量的产品对企业本身有好处。

你也许对我们如此肯定大多数人想为一个“好”组织工作的重要性感到十分惊讶。我们的证据不仅来源于对调查数据的统计分析，还来源于定性材料（开放式问题和焦点小组调查，其中着重提及了干得好与干好事这两方面）。确实，员工希望他们所在的公司两者都好。以下是众多参与调查的公司的员工中较具代表性的开放式意见。首先，是正面的意见（下文是针对“您对在这里工作最喜欢的是什么？”这一问题的回答）：

> 致力于做到最好。那些经营（公司）的人有足够的财力做到最好，并且他们使用了这些财力。
>
> 我会为（公司）成功而做好每件有益的事。我喜欢为这家公司工作，并想长期为它效力。
>
> 优质的产品、顶尖的战略、卓越的领导力、对员工的关心、对顾客的关注以及高度的坦诚。高级管理层管理有方。我们十分有幸在这里工作。
>
> 我们十分荣幸与一支言出必行的领导管理团队共事……为顾客和股东着想。谢谢。能成为公司的一部分真好。
>
> 我为能在这家公司工作感到莫大的荣幸。这家公司的高水准与高度诚信全球闻名。最重要的是，我每天都在成长与学习，有机会施展我的才华，并感到在为公司共同的利益贡献力量……实际上，在这里工作几年之后，我仍觉得自己为公司工作所受恩惠之多是我所无法偿还的。我承受不起，真的，你应当明白我的意思吧。
>
> 这就像进入了顶尖级别的比赛，就像自己已在纽约扬基队（New York Yankees）的队员名册中一样。

现在，有一些反面的意见（下文是针对“您对在这里工作最不喜欢的是什么?”这一问题的回答）：

作为一家公司，我们不再是任何领域里的“领先者”。我们不再为创新或卓越而奋斗。我们做其他每个人都做的事，而我们却说希望成为“该领域内最优秀的”。然而那样做是无法达成该目标的。领导者必须要迎风破浪……否则我们肯定会变得平庸。

我们似乎快要在这个行业中出局了，因为我们对任何事都采取机械而老套的方法。谈论增长，但这就是全部，仅谈谈而已，却没见增长。我们抛弃了一切与公司没有紧密关系的方面，包括忠实的员工。我们这个曾经辉煌的公司到底发生了什么?

优秀的高层是我们所渴望且需要的，但是高层管理人员几乎做了可能的一切使公司绩效变差。让总经理来决定公司低层技术职位的调动是相当缺乏效率的，做一个决定要花很长时间。哪怕是最小的细节都要获得高层管理人员的许可。领导能力哪儿去了?!

他们在墙上张贴注重质量的标语，但工头却告诉我们偷工减料的方法。没有人相信公司所说的任何话。那些全是胡说八道，他们对顾客说谎。

他们想要做的就是降低成本和裁员，现在大家做起工作比以前任何时候都懒散。告诉人们我在那里工作是一件令人尴尬的事情。

人们渴望拥有能力较高的管理层（即真正的“赢家”），这并不会令大多数读者感到惊讶，而且大多数读者认为员工不愿为那些明显很不道德的管理层工作。但是，杰出与道德标准有关吗？杰出与产品质量有关吗？当然有关！另外，读读那些正面的意见就能感觉到员工的自豪感来自公司优秀的绩效和道德标准。记住，在这里我们讨论的是员工激情的决定因素，不是“满意度”，也肯定不仅仅是“不生气”。员工很难对一家财务绩效一般的公司充满激情，然而相比之下更重要的是这样的问题：公司是怎样从事经营活动的？其最终目的是什么？如果对这些问题没有好的答案，一个人的工作及所属组织就只是达到其他目标的手段，特别是财务目标。差公司自身没有价值而且不会激起或维持员工的激情，只有少数人被财务上的利益所驱使而不顾其他。

如果你怀疑我们关于员工的这些说法，问问自己除了工资和福利外，还想从工作中得到什么？例如，“我已出色地完成了一整天的工作”这句话意味着什么？这难道不是你那天做了高质量工作的感觉吗？你的工作展示了工作技能，你的工作对组织或顾客有重要而积极的影响。此外，除了强盗和其他极端反社会者，人们通常不会对那些需要整天说谎、欺骗或盗窃的工作感觉良好。

而且，人们不愿意为有上述行为的公司工作。人们不愿意制造质量低劣的产品。我们早期为美国汽车制造公司所做的调查显示，在 20 世纪 70 年代末，员工强烈地抱怨公司所生产的汽车质量低劣。在那个时期，员工及工会常因劣质的产品而受到责备。然而，当他们说自己是被迫从事低质量生产时，大多数员工都对公司感到失望。

要想让一个人对公司充满激情，需要这家公司既有目的——特别是在与顾客关系方面——又有原则。

“干好事”对绩效的影响

我想要……表达我们在公司努力遵守的原则……这是对此的总结：我们应记住药是给病人吃的。制药不是为了利润，利润是其次，如果我们记住了这些，利润绝不会不出现。我们记得越清楚，利润就越大。

——乔治·默克二世（George Merck Ⅱ），

默克公司（Merck）前任首席执行官[2]

为什么组织仅注重干得好是不够的（似乎这并不难达成）？毕竟，公司自豪感确实是通过在财务绩效与运营过程中取得的成功而培养出来的。除了纯粹道德上的考虑，追求更高尚的目标确实能为企业带来更多的益处吗？此外，大多数公司能找到更高尚的目标去追求吗？

事实上，有充分的证据显示，从平均来看，“干好事”的组织能显现出更出色的长期绩效。在该领域内，令人印象深刻的研究之一就是柯林斯和波勒斯的调查研究，收录在他们于 1994 年出版的著名的《基业长青》（*Built to Last*）一书中。[3]他们将某一产业中“强中之强”的公司（重要的是，数十年来一直保持优秀）与那些仅仅基本令人满意的公司进行比较。这就像他们所说的，这是“金牌”与“银牌”、“铜牌”间的比较。例如，通用电气公司（GE）与西屋公司（Westing House）、强生公司（Johnson & Johnson）与百时美施贵宝公司（Bristol-Myers Squibb）、宝洁公司（Procter & Gamble）与高露洁公司（Colgate）、IBM 公司与宝来公司（Burroughs）等。在 18 组这样的比较中，最卓越的公司，平均来看，其表现远远超出了那些对照公司，不仅是短期的表现，长期表现也是如此。例如，1926 年 1 月 1 日向那些最卓越公司投资 1 美元，在 1990 年 12 月 31 日能值 6 356 美元。相同的资金若投在那些对照公司的股票上，价值仅为 955 美元，而市场上所有公司的平均股票价值仅为 415 美元。[4]千万要记住，该研究所涉及的公司直到该研究公布之时一如既往地表现优秀。在后面的章节我们将会发现，公司经常因为新的 CEO 的到任而发生彻底的改变。

柯林斯和波勒斯的研究找出了区分那些最卓越的公司与那些只是基本令人满意的公司的决定因素。他们称前者为“愿景型公司”，因为在区分那些公司的关键因素中，前者强调愿景更甚于利润：

> 与商学院教条相反的是，我们并不认为“股东财富最大化”或“利

润最大化”是大多数愿景型公司的主要驱动力或首要目标。它们倾向于实现一系列的目标，赚钱只是其中一项，而且不一定是主要的一项。的确，对于愿景型公司来说，在它们的历史上，经营一直以来就不仅仅是一项经济活动，不仅仅是一种赚钱的方法。[5]

人们引用了很多“超越利润”的愿景的实例。例如，较早前对乔治·默克二世的引用，以及如下这段与约翰·扬（John Young）的访谈记录，他在1976—1992年是惠普公司（HP）的首席执行官：

股东财富最大化一直以来都列在考虑的清单中。是的，利润是我们所做的一切的基石，是我们所做贡献的量度，也是自身财富增长的标准——但它从来都不是我们的重点。实际上，我们要的是获得胜利，获胜是通过顾客的眼睛评判的，也是通过做那些让你感到自豪的事情实现的。这里有一个对称的逻辑，即如果我们给真正的顾客带来了真正的满意，我们就会盈利。[6]

这个观点是由柯林斯和波勒斯在将惠普公司与得州仪器公司（Texas Instruments，TI）比较时得出的：

……我们回顾了40多篇以往的文章和相关案例研究，无法找到任何陈述来说明得州仪器公司的存在不只是为了赚钱……得州仪器公司几乎只通过规模、增长和利润来定义自身。对于得州仪器公司来说，公司越大越好，这就是全部——即使产品质量很低或没有技术上的贡献也无所谓。而对于惠普公司来说，只有在做出贡献的前提下，公司才越大越好。[7]

两位作者将许多组织的愿景进行对比。他们谈及了一家公司的“核心理念”，这家公司强调没有“正确”的理念——关键是要拥有一个“超越利润”

的愿景，而且这个愿景要能激励并指导公司员工。对作者来说，花旗集团的价值观“自主与创业精神”与强生公司的价值观“公司的存在是为了减轻痛苦和疾病”都清晰地表达了其核心理念。

尽管如此，在回顾每个愿景型公司的理念时，我们几乎都发现了强大的道德组成部分。以下是柯林斯和波拉斯所说的愿景型公司的理念中道德成分的实例：

- **3M 公司**：绝对正直诚实。
- **通用电气公司**：通过科学技术与创新提高生活质量。
- **惠普公司**：在我们涉足的领域内做出技术贡献（我们以公司形式存在的目的是要做贡献）；尊重惠普人并给他们机会，包括让他们共享企业成功的机会；对社会的贡献与责任；把利润与增长作为达成所有其他价值观与目标的一种方法。
- **IBM 公司**：积极地为每一位员工着想；花大量时间让顾客高兴；为将事情做对而坚持不懈；对所负责的一切追求卓越。
- **强生公司**：公司的存在是为了减轻痛苦和疾病；我们有一个责任等级体系：顾客第一，员工第二，社会大众第三，股东第四。
- **摩托罗拉公司（Motorola）**：公司的存在是为了能有幸为社会服务，以适当的价格提供较高质量的产品和服务；不断地改进公司的各个方面，包括思想、质量以及顾客满意度；把每位员工都当作有尊严的个体对待；在经营的各个方面都要诚实、正直、有道德。
- **诺茨罗姆公司**：卓越的声誉，成为某些特殊事物的一部分。
- **索尼公司（Sony）**：感受因技术的进步、应用和创新而使大众受益所带来的巨大欢乐；促进日本文化的传播，提升日本的国际地位；尊重并鼓励每个个体发挥自身的能力与创造力。

● **迪士尼公司（Walt Disney）**：绝不允许犬儒主义；做事持之以恒并注重细节；给大众带来欢乐；颂扬、培育和传播“健全的美国价值观”。

柯林斯和波勒斯的资料清晰地反映了道德层面的主张，总的来说，在公司行为中，一个强大的道德组成部分肯定不会与经营的长期成功不协调，事实上，它对经营的长期成功有重要的贡献。其他的研究也表明，公司作为公民的行为与经营成功正向相关，我们在此引用部分实例。1996年，沃多克（Waddock）和格里夫斯（Graves）找出了公司社会绩效与资产收益率、销售收益率和股权收益率这类评价指标之间的正向相关关系。他们将社会绩效定义为公司对待利益相关者的方式，不仅包括股东，也包括其他关键的利益相关者（如顾客、员工和社区）。[8]哈佛大学的一个纵向研究表明，“利益相关者平衡型”公司的增长率和雇员人数增长分别是那些只注重股东利益的公司的4倍和8倍。[9]

除了员工对有“目的”的组织所怀有的激情与自豪感之外，研究还表明，“干好事”和公司长期绩效之间呈正向关系的原因还有很多。其中一个原因就是，公司良好声誉的广泛影响及其所带来的信用会影响消费者的购买决定。调查不断地表明，大部分消费者表示，如果某品牌或销售商有良好的动机，他们更愿意选择这样的品牌或销售商。这不仅因为消费者认同这一动机，还因为在某一方面“干好事”——如保护环境——会惠及其他方面，如组织的产品质量。二者并不矛盾。至少，在现代市场条件下，“干好事”有利于帮助企业在竞争中让消费者产生品牌识别度。

此外，“干好事”的某些具体方面还能带来实质的财务利益。高质量的产品与服务能吸引并留住顾客。人性化的人事政策能吸引并留住员工。有很多例子证实，积极的社会关系政策能带来对公司经营举措的社会支持，并保护公司及其利益不受到不友善活动的侵害。

让我们用一个典型且鲜明的例子来说明积极的社会关系的好处。1987年，捷达航空货运集团（Dart Group）想要兼并美国明尼阿波利斯市的戴顿-赫德森公司（Dayton-Hudson Corporation）[现名为塔吉特公司（Target Corporation）]。戴顿-赫德森公司曾慷慨地捐出了5%的税前利润，成为良好的企业公民。而捷达航空货运集团被广泛地认为是一家掠夺成性的公司。为保护公司不受到捷达航空货运集团怀有敌意的收购的侵害，戴顿-赫德森公司利用其在100多年中建立的社会信誉得到了广泛的支持。明尼苏达州议会召集了一次特别会议来修改该州关于公司兼并的时限的法律，帮助戴顿-赫德森公司有力地打击了这次怀有敌意的收购。

在企业道德层面的另一个极端是那些有明显不道德行为的公司。大量证据表明，对社会过分地不负责任的行为及非法的行为都会给股东的利益带来危害。1997年，一项研究调查了27宗不道德或非法的公司行为并得出结论：这种行为给股东财富造成了极大的损失。[10]正如在2008年由于公司的金融服务行为导致的经济大衰退所展示的，负面影响不仅仅发生在那些公司身上，如果当时政府不进行干预的话，那些公司将会面临倒闭。

总的来说，研究表明，盈利性良好的公司不仅仅要在短期内赚钱，还要建立与所有主要支持者间积极的、互相信任的关系，来维持并增加长期利润。一家公司应让顾客有进一步购买其服务的意愿；让员工积极为组织做贡献；让供应商感到它们是这一组织真正的“伙伴”，从而及时地提供最好的服务；让社会大力支持、保护公司合法的商业利益。上述关系的重要性也许在短期内并不明显，而且在短期内它们也不会被需要，但是它们对于维持良好的长期绩效会起到关键作用，特别是当商业环境变差时。公司容易犯的一个主要错误就是把它们的关键支持者——它们的利益相关者——当作理所当然存在的。

短期与长期利润水平的对比

华尔街做的业务是从现在到下周二期间就挣到钱。而我们做的业务是建立一个组织，一个我们希望它50年后依然存在的机构。

——吉姆·辛内格，

好市多联合创始人、前首席执行官

对于大多数公司来说，期望高管们不看重盈亏底线就类似于要求他们去经营一家行将失败的公司和结束他们的职业生涯。正如我们所知，重要的差距并不在于一个只关心短期利润的经理和一个关心长期和短期利润的经理之间的不同。虽然相关关系并不显著，但是非常明确的是，过分看重“短期发展”经常是导致当前盈利但之后问题不断，甚至有时出现灾难的原因，而较长的投资期是持续成功的基础。投资期与成功之间的相关关系是不显著的，因为有些经理似乎能够在边缘游走，他们能够非常灵活地在惹上麻烦和摆脱麻烦之间来去自如并且能够帮助组织避开危机。这是他们商业生涯的模式。我们看到，在2008年金融危机时，有那么多企业和经理人——尽管他们是危机的制造者——通过政府的救市政策成功地生存下来（有些甚至更加兴旺！）这是幸运吗？是天才吗？可能是两者结合的结果，但是这种心存侥幸——特别是当很多其他人因此而遭到不幸——并不是一种值得推崇的经营心态。

在本书中，我们所讨论的因其人员管理实践而受人钦佩的所有公司都具有很强的长期导向性。或者，更准确地说，它们中的一些在过去的确拥有长期导向性。在那些在长期导向性上有明显变化的公司中，长期视野对于公司绩效的显著而积极的影响是最为突出的（因为我们可以比较同一家公司不同时期的状况，而不是参考可能会影响绩效的其他方法将一家公司与其他不同公司进行比较）。以下我们将讨论三个重要的实例。

首先，让我们看看丰田的变化。2009—2010年，丰田汽车的质量问题，主要是加速器踏板失灵导致车祸的问题，成为新闻的头条。在那之前，凭借世界闻名的产品质量，丰田可以说是最受尊敬的汽车制造商。那些质量问题实际上早在六年前就开始出现，但是当时公司并没有认识到真正的问题来源，而认为车祸是人为操作问题导致的。在大量的负面宣传，甚至国会听证会和政府调查之后，丰田开始重视这些问题并且做出必要的改正。

很多研究者认为，导致丰田质量问题的根源在于过度关注公司成长导致的公司文化的变化。美国麻省理工大学的史蒂芬·斯皮尔（Steven Spear）研究了丰田成为世界最大的汽车制造商的驱动力，对质量和企业成长之间的矛盾做出评论，他指出，实现这两个目标所要求的企业行为是非常不同的："问题是'丰田模式'被生产性需求所稀释……"丰田的员工提到，"这是搬起石头砸自己的脚。"丰田美国分公司的高管吉姆·普莱斯（Jim Press）说道："问题的根源在于数年前公司被那些只看重财务绩效的人控制了，他们没有坚持顾客第一的原则。丰田章男也是如此。"[11]公司总裁丰田章男也承认："当一些人开始变得自大以及过多关注利润时，问题就出现了。错误的最终责任在于我。"

从危机爆发以来，丰田试图表明质量问题将不会进一步恶化。在整个组织内任命了许多质量经理；一个外部咨询部门也被建立，由美国前交通部长罗德尼·斯莱特（Rodney Slater）担任主席，来为质量事件和其解决方案提供一个独立的视角。此外公司加快了召回汽车的进程。这一切发生在最近，在写这本书的时候我们没来得及观察丰田章男在多大程度上恢复了公司的文化。恢复的迹象喜忧参半，一些评论员对丰田公司在质量等许多方面的复苏给予了高度评价。然而，2012年10月，因为可能导致汽车失火的有缺陷的车门开关，丰田不得不召回 750 万辆汽车。这是 16 年以来全球最大的召回事件。[12]

另一个公司发展路径改变的实例是强生公司（柯林斯和波勒斯的“金牌”公司之一）。读者之后将会看到强生的“信条”，强生是几十年来始终坚守价值观和长期导向对公司经营产生积极影响的典范。信条的基础是对强生目的的表述：“公司的存在是为了减轻痛苦和疾病；我们有一个责任等级体系：顾客第一，员工第二，社会大众第三，股东第四。”

然而，与丰田公司类似，由这一愿景所产生的有益的公司文化似乎被近年来过分关注短期目标的行为严重破坏了，引发了一系列经营问题。这些问题包括：产品召回、强生人工髋关节的安全事件和一系列关于销售抗精神病药维思通（Risperdal）的法律诉讼。正如沃顿知识在线（Knowledge at Wharton）的分析所说：“许多人认为，这些问题是强生迷失其方向的证据。‘我认为信条曾经真的存在，’密歇根大学罗斯商学院教授埃里克·戈登（Erik Gordon）说道，‘人们信仰着信条并为它感到骄傲。但是那样的日子已经一去不复返了。’‘现在，’他说，‘信条最主要的作用就像是妈妈的裙子——你可以躲在后面——或者说像是把自己包裹在美国国旗中。它使得人们从正在发生的事情中分心。’戈登认为，强生的首席执行官比尔·威尔顿（Bill Weldon）只关注盈亏底线——公司的网站一味吹捧公司连续 27 年实现调整后收入的增长和连续 49 年股息增长的纪录——是导致现在的悲哀的原因。‘比尔·威尔顿为公司设计了优先级和文化。’戈登说。从过度激进的营销到对安全和质量体系的投资不足，这些问题反映了‘人们在努力获得奖金、达成数字目标和保住他们的工作’。”[13]

最后我们来看看另一家公司：高盛公司。这恐怕是最近关于公司经营价值观转变最广泛传播的案例了。要不是因为高盛公司深深卷入 2008 年的金融危机以及经过危机暴露出公司在这几年的文化转变，我们本来想将高盛公司作为我们论证本书提到的原则的正面案例。

我们过去对于高盛的推崇来源于它的著名文化，最突出的是与客户建立“合作伙伴关系”以及员工间特别具有合作性的和富有成效的关系。这种文化在近年来出现了显著变化。这被戏剧性地通过一封刊载在《纽约时报》2012年3月14日特别专栏的辞职信揭露出来，这封辞职信是由高盛公司负责欧洲、中东和非洲权益衍生品的前美国公司主管格雷戈·史密斯（Greg Smith）提交的。谈及过去，史密斯写道，支持高盛成功的“奥秘”是这样的企业文化：“……围绕着团队合作、正直、谦逊的精神以及永远为顾客做对的事。”他强调这些都发生了显著的变化，并且用“有毒且具破坏性”来描述现在的这种不关注会对客户造成什么影响的、无限制地为企业谋取利润的文化。我们发现，在经济大衰退爆发之初，这种文化对于客户的影响是非常严重的。当然，尽管过去公司和它的员工也一直关注如何赚钱，但那并不是他们唯一的目标，史密斯如是说。他提及高盛曾拥有的“自豪和信仰”，这源于对客户利益的关注和实现客户利益的合作性方式。[14]

不能幼稚地认为，过去的高盛是一个乌托邦，现在的则是一个伦理地狱。像高盛这样的大公司是由多种多样的业务、经营环境和不同品质的员工组成的复杂实体。但据我们所知，似乎不容置疑的是，在高管传递给员工的、关于现在什么是真正重要的基本信息——公司的真实价值观和文化——中，存在着明显的转变，并且这些转变围绕着短期利润而出现。

我们之前曾提到，要高层管理者将盈利性作为次要目标的想法是幼稚的。问题在于，短期目标是否应凌驾于长期目标之上。高盛先前的管理者恰恰思考过这些想法。在高盛，有一条再三重复的非正式格言，由格斯·利维（Gus Levy）首先提出，他在1976年之前一直担任高盛的高级合伙人，此格言是："要长远的贪婪，不要短视的贪婪。"长远的贪婪意味着与客户一起赚钱，而不是从他们身上赚钱。

丰田公司、强生公司和高盛公司都是它们各自产业的标志性公司，而且它们都相似地在近年来选择了相同的道路：更加关注短期收益，并以牺牲其顾客和长远的核心价值为代价。甚至也可能以其股东利益为代价。与标准普尔500的企业对比，这三家企业都明显表现不佳。以2009—2012年的全年平均值为准，当标准普尔500出现13.6%的增长时，丰田和强生增长得更少（分别是5.3%和2.2%），而高盛则出现下滑（－7.4%）。比如，对克伦萨维奇投资公司（Krensavage Partners）的创始人迈克尔·克伦萨维奇（Michael Krensavage）来说，当他看到强生的市场表现的时候，他对此并不觉得吃惊。"这是一个接一个的错误，"他说，"很难解释。"

关于商业伦理我们还有些话要说。尽管为短期目标运营并不一定等同于不正当的行为（即便要关注短期收入，个人和公司也完全可以在商业交易中保持诚实正直），但是，一味关注眼前的利润营造了一种让不正当的行为更可能发生的环境。人性是复杂的，只有很少一部分人会在任何时候都不择手段地挣钱。但是，如果需要达到本季度或者本月甚或当天的业务目标——要么实现，要么另选他途——即使是平时可敬的人也会做一些擦边的或者明显不道德的事：欺骗顾客，偷偷地降低质量，捏造财务数据等。这样的行为通常被合理化（"为了养家糊口!"），以此消除心理上的不适，并且我们并不打算对这些行为做一些简单的或者伪善的评价。更进一步说，关注员工个人和他们的不道德行为并不能使我们的研究更深入。需要关注的是组织的文化——在这种文化中，不道德行为实际上是被鼓励的（即便并非公开的），否则就无法实现不切实际的公司目标——而且，这样的文化一定来源于公司的高层，而非员工。一旦这种情况发生，违反公司道德标准的员工就会被单独处理。

更多关于目的的内容

我们曾指出，干好事是目的和原则的组成部分。目的首先与组织如何服务顾客相关联，原则与组织的道德品质（在处理与所有相关群体的关系中有关法律及道德准则的组织行为）相关联。

对于目的来说，事实上，大部分组织的产品和服务都能让员工感到自豪，至少是潜在地感到自豪。我们说“潜在地”是因为员工可能对公司提供的某些产品或服务感到尴尬。不仅仅只有宇航员、急诊室医护人员或特种部队士兵才对他们所从事的工作感到自豪。我们考察了所有类型的组织和职业——从清洁服务业到研究实验室，从环卫人员到投资银行家，绝大多数员工感到他们提供了有价值的服务。

在焦点小组调查中，一位环卫人员告诉我们：“在城市里没有比这更重要的工作了。”一位曲奇饼干的包装工人说：“我做的事让人们快乐。”一位酒店的客房清洁工问：“如果没有我们，你知道这地方会变成什么样吗？”

当我们思考工作的意义、尊严和目的时，我们必须站在别人的角度去思考。我们并不关注读者是否对包装曲奇饼干感到特别自豪。我们想知道的是曲奇饼干的包装工人的感受，对于他们，这不是一份贬低身份的工作。清扫垃圾贬低身份吗？我们每个人都会认真考虑自己的工作是否确实更重要。

对自身工作自豪感的强烈需求是自豪感数值之所以会很高的原因。一般的标准值是82%，即使在最不受欢迎的公司该数值也有55%。无论这一数值的范围如何，我们的研究都表明，当管理者在这方面做出努力时，公司所获得的士气与绩效将是巨大的。

更多关于原则的内容

有些公司仅根据法律和对慈善事业的贡献来认识商业道德。本章强调的是商业道德对员工士气的影响，我们的研究表明，在这方面，道德的定义必须被拓宽。举例来说，员工感兴趣的是公司与所有主要支持者（顾客、雇员、供应商、投资者和社区）的关系的质量，不仅局限于遵守法律所带来的真正自豪感。自豪感来自更多的地方，包括获得出色的社区关系。

我们关于目的的讨论是以顾客为中心的，因此，与关于原则的讨论有重合的部分。顾客是关键的利益相关者，为他们提供高质量且有用的产品和服务不仅是组织的目的，也是出于道德的考虑。员工肯定也这样看待这个问题。至少，他们希望公司不要欺骗顾客，无论那些举措是否违法。而且不仅限于此，他们希望顾客购买的产品和服务是卓越的——至少提供相对于所支付的价格来说是巨大的价值。我们关于质量和价值的研究发现它们与员工士气具有高度的相关性。

当被问及最喜欢工作的哪些方面时，很多人提及了顾客：

> 当你帮助别人——那些急需帮助的顾客或同事时，就会有很大的满足感。那个人会感谢你使他摆脱困境，帮助他们也使我在一天中都感到快乐。
>
> 我喜欢与顾客相处，知道自己影响别人的生活。没有他们，我不会来工作。
>
> 我最喜欢公司遵守其对顾客的承诺，而且坚信要做最正确的事。
>
> 我们在为顾客提供服务和快乐方面从没停止过超越自我的尝试。我们在留住顾客方面做得很好，这并不奇怪。
>
> 我们每天都努力超越顾客的期望，我们热爱这份工作。
>
> 在处理与顾客的关系方面，我们感受到了双赢的氛围与态度。作为员工，我们与顾客建立了长久的联系与伙伴关系，双方的利益随着时间会加倍增长。

我感到我们的确把顾客放在第一位，如果顾客遇到问题，我们会尽全力解决。

对待员工的道德

在员工所持的关于合乎道德地对待利益相关者的观点中，最关键的是公司对待员工的方式，这一点也不令人吃惊。员工的一个主要目标是在基本工作条件下获得公平对待，如在薪酬、福利、工作稳定性和人身安全方面。在这些方面，我们也有一个连续体，范围是从完全违法的行为、擦边球行为、完全在法律与道德的框架内的行为，到已超越我们的需求与期待的行为。工作的稳定性就是一个例子。在一个极端，是那些通过各种方式违法的公司，例如，在裁员之前不给员工充分的公告，或以处于经济萧条时期为借口解雇那些应该受到保护的群体，如年纪大的员工或受工会照顾的员工。在另外一端，是那些不仅合法经营，而且还会尽最大努力避免裁员的公司，如果裁员是必要的，它们也会充满关怀并宽大慷慨地对待那些被裁人员。

另外一个重要的层面是保障员工的人身安全，特别是在传统的蓝领产业。我们没在本书的其他部分详细地讨论安全问题，而是有意将这部分留到本章。

美国的许多联邦、州及地方的法规都涉及工作安全，但我们经常在新闻报道中看到有些公司在不断地违反该法规。在另一端，如美国铝业公司，在前任首席执行官保罗·奥尼尔（后来成为美国财政部部长）的领导下，公司的安全记录卓越非凡。当我们在讨论目的和原则得以成功施行的决定因素时会发现，首席执行官的领导力起着关键作用。在美国铝业公司的安全成就上，奥尼尔所起的作用是极具启发性的。

当他接管美国铝业公司时，奥尼尔宣布要将明显改善公司的工作安全作为总目标，他表示：

我在第一天就曾说过，不应有人在为美国铝业公司工作时受伤……世界充满了愤世嫉俗和对真正关心别人这种做法的怀疑，因而人们的第一反应是可以预测的。资历深的人跟我解释说，按照损失工作日的情况来计算，我们在安全表现方面已排在世界上所有公司的前1/3了。那时平均损失工作日为……每年每100名员工少工作5天。1987年美国铝业公司的数字是1.87天，所以他们为自己感到自豪。他们虽没有当面跟我说，但我从公司走廊里的对话中听到："当下一个经济困难时期来临时，他就会闭嘴，他根本不懂炼铝，怎么能在这里跟我们说应对安全问题做些什么呢？"

所以我为了使目标变为事实，开始走访公司的各个炼铝基地。我去的第一个地方就是位于田纳西州的一个工厂。午餐后，当着45个人（包括高级管理层和工会代表）的面……我说……为美国铝业公司工作的人不应在工作中受到伤害。我告诉他们，这不仅是优先考虑的事，而是前提条件。所以我对管理层说："从今往后，我们不会再批准需要改进安全条件的项目预算。如果你发现有需要做的事情，你应该去做，而不应该找借口说我们要把它列入明年的计划，并希望现在没有人会受伤。"然后我对那些计时工说："如果管理层没有按照我刚才对他们所说的办，这里有我家里的电话号码。"很多管理人员都很害怕我把家里的电话号码给计时工，但我这样做了。有意思的是，后来我接到了几个电话，并不是很多，因为当人们打电话给我并证明有人违反了我的意思时，我就采取了行动来处理这些情况。

——摘自奥尼尔在2002年6月明尼苏达大学卡尔森管理学院的演讲

到2000年奥尼尔退休时，美国铝业公司的工伤率是他1987年到这里时的1/10。工会主席乔治·贝克（George Becker）认为奥尼尔是“一个值得信赖的人，而且你可以相信他说过的话”。

在奥尼尔管理安全的方法中，我们发现遵守法律、遵从被广泛接受的惯例与道德标准对他来说是不够的。使员工产生激情的公司是超越这些的，并且实际上，它们会成为真正保护利益相关者的利益的公司。它们的道德承诺对其经营行为不起辅助或限制作用，而是作为它们的运营与战略决策的不可分割的一部分。对于奥尼尔来说，安全本身至关重要，而且他也把它视为精明的生意经。《纽约时报》的莱斯利·韦恩（Leslie Wayne）写道：“……他认识到应如何赚钱——不是通过节省成本或降低工资，而是通过促进生产力和把员工安全作为首要目标。他在安全问题上不懈地努力是有利益底线的——他表明那些使工人受伤的有缺陷的生产过程无法有效率地生产出高质量的产品，也无法节省成本。”[15]

用奥尼尔自己的话更概括地说：

> 对我来说，这不是关于安全的，在本质上，它是关于领导力的。它是关于我所持的一个信念，一个真正伟大的组织要求人们用重要的价值观来调整自己，而且要求他们知道自己是什么。无论你在世界的何处，它们都一样。
>
> ——摘自奥尼尔在2001年“国家安全峰会”上的发言

奥尼尔在美国铝业公司任职期间，公司规模扩大了3倍，股东价值从40亿美元增长到320亿美元。

当然，我们认识到，公司在道德承诺和社会责任上的言行有时带有欺骗性和伪善性。最常见的是，公司处理其社会关系时表现出特别的、明显的慷慨，但是在对待其他相关者（如员工、顾客、投资者）时却完全相反。

正如戴维·沃格尔（David Vogel）在《华尔街日报》（*The Wall Street Journal*）上的一篇文章中所指出的：

> 安然公司（Enron）长期以来被看作企业公民的典范。公司及其高级主管都是休斯敦市社会机构的慷慨支持者，该公司在印度没有依靠贿赂政府官员建起一家发电厂，此举在国际上引起广泛关注……而且该公司在可替代能源方面的投资也令环保人士满意。[16]

2001年，安然因为会计丑闻的风波倒闭。

显然，这个故事的寓意是，与公司原则有关的任何评判必须基于其处理与主要支持者关系的行为。一家公司不需要在处理所有关系时都很出色，但如果公司仅仅在一两方面很出色，却在其他方面明显不合乎道德，公司就会变得没信用。

当然，在通常情况下，员工很清楚发生的这些事。以下意见可作为参考的例子：

> 令我不满意的是……公司经营的伪善性。例如（详细的例子略去），公司说它珍惜员工，但这与其行动截然相反。说得轻巧。
>
> 我认为将工作外包给其他国家是非美国式的做法，而且是伪善的。我们公司借“9·11”之机把工作外包到海外。
>
> 我们公司似乎存在着伪善性。我们需要从其他公司的错误中学习。我们不能成为下一个安然或世通，我们要拾回我们的核心价值观，记住最伟大的财产，即我们的员工。
>
> 我们公司在实践中是伪善的。公司的核心价值观是尊重并有尊严地对待员工，但是，如果公司能通过解雇员工来省钱（尽管财务报表上显示为盈利），公司就会这样做。忠诚是双向的。
>
> 我们必须努力克服某些领导的系统花招和伪善性（真正的伪善），

他们想方设法给上级展示“伪造的能力”。他们将本月的数字低报，这样下个月他们的报告就显得更好。

伪善的领导们。我们听领导说他们想要我们的诚实反馈。然而，如果反馈恰好是否定的，我们就会被视为不满的员工，会被派去其他地方，就好像我们对公司不满意一样。我们被领导告知应如何进行反馈。

当领导们鼓吹公司的忠诚时，尝试着冲他们微笑吧，员工只希望自己能在工作中赚更多的钱，只希望最终能被派到国外。这似乎就是员工能从其对公司的忠诚中得到的。

管理层鼓吹的优质服务是他们希望你所能带给顾客的。然而……那些……提供高数量、低质量的产品或服务的员工却能得到最好的评价。

他们讲伦理，但他们的广告是完全误导人的，因为广告所宣传的是我们库存中所没有的东西。

尽管员工会因为一个组织做好事感到满意，但他们也清楚他们并不是在为一个慈善组织工作。美国第一任劳工联合会主席塞缪尔·冈珀斯（Samuel Gompers）非常清楚这一点。他在1923年说过：“对工作者犯下的最严重的罪行是一家公司没能经营获利。”

冈珀斯毫无疑问会认为，第二严重的犯罪是一家公司通过压榨他的员工来赚取利润，或者通过压榨重要的利益相关者来获利。员工们尤其欣赏的管理模式是，不仅将干得好和干好事看作是共存的，而且是相互促进的：干好事有助于实现公司业务的长期成功，同时公司业务的成功将使得公司有能力干好事。

进行实践：将对目的和原则的陈述转化为行动

许多使命陈述在无意识中都会变得荒诞可笑。我们都见识过，当顾客通常被轻视及忽视时，公司却狂热地鼓吹为顾客服务。当员工受到的尊重比顾客还少时，公司却热衷于员工授权……对这样的情况，明眼的局内人可能会估计到要实现这些目标就像“猪会上天”一样遥遥无期。

——艾琳·C·夏皮罗（Eileen C. Shapiro），

《管理浪潮下的迷思》（*Fad Surfing in the Boardroom*）

绝大多数为我们所熟知的公司有关于“目的”或“使命”、“愿景”或“价值观”之类的正式陈述。然而，在我们的调查中经常发现，员工对是否能将这些陈述转化为实践表示强烈质疑，这是十分遗憾的。这些陈述对指导和激励员工队伍有巨大的帮助，既提供给员工个人努力的基本目的，又提供了基本的决策标准。但当它们被视为花言巧语时，其坏处则是大于好处的。

无法使陈述令人相信，很少是因为在言辞上所花精力不够的结果。通常是，大量的时间花费在这上面，而且高级管理者也没少参与（经常是两三天的务虚会）。的确，员工经常觉得奇怪，为什么花大量时间、大量精力从事的事情最后却无法对组织产生影响。

以下揭示了为什么这些陈述仅仅偶尔被实行的三个原因：

（1）最重要的原因是，除了用于高级管理层的写作资源、他们所谓的“这真的很严重”的声明以及与员工队伍中每个人泛泛而重复的沟通之外，这些陈述对经营企业来说是次要的。这就像主管人员在休假时参加了礼拜，但在周一又回到本职工作一样。

（2）陈述的表达可能很笼统，它们似乎没有意义，或者太具体、太详尽，从而无法鼓舞人心。

（3）与告诉每个人这个陈述不同，公司缺乏有效的方法使其转变为长期持续的现实。

肯定不成问题的是语义。形成这些陈述的会议经常充满无穷无尽的争论，有关于术语含义的，如“愿景”、“使命”和“目的”等术语，还有关于是否这些术语的所有或其中一部分应被列入公司陈述等方面的争论。谁在乎呢？各种组合中的任意一个都会带来好效果。我们倾向于将陈述限制在两类：目的（组织想要完成什么）与原则（指导公司的价值观）。可能最耗时和不必要的争论是关于“愿景”和“使命”的。尽管参加过无数的讲座与讨论，我们仍然不明白它们的区别。

让我们详细看看“使命”（或其他）陈述通常产生很小效果的真正原因。

缺乏高层管理者的承诺

对于高层管理者来说，要想让“干好事”不只是务虚会的主题，他们必须做两件事：一件是经营判断方面的；另一件是情感上的。

经营判断。与我们之前提到的关于长期和短期导向的区别相呼应，并不令人奇怪的是，能够很好地将目的和原则转化为实践的企业是那些高层管理者具有长期导向视野的企业。在那些公司日常的经营过程中，管理者会考虑他们的决策对于主要的利益相关者的影响。他们是不会轻易地因为短期的压力和考虑而撤回已经做出的决策的。

但是将目的和原则转化为实践通常并非易事。公司毕竟确实会经历眼前的经营压力，例如，周期性的削减成本的需求。比方说，研究表明，在一个面临成本压力的公司，顾客服务是最常被牺牲的一项。在一个公司里，原则——一些严厉的原则——的重点并不是强迫组织承受严重的经营损失。除了限制明显的违法行为的原则，公司原则很少是绝对的。例如，一个有关顾客服务的原则确实要求企业关注牺牲顾客服务所带来的长期影响。对“我们能负担得起维持如此高水平的服务质量吗？”这一问题来说，回答可能会是：“我们负担不起吗？”这不一定使决策变得容易，但它能使双方观点保持平衡。最常见和最有益的是，这种方式使管理层在可能的范围内实现双重目标：既降低成本，又将其对顾客服务满意度的损害最小化。实际上，全面质量管理运动提供了许多让成本减少却带来更高的顾客满意度的例子（如在服务顾客时消除官僚主义障碍）。

情感层面。经营判断需要靠高级经理人的个人价值观和热情来加强。如果公司的高层管理者（特别是首席执行官）不仅具有长远的经营视角，而且对产品和人有和对利润一样的热情，目的和原则更容易被转化为实践。这种经理人不会愿意在一个生产伪劣产品或者恶劣地对待员工和利益相关者的公司工作，不管经营利益有多大。这归结于经理人的个人品性：他们判断组织的运行方式是好是坏的个人标准。他们可能是道德崇高的人，在工作之外做一切好事，但是，除非他们个人自豪感的重要来源是他们的公司在"干好事"（不仅仅是干得好），否则，目的和原则可能不会对公司的运作产生持续影响。

所以，我们不应该仅仅把"干好事"看作与主流业务并行的一些不连续的实践或偶尔的姿态的集合，它也并不是不时充当企业的"良知"的角色和被视为有助于公共关系的东西。人们常常发现，那些努力是由不太具有影响的部门来执行的，并且这些部门被要求时不时地将他们的活动上报高层管理人员。"干好事"应被作为一套由高层领导推动的、综合的政策、实践和程序，它们与经营目标相联系，反映出潜在的价值观系统，该系统与公司所有主要的利益相关者都建立了长期积极的关系。

拙劣的陈述表达

如果真正承诺想要"干好事"，那么我们应如何表达对目的和原则的陈述呢？我们建议对目的的陈述采用以下指导方针：

● 它应当与具体的经营有关，不是太笼统的，也不应是陈词滥调，以免使其几乎没有意义。

● 它应当简单明了，直接深入公司核心，省去许多细节和限制。太多的文字会混淆中心意思。

● 它应当鼓舞人心，因此，它要求员工持有的价值观高于利润（特别在产品和服务的效用和质量方面），鼓励员工在实现这些价值观的过程中追求卓越，并且使人们感到组织很特别，感到它是一个与其他组织有显著区别的“精英”组织。

这里有很多非常好的关于目的的陈述。我们特别欣赏如下的表述，它来自一个中等规模的公司由三人组成的福利部门：

> 福利是对人而言的。它并不在于你是否填写了表格或是否签发了支票。它在于当人们生病时是否得到了关怀，当人们遇到麻烦时是否得到了帮助。

这个陈述给人以非常深刻的印象。毕竟，它是由一个小型机构想出来的，没有这类陈述通常所受到的高层经理的关注，也没有专业的“辞藻修饰”。它是为福利部门所构想的，而这类部门常因固守官僚规则和程序而名声不好。它是真正发自内心的陈述，重点放在了正确的地方，即对人的关怀，而非关注正确的形式。

对于原则（指导组织完成其目的的价值观）的陈述，与目的陈述一样，应最大限度地遵循这三个指导方针。原则的陈述必定比目的陈述详细，但简短仍是其目标。虽然某些道德原则确实对任何组织均适用（诚实难道与组织无关吗），文字却应该反映也能反映原则所涉及的特定企业的问题和条件。

在许多公司中，对原则的陈述比对通常所考虑的“道德”和所期望的公司内部文化的主要特征的描述要多。因此，除诚实正直之外，公司可能会强调开放、授权、合作、多样性和创新等内部环境的需要。这些在原则陈述中极为恰当和有用。实际上，内部文化的这些元素经常是出于道德的考虑——尊敬地对待他人衍生出授权；诚实和透明的需要衍生出开放。

以下是有着很好的原则陈述的公司的例子，均来自著名的公司。

蓝兹恩德公司（Lands' End）

(1) 我们尽自己所能使产品变得更好。我们改进原料，增加其他公司多年以来已取消的特色和构造细节。我们从不通过降低质量使产品变便宜。

(2) 我们公平而诚实地标价。我们以前不、现在不、将来也不参与在零售实践中常见的通过高标价来营造未来的假"降价"行为。

(3) 我们接受任何时间、任何原因的退货。我们的产品是有保证的。没有华丽的印刷，没有争议。我们的意思就如我们的价值观所说的：有保证，无期限。

(4) 我们送货比任何我们所知的公司都快。我们在收到订单的第二天就将储备的产品送出。在去年圣诞节的高峰时期，我们这里的订单处理时间最长是36小时，印文字图案的除外，因为这另外要花12小时。

(5) 我们相信，对顾客来说最好的，对我们来说也是最好的。这里的每个人都明白这一点。我们培训销售和服务人员，使其了解我们的产品，使其友好并乐于助人。他们被督促用全部的时间来关心顾客。我们甚至为顾客的来电付费，无论来电的原因是什么。

(6) 我们之所以能以较低的价格售货是因为我们取消了中间商，而且不卖有高标价保护的名牌商品，我们与那些能证明自己节能而高效的制造商直接签订合同。

(7) 我们之所以能以较低的价格售货是因为我们运营效率高。我们的员工工作努力且聪慧，还能分享公司的成功。

（8）我们之所以能以较低的价格售货是因为我们不支持任何需要高昂管理费用的豪华商场。我们的主要地点在威斯康星州一处乡村的40英亩玉米地的中间。

默克公司

（1）我们的企业是在保护和改善人类的生命。我们所有的行动都必须以能否成功达到这个目标来衡量。我们珍惜我们的能力，即为适当地使用我们的产品和服务并从中受益的人们服务，因此能长久地使消费者满意。

（2）我们忠于高标准的伦理和诚信。我们对顾客、对默克的员工及其家庭、对我们居住的环境以及对世界范围内我们所服务的社会群体负责。在履行责任的过程中，我们不走职业和伦理上的捷径。我们与社会各个部分的互动必须反映我们所宣称的高标准。

（3）我们致力于达到科学上最高层次的卓越，忠于我们的研究来改善人类和动物的健康和生活的质量。我们努力满足消费者和顾客最苛刻的需要，并为满足这些需要而贡献我们的资源。

（4）我们期待利润，但这只从满足顾客需要并造福人类的工作中得到。我们承担责任的能力取决于我们的财务定位能否将投资引至尖端的研究，并对研究结果进行有效应用。

（5）我们认识到追求卓越的能力（最具竞争力地满足顾客和社会的需要）取决于诚信、知识、想象力、技能、多样性和员工的团队精神，我们高度重视这些素质。在这一点上，我们努力创造一个互相尊重、互相鼓励和团队协作的环境——一种奖励忠诚和绩效并对员工及其家庭的需要做出响应的环境。

这些陈述都来自非常成功并受人尊敬的公司，我们选中它们是为了说明，陈述没有固定的公式，它们都很有成效，但在某些重要方面又各不相同。这些原则的陈述经常与目的的陈述在内容上重合，不要被这个事实混淆。默克公司的第一条原则："我们的企业是在保护和改善人类的生命……"听上去肯定像是目的。确实，我们有时根本无法区分目的陈述和价值观陈述的区别。下面是我们在前面曾经提到过的强生公司的著名信条：

> 我们相信我们首先要对医生、护士和病人，对父母亲以及所有使用我们的产品和接受我们服务的人负责。为了满足他们的需求，我们所做的一切都必须是高质量的。我们必须不断地致力于降低成本以保持合理的价格。客户的订货必须迅速而准确地供应。我们的供应商和经销商应该有机会获得合理的利润。
>
> 我们要对世界各地和我们一起共事的男女同仁负责。每一位同仁都应被视为独立的个体。我们必须维护他们的尊严，赞赏他们的优点。要使他们对其工作有一种安全感。薪酬必须公平合理，工作环境必须清洁、整齐和安全。我们必须设法帮助员工履行他们对家庭的责任。必须让员工在提出建议和申诉时畅所欲言。对于合格的人必须给予平等的聘用、发展和晋升的机会。我们必须拥有称职的管理人员，他们的行为必须公正并符合道德。
>
> 我们要对我们所生活和工作的社会，对整个世界负责。我们必须做好企业公民——支持对社会有益的活动和慈善事业，缴纳我们应付的税款。我们必须鼓励全民进步，促进健康和教育事业。我们必须很好地维护我们所使用的财产，保护环境和自然资源。
>
> 最后，我们要对全体股东负责。企业经营必须获得可靠的利润。我们必须尝试新的构想。必须坚持研究工作，开发革新项目，承担错误的

代价并加以改正。必须购置新设备，提供新设施，推出新产品。必须设立储备金，以备不时之需。如果我们依照这些原则进行经营，股东们就会获得合理的回报。

几年之前，这个信条是名副其实的：它很清楚，与经营相关，而且鼓舞人心。自从 20 世纪 40 年代中期由当时担任首席执行官的罗伯特·伍德·约翰逊（Robert Wood Johnson）创立以来，该信条对强生公司的运营方式产生了巨大影响。最著名的，也许就是该公司对 1982 年泰诺危机的反应方式。当时，有 7 个人在服用含有氰化物的泰诺后死亡。强生公司当即停止了泰诺的生产，并销毁了市场上所有的泰诺。当时的董事长吉姆·巴尔克（Jim Burke）评论道："当危机过去之后，我们才意识到，做第一个关键决定时我们并没有召集会议，每个人都知道我们该做什么，因为有信条指导我们。"[17]

因为成功的信条千差万别，所以，别让我们为形式而困惑。我们有自己的关注点，比如目的和原则之间的区别，但是其他方法也管用。

缺乏方法论

现在我们来讨论目的和原则的陈述常常被视为经理们的空谈的第三个原因：缺乏把陈述转化为长期坚持的现实的方法论。虽然很多时间和努力都花费在陈述的形成上，但这是要求该陈述被有效实行的一部分，而且只是很小的一部分。

要把华丽的辞藻转化为现实并不是那么神秘的事情，这需要：

- 强大而明显的高层管理者的支持，特别是首席执行官的支持。
- 明确而可执行的政策。
- 使政策能够被执行的内部过程。

- 与员工充分沟通政策及其基本原则。
- 培训员工使其在自身工作中贯彻政策。
- 员工所需的实施政策的工具（包括权利）。
- 员工参与制定政策实施的方法。
- 对结果的测评。
- 针对结果的奖励体系。

其中的两个要求——高层管理者的支持和员工的参与——彼此相关，需要详尽说明。我们已经写了很多关于员工队伍参与界定组织的目的和原则的重要性的内容。我们的观点是，在某些主要方面，这并不是一个全员参与的过程，因为它的本质——特别是组织目的——必须来自高层。确切的用词和对陈述的详尽说明，当然还有执行方法，这些方面如果有他人参与一定会产生好的成效。但是，首席执行官寄希望于他人来界定组织的目的是荒谬可笑的。如我们早先论述的那样，首席执行官必须是这样一类人：在其内心深处，为取得在财务之外的成就而自豪，并相信这些成就对长期经营绩效非常重要。首席执行官要求组织的行为和这些价值观一致，对此不容许有争议。唯一的问题是如何完成它们，包括如何用最好的词句来表达它们的含义。对此，广泛的员工参与是极为有益的。

我们可以提供许多有效实施目的与原则的例子。在整本书中，我们都在谈论员工领域内的这类实施问题。在本章中，让我们以与顾客群体相关的目的和原则陈述的实施为例。

绝大多数美国公司的目的和原则陈述都包含如下内容：在提供给顾客的产品和服务上致力于追求卓越。然而，对顾客和员工的调查显示，在许多公司中，公司所说、员工认为其实际所做以及顾客认为其所体验到的情况之间存在着巨大的差距。

差距最小的公司——顾客常说他们从这些公司得到的比预期的还多——通常是那些有效地引进了全面质量管理（TQM）或类似的翻版（如“六西格马”）的公司。全面质量管理起源于20世纪50年代的日本产业界，而从20世纪80年代起在西方逐渐流行起来。虽然全面质量管理被很多人视为又一次管理热潮，但在我们看来，对那些认真对待它的公司来说，这是一个极为有价值的创举。比如说，它对美国大量汽车制造领域的变革，以及美国汽车产品与日本进口产品在质量方面的竞争能力的影响是非常重要的。

全面质量管理是将目的成功地转化为行动的一个杰出例子——当我们认真执行它时。

全面质量管理有许多种定义，但我们将它定义为一种文化和一种方法，其目的是给顾客提供能完全满足他们需要的产品。全面质量管理要求在公司流程的各个方面不断地改进质量，以便第一次做事就能做对，从而消除运营中的缺陷和浪费之处。它的重点不仅是“事物”（比如，过程和产品），也包括人，比如需要在质量改进中让员工参与到创意的产生过程中，并让人们在部门内和部门间进行合作。

全面质量管理不像许多管理热潮一样，它不是一次性“事件”。它包含了详细的方法论，这个方法论的完善与实现需要大量努力、时间和文化变革。通过联邦政府设立的马尔科姆·鲍德里奇国家质量奖（Malcolm Baldrige National Quality Award），使得全面质量管理的系统性应用在美国大大加强，其定义也日益明确。该项目创立于1987年，由美国国会授权，致力于“培养人们对质量的意识，使其成为组织实现高绩效和卓越的重要组成部分，鼓励人们分享表现卓越的战略，并识别那些实践活动特别有效的组织”。[18]鲍德里奇奖是在受过培训的评估人员根据一系列的标准（包括内部和外部质量绩效）进行评价的基础上颁发的。该标准为公司寻求绩效的重大改进提供了合理而可接受的路线图，无论公司是否申请了这个奖项。

许多组织都有不同类型的质量项目。但相对而言，很少有组织认真对待这些项目并努力成为奖项的强劲候选人，即使它们会申请这一奖项。遗憾的是，该领域的专业人士估计，在美国公司中只有20%或30%的全面质量管理活动真正有效地得到了执行，并产生了重要而长远的质量成果。对于大多数活动来说，这只是一时的狂热，或是企业中孤立的和阶段性的事件，仅仅是为了维持公共关系的目的。

认真对待全面质量管理意味着什么？我们先前列出了我们认为的把崇高目标转化为现实的必要行动（比如，强大而明显的高层管理者的支持）。来看一个具体案例：联邦快递是1990年鲍德里奇奖的获得者，无论是否获奖，它都是一家因其卓越的顾客服务质量而声名远扬的公司。

联邦快递公司的质量政策要求"100%的准时，100%的顾客满意"。这个命令直接来自公司的创始人兼首席执行官弗雷德里克·史密斯。这个明确的政策是如何实行的呢?[19]以下是其中的一些方式：

● 两项顾客保证：如果公司在递送包裹时多用了60秒，顾客便不用为该包裹付费。如果顾客要求追踪包裹，而公司无法在30分钟内做到，顾客便不用为该包裹付费。

● 将数百万美元投资在公司的追踪系统上（"顾客想要的保障来自他们知道我们能追踪包裹，无论在路途的哪一段"）。

● 有一个质量执行委员会监督质量过程；全公司内都安排了质量管理人员和员工协调人员。

● 服务质量指数（SQI）所测评的服务失误分为12个等级。例如，在交付日当天过迟交付、没在交付日当天交付、交付对象错误、包裹损坏以及顾客打给公司的电话无法接通。（关注点在失误上，因为公司说过99%还不够好，99%的成功对于联邦快递公司来说就转变为百万个失败。）

● 有12个根源团队，它们针对每个服务质量指数等级，为每个等级中的失误找原因，而且用行动保证不再发生。每个团队由一位高级主管领导。

● 每个区域市场内都有跨职能团队，他们定期开会来决定在市场中需要做些什么，以便使那些运输飞机和卡车每晚准点出发。

● 质量行动团队负责特殊项目。

● 通过定期的顾客调查（每个季度2 400通电话）来探寻他们的需求以及满意程度。

● 通过定期的员工调查，有序地追踪未被关注的问题。（“为了达到最大限度的顾客满意度，你需要使你的员工高兴。如果员工对他们的公司没有强烈的自豪感的话，顾客是能感觉到的……”）

● 对员工充分授权，使其不遗余力地使顾客满意。（弗雷德里克·史密斯在谈及联邦快递公司的员工时说：“每天，他们四处奔波来为我们的顾客服务。他们是那些风雨无阻地递送每一个包裹的人，无论包裹递送的要求有多么苛刻；他们坚持解决顾客的问题，并找出每个问题的根本原因来防止问题再次发生。是他们的才智、天赋和忠诚使我们的质量水准更接近我们的100%顾客满意的目标。”）

● 对信使和服务代表进行为期6周的顾客互动方面的高强度培训。

● 员工满意度、服务质量和盈利性目标。

● 奖金与实现目标相联系。

联邦快递公司对质量的投入是我们所说的将组织目的转化为日常现实的极好的例子。

对质量的特别关注在财务绩效中会显现出来吗？2002年，一项大型研究分析了600家获得全面质量管理类奖项的上市公司5年的收益回报情况。

研究者发现，在这些公司获奖前一年向公司投资 100 美元，比将相同的 100 美元投资到标准普尔 500 公司在 5 年后所获收益高出 34%（收益率分别是 114%和 80%）。在绩效上，全面质量管理的公司在 5 年内有 4 年超过了标准普尔 500 公司。（有一年绩效是持平的。）在其他财务指标的表现上也有相同的结果。[20]

顾客对任何组织均是极为重要的群体，但他们只是其中一个重要群体。从关于有效执行的详细例子（如联邦快递）中得到的启示也可以应用于其他利益相关者，如供应商、投资者与社区。在所有的案例中，基本点都是相同的：

- 目的和原则必须源于高层管理者深信不疑的信念。
- 目的和原则的陈述如果没有一个认真的执行计划，将会是毫无用处的。

本章关注的是领导力的最重要的组成部分之一，即为组织制定能够让员工感到自豪并愿意充满激情地贡献其才能和精力的目的和原则。在前几章中，读者应该了解，我们绝不会轻视公平对待员工的重要性，如在工资、福利和工作稳定性上的公平。实际上，如果不好好对待员工，仅有崇高的目标——针对顾客和社会大众等——是徒有虚名的。但是，认为员工工作“仅仅是为了生计”，并且把公司完全看作经济实体，这种看法则忽略了人类的一个重要本性——对于做有意义的事情并把它做好的需要。具有讽刺意味的是，仅仅从经济角度来对待员工对公司的长期利益是不利的，因为它失去了对目标充满激情的人们将会付出的额外努力。

注释

[1] 相关性的范围从 0.389（对效率的自豪）一直上升到 0.644（对产品和服务的自豪）。

［2］Collins，J. C.，and Porras，J. I.（1994）. *Built to Last*. New York：Harper Collins.

［3］在他们的计算中，所有红利都进行了再投资，并且当公司在证券市场上市交易后进行了适当调整。

［4］Collins，J. C.，and Porras，J. I.（1994）. *Built to Last*. New York：Harper Collins.

［5］Ibid，p. 57.

［6］Ibid，p. 57.

［7］Collins，J. C.，and Porras，J. I.（1994）. *Built to Last*. New York：Harper Collins. Chapter 3.

［8］Waddock，S. A. and Graves，S. B. "The Corporate Social Performance-Financial Performance Link." Strategic Management Journal. Vol. 18，no. 4，1997（p. 303-19）.

［9］Cited in Business for Social Responsibility Web site，White Paper，"Introduction to Corporate Social Responsibility".

［10］Jeff Frooman. "Socially Irresponsible and Illegal Behavior and Shareholder Wealth." *Business and Society*. Vol. 36，No. 3，September 1997（p. 221-249）.

［11］Ohnsman，A.，Green，J.，and Inoue，K. February 26，2010. "Toyota Recall Crisis Said to Lie in Cost Cuts，Growth Ambitions." Bloomberg. com.

［12］LeBeau，Phil. November 26，2012. "Toyota Is Back. Can It Stay on Top." GlobalPost. com.

［13］*Knowledge at Wharton*. 2/15/2012. "Patients Versus Profits at Johnson & Johnson：Has the Company Lost Its Way?" http：//knowledge. wharton. upenn. edu/article. cfm?articleid=2943.

［14］Smith，G.，March 14，2012，Op-Ed. *The New York Times*.

［15］"O'Neill Looks to Repeat Alcoa Success at Treasury，" Leslie Wayne，*New York Times Service*，January 17，2001.

［16］Vogel，David. "Recycling Corporate Responsibility." *The Wall Street Journal*. Auaust 29，2002（in *Manager's Journal*）.

［17］Kahaner，Larry. "How Their Mission Statement Helped Johnson & Johnson Survive the Tylenol Crisis." www.kahaner.com, excerpted from Jones and Kahaner, *Say It & Live It: 50 Corporate Mission Statements That Hit the Mark*, First Edition. Currency Books, May 1, 1995.

[18] 美国马尔科姆·鲍德里奇国家质量奖是根据1987年8月20日签署的《公众法》第100～107款而创立的。该奖项是对《公众法》第100～107款的回应，进而导致了一个新的公众—私人合作关系的产生。该奖项的首要支持来源为1988年设立的马尔科姆·鲍德里奇国家质量奖基金会。

[19] Hude, Hal. "Quality in the Service Sector, Proceedings of the 1991 Making Statistics More Effective in Schools of Business (MSMESB)," The Wharton School, Univ. of Penn., 1991; See also Frederick Smith. "Customer Satisfaction: A Job That's Never Really Done." J. D. Power & Associates Customer Service Conference, November 13, 2003, Santa Monica, California.

[20] Singhal, V. R. May 10, 2002. "TQM Significantly Boosts Bottom Line." *EFQM Excellence One Magazine*.

第8章
工作赋能

许多我们称之为管理的内容却使人们在完成工作时感到困难。

——彼得·德鲁克（Peter Drucker）

在前面的章节我们已经讨论了工作的目的（做有意义的事情）。本章则侧重于那些能使人们很好地完成各自工作的经营实践。

在一天工作结束之际，人们所想到的是一种通过自身的不懈努力而使工作得以完成的感受。如果一名工厂的员工在一天的工作中花掉大量时间对付设备的故障，并等待维护人员来修设备，而几乎没有任何产出，那他一定会感到万分沮丧。同样，如果一名部门负责人一整天都陷在无休止的、丝毫没有建树的部门会议中，他也会感到心情极不舒畅。这些浪费掉的工作日会使几乎所有层级的人员精神不振。

有大量研究证明这些现象，而定性的数据总是颇具说服力的。在问卷的书面评论部分，以及我们接下来要提到的例子中，关于障碍的抱怨数不胜数。我们简要地列出各种障碍的类型，以便人们较容易克服它们。以下是关于员工在工作中最不喜欢什么和如何做才能改进效果的开放式问题的回答样本：

我们的运营没有必要搞得那么复杂，这导致了许多客户服务和满意度问题。

我痛恨官僚主义，做任何事情都需要批准，过多的签字批准流程显得幼稚可笑。

我不断受到来自团队和个人的挑战，人人都拒绝改变并且有画地为牢的心态。对技术支出的成本控制和管理没有得到很好的理解和控制。这就限制了我的企业有效理解成本的意义和进行再造的能力。

我们必须废除那些过时的惯例，同时处理那些害怕改变和成为公司绊脚石的人。公司内部在政策和流程方面还缺乏沟通，从而造成重复工作和失误。

部门之间没有过多的相互交流，因此各部门都在进行重复工作和不断"重复发明"，这是极大的资源浪费。

我们花费大量的时间去追求数字。我们不关注产品，只确保生产速度。我们只求工作运转，而不管产出的产品质量多么低劣。

大量的时间用在如何落实一些模糊的政策上，而对这些政策每个人都有不同的解释。

为避免员工在完成工作时出现不必要的延迟而过分简化工作程序。

作为一个机构，需要放缓我们做出重大改变的速度。我们已深陷其中，并不得不系统而程序化地去承受过多的变化，实在是多得无法消化。员工们信奉质量第一，但他们却不得不花数小时来寻找问题的答案。

这里最大的障碍是工作太多……这影响了质量，并造成了巨大的压力，因为……缺乏工作和家庭生活之间的平衡。

障碍之一是与组织的其他部门缺乏合作。每个人都强调要让自己的顾客满意。这就意味着，如果你需要与他们合作来为你的顾客服务，那么你便几乎没有优先权，因为你的顾客并不是他们的顾客。

官样文章是我们完成工作所面临的障碍。

公司政治是障碍。

在有关我们所面对的工作方向、角色和责任等问题上，管理人员与我们的沟通很少，甚至没有。

我们一直是在“灭火”而不是做计划。

缺乏扩展自身专长的培训是我在完成工作过程中所面临的障碍。

组织结构重组的变化总是不停，目前我甚至不能确定谁是我的主管。

在这里，预防性维护成了神话故事。

如果知道所有被要求填写的报告的用途，我可能会感觉好一些，这些报告都被扔进了纸篓里，再也不会重见天日。

但是，当工作顺畅时，当员工们真正有了一种成就感时，他们的精神就会振奋。同样，我们也罗列了有关员工成就感的评论。

本公司在同类企业中享有的最大优势就是像我这样的员工被授权做决策，并且几乎没有官样文章，没有不必要的延迟，不浪费时间，没有耗费过多的项目和不必要的报告。管理者们，请再接再厉。

我工作的小组由一位具有卓越领导风格的管理者领军。在团队工作的环境下，她能使每个人充分发挥个人的创造性、专业知识及天赋来面对我们行业的挑战，每做一个项目，总让人产生莫大的自豪感和成就感。我的领导不是那种站在聚光灯下的人，而是率先鼓掌的人。由于她的存在，使公司成了最好的工作场所。

我的两位直接领导使我能在高层次上履行我的日常职责。他们对我的决策充满信心和信任。他们的存在和信任让我的信心和绩效水平出乎预料地好。每当我们提出自己关心的问题，他们都能倾听和提出解决方案，为此我向他们表示谢意。

为解决顾客问题，我有权向上级甚至越级进行反映，我有权将顾客放在第一位。这使我具有一种成就感。

我充分享受着真正的办公室工作所提供的灵活性。我喜欢自己制定时间表，以便完成日常工作。

当完成我工作中的任务时，我在团队里就有独立表现的机会。与此同时，团队知道我何时需要帮助，并能及时伸出援助之手。

我认为本公司的主要优势之一是，愿意以一对一的方式与顾客合作。这使顾客在选我们作为生意伙伴时更有信心。这也使我在工作中得到了极大的满足。

你会知道自己该去做什么，并且在团队合作的鼓励下，你还拥有完成任务的工具。我们拥有最先进的设备。

在我的部门中，授权水平有了提高，为此我要说声谢谢。当你有权对顾客说“我马上就可以解决你的问题”，或“没问题，我明天一定完成”时，没有什么比这样回答顾客更令我鼓舞的了，的确如此。

我们具备足够的工具和能力去提出真正富有活力而先进的方案。我热衷于为一个能完成许多伟大成果、能关心人并且热情对待人的组织工作。

第1章“员工想要什么——全景图”描述了员工对自己完成工作的能力的感受。在该章中所讨论的调查数据显示了两个方面的变化。首先，组织之间差别很大。尽管按平均值计算，67％的员工对其公司的管理效果感到满意，但满意度的区间范围很大，为32％～93％。显而易见，一些组织被认为是高效的，而另一些，用员工的话来说，则是做成任何一件事都可算是奇迹。员工不喜欢这样的组织，因为他们几乎或者完全没有成就感，在那里工作让他们脸上无光，因为一个管理无效的组织无法带来良好的长期工作的稳定性和提升前景。高效管理是员工激情的必要条件。

除组织差异外，变数还存在于妨碍员工完成工作的各种因素中。我们在对许多公司的调查中发现，对“我清楚地知道公司对我的工作的期望结果”这一问题的肯定回答占比最高（86%），对“官僚主义妨碍工作”这一问题的肯定回答占比最低（39%）。

因此，尽管在管理文献中这是一个受欢迎的话题，但是对于员工来说，普遍的问题不是缺乏如何工作的信息。员工知道自己应该干什么。相反，问题是在执行任务时要面对组织对工作完成所设置的障碍，尽管这些障碍是无意间设置的。后者说明了无意识结果的产生规律：带着最美好的意图而引进的官僚程序可能使得完成任何任务或制定任何决策都变得异常困难。

然而，在组织中我们发现的最普遍的障碍是什么呢？如前所述，我们认为员工对组织中的两极——直接的工作环境和整个组织——最感兴趣。前者包括清楚了解期望员工达成的结果、直接主管的技术能力、同事们的技能和能力以及本职工作等。整个组织层面则包括公司的盈利状况和组织向顾客提供的产品或服务的质量。

尽管有些组织被认为从上到下都是功能紊乱的，但员工们一般认为主要问题在于“中间环节”（在高层管理者和组织整体之下，但在直接管理者和直接工作环境之上）。这就好像无论组织的那些层级如何运行，总有产品生产出来并且总能获得利润一样。请参考以下这段评论：

> 考虑到存在破旧工具、管理中的政治斗争、人们相互间的指手画脚、高声喊叫以及令人难以置信的官样文章和官僚主义等现象，组织还能生产出高质量的产品提供给政府机构，实在叫人感到诧异。当然，由于所有的重复作业和浪费，高质量的代价是不菲的，但那都是要由纳税人埋单的。

“中间环节”是组织各部门间的协调和控制发生的地方。当员工抱怨官僚主义时，他们通常不把自己的顶头上司或首席执行官当作反派角色，而是把矛头指向中层管理者和职能部门，如财务部门。当员工们抱怨缺乏合作时，他们常常认为问题出自部门，而不是自己，这是由于听他们和其他部门报告的中层管理者不对问题进行处理，有时则是中层管理者过分夸大了问题。对无组织状态的不满通常指向跨部门间的低效工作流程，比如，辅助职能部门与一线部门之间彼此没有良好的沟通或协调。

本章论述关于员工完成工作的能力的问题，我们主要侧重于讨论中间环节问题，因为通常在这里会产生对绩效更为严重的障碍。从绩效方面来说，这是由有激情的员工队伍组成的组织与其同行之间最大的不同之处。

以下对直接主管进一步说明，几乎在所有的组织中直接主管都获得很高的评价。我们的调查显示，82%的员工对他们的管理者的技术能力（了解工作）予以肯定。尽管认可他们的人际关系技能的员工人数较少（73%的员工给予肯定），但仍比我们得到的关于官僚主义的评价结果要好很多。在几乎所有的公司里，仅有约8%的管理者得到了可以说是不好的评价。这8%虽无大害，却需要引起注意。不过，总体上讲，我们发现一线管理者是组织的堡垒，即使是在功能紊乱到要垮台地步的组织中也是如此。

可以看出，一线管理者对上级和职能部门的态度与对待下属的态度经常是一致的。管理者把他们自己看作“缓冲器”，保护他们的员工及其绩效免受那些高层和职能部门强加给他们的伤害。在有关高层管理者的讨论和管理学文献中，一个经常的主题就是所谓的一线管理者的弱点：他们会因各种员工士气和绩效问题而受到责备。因为这些管理者直接与员工接触，并可能相对缺乏管理经验，把他们当作批评目标似乎是在情理之中的。是的，他们是有很大影响力，但通常是好的影响！因此，在这一点上直觉是错误的，以一线管理者为目标的改进常常是错位的。

我们重点讨论中层管理者的问题并不意味着高层管理者的所作所为就不重要。首席执行官常常要为过度的官僚主义之类的阻碍负责，因为他想让组织以这样的方式运营，即他挑选的中层管理者和职能部门的人员都乐意按照他的意愿行事，但是他在这些方面的作用是组织普通员工看不到的。因此，他获得的是不客观的高评价。尽管问题出在中层，然而，解决问题的行动必须从首席执行官开始。

换句话来说，对工作完成的主要阻碍几乎总是与高层管理者——特别是首席执行官——制定的文化有着密切的关系，这种文化在运营过程中通过组织构成的方式和人们在这种结构内相互作用的方式而表现出来。我们讨论这些事情主要是针对“官僚主义”的，因为它涉及了我们的调查数据所显示的许多问题。

啊，官僚作风！总不消失的罪恶

简直让我震惊。我们怎能用纸去打击敌人。

——约瑟夫·迈卡夫（Joseph Metcalf），
美国退役海军上将看到20吨的文件档案柜
放置在海军最新护卫舰上时说的话

唯一能让我们免受官僚主义之害的就是它的低效。

——犹金·麦卡锡（Eugene McCarthy），
明尼苏达州前参议员

官僚主义长久以来维持着现状，直至现状不复存在。

——劳伦斯·J·彼得（Laurence J. Peter），
著名的“彼得原理”之父，教育家兼作家

员工们深恶痛绝的官僚主义指的是什么？如前所述，这一问题经常在开放式意见及焦点小组调查中提及。现将几点看法归纳如下。

被员工们认为是官僚主义的障碍之一，就是决策批准程序，人们认为该程序无端推迟了决策（如关于员工从事工作所需要的资源）、降低了决策的质量（通常原因是最终决策者远离工作实践），并反映出对员工及其做出正确决策的能力的不信任。

另一个官僚主义障碍就是对规则的迷信和墨守成规。员工们认为这会导致组织偏离其目标并减弱其应对不断变化的形势的能力。这种注重手段而忽视结果的观念，使员工极为不满。

我们别忘了曾受到赞誉但已过时的“日常文书工作”（无论是真正的文书工作或新时代的数字文书工作）以及没完没了的报告，员工们认为，从坏的方面讲，它们无用到极点（所有的数据在公司都能拿到，为什么他们不自己去获取?），或从好的方面讲，只是让管理者的行为蒙上了神秘的色彩（“我知道他们想要这些报告，但是我一次也没有问过他们：‘写所有这些报告有什么用?’”）。

经常提到的官僚主义的另一方面是由职能专业化造成的。这使各部门目光短浅，只盯着自己的目的，形成部门间的界限，妨碍相互间的合作。

当然，大多数人愿意在工作时有一定的自主性，愿意忽略文书工作，并希望能依靠与其他部门的合作来有效工作，这已不是什么新闻。似乎官僚主义一词只是用来表示贬义的。大部分对官僚主义的鄙视是其应得的，但在详细说明其不良作用和建议组织如何应对之前，我们必须首先认识到，为什么官僚主义从某些方面讲对组织是不可或缺的。

若没有明确定义的权利结构，组织能长期生存吗？若没有主管人员敢于运用权威，组织能很好地生存吗？当然不能。人们竭力主张消除组织中的官僚主义——主要是关于消除或大幅减少权利差别——实际主张的却是混乱和组织的无能。[1]

只有无政府主义者和没有实践经验的理论家主张混乱，员工们绝对不会。因此，尽管大多数人对官僚主义的评论是关于其负面作用的，但在对一些组织的调查中也同样得到了对低效控制（极少的官僚主义）的抱怨！以如下评论为例：

> 我觉得组织结构很混乱，感觉好像不能获得明确的答案。
>
> 当开发新产品和开展新服务时，完全是无组织和无计划的！
>
> 这种“矩阵”结构令人感到困惑——每个人看起来都认为能给我下命令，并且还相互冲突，我怎能让这么多领导都满意呢？我应该对谁负责？
>
> 这里似乎完全无组织，对每个变化的反应似乎都是机械的，领导的方式似乎就是不得不走回头路，在方法行不通后再作改变。这里毫无稳定可言，需要大调整，太多的旧伤不断复发。
>
> 这里是谁负责？好像没人愿对任何事负责，从高层开始，就很懦弱。整个CYA公司都没有领导。
>
> 当工作程序发生变化时几乎没有文件依据，我们至少需要些文书工作！当有人离去时，对工作进展的最基本了解也随之而去。

我们并不赞成对我们所知并且憎恨的官僚主义批评过火。但混乱绝不是官僚主义的唯一替代品。社会心理学家在研究群体职能时将三种类型的领导方式进行了有效的区分：独裁式、放任式和民主式。我们也将第三种称为“参与式”。因为民主通常意味着领导者是被挑选出来的，这个概念在员工—管理者关系中不适用。关键的标准不是怎样挑选领导者，而是怎样领导。

独裁式管理风格所具有的特征是支配员工，这种风格不灵活，并坚信纪律和惩罚是促使大多数员工努力工作的最有效的手段。这一特性适用于个别的管理者，如强迫型的、微观管理的独裁者，也适用于形成过度官僚主义的正式结构和程序：哪怕是最小的决策也需要批准，许多“清规戒律”要严格地被执行，工作被划分为范围极窄的任务。无论是独立管理者还是结构层面，独裁式管理最基本的假定是对员工的不信任，即在没有自上而下高度控制的情况下不信任员工从事工作的能力和意愿。

独裁式管理不一定就是那种毫不顾及员工经济利益的恶意管理。有些采用家长型管理方式的组织在工资、福利和工作稳定性上能给予员工优厚的待遇。但是因为持“父亲最有发言权”的态度，其管理通常是高度独裁的，这类组织可称为仁慈的独裁。

与独裁式管理相反的极端是放任式管理，其含义是“让员工做他们想做的事”。放任式管理者完全脱离他们的员工，不参与员工的所作所为（无论从指导或帮助的角度）。这些俗称的“软弱”的管理者们，他们的工作方式与独裁式管理者们一样令员工沮丧。

在结构层面上，放任式管理是“反官僚主义”的，几乎或者完全没有批评程序、规章制度、文书工作或任务的专业划分。据我们所知，没有任何组织在形式上是纯放任式的，并且，即使接近这种管理方式的公司也不会持久，它们会很快消失或者为了生存进行重大改革。个别的放任式管理者可以生存得长久些，特别是在繁荣时期，此时没人会过多地注意部门的平庸绩效。但在萧条时期，这些管理者们则不会再被容忍，甚至被撤换掉。

遗憾的是，新上任的管理人员带来的是“将部门置于控制之下”，通常走向相反的极端：如同钟摆的摆动，他们将所谓的混乱转变成员工们认为的实质上的监狱。其假设是，不仅仅认为事物需要有约束——当然，它们的确如此——而且认为员工们在某种程度上还是喜欢混乱的，因此需要用铁腕来管理。这样，因为实行了严厉的控制和采用了员工不值得信任的观点，原先在放任式管理下工作的员工产生的沮丧变成了怨恨。员工对于新的管理方式的抵触通常被认为是“对变化的抵触”，这是极大的误解：这种抵触实际上针对的是不必要的独裁式管理。

替代放任式和独裁式管理的方式是参与式管理，其首要的特点是相互影响。图8—1根据影响方式勾画出了这三种管理类型。

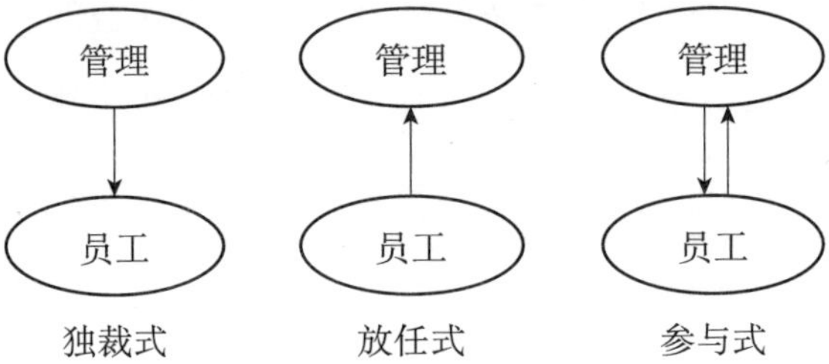

图8—1　管理的三种类型

独裁式管理自上而下；放任式管理自下而上（如同笑话所说的，“由被收容者管理收容所”）；在参与式管理中，影响则上下互动。双向影响的关键点不是没有上级或每个人都是上级。这是个自由的环境，但既不是我们所指的也不是员工们想要的。

在图8—1中，参与式管理中向下的箭头代表一些传统的自上而下的管理原则的重要性。这些原则对组织及其员工都至关重要，因为无论是组织的有效性还是员工的满意度，都要求：来自领导层明确的和决定性的指导；明确的责任、权利和义务；与责任和义务相匹配的权利；统一的指挥；明确的批准程序和使员工行为合格的规章制度。

这些原则是大家所熟悉的，而且并不复杂，其中包含了通常定义为官僚主义的诸多重要方面。尽管为人们所熟悉，但仍然值得我们重申，因为这些原则是根本的，并且，正如我们所说，一些有影响的现代理论家视其为早已过时的并使组织功能紊乱的原则，特别是在“新经济”或“后工业时代”和随之而来的 X 世代、Y 世代员工和千禧一代员工时代。这些理论家大谈将传统等级制组织重新改变成各种新的形式，如“蜘蛛网式”、“星球爆炸式”、“马车轮式”或“三叶草式”。

这些强烈主张消灭任何等级制形式的做法表明人们缺乏如下经历：在无方向的组织中工作时感觉虚弱无助，或者得到来自不同上级的相互冲突的指示，或者分辨不出由谁对什么事情负责，或者没有权利履行职责。这些严重的障碍影响了员工们的绩效，无论他们工作在“新”或“旧”经济时代，也不管他们是什么“世代”的员工。

基本的自上而下的原则也可走向相反的极端，这也是我们所痛恨的由官僚主义和官僚者所造成的问题的要害。领导者的果断有时也就意味着拒绝所有下属对决策的建议。同样，对组织提出的指导也可转变成微观管理：具体地指导经过培训的和有经验的下属从事其工作，要求他们就哪怕是极小的决策和偏差进行请示以获批准。再者，清楚地划分责任和义务会产生部门之间严格的界限，使合作成为不可能（这是组织“画地为牢”的常见问题）。

以上论述谈及常识性的组织原则向僵化的官僚主义的机械模型的转变。如果没有外部的启动和控制，也没有实现“物各有其位，物各在其位”，那么机器是无法发挥作用的。这便是不具备活力的机械的特性。但是，人不是机器或机器的一部分：人可实施判断，同时执行数项任务，开展各种活动。人有感情，当受到不恰当的对待，或不能实施判断、不能同时执行多项任务、不能开展各种活动时，就会感到没有受到尊重并感到愤怒。

员工想要的，以及组织所要求的，是不多不少恰好可以满足需要的命令，无须更多。机械车间的员工不会装作他们可以制定公司或部门的战略，所以他们希望领导懂得如何去做以及如何能做好。但是，他们能操作机器，在如何使机器更好地运转、如何改善其工作环境以及改善工作程序以提高绩效等许多方面，他们是各种设想的丰富源泉。对员工应怎样从事工作感到迷惘和只注重细节（如员工用于休息的准确时间）的管理者，他们所做的（管闲事）不仅不是他们应该做的，也不是他们需要做的。计划、加速计划实施、忠告和协调等才是真正有助于员工完成工作的事。

就员工的绩效而言，独裁式管理——来自单个的独裁式领导或有过多官僚的系统——的后果有两重性。一方面，绩效猛增虽然可通过自上而下的管理方式实现，但是，除非不断地施压和对员工密切监督（以及对主管的密切监督），否则绩效会很快消失。换言之，绩效的获得完全依赖于施加在不情愿的员工身上的外部力量，而不是依赖于员工内在的将工作干好的动力和对工作的自豪感。

另一方面，独裁式管理大大浪费了智慧：熟悉工作的人（员工）用于改善绩效的设想和才智。独裁式管理——无论是来自单个的管理者还是来自压迫性的官僚体系，都犯了一个代价高昂的错误，即认为智慧与等级层次之间有着直接而几乎完全的联系。

有效的管理类型

尽管独裁式和放任式管理是不同的管理类型，但都会使绝大多数员工变得消极，都会在员工完成工作的道路上设置严重的障碍。这一领域内的研究强烈支持第三种管理类型，即参与式管理。这一方法不是另两种管理类型的简单折中（这边少一点，那边多一点），而的确是一种完全不同的方法。

当抛弃了独裁式管理后，有些人却又采取了放任的态度，这是放弃领导，不是应有的领导风格。参与式管理是一种鼓励参与的积极方式，不是放弃领导的消极方式。在一个有效参与的组织中，没有人对谁负责什么感到疑惑。管理者希望员工去思考，去训练判断力，而不仅仅是埋头苦干。他们期待员工从执行具体的任务中，从确定并贯彻提高组织整体绩效的方法中产生判断力。在这样的环境下，绩效的阻碍便会被消除，员工的激情便会迸发。

我们倡导参与式管理不是基于理论或民主伦理。大量研究结果表明，参与式管理对于提高绩效有显著的效果。结果既来自实验室的试验，也来自对真正组织的实地考察。结果的系统化收集始于 20 世纪 40 年代。而且，与大家通常所想的相反，其价值不仅仅局限于美国或其他具有长期的民主传统的社会。[2]

在过去二三十年间，参与式管理方式在企业中得到了广泛的认可，我们的观点也同样如此，但这在过去曾一度被认为是激进的，而现在却不会让读者感到惊奇，甚至觉得是公认的真理。遗憾的是，许多对这种管理方式的运用是肤浅的：在调查中，我们发现，在组织和管理者们所说的——甚至所信仰的——与员工认为他们实际所做的之间存在很大差距。但也有许多管理者是始终如一的：他们不仅坚持执行他们主张的独裁式管理，完全赞同它，而且排斥所有其他的论点和证据，认为参与式管理仅仅是天真的愿望或狂热。这是管理学上的“守旧派”。命令与控制型管理者认为，对大多数人来说工作本身就是令人厌恶的，要想让人工作并且努力工作，就需要强硬而独裁的方法。

其他怀疑我们论点的人提出了一个更复杂的论点，声称任何管理方法的有效性都取决于使用时的条件。他们的论点包括了显而易见的（如出现火灾，管理者还能让雇员讨论要怎样去做吗?）和不太明显的（如主张整体工作分工最好以独裁的方法处理）例子。

当然，特定的条件是存在的，如许多紧急情况下，人们想要的不是征求他们的意见，而是告诉他们如何去做。任何其他的想法都会显得荒唐可笑，并且也没有人会这样做。有谁会建议让未经培训的新雇员自由开展工作呢？员工本身也不需要这种自由，他们需要的是培训及指导。放任自流会让他们倍感沮丧，这是典型的放任式管理，而不是参与式管理。最后一点，有少数员工在任何条件下都不想进行判断或发表意见，他们对接受和服从命令感到最轻松自在，那就是他们需要被管理的方式。

以上所述是通常情况下的特例。而通常的情况是，对于在正常而非紧急情况下工作的、经过培训且有经验的员工来说，他们在从事工作和领导征求他们对绩效的意见时，会有强烈的表达他们的判断的愿望。那些特例无法对参与式管理整体优势性论点的有效性予以否定，而只是指出，我们需要避免不加思考地、机械地运用这一原理或其他任何原理。

比显而易见的例外（如紧急情况）影响更严重且更广泛的观点则认为：如果管理风格和结构是参与式的，那么各类型的工作都会遭受损害。该观点声称，独裁式管理和官僚等级制比参与式管理方式更适合简单且稳定的工作。“如果工作相对简单，则几乎不需要协作以解决问题，以控制为本的方法（我们所称的独裁式）有可能产生更好的效果……如果这类工作高度稳定，可以通过制定程序在长时期内以同一方式完成，那么，以控制为本的方法同样有效。”[3]

换言之，在没有必要时，就不要让员工思考。

如果这一推论是正确的，那么，参与式管理方式就不会适合大多数蓝领制造业工作和日常性的白领工作。《超越 Y 理论》（Beyond Theory Y）一文就采用了这一推论，并被人们广泛引用。该文作者在两个制造环境和两个研究实验室环境中，对独裁式和参与式管理的有效性进行了比较，结论如下：

> 对生产任务完全可预见的企业（制造工厂），若其组织是以古典方

法中的非常正式的程序和管理等级制为特点的，那将会产生更好的绩效。另外，在任务十分不确定、需要经常解决问题的环境下（两个研究实验室），不太正式的、强调自我控制和成员参与决策的组织将会更有效。

这一推论被定义为“权变理论”，也就是说，管理实践的有效性需视其他因素（如任务的本质）而定。[4]

权变理论当然具有意义，但却存在严重问题：它与世界各地制造企业中大批极其成功的参与式管理的新措施相矛盾。例如，参照被日本制造业公司广泛采用的员工参与工厂现场决策措施，这种方法使得企业获得了卓越而积极的生产力和良好的质量效果。这些应用中最著名的要数日本汽车制造业装配线上的员工——他们的工作几乎不属于“高度不确定性任务”。

由于他们的成功，日本成了许多国家效仿的对象，通常是在以制造业为背景的企业中。在这些企业中，向参与式管理转变成了迫切的需要，因为制造业员工在传统上一直受到独裁式管理。我们从不假设制造业员工可以达到从事研究的科学家和销售代表所享有的那种自主。制造业工作的特性，比如，对标准化和精确协调的需求，不允许这种自主，员工们也没有这种期待。但是，这并不意味着如同不可预见论者所说的那样，员工的参与和制造业无关，甚至是有害的。原因之一是，无论看起来工作有多么遵循常规，总还是会有员工判断的空间。原因之二是，尽管工作的标准化程度可能高到极点，以至于公司不愿每个员工偏离规定的方法太多，但是，仍存在大量员工能察觉到的改进机会。这些潜在的改进措施在实施之前可进行充分的讨论和精心的计划。结果是令人鼓舞的，有时甚至令人惊讶。

本书的作者之一在为一个塑料制造厂商做咨询时，在焦点小组调查中听到员工对该厂大量的“下脚料”的评论。一位参加调查的人说，他对一种装置的设想已有很长时间了，将它装在切割机上至少能将下脚料减少一半。咨询者将这一情况通报给工程部门，经过无数次会议，工程部门决定对这一设想进行尝试，制造出了该装置并将其装在一台切割机上，结果下脚料减少了82%！全厂都安装了这种装置。当该员工被问及为什么以前不提出这个设想时，他的回答很简单："没人问过我。"

杰弗里·菲佛在其书中提及伊顿公司（Eaton）的一个部门："……员工对修理不断出故障的设备感到厌倦，他们建议由他们自己制造两台新的自动化机器，他们完成了制造，成本仅是外部零售商标价的1/3，在第一年该部门的产量就达到前一年的两倍。"[5]

汤姆·彼得斯（Tom Peters）在坦南特公司（Tennant）的工作经历的报告显示，工程师为提高焊接车间的效率设计了一个系统。系统的目的是在焊接过程中减少对库存件的需求，系统的成本为10万美元，公司认为代价太大。"一个焊接小组解决了这个问题。他们设计了一条顶部单轨，用它将焊接件从一个工作站传送到另一个，这样一来，框架的整个焊接从开始到完成就可以不离开车间……他们在当地的旧货厂找到了所需的工字架，花了不到2 000美元，并用两天的时间安装好了单轨。在第一年，新系统……在时间和存储空间上就节省了2.9万美元。"[6]

任何与制造业员工共事过的眼界开阔的人，都不会对这些和其他成百上千的人们为公司做贡献的实例感到惊奇——只要我们让他们去做！对管理理论和实践来说，我们故事的寓意之一在于，人的差别之处往往被强调过多，而人的相似之处则被强调过少。我们知道职业间的差别、时代间的差别和国家间的差别。（我们过去还听说许多性别和种族之间的差别，这些观点不再为人们所接受，至少不是公开接受。）许多推测出的差别的确有直觉意义，因为它们进一步加深了长期固有的偏见。但是，它们通常经不起实践的检验。例如，日本和德国历史上都是高度独裁的社会，但在工业上的民主却蓬勃发展数十年。难道真像偏见所认为的那样，大多数蓝领员工没有意愿或能力来开动脑筋改进其工作流程吗？我们知道这一假设是完全错误的，杰出的管理者们长期以来一直懂得这一点。

除了我们引用的少数例外，在所有条件下，对于所有类型的员工队伍，参与式管理都是行之有效的。

在第 12 章“合作关系文化”中，我们将展示参与式管理是如何成为我们广义上所说的合作关系文化的一个主要组成部分的。

管理层级

独裁式和参与式管理讨论的核心，实际上是关于“垂直”或“扁平”组织的讨论。员工们感到过度官僚主义下的组织是典型的垂直式结构：在管理层次中有许多层级，每层监督相对较少的员工。扁平式结构的组织则恰恰相反：管理层次中的层级更少，并且一般来讲，每一层级中的员工数目更多。

在垂直式组织结构中，员工们对管理层级数的评论明显是尖刻和讥讽的。这种批评不能说明员工们不想被管理——他们想。他们只是看不到任何附加价值——他们看到价值被许多管理层级削减掉了。除了监督过多的问题外（因为老板监督的员工极少，除了监督外他还能干什么），员工们抱怨的主要是关于组织中这么多管理者带来的巨大成本（工资、昂贵的办公空间等），是关于这些垂直的等级制阻碍及时决策的方式及阻碍组织中上下通畅的沟通方式。以下是员工对管理层级的典型评论，是对“您对在这里工作最不喜欢的是什么？”这个问题的回答。

瞧瞧所有这些层次的管理者及其开支！难道他们的工作就是充当传

声筒吗？难道疯狂地工作就是为了保住职位吗？他们要监督的员工少得很，所以他们对员工来说无处不在。

公司存在着不必要的多层级管理和政治。管理者只关心他们自己，不关心生产进程，人浮于事。我几乎看不到设置这些层级的附加价值。如果问我真正的管理者是谁，我的回答是比那个我称为直接管理者的人再高两级的人。我不知道为什么需要这么多管理者。

在所有这些多级管理层次之间缺乏清晰的沟通，造成了对目的和成就的困惑。就如同电话游戏。当信息传给我们时，已经完全走样。

在对开放式问题的回答中，我们常见的质疑很简单："这些人都干什么了?"这实际上是个好问题，也是处在多级管理层次中的人偶尔提出的问题。

公司采用垂直式组织结构的两个主要理由是：控制和职能专业化。很有趣的是，人们把上级主管负责一定数量的员工称为控制幅度。想控制得越多（换言之，即被相信能自我控制的人越少），向每个层级中的管理者汇报的人数就越少，因此，就需要更多的管理层级。从这一点上看，垂直式组织结构就像是由一个叠一个的检查员组成的一样。

此外，等级制的每一层次中的管理者的角色是负责与其他相互依赖的部门的管理者进行协调。在一个组织中分工越细（专业化或"职能化"）——每个个体或部门只是发挥单一功能而不是对"整体事物"（如整个产品或整个客户）负责——那么，相互依赖性就越强，因此，就越需要部门的协调，越需要各层管理者的协调。在一个纯粹的职能制组织中，除了最高层以外，没有人对"整体事物"负责，所有的职能都是通过各自的、通常为多层次的等级制向最高层汇报。在"自我管理团队的益处"一节中我们再详细讨论这个问题。我们将会展示一个团队如何在自己内部行使各种职能，如何使扁平（而且有效的）组织变为可能。

在系统而直接地检验管理层级的数量与组织绩效之间的关系这一问题上，研究并不多。A. T. 卡尼公司（A. T. Kearny）在1985年曾做过一项研究，涵盖了41家大公司。研究发现，管理层级的数量与长期的财务绩效有着密切的关系。绩效优秀的组织的管理层级平均为7.2个，而其他的则为11.1个。前者在每10亿美元的销售中比其他组织要少雇用500名职能专家。[7]在另一项研究中，研究人员发现，平均控制幅度为3人的公司（必定是垂直式等级制）对每1美元的员工工资的管理费用方面是平均控制幅度为8人的公司的近4倍。[8]

许多案例研究进一步证明了这些定量研究结果。同样，有卓越的长期绩效记录的公司常常具有极为扁平的结构。纽科公司是这方面的杰出典范。如该公司董事长肯·艾弗森所说："美国工业界需要做的最重要的事就是减少管理层级数……这正是我们热衷于做的一件事。我们有4个管理层级。我们有工长，工长直接对部门领导负责，部门领导直接对总经理负责，总经理则直接对我们这个办公室负责。"[9]另一个例子是丹纳公司（Dana），从15个管理层级（几乎不盈利）减到5个层级（取得巨大利润）。

我们在前面的章节也进行过相关的讨论，许多扁平式结构的公司，如纽科，其特点是具有强烈的目的和原则意识。强有力的企业文化是建立在坚信所从事的工作是重要而有价值的基础上的，是有着共同遵守的行为规范的，这种文化本身就是一个控制机制，它可以减少对一个又一个的管理层级这类外部控制的需要。更少的控制带来员工更高的热情和投入，这又反过来使得公司只需要较少的控制就可以达到高效的运营，从而形成一个良性循环。

拥有激情员工队伍的公司之所以更成功，一个主要原因可能只是它们在管理员工上花费更少。垂直式结构则成本高昂，但这不仅是因为对许多等级层次的任职者的薪酬支出。在应付管理者及其参谋群体的检查和干预（直接或通过无休止的报告要求）方面所花费的时间和人力是另一种支出来源。另外一点就是，在所需信息通过等级制进行流动方面以及在决策方面存在固有的延迟现象：这些延迟降低了对问题和日益变化的经营环境的反应质量和及时性。最后一点同样重要，正如我们之前提到的，就是员工的抱怨和消沉。在层级过多的组织中是不会存在充满激情的员工队伍的。

自我管理团队的益处

每个组织的目的应是尽可能地将其结构扁平化，对整个组织来说，大概分 5～7 个层级即可，如果是在任何单一的工作场所中，有 3 个层级足矣。扁平结构式组织有助于分散决策，因为管理者没有时间考虑日复一日的决策细节。没有利用这一优势的组织——只是简单地削减管理者和管理层次而不是自觉和有意识地将权利下放到低层——会发现，留下来的管理者的工作量大幅增加，其工作质量则会下降，工作生活随之变得相当艰苦。这些组织最终又反过来增加管理人员，再次造成成本上升。他们把事情搞得越来越糟，因为重组和再重组代价高昂，结构的摇摆不定助长（或加强）了员工对管理层能力的怀疑。

允许组织有效扁平化（不只是削减人数）的分权措施最好是通过建立自我管理团队（SMTs）来实现。自我管理团队是由一组员工及其领导组成的，他们被赋予各种职能及从事工作所需的权利和资源。在理想状态下，团队承担“整体事物”，即制造一个完整的产品或为一个明确的客户或客户群提供全部服务。

如果没有其他理由（比如，被削减掉的管理层级原来所做的工作确实需要完成），可以认为自我管理团队是有效的扁平式组织所必不可少的。

增加由员工实施的控制而不是加强对员工的控制，是自我管理团队的本质。这种自我控制是如下因素的产物：由于团队已得到授权（“垂直”自治），为此企业更少需要管理层对许多决策进行批准；由于许多职能——按照传统应分配到若干部门——现在是在团队内部实现，从而处在团队的控制之下（“水平”自治），为此减少了团队与其他部门之间的相互作用，更少需要征得它们对决策的同意。

在运转良好的自我管理团队中，“群体规范”的出现将会使绩效进一步提高。通过群体规范，成员对相互间的行为产生强大的影响。这种作用在存在效率低下的员工的情况下特别显著，该员工迫于内部群体的压力，不得不努力工作，因此便减少了对管理层干预的需要。（此处是给对美国学校的改进感兴趣的读者的一个提醒：在第4章“薪酬”中，我们曾提到教师薪酬中收益分享制的合理性安排，并提到在一个设计良好的收益分享系统中——例如，具有参与式团队的系统中——老师更有可能帮助他们低绩效的同事，而且，如果需要的话，可以对他们施加压力，以改进绩效。）

授权给团队的管理任务从数量和种类上是相对多变的。任何名副其实的自我管理团队都会在工作方法、工作时间安排、生产目标、质量保证以及团队的客户（内部或外部）关系上付出巨大的投入。但是，有些组织做得过头了，甚至将雇用员工之类人力资源方面的决策权也授予团队。

团队生产“整体事物”的程度存在很大的差别，一端是像沃尔沃公司（Volvo）这样的组织，该公司尝试让员工制造整部轿车。另一端则是像丰田公司（Toyota）这样的组织，该公司给团队很多的权利，但实际工作的完成仍是高度分工的。

大体上看，在关于自我管理团队有效性的研究中，理想的自我管理团队应是这样的一个团队：

- 为与团队相关的特定客户或客户群生产整体事物。
- 有明确的目的，并对目的负责。
- 团队内具有完成工作所需的所有技能。
- 有得到信息的渠道，并能控制完成工作所需的资源。
- 根据团队的绩效获得奖励。

换言之，在理想的状况下，团队的运营就如同一个小型企业，其成员高度参与管理并且共享收益。[10]

当然，所有这些也可成为不合逻辑的另一个极端。难道每个小团队因为编程和计算机维修等工作而应该拥有自己的计算机专业人员吗？恐怕有些奢侈的做法也是不合适的。从效率和资源深度上考虑，信息技术服务的某种程度的集权化（共享）是必要的。在汽车组装厂里，一个团队的员工是否应该组装整车，而不是采用传统的大批量生产的方法？这种设想听上去很有诱惑力，甚至在少数地方做了尝试，如瑞典乌德瓦拉的沃尔沃公司的工厂。对这一制造业模式的研究——如美国南加州大学（USC）的保罗·阿尔德（Paul Adder）博士所做的研究——表明，这种方式永远也达不到运转良好的批量生产的汽车组装厂的水平。[11]

丰田的范例则具有指导意义，因为它确有团队，并竭力鼓励员工参与（事实上丰田也因此而闻名）：鼓励员工提出改进生产过程的方法，以提高质量、减少浪费和提高效率。此外，员工作为团队的一员具有对各项职务的权利和责任，如质量控制、安排轮班时间、维护和修理设备、做记录、评估绩效以及订购原料。当发现有缺陷或问题时，员工有权停止生产线运转。丰田公司生产系统的原则之一是：人们是有智慧的，并且有做好工作的动机，如果给他们合适的工具和适当的自主权，他们就能做到，甚至会做得更好。

尽管如此，丰田的流水线仍是高度分割和标准化的。公司的每个团队只负责流水线上的几个工作站，而不是“整体事物”。沃尔沃公司则是反对科学管理原理的代表，而科学管理原理则决定了传统的大批量流水线的结构。由于效率的缘故，丰田公司接受了该原理，但公司把员工编成团队，使其主要负责流水线的工作。

制造“整车”是过分采用自我管理团队概念的实例。但是，对这一概念贯彻不够的公司的数量要极大地超出过分采用的公司的数量。许多实例表明，自我管理团队和其他参与机制在很大程度上与组织的实际文化对立，因此被排斥在组织主流业务之外。

许多公司宣称它们正在进行参与式管理的努力，但遗憾的是，那些参与计划常常像装饰物——组织戴着它以提高自身形象（甚至是个人形象），但与组织的实际运营不相关。办公室或工厂的墙上贴满了标语口号，主张参与管理和强调人的重要性，但对待工人们的日常态度却不然，即使有自我管理团队存在，这些标语口号也仅仅是公司的宣传手段。以1997年在新泽西州林登市对通用汽车公司工厂的研究为例，鲁斯·米尔科曼（Ruth Milkman）发现，公司已引进了一些参与式管理的理念和方法。然而，尽管公司的口号号召参与并授权于工人，在林登的工人“……被告知为防止有缺陷的产品继续生产，他们可以拉动一根绳索让流水线停下来，但是，那些如此做的工人却受到工长的批评，并最终停止尝试这样做”。[12]

林登的情形让人想起其他参与式管理的努力，比如，许多正式的建议方案失败或被搁置，因为在它们的承诺和员工的实际体验之间存在很大差距。曾有这样的说法，建议方案有两次提高了士气：一次是提出它们的时候，另一次是取消它们的时候。公司征求工人的改进设想并在采纳后对工人给予回报，谁会怀疑这种做法的价值呢？虽然有承诺，但建议方案却经常令员工感到沮丧。

相反，丰田的建议系统却极其成功。据报道，平均来算，丰田员工每人每年贡献出 50 条以上的建议，这些建议中的 80％被采纳。实际上，所有的员工都参与进来。然而，在美国，员工建议方案的参与率约为 8％（每人每年 2.4 条建议），约有 1/3 的建议被采纳。与这种情形不同的是，丰田具有高度参与性的文化，其建议系统是公司持续改进努力中不可缺少的组成部分。[13]

丰田的经验不仅在于其建议方案的机制或它组建团队的方法。对丰田公司来说，方案不是附加品或公司想让世界相信其管理方式的象征，也不是为了提高公共关系，这是丰田实际对待工人的方式，天天如此。

此外，让参与机制变为企业的核心，而不仅仅是文化，这一点至关重要。当管理者给自我管理团队明确指出方向，赋予其高绩效目标和明确的责任时，这类团队做得最好。[14] 回想一下，参与式管理——与放任式管理相比——带有“向下箭头”，代表着来自上面的指示。该箭头将团队与企业的目的和战略紧密连接在一起。

因此，我们宁愿采用“自我管理”的提法，而不是“自我领导”，我们从未看到过一个有效的自我管理团队是由一个软弱的领导者负责的，或者团队的首要工作不包括企业优先考虑的那些业务。因此，这根本不是玩笑和游戏。实际上，真正让工人感到不开心的是做那些无关紧要的工作。在一些自我管理团队的应用中，有人感到，由于无休止的团队建设活动，团队本身几乎成了结果，而不是为获得企业成功而采取的手段。“我看到太多的小组进行野外旅游活动或采用‘模式化的团队建设经验’，试图将小组转变成团队。这些方法之所以不能行之有效，是因为他们没有将注意力集中在经营和绩效的问题上。他们不会完成任何真正的工作。”[15]

概括地讲，只要自我管理团队和其他参与机制不是独立存在的，它们获得的就不会是短时迸发的激情和绩效：它们必须是广泛的组织文化的典范——而不是例外，它们必须明确、直接地支持企业目标的完成。做不到这些，它们就会萎缩甚至名存实亡。但是，当它们成为组织必不可少的组成部分，而不是钉在墙上的展示品时，它们仍是迄今为止最有效的组织方式。

远程办公：雅虎禁止在家办公

2013 年 2 月下旬，当我们正要完成本书手稿的时候，新任雅虎首席执行官玛丽莎·梅耶尔（Melissa Mayer）颁布了一条公司规章，禁止雅虎员工在家办公。从 6 月开始，员工将必须出现在办公室里。于是我们推迟了本书的出版，这样我们可以基于本书的发现和观点对这一行为进行评论。我们在本章曾提到有关组织对于员工完成工作和自主工作的能力的影响，而梅耶尔的这个行为与此观点尤其相关。

当然，这一禁止在家办公（或叫“远程办公”）的声明是具有争议的，引起了博客圈和其他媒体中的一些支持，但大部分是反对的声音。其中最主要的评论将这条规章形容为在员工管理上的巨大倒退，特别提到远程办公为每个员工提供了在工作和生活间取得平衡的可能性，尤其是对于需要照顾小孩的妇女。许多批评提到，他们对于一位女性能提出这样的规章感到震惊。当然，也不缺乏提及新一代的员工对于梅耶尔这种行为感到愤怒的报道，因为这一代员工重视在家办公所带来的自主性。

这一行为的支持者倾向于强调梅耶尔是精明的、富有经验的，是一位行使自身特权的首席执行官。这一行为是她完成主要任务的关键一步。她的主要任务是使雅虎——被普遍认为已经成为快速发展产业的落后者——通过稳定的收入和利润的增长再次成为行业领导者。雅虎在过去的五年里已经换了五任首席执行官，这既是它问题的表现，也是问题的来源。

我们并没有对雅虎进行过专门研究，但我们知道一些雅虎处理绩效问题的管理方法和步骤以及这些步骤的结果。我们在本书已经多次提到坚决打击诈病者是经理人最常采取的措施之一——特别是新任经理——当他们觉得他们必须重塑组织秩序时。我们认为这可能是梅耶尔的行动的主要原因之一，尽管这并非她给出的原因。公司经常用更可接受的语言对他们担心不会受欢迎的政策和实践进行包装。一名咨询顾问使我们所研究的一家大公司确信，它的工厂里的工人现有的工作量少于他们可能的或标准的工作量。运用工时研究，公司引入的生产效率要求明显提高，但是却把它称为方法改进项目。它与改进方法根本无关，一切都是为了让员工更努力工作。

在发给员工的公告中，禁止远程办公是为了通过增加员工间面对面的交流来提高创新和员工士气：

> 为了营造最好的工作环境，交流和合作是重要的，因此我们需要在办公室一起工作。这就是为什么我们都在办公室出勤是重要的。许多最好的决策和观点都来自在走廊和茶歇室的讨论、与新人会面和临时的团队会议。

互动与创新

近年来关于互动的研究非常清楚地表明：当人们进行相互依赖的工作时，互动可以显著地带来创新，而且尽管通信技术不断改进，面对面的互动依然是最优的方式。这并不是说技术不能用在更加正式的、有计划的环境中来促进互动，而是许多创新都是在非正式的、意外的会面和讨论中产生的。而且，当语言交流搭配上肢体语言时，沟通的效率可以被显著提高，因此，现在还没有能与面对面交流等量齐观的替代沟通方式。而且工作中需要学习，在我们能够想到的几乎所有工作中都需要好的行为榜样——同事和老板，这就需要员工通过面对面的观察和互动来学习。

当然，现代技术在许多重要的方面补充了非正式的互动，例如当参与者在地理上分离的时候仍然可以进行交流。但是，现代技术并不能完全替代面对面的互动。尽管我们倾向于认为，在人们相互距离很远时技术会有很大的用处，但是毫不奇怪，研究发现，人们基本不会通过电话、手机或即时通信与他们未曾谋面的人进行讨论。[16]

因此，梅耶尔女士在她的声明中用强有力的证据来证明，让员工到公司上班对促进创新应当有相当大的帮助。那么关于提高士气的证据呢？在这方面她的立场就相当薄弱了。

员工士气、员工工作伦理

的确能找到一些现场工作显著有利于士气的证据——我们马上会进行讲解——然而这些证据被在家办公给许多人带来的灵活性的优点所压倒。请牢记，当我们在本书提到人们工作时的三个目标时，我们强调这些目标都是与工作相关的目标——就是说，我们不是指许多重要的个人目标和愿望。例如，小孩对父母的需要；避免长距离的通勤成本和挫败感的愿望，以及因为能远程办公而生活在离公司很远的、自选的居住城市的可能性。

由于这些个人的需求和愿望如此重要，而且能够非常容易地被在家办公满足，它们压倒了通过与同事面对面相处来提高士气的好处。那些好处并没有被证明；它们仅仅只是要求在办公室工作的次要维度。在现场工作对于士气的其他好处当中——除了能够通过互动提高创新（不仅对公司，对员工也很重要）——还有一个好处是降低孤立感；很多人在独自工作时感到孤独，因为缺乏与同事互动时产生的友情。当面临升职和其他想要的任命机会选择时，这种孤立感将与事不关己高高挂起的心态相结合。

梅耶尔关于她的新政策能够提升士气的声明可能比前面例子描述的更加宽泛、深刻和具有变革性，而且与我们关于经理人的“严密监督”的评论相关。根据《纽约时报》报道，雅虎的前员工和在职员工是这样描述他们的文化的：“……员工没有目标，士气低落……公司退出了与对手的竞争。”在高新技术产业里，说自己是为雅虎工作似乎是令人尴尬的。一位雅虎前员工评论道：“我们听说梅耶尔想把雅虎变得年轻和酷起来。”[17]

但是很明显，梅耶尔想改变的不仅是这种陈旧和刻板的文化。她提到雅虎的停车场和许多办公室在工作日几乎是空的。人们要么不来上班，要么早退。大约有200名员工在家全职工作，其中一些人有同时在家经营自己的创业公司的嫌疑。[18]根据媒体的报道，梅耶尔在复查了员工的个人虚拟社交网络的记录后，得出结论，员工连接公司网络的频率远比他们应该连接的频率低得多。[19]

因此，除了公告提到的其他原因，梅耶尔的行为几乎可以肯定地反映出对一些——可能是许多——雅虎员工的工作伦理和工作投入态度的不信任。因此，必须让员工回到办公室的原因，除了她提到的可以提升互动之外，公司还可以更严密地监督员工。或者他们会辞职，在某些情况下，这可能并不是她想要的结果。换句话说，她希望让纪律，像她所想的那样，重回公司。这次的行动可能是向着这个她所考虑的方向前进的其中一步。

在我们写作时，我们没有直接接触雅虎的员工，因此并没有他们的反应的第一手资料。我们猜测员工的反应是激烈且复杂的。一些员工可能毫无疑问地感觉，“是时候该这么做了！”因为这个举措而面临不便的员工——例如，那些现在不得不每天进行长距离通勤的员工和不得不为他们的孩子做其他安排的父母——将会感到不高兴。他们很可能对这个突然的举措、公告的本质以及之前视为承诺的东西被打破的事实而感到非常生气。

正如我们之前提到的，经理经常犯的一个重要的错误是以偏概全。他们不会把偷懒的人看作是少数的，反而甚至认为真正对公司投入的人是少数的；因此他们认为对每个人进行严密监督是重要的。另一个对于这个公告产生消极反应的来源是，那些努力工作的员工因为感到自己不被信任而产生不满。

远程办公与绩效

从现有的关于人们在家工作的绩效的研究中，我们能得到什么呢？我们并不知道关于雅虎的研究会揭示什么，但是关于远程办公的绩效研究表明，远程办公是更加富有成效的——他们能比在办公室里相同的情况下产出更多。尽管当提到创新时相反的结论似乎是对的，但是我们可以确定地说，没有证据表明允许员工在家办公是导致大规模怠工的原因。导致员工在家办公更有成效的一个主要原因是，似乎在家办公的员工会工作更长的时间，因为他们生活和工作的时间界限被模糊化了。一项得州大学奥斯汀分校的研究发现，那些在家办公的人会“比在办公室工作的人每周多花 5～7 个小时的时间在工作上。”[20]一部分多余的时间也是节约了通勤时间的结果。

一项关于 46 个有关远程研究的元分析[21]——一种系统化的“研究的研究”——发现，“远程办公对员工的工作满意度、自主性、压力程度、管理者评价的工作绩效和（更少的）工作—家庭冲突具有适度但主要是有益的影响。尽管许多学者和管理者对员工的职业生涯和工作关系会因为远程办公被破坏表示担心，但是元分析发现，远程办公对于工作关系和职业生涯结果的质量并不具有普遍的不利影响。只有高程度的远程办公——员工每周在家办公超过 2.5 天——有损于员工之间的工作关系，尽管这减少了工作—家庭冲突。”

结论与建议

在这些证据的基础上，对于公司处理远程办公问题的正确答案还能有疑问吗？不像许多关于人的管理决策，这个答案，至少对我们来说，是明确的。

让我们从重申本书的基本主张开始：绝大多数员工的目标与他们的雇主的目标并没有什么真正的矛盾。员工在本性上是想要工作，并且想要为公司做好工作的。很少有员工是天生懒惰、贪婪和不诚实的。主要是因为管理行为挫伤了积极性，尤其是假设大部分人是不愿意工作的——当然也是不努力工作的——并且是不关心他们企业的那些管理措施。除非被雅虎雇用的员工是无能的，否则可以肯定，绝大多数员工不仅想要工作，而且可能会付出比通常期望他们付出的更多。

如果我们的推理是能被接受的，那么我们可以得出结论，远程办公会成为雅虎的一个问题，仅仅是由于管理行为使其变成了一个问题。否则，它会是对于公司及其员工的一个提升。公司将会有所收获，因为，

- 这将吸引和留住那些在家办公对他们是一大好处的员工。而且在这方面，公司作为好雇主的整体声誉也会提高。
- 员工的士气将会提高，由此，我们已证明的那些来源于高士气的整体绩效也会提高。
- 员工会工作更长的时间，而且员工的绩效——他们成果的数量——也会得以提升。
- 公司可以节省房地产及相关项目的花费。

员工将会在我们之前提到的几个方面有所收获，主要是一些员工需要和想要的灵活度以及避免通勤带来的花费和麻烦。

缺点是什么呢？坦白说，如果远程办公被适当利用的话，我们想不到什

么明显的缺点。根据我们对雅虎的认识，在大多数情况下，似乎都是远程办公没有得到好好管理。因此，太常见的公司反应是：在如下两种决策间摇摆，一个极端是在许多高层管理者看来似乎是放任自由的环境——“做你想做的事”，另一个极端则是禁止所有的远程办公。

我们提到的合适的管理意味着什么呢？当然不是极端，而是一种认清员工的合理需求，并努力以某种不仅不损害公司而且有利公司的方式去满足这些需求。我们将这称为“合作关系”方法——或者说文化——将在第 12 章中对此进行详细的阐述。梅耶尔对于远程办公采取的观点是另一种方法的特点，也将在那一章进行描述，我们称之为“对抗”。

我们推荐的政策是一种“弹性工作制”的变种。传统的弹性工作制规定了核心时段，在这个时段要求员工一定要工作——例如，50%的工作日——但是他们可以选择在剩下几个工作日的工作时间，只要工作的总时长达到工作日的工作时间即可。这个举措很受员工欢迎，因为员工能够灵活选择工作开始和结束的时间。尽管这通常被运用于一天的工作时长上，并不包括在家办公，但是弹性工作制的基本概念可以被运用到远程办公上。首先，涉及核心时段，将会以一周的工作天数而不是一天的工作时长为基准。灵活的天数则由在家办公取代。这种方法将给那些需要的人同时提供工作互动和远程办公的好处。而且这不是一种放任——什么时候想来就来——因为在一周内有一些核心的日子是希望员工到公司工作的。加金德兰和哈里森（Gajendran & Harrison，2007）的研究发现，当员工每周在家工作的时间超过 2.5 天时，工作关系的确会受到损害。核心日子不仅仅是一些寻常的日子，而是一些特殊的日子，以此来保证互动的机会。

如何让员工接受我们的提议并大声叫好呢？请牢记，员工是希望公司成功的。在雅虎，一定有不少员工认为之前的政策——就其放任之处和程度而言——是疯狂的，他们认为需要做出改变。而且，证据表明，只有极少数的员工会在家全职工作。绝大多数员工希望与同事互动，他们并不想在有升职机会和任务选择时被当权者遗忘。不过那些不得不长距离通勤的人认为能够有1～2天在家工作是一种好事。

当然也有例外，需要作为个案处理。在这些例外中，有一类人真的是懒惰的，或者他们在损害公司的利益为自己谋利，例如，他们同时运作自己的创业公司。我们马上就会讨论这些工作偷懒的人。对一些人来说，在家全职工作（或者几乎是这样）是必需的，例如，一些幼童的父母或者一些不得不搬家的人。经理处理这些个案最好的原则是：依靠自己的判断。我们并不认为在这样的情况下一个有能力的经理不能做出一个可靠的决定，例如，允许一个特例或者在一些个案中辞退员工。

我们的提议不能用于集权式管理，除非是在一些很小的公司。这一政策需要在经理及其团队中实行——最好是在我们在本章提到的自我管理团队中。任务、个人以及个人之间的动态关系在业务的不同领域是不同的，而且细节必须进行调整以适应这些条件。高层管理者，包括最高管理层，其角色是为中层管理者和团队提供基本规则和指导，例如，关于需要到公司工作的核心日子的规定。因为不容置疑的是，在员工需要每天到岗的部门和职位上，显然不需要让每个人都有远程办公的机会。

对于偷懒的员工该怎么办呢？高层管理者的指导方针中有一部分会涉及如何处理这类人。简单来说，正如本书前面提到的，应该严格处理。但是，我们之前也说过，团队自己也会帮助管理者处理这些问题。在一个合作关系文化中的自我管理团队，同事之间会相互施加压力，将“不要做比你应该做的更多的事”转变为“让我们尽可能做得更好”。个人很难抵挡这样的压力，对于那些能够抵挡住这些压力的人就需要公司的程序发挥作用了。

我们说合作关系是一种文化，在其中我们的提议得到最佳执行，因为合作关系等同于那种文化并且强化了它。而组织情境极其重要的原因是：组织，作为一个整体，有清晰的方向感和挑战性的目标，并能将其转化成每个分部门的清晰的、富有挑战的和可接受的目标。我们并不清楚雅虎是否具有这样的组织情境，但是如果没有，或者在公司的某些部门没有，那么要求员工到公司上班的想法是没有太大的意义的。如果他们在家没有太多的工作可以做，那么在办公室里也没有太多的工作可以做，只能假装在工作，这样会更好吗？我们描述这个例子是要提出以下的观点：实践中的改变，例如远程办公，本身并不能解决基本的管理问题，并且可能使注意力从基本问题上转移。远程办公，正如我们所主张的，作为一种补充，对公司及其员工是非常有用的。但是，这必须在组织的文化和经营运转的整体效率的情境中进行考虑。

注释

[1] 更为复杂的对层级制度的辩护，参见 Jacques，Elliott.（1990）. "In Praise of Hierarchy." *Harvard Business Review*，January 1990，127-133.

[2] 有关不同领导风格的效果，其中最知名且很有建设性的是 Lippitt 和 White 于 20 世纪 30 年代所做的一项研究，即我们熟知的"领导和群体生活"，该项研究是在 Kurt Lewin 指导下完成的。该研究对四个不同的俱乐部的几组学习艺术和手工艺品制作的学生进行调查。他们被委派了三种类型的领导者：（1）独裁型，孤立地发号施令，不与群体商议；（2）民主型，提供指导，鼓励群体成员参与；（3）自由放任型，只传授知识，但并不多做其他事情。关键的结果是：在一个民主的群体中，士气高涨；群体成员友好；与领导者关系良好；当领导者不在时，仍能独立运行；有相当多的创意；而且，尽管比独裁型群体效率低一点，但是产出的产品质量要好得多。在一个独裁型的群体中：有两种行为——进取型和冷漠型。进取型具有反叛精神，要求领导者的关注，当出现某些错误时，又相互抱怨指责。其他的则是冷漠型的。这种群体的生产效率总的来说可能要比民主型群体高些，但质量要差些。自由放任

型群体是最糟糕的：生产效率和质量最差；士气最低；对领导者的要求最多；工作独立性最差；合作程度最低。参见K.，Lippit，R.，and White，R. K.“Pattern of Aggressive Behavior in Experimentally Created Social Climate.” *Journal of Social Psychology*，10（1939）：271-299。

［3］Lawler. *The Ultimate Advantage*（p. 33）.

［4］Morse，John J.，and Lorsch，Jay W. *Harvard Business Review*. May 1970.

［5］Pfeffer，J.（1994）.“Competitive Advantage Through People.” Harvard Business School，43.

［6］Peters，T.（1987）. *Thriving on Chaos*. New York：Alfred A. Knopf. 291.

［7］Excerpted from Tom Peters Company website.

［8］Tomasko，Robert M. *Downsizing*：*Reshaping the Corporation for the Future*. Amacom. 1987.

［9］Derived from Drucker. *The Practice of Management*；Peters. *Thriving on Chaos*（p. 359）；and Lawler. *The Ultimate Advantage*（p. 62）.

［10］更多有关SMTs的研究细节，参见Manz，and Sims. *Business Without Bosses*：*How Self-Managing Teams Are Building High-Performing Companies*；Orsburn，J. D.，Moran，L.，Musselwhite，E.，and Zenger，J. H. Self-Directed Work Teams. Homewood，Illinois：Business One Irwin，1990；Katzenbach and Smith's（1992）；Katzenbach，J. R. and D. K. Smith. *The Wisdom of Teams*：*Creating a High Performance Organization*. Boston：Harvard Business School Press，1992；Yeatts and Hyton，C. *High-Performing Self-Managed Work Teams*：*A Comparison of Theory to Practice*. Sage Publications Inc. 1998.

［11］“如果这些自我管理的工作团队的绩效水平与丰田公司很接近的话，那么，牺牲一点业绩而使工作变得更有趣也是值得的，对此我将第一个表示赞成。可实际上情况并不接近，甚至都不在一个层次上”。摘自Dr. Paul Adler，Prof. at USC，by David Creeman，on HR. com. May 14，2001。

［12］Milkman，R.（1997）. *Farewell to the Factory*：*Auto Workers in the Late Twentieth Century*. Berkeley，California：University of California Press.

[13] The Profit Professionals of Business Solutions—The Positive Way. www. profitpro. us/profit _ ideas. htm; see also the federal government's *User's Guide to Successful Suggestion Programs*, *the Interagency Advisory Group Committee on Performance Management and Recognition*, *Suggestion Program Working Group*, *Office of Personnel Management* (1995 Edition).

[14] Katzenbach, J. R. , and Smith, D. K. (1992). *The Wisdom of Teams: Creating a High Performance Organization*. Boston: Harvard Business School Press; Fandt, P. (1991). "The Relationship of Accountability and Interdependent Behavior to Enhancing Team Consequences." *Group and Organization Studies*. 16 (3), 300-312.

[15] Clemmer, J. (1995). *Pathways to Performance: A Guide to Transforming Yourself, Your Team, and Your Organization*. Toronto: Macmillan Canada.

[16] Allen, Thomas J. (1995). *Information Technology and the Corporation of the 1990s: Research Studies*. Oxford University Press, New York; Allen, Thomas J. (1984). Managing the Flow of Technology: Technology Transfer and the Dissemination of Technological Information Within the R&D Organiation. Cambridge, MA: MIT Press. A Literature Review on Challenges of Virtual Team's Leadership. *HosseinGazor Journal of Sociological Research* ISSN 1948-5468 2012, Vol. 3, No. 2.

[17] Miller, C. C. , and Perlroth, R. March 5, 2013. "Yahoo Says New Policy Is Meant to Raise Morale." *The New York Times* online.

[18] Miller, C. C. , and Rampell, C. February 26, 2013. "Yahoo Orders Home Workers Back to the Office." *The New York Times* online.

[19] *Business Insider*. "How Marissa Mayer Figured Out Work-At-Home Yahoos Were Slacking Off." Nicholas Carlson. March 2, 2013.

[20] Noonan, M. C. , and Glass, J. L. (2012). "The Hard Truth About Telecommuting." MonthlyLaborReview, 2012 (6), 38-45.

[21] Gajendran, R. , and Harrison, D. A. (2007). "The Good, The Bad, and the Unknown About Telecommuting: Meta-Analysis of Psychological Mediators and Individual Consequences." *Journal of Applied Psychology*, Vol. 92, No. 6.

第9章

工作挑战

工作是最有效的止痛药、催眠剂、兴奋剂、镇静剂、麻醉剂，甚至是抗生素。简言之，工作是迄今为止医药科学界发现的最接近万能药的东西。

——托马斯·萨斯（Thomas Szasz），

医学博士、精神病学家兼作家

第8章聚焦于工作赋能，谈及让员工能在其中完成工作的组织类型，并且工作赋能对员工的满足感和自豪感会产生积极的影响。然而，有了高效、甚至高质量的绩效并不够，工作本身——那些员工确确实实在做的事情——也是关键的。

举个例子，对于很多员工来说，他们不满意甚至根本无法忍受长时间做那些简单而重复的工作（无论他们能把这项工作做得多好）。下面是从事这些工作的员工对于工作本身的一些评论（针对“您对在这里最不喜欢的是什么?”这个问题的回答）：

（我不喜欢）每天早上起床后只能去做这些无聊的工作……我觉得这简直是在浪费自己的才能！

不停地做重复的事情，我的工作几乎一成不变。总是处理相同的问题，常常弄得人头脑麻木，心烦意乱，工作压力感沉重。

我们的职业属于那种枯燥无味的类型，它让人陷于刻板的工作状态中。有些时候，职业压力会变得很明显，甚至在踏入办公大楼的那一刻，焦虑和不安就开始在你身上蔓延。

我的职业是单调乏味的，在工作三个月以后，我已经感觉不到丝毫挑战了，或许对于我来说最大的挑战就是如何在办公桌前连续坐上几个小时！

我的工作平淡无奇，甚至有些无聊。即使我很喜欢这个公司，但要喜欢上自己所做的工作，对我来说仍然是个不小的挑战。

我的工作根本不需要花费多少脑力，我认为我12岁的妹妹都能把它做得很好。

以上这些评论出自那些希望接受各种工作挑战，但工作却无法满足他们要求的人之口，字里行间充满了现实社会对于那些让人们无精打采、渐渐麻木的例行工作的不满。我们所有人对如下比喻并不陌生："只有经过训练的猴子能够忍受这样的工作。"

因此，我们可以推测，有很大一部分人都不满意自己的工作。或者更广义地说，人们普遍认为，无论工作是由什么构成的，人们总是对其有一种内在的排斥心理。根据这种观点，工作满意这种措辞本身就是矛盾的；我们之所以工作是因为我们不得不去工作，而不是因为我们真的愿意献身于我们的职业。这是一种古老的、被普遍支持的观点，但也是一种错误的观点。

根据先前的报告，在几百万名被调查的员工中，有78%的人表示喜欢自己的工作，而只有7%的人对自己的工作表示不满。此外，从最不满意到最满意的组织，喜欢自己工作的员工比率为50%～92%。因此，即使在那些员工工作满意度最低的组织里，仍然有一半以上的人喜欢他们的工作。而且正如我们所指出的，这些研究表明，即使工作类型大相径庭，结果也几乎没有任何变化。举个例子，83%的支薪员工对他们的工作感到满意，而78%的计时员工对他们的工作同样感到满意。[1]

这是不合常规的吗？是员工的错觉，还是他们在撒谎？

都不是。这里有一些从一个饼干厂包装工人焦点小组那里获得的问答内容，很具代表性，从中可以看到一些员工是如何看待工作的。这些女工们所做的是高度重复的例行工作。

焦点小组主持人：您对在这里工作最喜欢的是什么？

工人1：在这里我们有不错的薪水，而且这家公司已经存在很长时间了，这让我感觉工作有保障。

工人2：我们的薪酬一直随着物价水平的增长而增长，这对我来说很重要。

工人3：我们生产的产品受到人们的欢迎，我喜欢这样，这让我感到自己所做的工作能让人们变得更快乐。

工人4：在午餐和喝咖啡的时候，我们可以尽情地吃自己生产出来的东西，当然我们不应该吃太多。（笑）但那些饼干真的很好吃！

主持人：那么，您对在这里工作最不喜欢的是什么？

工人1：我们工作所用的设备，它总是在不停地失灵，停工。而厂里竟然只留了两位维修工，这简直是疯了！在等待他们出现的那段时间里，我们本该生产出很多产品了。

工人4：我的那位监工——她总是盯着我，好确认我没在偷懒，而且没有出错。看在上帝的份上，我已经在这里工作27年了，一直在做同样的工作，可是她竟然想搞明白我到底会不会做这些事情！

工人3：我认为那些管理者都觉得我们不太聪明。他们从来不征求我们的意见，也不认为我们能够提供任何帮助。但在他们的管理下，这里仍然存在着许多不必要的损耗。

主持人：能举个例子吗？

工人3：比如说，我们这些工人都明白设备运行得太快，肯定会使它发生故障，而事实正是如此。但我已经不想对那些管理者提这件事了，因为他们从来不听。

员工们也有其他的抱怨：有时被临时通知加班；空调常常失灵——“不是太热就是太冷”；有的同事违反了公司的规章却没受到惩罚；以及那位“总是目视前方，而从不说‘你好’”的工厂主管。

主持人：还没有人提起过你们所做的具体工作：包装饼干和薄脆。你们喜欢这个工作吗？

工人1：还好；它也是一份工作。我很高兴有这份工作，而且我做得还不错。

工人2：说真的，这项工作很枯燥。我总在一遍又一遍地重复同样的事情。我宁愿能做点别的什么。有时候我真的不想再这样继续下去了，我感觉自己就像一台机器，但是我这个年龄的人已经不再适合换工作了。

工人3：这项工作不是很有趣，每天都做同样的事情。但实话告诉你，我对此并不是十分在乎，因为我们在工作的时候仍然可以与别人聊聊天，而不必一直想着手里的活儿，我们都很健谈。而我非常乐意与这些女士们一起工作。

工人4：我对自己能有这样一份稳定的工作而感到庆幸。我的父亲从前总是对我没有稳定的工作忧心忡忡。

工人5：坦率地说，虽然我不讨厌这份工作，但它确实有些无聊，我喜欢能做些更有意思的事。我想当一名簿记员，而且正在考虑参加这方面的夜校培训。

工人6：这份工作对于我来说已经很好了。我做不了簿记员，因为那些烦人的数字总是弄得我头痛。

工人7：这是份工作，特别是对于我这种并没受过很多教育的人来说，还是个不错的工作。

主持人：那你们是否有兴趣成为一名管理人员？比如说女监工员？

工人2：一点儿也不感兴趣——谁想干那些令人头痛的事？下班以后，我就不愿意再想工作的事了。

工人7：而且我们会失去同事间和睦的关系以及加班工资。与我们相比，监督员只是加了很少的工资，却要做更多的事。

工人6：我没法去管理别人，她们总是让你头痛。而且因为那些不得不做的事，比如说处分她们，我会失去我的朋友。我难以忍受这些烦恼。

工人5：我认为自己能做一名管理者。如果他们能够给我一些培训的话，我很愿意试试。我是个不错的组织者。但这种机会永远轮不到我的头上。

注意一下对于这种例行工作的两种不同反应：工人2感到自己有时就像一台机器，而其他大多数人则有着不同的反应。尽管其他人没有表现出特别喜欢（“这也是份工作”），但她们也并没有特别不喜欢。从她们其他的抱怨来看（设备、监工，诸如此类），这些女工并非不愿意表达她们的负面情绪。她们关于自身工作的观点与之前引用的那些来自不同公司的员工的评论是不一样的。

这种分歧再次证明了一个已经很明显的现象：对于工作的内容来说，什么是吸引人的或不吸引人的，人们的观点大不相同。虽然在这本书里，我们还谈到了在其他需求方面的个人差异，比如说工作的稳定性和同事情谊，但比起人们选择工作种类时那些大相径庭的偏好而言，这些差异只是小巫见大巫。

差异有两类。第一类：一个人可能完全由兴趣、个性或教育来决定对职业类型的偏好。有的人在选择职业时会表现出不同的偏好，比如偏好室内工作而非户外工作，偏好办公室工作而非在工厂的工作，偏好在离老板近的地方工作而非"独立工作"（如销售员），偏好私营企业而非在公共或非营利组织中工作，偏好朝九晚五的工作而非经常加班的、没有规律的工作，或者偏好可预测的常规性工作而非不可预测的非常规性工作。

如果有选择，很少有人会自愿选择失败

第二类差异则体现在人们对于自己能力的评价方面（自己能做什么）。成为一名职业运动员对于不少青少年来说都是一个极为诱人的想法，但他们很快会知道自己到底有没有这方面的天赋。在没有天赋的人中间，只有极少的人还会在这方面继续努力下去。

正如我们所知，每个人都希望做好自己的事，并且为此感到自豪。例如，如果某项工作需要管理别人，但一名雇员觉得自己在这方面并不在行，他就会尽量远离管理者的职位。如果一个人在数学方面很差劲，他就不会尝试工程研究及其他工程方面的工作。再比如，对于一个有些笨拙的人来说，他会很自然地远离那些需要手工技巧的职业。

这正是为什么我们的研究对象没有对工作本身——甚至是那些枯燥重复的工作——表现出更多的不满。我们很多人都会因长期做重复性工作而感到沮丧。但即使我们选择不去做那些重复的工作，也总有别人选择做。而出于

各种原因，他们在大体上并不会对自己的这种选择感到遗憾。

有些人认为自己天生就擅长做那些重复性较高的工作。除了我们前面提到的那些饼干包装工外，让我们再来看看梅尔文·赖克（Melvyn Reich），一位有名的纽扣工：

> 你愿意成天做纽扣吗？《纽约时报》最近对梅尔文·赖克，这个曼哈顿最优秀的纽扣工做了很有趣但又不落俗套的报道。“我们生产的就是纽扣，纽扣就是我们工作的全部，我在这方面是专家，就像那些医生治疗病人一样。”梅尔文·赖克在采访中说：“也许有人觉得它微不足道，只是一颗纽扣而已，但实际上，它并不是没有价值的，相反它对于人们来说是很重要的。”这也正如一位拉链工人所说的：做拉链是与其他工作完全不同的领域，而且是个很有趣的游戏，人们能从中获得很多东西。[2]

请注意，在整组的饼干包装工中，只有一位员工对管理感兴趣。很多人认为管理别人只会给自己带来烦恼，而有些人却在拼命寻求这种烦恼。所以你也许会很敏感地想到一个问题，那就是：“究竟谁是更理智的人？是那些想把工作上的麻烦减到最少、下班后就把工作彻底丢开的人，还是那些离开了全天候工作带来的压力就无法活下去的人？”

如果说想要了解一个工人就必须亲自去做他的工作，问问他究竟想从工作中获得什么的话，那就有些可笑了。其实，我们不必去争论那些只愿意做重复性工作、不愿做老板的人是否比其他人心理更健康。因为对于一些人来说会带来巨大压力的工作，对于另一些人却是难得的挑战。要想体会普通工人的工作感受，需要抛弃那些想当然的判断，比如，认为这些人是在委屈自己去做上百万人会选择去做的工作，并断定他们对自己的工作会感到不满意。

在一个自由的人力市场中，个人偏好的多样性可以适应于工作职位的多样性，而现实并不总是这样。在我们的调查中，平均下来，有 8%的人对自己的工作不满意；还有一些人很明显地感觉自己并不喜欢现在所做的工作。虽然这些人只是劳动者中的一小部分，但他们的这种不满意会给员工的整体士气带来巨大的影响。举个例子，在对自己工作不满意的员工中，有 51%的人也对自己的公司表现出不满情绪，但在对自己的工作感到满意的员工中，这个比例只有 3%。表 9—1 显示了工作满意度与对组织的总体满意度间的关系。

表 9—1　　工作满意度与对组织的总体满意度间的关系

工作满意度	总体满意度		
	满意	一般	不满意
满意	88%	9%	3%
一般	43%	44%	13%
不满意	22%	27%	51%

虽然大家都很清楚工作本身的重要性，而且也有多种多样的工作可供选择，但为什么还有那么多人成天忙于自己不喜欢的工作呢？

对于我们来说，在选择职业时难免会犯错误，特别是在做最初的选择时。比如说，我们可能会错误地评价自己的能力，也可能对一项工作所需要的能力判断错误。所以在自己职业生涯的初期，很多人都会寻求别的、更适合自己的工作。也正因为这一共识，大多数我们的调查对象都赞成在从事某项工作的第一年内，或在职业生涯的初期，改变自己的工作种类。（这是一种积极健康的改变，因为人们不应该总是去做那些自己不喜欢的工作，而他们所在的组织也不应当要求他们这样做。）

然而，有些时候人们又很难或者不可能离开自己现在的工作，不得不坚持下去，这往往是经济上的原因引起的。养家糊口的压力常常让人们去做那些自己不喜欢甚至是厌恶的工作。每天八小时面对自己不喜欢的工作，承受着折磨，确实是件痛苦的事。这种事在经济萧条时期发生得最频繁（在这段时期，工作是很稀缺的），而在职业生涯的中晚期，离开一个工作岗位往往会带来很大的经济损失，所以在这个阶段上述事情也常常发生。后者就是我们很熟悉的“金手铐”：退休金、股票期权等这类东西让雇员们长时期从事自己不喜欢的工作，只为获得经济收益。当然，人们不能只靠面包生活，但它确实很重要，特别是当你面对抵押贷款、大学学费以及退休后经济保障这些现实的问题时。

推拉力

现在让我们来看看具有激励作用的推拉力是如何影响人们的工作选择、保留工作和满意度的。拉力是指那些让工作选择（或其他任何选择）变得有吸引力的因素，比如说一个人对特定工作的兴趣，或者喜欢工作带来的挑战感和兴奋感。

而推力则像是一种从背后推动你的强迫力，让你违背自己的意愿去做出选择，比如说你想取悦他人（“我对父母承诺过一定要成为医生”）；或者，你所面临的选择都不尽如人意，就只能选择其中带来损失最小的那个（“按照不喜欢的程度来看，这个选项程度最低”）；又或者，只是出于生活的压力（“我必须填饱肚子！”）。推力和拉力结合起来，就能对很多工作选择起到决定性作用。

当拉力占优势时，每天你醒来时都会带着对工作的期盼。而如果只有推力，每当太阳升起时，你都不得不痛苦地与瞌睡虫进行一番斗争。现在，让我们把这个问题稍微复杂化。有时，职业种类本身是很令人满意的，但它已被组织结构化，或者受管理者操控，对于任职者而言，这份工作就变得很繁重。虽然只有 7%的人表达了对工作本身（你所从事的这类工作）的不满，但如果考虑到有关工作的其他问题，其结果显然要消极得多。举例来说，我们知道官僚主义会如何影响员工的态度。换句话说，这类工作可能是令人满意的，但工作的环境却并非如此。来看看如下的观点，摘自我们对某电信公司的一名销售代表特里（Terry）进行的一次访谈。

特里很喜欢销售工作，但他发现，在这家公司中做销售是件令人痛苦的事。

特里喜爱销售工作所带来的挑战。只要和顾客在一起，无论是推销产品，还是提供各种服务，他都感到无比快乐。他是推销员中的推销员。他努力赢得客户，做各种必要的事情来保持顾客忠诚度，他自己也能从中获得很多乐趣。虽然钱对于他来说，就像对其他推销员一样是很重要的，但特里是绝对热爱这份工作的。他相信他的产品和他自己。他真正喜欢人们，人们看来也喜欢特里。他有着强烈的动力去坚守对客户的承诺，如果不能很好地履行这些承诺的话，他甚至都睡不好觉。

如果让他负责一个区域，给他一个富有挑战性的销售额度、一份清楚而准确的薪酬计划，并且能有一位聪明的领导给他指出正确的方向，他会成为一名快乐的雇员并努力实现目标。对于一个推销员来说，我们还能要求什么呢?

但对于特里和他的公司来说，遗憾的是，特里每天不得不把自己的时间浪费在销售以外的事情上。文书工作是销售人员的克星；一些行政工作被销售人员视为不可避免、必须面对的灾难，而我们有必要弄清楚这些工作的重要影响。

特里还不幸地遇见了一位曾经是顶尖销售员的上司——匹茨

(Pitz) 先生，他把自己塑造成一位具有改革创新精神的管理者。他创建了一个极为详细的标准行为手册，用来追踪销售员与顾客的每一次接触。他把它叫作全面客户追踪系统（Total Customer Tracking System，TCTS)。这份标准行为手册要求销售员记录每个月的活动，而这就给销售员们带来了不轻的负担。事实上，在对这些销售人员进行业绩评估的过程中，就对他们的数据录入的完整性提出了要求。当匹茨先生向高层管理者做展示时，这套系统给那些管理者们留下了非常深刻的印象。

特里和他的同事们必须记录下每次与客户接触的经历，并且写清楚客户企业的情况（总收入、雇员数量、地理位置以及其他十项人口统计学中涉及的特征)；谈话的细节（谈话对象及其工作头衔；最后是否购买了产品；如果买了，数额是多少；谈话的气氛)；客户没有购买的原因（预算问题、对现有供货商的满意度、特里所在公司的声誉)。

尽管这些记录的某些部分肯定会有用，但特里感觉到，与销售员的工作相比，他更多的是被降级去做那些文员们应该做的事，而且这些事占用了他大半的时间，严重影响了他的销售业绩。他想离开这家公司，但又很不愿意放弃这里的工资和养老金——在别的地方很难获得如此丰厚的收入。

特里喜欢销售这个职业，但却不喜欢这家公司里的这份销售工作。当然，对于另一些人而言，只要工作让他们感到痛苦，那么无论收入有多么丰厚，他们都会毫不犹豫地选择离开。下面让我们来看看某次调查中的开放式意见：

人们正在因为竞争而离开这家公司，他们无法抗拒在新的工作中低得多的压力和好得多的待遇的诱惑。我们经常被拉进内部会议、区域会议、培训等各种活动中。就我个人而言，60%的时间都被无意义的内部事务占据。那些能干的人会陆续离开这家公司，除非能把大量无价值的内部活动削减掉。我们的公司正在严重地流失各种人才！我也会选择离开，即使暂时无法找到新的工作。我会花点儿时间好好地休息一下，然后再看看有没有其他的事可做。

当员工对自己现在的工作感到不满意时，还能选择离开确实是件很幸运的事。但有很多人像特里一样，因为各种原因（比如说经济原因、对自己缺乏自信等）无法放弃让他们感到痛苦的工作。特里很想做一名推销员——这是他梦寐以求的职业——现在却变成了他的噩梦！在本章的后面，我们将继续讨论工作结构以及组织应当怎样规划它们。现在，我们先来仔细地了解一下，要让员工对自己所从事的工作产生自豪感，到底需要哪些因素。

虽然人们根据自己的偏好所选择的工作和职业的种类是大相径庭的，但几乎每个人都希望能为自己所做的事感到自豪。工作自豪感有三个主要来源：优秀的业绩表现、运用有价值的技能和工作的重要性。

优秀的业绩表现

员工用于衡量自己业绩的标准有两个来源——外部来源（如公司或顶头上司需要什么）和内部来源（员工自己如何判断其业绩，这又几乎总是受到过去的外部因素的影响，特别是在过去的培训中所强调的标准）。虽然在评价业绩时，数量和质量是两个主要的、普遍的标准，但工作的质量更能引起员工的自豪感。从自尊来说，做一大堆工作远比不上把工作做得很好所具有的意义大。[3]在工人和管理层之间，常常就工作的数量产生分歧，这一问题产生的根源就在于此。员工的抵抗并不仅仅是因为过快的工作节奏可能会让他们筋疲力尽，甚至危及健康，更多的是担心不恰当的工作压力会给工作质量造成影响，使他们无法高效率地工作，无法为顾客提供高质量的服务。这种现象，实际上关系到了员工们的自豪感。下面的评论将展示出这种观点（这些评论是对“您对在这里工作最不喜欢的是什么？”这个问题的回答）：

正在发生的事情表明了质量是如此重要，但在现实中，我们并没有给予它足够的重视，而是将大部分精力放在了最重要的数字、数量、生产量等方面。我的产量低，就算我生产出来的东西的质量超级好也一点儿用都没有。也就是说：质量差点儿没关系，无论如何都要保证产量！但我实在无法容忍低质量！

在这家公司，每个人的工作节奏都快得让人无法置信——这确实是个问题。我没有办法改变这种现状，但很想知道其他公司里的工作节奏是否也都那么快。而且越来越多的事情正在加速到来，就像事先计划好的一样，这使我们无法高质量地工作，因为我们根本没有足够的时间来阅读、思考并做出理智的决策和计划。

如此多的顾客抱怨，是因为裁员和系统外包，它们导致了低质量和过长的回复时间。原本依照推算，这种工作方式能够节省资金，但实际上却拖延了时间，而且导致顾客所接受的服务质量越来越低。我讨厌听到顾客的投诉，但是对此我们无能为力。因为不管我们说什么，预算的驱动力总是比质量的驱动力大得多。

很容易理解，人们反对以生产压力来考验员工是否懒惰。但很少有人喜欢松散的、放任的工作环境——这种环境无法让他们产生自豪感。员工反对强调数量，是因为它变得有些过分了，并且给他们的健康、工作质量以及组织的声誉带来了损害。

运用有价值的技能

自尊的产生不仅仅源于优秀的业绩，也取决于员工是否运用了自己认为有价值的技能。从广义上来说，高质量之所以重要就在于它能让员工展现自己的特质——那些非常人性化的特质，比如，能工巧匠般的技艺、奉献、判断力。与此相反，纯粹追求产量更接近于非人类的标准，如机器人以及我们通常所说的“受过训练的猴子”。实际上，如果要比较产出效率，人类根本不是机器的对手。

在人类的世界（员工的世界）中，有价值的技能有着无数的种类和水平。当员工的技能无法得到发挥时，他们就会产生极大的挫败感。

> 这个组织必须设法运用行政管理人员的能力和大脑。让人每个月都不停地重复同样的事情几乎是不可能的。并不是说你擅长做什么，就只能做什么！
>
> 在这样一个充满技术的环境中，管理层缺乏足够的技术技能来管理我。他们没有恰当地运用我的技能。我更多的时间是在做技工们的工作，而非工程师的工作。没有被当作专家看待是件很尴尬的事。
>
> 官僚作风是令人窒息的，我有一个管理者的头衔，而且坚信自己有很强的管理能力，但不能像管理者一样工作。我的每一步工作都经过了仔细的安排，我的上司常常绕过我直接去指挥我的下级。即使他通过我，也仅仅是让我传达一下消息而已。
>
> 我被雇来管理销售工作。我们的首席执行官也曾经主管过销售工作，而且现在也常常像以前那样行事。我几乎没什么权限。在我被雇用的时候，我被告知因为销售业务趋于停滞，他需要一些新鲜的点子。但这仅仅是说说而已，我简直是他的行政助理。而且看上去他并不想改变这种状况，所以现在该是我离开的时候了。
>
> 在这份工作里，我感觉自己就像一只训练有素的猴子。这份工作是如此重复、可预见，以至于根本没有空间来运用我的判断力和所学的知

识。这真令人沮丧。

对我来说，最大的挑战就是把白天熬过去。与顾客的需要相比，我感到他们更强调各种行政管理活动。我的顾客服务能力正在退化。

与此相反，当员工感到自己的技能得到了充分利用时，工作就会变得充满乐趣。

我喜欢领导给我自主权来发挥我的专业技能，并且让我自己决定如何完成每天的任务。让我尤其高兴的是：我的领导对我本人和我的能力都充满信心。这极大地鼓励了我，让我能够带着激情和自豪来为顾客和雇主勤奋地工作，百分之百地付出。

我真正是在运用和进一步发挥自己的技能——我简直太喜欢这份工作了！谁会相信我那么年轻就得到这样的工作？他们十分信任我，委派给我重要的工作，比如，让我处理公司与大客户之间的关系，等等。

我很高兴没有让我做琐碎的文书工作。我感觉自己随时都充满了活力，而且每天都能够学到新的东西。

我很幸运能够有机会成功、学习和成长，并且提高自己目前的管理、人力资源、冲突解决和销售技能。

如果一个员工的技能对他的组织而言是重要的，并且是独一无二的或与众不同的，那么这将成为他无比快乐的来源。在工作领域里被看作专家是很棒的一种感觉：

我讨厌自夸，但我不知道如果没有我的话，他们该怎么办。

在过去五年多的时间里，我的领导和技术技能都得到了极大的提高。为此我非常感谢我的公司，是它让我变得必不可少，很多棘手的问题都要依靠我来解决。

很多员工都非常想通过培训学到更多有价值的技能。因此，给员工提供培训可以帮助提升他们的竞争力和自豪感，比如，帮助员工增加在组织内或者组织外的潜在收入和获得更高的工作稳定性。在很多研究中，培训的重要性都已经显现出来，特别是对于那些变化快速的行业来说，培训更是必不可少。举个例子，在一项对 25 个国家的技术员工的工作目标的调查中，接受培训——持续的培训——几乎是每个国家的员工最想从自己的工作中获得的东西。[4]

做重要的工作

除了希望获得优秀的业绩以及运用自己的技能之外，几乎每个人都希望自己所做的事情能够对自己的组织及其客户有所帮助。专业人员通常还希望自己能够影响职业的现状和未来的发展。

这里我们不涉及那些能够获得诸如诺贝尔奖之类大奖的贡献。仅仅因为自己包装的产品能“让别人快乐”，那些饼干厂的工人们就已经感到很满足了。下面的评论能帮助我们阐述这一点：

> 我喜欢自己所做的贡献被别人认可并得到回报。我度过了非常开心的一年，而且为公司赚了不少钱。我感到很自豪，也很幸运能够参加公司为杰出贡献者们所安排的旅行。
>
> 我的老板告诉我，对于这个部门来说我是必不可少的。我的老板就是这样一个人，总是用称赞来激励我们前行。
>
> 在我的工作中，最美妙的部分就是能够为顾客提供各种服务。快乐和满足的顾客让我的工作变得十分有趣。
>
> 对于我来说，能否对顾客的成功有所贡献是很重要的。当他们告诉我，我的工作对他们有所帮助时，那种感觉真是棒极了！我觉得这就是

让自己继续待在这儿的原因。

在这个公司里，你不会认为自己很渺小。公司让每一个雇员都觉得自己是公司成功不可或缺的因素，是很重要的人物。这对于鼓舞我们的士气简直有魔法般的作用。

员工对于高质量工作的追求，部分是因为他们对顾客的关注。在员工焦点小组调查中，顾客满意度常常被员工提起：当认为自己向顾客提供了很好的服务时，他们就会显得很积极；但如果没有做到时，他们会产生挫折感和失望感。而在通常情况下，员工觉得过重的工作量及其他一些因素会严重地损害他们向顾客提供优质服务的能力。

“对顾客产生影响”这个观念又把我们带回到一个问题上：是应该让一个雇员来完成“整个事情”呢，还是应该让不同的人分工负责一个产品或一项服务的不同部分？虽然这个问题常常被放在制造领域来研究，比如说制造整个汽车引擎，但现在，让我们从“提供服务”这个角度来进行讨论。我们的第一个例子有些与众不同，因为它涉及的顾客是实验室的动物。

本书的一位作者曾应一位制药公司的兽医主任的邀请，帮助他对自己下属的士气进行了解，并为提高士气做些努力。这位主任抱怨说，那些动物饲养员在工作中总是无精打采的，常常没把笼子打扫干净，不准时喂动物，还常常迟到。用他的原话就是：“他们真是一群没有激情的家伙！”他一次又一次的劝告对于改善这种状况好像没有多大作用：在他说过之后一两天内，那些饲养员的工作看上去会有所改善，但过不了多久，他们又会回到之前的糟糕状态。

在对每位饲养员进行了深入调查的基础上，我们发现：导致这些饲养员无精打采的关键原因，是他们的分工太细。他们对于工作的基本条件很满意（工资、福利和工作稳定性），而且也很喜欢他们的主管，只是觉得自己所做的事情枯燥乏味，甚至没有一点意义。但是，他们都很喜欢动物，也认为动物实验室里的工作很重要。那么，为什么他们仍然认为自己所做的事枯燥乏味、没有意义呢?

问题的核心在于，他们的工作分工太细，每一位饲养员都只负责其中很具体的一部分：把食盆和水槽填满；清理笼子；管理药物；每天对动物的进食量、体重进行记录，等等。这导致他们的工作都成了例行公事。例如，打扫笼子这项工作几乎没有任何技术要求，它也无法唤起工作者对于“顾客”的责任心和关注感。就像一位饲养员所形容的那样：“我的工作并不是去照顾动物，而是去铲除动物的粪便……”

与饼干包装工不同，动物饲养员们并不喜欢那些分工极细的工作。所以，问题的解决方案是显而易见的，如今已被付诸实施：每一位饲养员都分到了一组动物，要负责与这组动物有关的几乎所有的看护工作。为了胜任这些包含许多不同具体内容的新工作，饲养员们接受了一些培训，其中包括基本的医疗诊断培训，这能让他们更了解自己的动物和它们的状况。这些培训和分工上的转变，使饲养员的工作变得丰富多彩。

在后续调查中我们发现，那里员工的工作满意度得到了大幅提高，而且人们都觉得饲养员的工作变得比以前专业了。主任告诉我们，除一两个仍旧很不认真、最后被解雇了的工作人员以外，这个部门的工作质量问题几乎完全得到了解决。

这里需要阐明的是，所谓成就感是指从头到尾负责一件事情，完成一整项工作后，欣喜地看到自己劳动果实时的感觉。但是，如前面所指出的，要获得成就感并不是一件容易的事，因为让每位员工负责“整个事情”，有时会导致严重的效率损失，特别是在如汽车装配线这样的工作环境中。

一般的原则是，在不影响效率的基础上，应当尽力将每项工作设计得能够使从事这项工作的员工感到自己做的是一件完整的事。另一个原则也是普遍适用的，特别是在效率问题严重限制员工得到完整任务时，可以采用自我管理团队的形式进行组织，由其从头到尾负责重要的活动。像在前面章节提到的，每一个自我管理团队都被赋予了相应的工作责任，比如，日程安排、工作分配、改进方法、日常维修、在职培训以及质量监控等。这些是一套完整而充实的责任体系，每个成员都要参与其中，而且以团队的形式从中获得成就感和自豪感。

如果可能，团队还应当负责维护客户关系。这一点非常重要，因为通常都是通过与客户的沟通，才能知晓自己的工作是否对客户产生了影响。当然，并不是每一位雇员都要面对外部的顾客，但是可以说，每个人都会有顾客，不是外部的，就是内部的。例如，在一条流水线上，对于那些生产零件的人而言，组装零件的人就是他们的顾客。产品开发部的顾客就是制造和销售部门。辅助机构，如人力资源部和信息技术部，其顾客就是一线部门。

第 11 章“团队合作”将具体阐述组织内部单位间的关系，以及组织和外部顾客之间的关系。而现在，我们只需说，在可能的情况下，围绕看得见的顾客来组织团队，并且根据顾客的要求来设定目标（无论是外部顾客还是内部顾客），能够极大地提高团队的绩效和工作满意度。

围绕顾客来构建团队不仅能让员工关注顾客及其需求，还可以让他们知道需求满足的程度。我们曾经说过，对顾客、对组织以及对员工的职业产生重要影响对于提高工作满意度是很重要的。之前，我们省去了对一个问题的大量讨论：员工如何才能知道自己的工作是否对顾客产生了好的影响。也许他们觉得能够依据自己的个人评价对此做出判断，但这远远不够。对于那些旨在对顾客产生影响的工作来说，清楚而定期的反馈是极其重要的。这样的反馈不仅能够为员工提供评价和改进绩效所需的信息，而且能够让业绩突出的员工得到赏识，这对于保持高水平的员工动力和士气来说是非常重要的。下一章将讨论反馈、赏识和奖励。

注释

[1] 请记住，我们讨论的是工作满意度，不是整体满意度。这两个术语很容易混淆。后者是一个全局的概念：总体来看，人们对他们的工作情形——他们的“士气”——是如何感受的。整体满意度是许多具体因素的产物，如对工作稳定性、薪水、领导、完成工作的能力以及工作本身的态度。其中最后一点——对工作本身的态度——才是“工作满意度”的衡量对象，并且只是影响整体满意度的具体因素之一。它与其他那些因素是有区别的，就像说：“我希望我能待在这里，因为我真的喜欢我所从事的这类工作，但是我无法忍受他们付给我的薪水。”

[2] As described in Peters，T. J. *On the Nature of Work*. May 7，1993；found at www.tompeters. com.

[3] 雇员更喜欢重视质量的管理者，强调质量与对管理者的满意度之间的相关性在 0.70 以上。强调数量与对管理者的满意度之间则略微呈现负相关。

[4] Sirota，D. and Greenwood，J. M. “Understand Your Overseas Work Force.” *Harvard Business Review*. 1971，pp. 53-60.

第 10 章

反馈、赏识和奖励

我可以因一个赞美而多活两个月！

——马克·吐温（Mark Twain）

在前面的章节，我们主要关注工作本身内在的满意（或不满意）问题。现在，让我们转向满意的外部来源。这里，我们指的是由别人的意见所带来的成就感和成功感，特别是那些受我们尊重或者能够影响我们的职业和收入的人的意见。他人的反馈能够让我们改进自己工作的方式，因而能够使我们获得更大的成就感。

员工得到了他们所需的反馈吗？

绝大多数（86%）的员工在我们的调查中都表示，很清楚组织希望自己做什么，但只有 63%的人声称得到过对他们工作干得如何的充分反馈。同样，只有 64%的人觉得在自己很好地完成工作后得到了赏识。最有趣的是，只有 37%的被调查员工不同意以下观点："我因业绩差受到批评比因业绩好得到表扬的情况要多得多！"这表明，许多员工的业绩更可能获得负面的"关注"：与员工达到管理者的预期或超过预期相比，如果他们的工作低于预期水平的话，会更受关注。下面的评论证明了这个观点。（这些评论是对"您对在这里工作最不喜欢的是什么？"的回答。）

每次我的经理给我反馈后，我还必须每天和他打交道，而那些反馈总是很消极。这是我早晨去上班时想的唯一问题：今天我又将从他那里得到更多的消极反馈吗？我带着这种消极的感觉离开家，驾车时也摆脱不了这种感觉，最后到达公司时，我的动力全没了。

我绝不可能，绝不可能，绝不可能——我反复说绝不可能——从我的上级那里得到任何表扬。就好像如果表扬了我们，他就会损失什么一样。他认为自己能主宰这里的一切，而且总在监督我们。

我的主管确实是个好人，而且对自己的工作也很了解。但他需要知道的是，并非只有在员工犯了错误以后才需要反馈。他很少、很少给我们表扬。

有人说，某些员工完全是“有主见的”。他们不在乎别人怎样说，也不需要别人的激励和反馈来使自己积极有效地投入工作。而这种人在哪儿呢？我们无法知道！但是，通常的说法是，他们是存在的，而我们能肯定的是，他们中的一两个人必定在四处奔忙，让我们这样的普通人难以找到。如果说我们都能成为这种“有主见的”人，都可以完全不顾别人对自己的工作做何反馈的话，这该有多么了不起！但遗憾的是，这并不是人类的天性。除了需要反馈来指引方向和做出改进之外，人们还需要来自他人的关注和欣赏，以便发挥出他们的最高水平。如果管理者将员工取得的业绩当作理所当然的，比如说，认为“那不过是我们所期望的，为什么还要提到它呢?”那么，这将对员工和公司双方都造成损失。

总体来说，绩效反馈方法涉及如下五个方面：

- **指导**。员工改进绩效可采取的步骤。
- **评估**。与预期绩效和他人绩效相比较，组织如何看待员工的绩效？该员工做得好、差，还是一般?
- **赏识**。对工作干得好表示欣赏。

- **奖励**。把赏识转变成一些实际的东西（通常是金钱）。
- **指引**。与员工沟通，向他们强调组织的需要、价值观以及对他们的期望。

这五个方面以及反馈的结果对于雇员以及组织来说都是非常重要的。虽然几乎所有的人都有一定的责任心，而且也都希望能把自己的工作做好，但如果大家都不在意的话，对员工的激励是很容易产生缺失的。换个角度说，如果平时没人注意，只有出现问题时管理者才开始激励员工，那么这种激励很容易使员工产生怨恨。

现在，让我们对反馈的每项功能进行深入的讨论。

指导

指导涉及反馈的认知功能。其过程就是向员工提供自己的经验和现实有用的知识，告诉他们如何提高自己的绩效。这与情感反馈（affective feedback）是不一样的，因为情感反馈涉及评估、赏识和奖励。当然，在现实中，认知反馈与情感反馈是很难被区分开的：我们很难仅仅告知员工其所犯的错误却没有同时向其传递绩效评估的情况。这就涉及一个主要的问题：怎样向员工提供一个能够让他们接受和采用而不是让他们反对的反馈。我们稍后再来讨论这个问题，并且给出一些克服这个问题的建议。

从最基本的角度来看，每个人的生活都脱离不了现实中的反馈。做过一件事以后，我们都想知道它是否达到了预期的效果。反馈的来源不一定是人：从镜子中我们可以看到自己新做的发型是什么样的；计速器能指示我们是否超速驾驶；看看时钟就可以知道我们是否准时上班了；心跳监护仪能让我们知道自己是否运动过量。反馈能帮助我们对自己的行为做出调整，比如当约会快要迟到时，我们可以决定乘坐一种比较快的交通工具，下次再遇到同样的约会时，我们就会早些出门。

作为人，对我们而言关键的是来自他人的反馈。有些反馈需要人为的介入来给出真正的含义，例如，医生看过病人体检的片子，并且读懂它以后，才能进行诊断。有些反馈则只能来源于其他人，就像我们所接收到的关于自己行为的大多数反馈一样（比如，行为是否符合基本的礼貌礼节；一个人是否有良好的习惯，等等）。

在工作中，员工所接收到的最关键的反馈与他们的绩效有关。如果没有收到反馈，员工内心的成就感就会很有限，也不太可能去提高自己的业绩。几乎所有的组织都有形式各样的绩效评估标准：利润率、销售额、成本开支、完成任务的时间、客户流失率、生产率、次品率、出勤率等。最理想的状态是，把这些标准融入经营或工作流程之中，如果能做到这一点，结果就能够自动地、频繁地——有时是连续地——到达组织及其员工的手中。

但即使是最全面、最自动化的评估体系，也永远需要人的干预。如果只是让评估体系自己运转，组织能得到的只是意义有限的数据，而且，关键的问题是管理层和员工怎样理解这些数据。把这些数据进行统计分析之后，能否看出员工的业绩是否达到了预期标准？数据的增减是否得到了组织的重视？报表中的变化是否与新设备的引进和经济大环境的改变有关？各种数据对比后能得出什么样的结论？（质量上的提高是否导致了产量的下降？）其中最重要的又是什么？总的来说，这与数据各自的重要性有关（每个数据的重要性不一定相同）。

要回答以上问题，对于理解数据是很重要的，而且有助于组织和个人做出正确的行动决策。如果在新设备引进后，一个员工的工作效率有所下降，但没有预计的多，那么这名员工并没有犯任何错误，并且管理者应当给予其适当的奖励。换个角度来说，如果一个员工的业绩有所提高，但不如预期那样好（比如，在新设备投入使用并充分融入员工日常工作数月之后），管理者也许就需要采取一些改进的行动了。这种行动一般包括：向员工再次强调管理者对他的期望，在新设备的使用上对其进行再培训。

业绩不错的员工和工作没有达到标准的员工都需要反馈，不仅仅是从那些数据里得到反馈，并且应当从管理者那里得到反馈。管理者的反馈信息中，一部分是分析了数据之后对员工能力所做出的评估，还有一部分就是指导。指导才是对管理员工的绩效和行为真正重要的东西。（在本章的最后，我们会再来讨论反馈的这项功能。）

在给予绩效反馈时，往往是说的比做的简单。很多管理者都把这件工作看成一项最艰巨的任务。下面就是从一个管理者的角度对绩效评估做出的一些评论。

> 每年对 12 名直接下属的绩效评估是最让我头痛的问题。我常常都会把它拖到最后，直到人力资源部门催促我时，我才会去做。我的雇员通常都不会接受批评……为此他们会与我争论。他们说他们很惊讶我会做出这样的评价，而他们想知道的，只是下次薪水增加的数额。我会尽量在最短的时间内，用最简明的话语做完这些评价。当然，我会倾向于表扬。谁想惹祸上身？是的，我也会写上一些诸如“希望能够进一步改进”之类的话，这样人力资源部的人就不会来找我的麻烦。这个工作就像一场博弈。顺便说一句，我从没被自己的上司表扬过，因为我不记得什么时候他这样做过。他是负责制造的副总裁，他也很讨厌做这种事，不过人力资源部的人不会逼着他去做。

这段评论是很典型的：在通常情况下，管理者都讨厌（甚至是痛恨）做绩效评估；他们都想以最快的速度将其完成，并且惹最小的麻烦。一些管理者说，做绩效评估是一件繁重的、耗时的文书工作，其讨厌程度仅次于整理文件柜。

然而，问题并不仅限于正式的绩效评估。如何在整个年度提供非正式的日常反馈对管理者而言也可能是很困难的。我们常常听到以下这种评论：

> 我很愿意时不时地听到经理的评价。你知道，就是那种感觉我干得怎么样的非正式的评价——可能是对我可以如何改进提点小的建议，也可能是时不时地表扬我一下。但他从来都只会在年度总结中对员工做出评论。只有一次我在年度总结之外听到了他的评价，因为那次我把事情搞砸了。他很严厉地批评了我，这或许是我应得的，但还是让我感到很惊讶。每次到年度总结时，我都会想到最坏的结果，不过还好，每年都能过关。但每次当我们坐下来谈论对我的评估结果时，我还是会很紧张。

给予认知反馈的捷径

绩效评估的频率往往要比实际应当有的小得多。而在做绩效评估时，人们又感到很难去处理它。其实，问题并没有想象的那么严重。在“如何做出有效的评估”方面，人们已经做过大量研究。[1]从这些研究中，涌现了一些对管理者有帮助的指导方针。坚持这些方针，可以使绩效反馈不再是管理者的麻烦，而转变为对员工的帮助。下列是一些关键的指导方针。

1. 不要把绩效反馈与年终绩效评估等同起来

很多管理者都犯过这个错误。年终绩效评估在很大程度上是敷衍了事的，为了避免造成不愉快，都会有一定程度的倾斜。即使是一份很客观、没有偏见、很完整的绩效评估，也是有缺陷的，因为它的时间跨度很长，违反了“现学现改”的原则，也就是说，反馈应当是对现实状况尽可能及时的反映。如果一个员工在某一方面的表现无法满足管理者的要求，应当在当时当地就让他知道，这样才能阻止员工继续错误行事。（对于赏识和巩固佳绩来说也是这样的，我们将在本章的后面部分讨论这个问题。）绩效评估期间遇到的许多困难都是因为员工对他们所获悉的评价感到很吃惊。

在绩效评估期间，员工听到的对自己的绩效反馈的全新程度是判断绩效评估过程是否失败的一种方法。年度评估的目的是：以评级和评论的形式，对员工一年来的业绩进行总结；进一步全面地讨论先前员工采取的改进措施是否得当（也包括管理者采取的那些帮助员工的措施）；讨论员工凭借自己的业绩是否能够获得加薪，或者其他奖励；为组织设定下一年的目标，为员工设立下一年的业绩标准。

正式的年度评估会议是对上一年的总结，并且为下一年开个头。它也给员工及其管理者提供了一个可以抛开层级压力平等对话的机会。在很多组织里，这是个难得的、不会敷衍了事的谈话机会。所以管理者们都应当考虑召开这样的会议，并且应当采取指导方针中所要求的态度，利用指导方针中所建议的工具来举行这样的会议。

2. 不要认为员工只对他们干得好时获得表扬感兴趣，而讨厌管理者指出自己需要改进的地方

人们喜欢得到表扬，并且喜欢表扬胜过批评，但并不是说他们没兴趣了解那些自己做得不好的地方和必须改进之处。这不是我们的假想，或者过于乐观的想法。请看一看下面这些开放式意见：

> 我爱我的上司！他是我在这里见过的最棒的管理者。他鼓励我们做

得更好，并且随时都让我们知道自己什么地方需要改进。他总是用一种很温和、容易让人接受的方式来指出我们的错误。他所说的东西对我很有帮助，所以我总是会很认真地听。

我的经理帮助我建立了一个切实可行的计划，其中包括我现在的职业、我能做得更好的事以及将来的职业发展。他为我的成长和进步指明了方向。实际上他自己的顶头上司也是这样做的，那位更高级别的经理建立了一支了不起的管理队伍。这真是学习的好地方。

我的上级是一位很公平的人，他很愿意听取我们的反馈，而且出现问题时，他也不会瞒着我们，他喜欢参与到我们的讨论中，然后找到所有问题的解决方法。我非常幸运能有这样一位上司，他是一名好经理，也是我们的朋友。

在过去的三个月里，我们的队伍有了一名新的领导，他非常热忱和诚实，把所有我们需要的、对改进工作有帮助的信息都提供出来。在这之前我从没有得到过任何详细的工作反馈；我的前任领导总是很笼统地说我做得不错。当然，令我吃惊的是，每当到了年末，我所获得的评价都是那么低。而现在，这位领导让我发现了很多可以改进的地方，这是以前从未有过的。遇到这样一位管理者，对于我们团队来说，真是一件幸运的事。

员工真的很需要反馈，这不应当是件很令人惊讶的事。从人的本性来说，员工需要知道如何才能把自己的工作做得更好，这样他们才能够获得更多的成就感和自豪感。那么，为什么管理者会常常从另一个角度去考虑问题，而不愿意告诉员工他们应该怎样改进呢？

其中的一个原因是，有少量的员工确实“脸皮很薄”，让管理者认为他们无法承受批评，甚至即使当管理者并不是在批评他们的时候，他们也会认为管理者的某些话是在批评他们。面对这样的员工确实很困难，但幸运的是，他们只占所有员工的一小部分。（在上一章中我们曾讨论过这个问题。）不能因为他们的存在，管理者就认为所有的员工都这样。虽然很多员工看上去都对反馈有抵触情绪，而且对批评过度敏感，但对于大部分员工而言，并不是他们的“脸皮太薄”，而是管理者处理反馈的方法不当。[2]

另一个导致管理者犹豫的原因，则是很多管理者不知道除了暴跳如雷以外，还有什么方法能让员工明白自己的工作需要改进。所以他们就会倾向于以下两种方法：完全避免直接谈论这个问题，而是通过一些非直接、模糊的方式与员工沟通；在事情没有发展到不可收拾之前，选择不说，或者只说很少的一点，但到最后，又会反应过大，采取一些粗暴的方法来处理问题，这样当然会让员工感到很惊讶，并且激怒他们。

当然，也有一些管理者在批评员工方面既不采取回避的态度，也不会摇摆不定：这种管理者往往不太关心员工在想什么，所以常常会在发现员工犯错误时表现得冷酷无情。这类管理者倾向于认为员工不想工作（或者不认真、很笨），除非常常提醒他们需要改进的地方以及不改进的后果，不然员工都会表现不佳。有趣的是，这种管理态度很普遍——甚至是非常普遍，它也被运用于高层经理管理低层经理的过程中（特别是存在上下级关系时），这与非管理人员被管理的情况是一样的。在一些组织中，管理者倾向于滥用言辞。这其中就包括在同等级的人面前批评某人。对此，管理者争辩道，具有威信不也是管理者能获得更高工资的原因之一吗？“如果你承受不了工作压力，就应该另谋高就。”但是，这些雇员事实上会有怎样的反应呢？这里有三个来自管理者的评论：

我的经理对待每一位下属都是一样的：从来不尊重对方。他就像是一个只在对某件事不满意时才会发话的暴君。他喜欢大声地训斥人，并且从来都是当众做这样的事。他并不关心谁在周围，他甚至当着我下属的面骂我。

我们的经理完全缺乏对别人最基本的尊重，并且总是带着一种优越感。他总是天天都在强调我们如何不能胜任自己的管理工作，但又缺乏对此的指导。他所宣扬的那些东西，即对人的尊重，显然根本没有做到。我和我的同事们从不这样对待我们的下属。真不知道这些高层经理是怎样坐上这个职位的！

他（CEO）把雇员当作孩子来看待，他就像是父亲。他甚至会责骂我们做了他之前布置的事，只因为他改变了主意！没人敢顶嘴，或者质疑他，因为他就是国王。

无论采用的是哪一种方式，在给出反馈这个问题上，很少有管理者树立过好的榜样。当他们观察到下属对于反馈的反应时，就更加坚定了他们的想法：绩效评估是件麻烦的事。然后，他们就会尽量拖延工作。但我们也知道有些管理者对此却很在行：他们从不拖延工作，而且总能在遇到很少困难的情况下，得到他们想要的结果。这就涉及给出反馈的技巧问题（在本章的后面部分将详细谈到这个问题）和管理者潜意识里对员工做出了哪一种假设——管理者假设员工想要尽力把工作做到最好，还是假设员工对工作都持不在乎的态度，所以必须强迫他们工作并且认真地工作？又或者，管理者相信员工都很想做好工作，并且自尊心都很强，以至于任何对其绩效问题的批评都会被看作一次对他们的致命伤害？

我们的观点是：除了少数的雇员（那些对工作反感，或者对批评过于敏感的人）以外，第一种假定是最有逻辑性的：员工想要把事做好，并且希望知道怎样才能把事做好。如果管理者是在这种假定下工作，并且遵循了我们所给出的基本方针，他就会做得很出色。但如果这种假定不存在，那些基本方针也是没有用的。

总体来说，在给出反馈时，管理者的意图应当是帮助和指导其下属。目的应当是让员工学习，而不是把他们当作发泄不满的对象，羞辱或者痛斥他们。

3. 如果一个员工的总体绩效很让人满意，并且受到组织的赏识，就应当让他知道

在雇员做自己的工作时，表现常常是让人满意的，有时甚至是出色的，虽然偶尔也会出现不尽如人意的地方。这种类型的员工在每一个组织中都占绝大多数，而且他们也应当知道管理者已经看到了自己的这种表现，这是很重要的。换种说法就是：每个人都是好的，但没有人是完美的，不断地追求改进并且加快改进的速度，这无论对于员工还是组织来说都是好事。（在后面我们将提到有一些业绩很差的员工原本就不该被雇用并安排到他所在的职位上。）

我们发现，许多员工都同意这样的观点："一个人因业绩差受到批评比因业绩好得到表扬的情况要多得多"。这样的管理方式严重影响了员工对管理者反馈的看法，他们由此就会不满意上级对自己的总体业绩和贡献所做出的评估。进一步来说，这将使员工在受到批评时丧失安全感，并且产生怨恨，无论这种批评是如何恰当而必要，以及所提及的问题相对于该员工的整体绩效有多么微不足道。

当员工相信管理者确实很满意他们的业绩，只是想帮助他们再进行一些改进时，进行改进的重要性是很容易被理解的——事实上，很多员工都对其持欢迎的态度。但是，想让员工相信自己的贡献受到了真诚的欣赏，需要的不仅仅是一次又一次粗略的评价，比如像"我们很高兴你能在这里工作"这

样的话，虽然真诚，但却是非常粗略的。真正的评估需要有事实依据，这种事实依据一般来源于对某项具体成就的欣赏，比如说，“你写的报告真的很不错，我尤其喜欢提及……的那部分”。

让你的赞美变得具体，员工就不会觉得你只是出于人际交往的原因在敷衍他们。指出员工行为中值得保持的部分是非常有益的。这就要求我们在对待改进机会时注重特殊性。

4. 管理者对员工的改进意见应当是明确而实际的，而非评价性的，而且应当是针对事件本身而非员工本人的

积极的反馈和对改进的反馈是相似的，因为它们都要求管理者尽可能明确而实际。虽然关于正面绩效的评论所传达的是积极的评价，但在指出改进需要时，也应当尽量避免用消极的语气。

“你做得真不错。”这样的话是积极反馈，对员工是很有帮助的，但如果对他们说“你做得真差劲”，这种消极反馈则会产生很不好的影响，这时应当说：“我认为我们可以换个方法来做这件事。”运用诸如“好的”、“好极了”、“很棒”和“一流的”这样的词语，尤其是当提及支持这些评价的具体事实时，能够帮助员工产生自豪感，让他们对自己的业绩感到满意。但在业绩不佳的情况下，对员工说出“差劲”、“劣等”、“不专业”、“没达到标准”之类的话，是没有任何意义的。如果他已经清楚问题的存在，并且管理者已经对问题进行过详细分析，再来进行这样的评估无疑会使员工感到不愉快，并且会影响他的工作热情和将来的业绩。

如果消极的评论针对的是员工本人，而不仅仅是业绩的话，问题会变得更糟。这种情况最常见的是依靠对员工的意向和意图的推测就提出批评意见，比如，“你肯定没有用心做这件事”，“你肯定是觉得这种方法很难，所

以偷懒”，甚至说“你肯定早上醒来时发现自己睡在了床的另一头”。虽然管理者觉得他们这些言辞是很有用的，但下属往往将其视为对自己人格的攻击，并且会加以还击。而且有可能因为这样，管理者无法被组织和员工看成是一名合格的心理咨询者。很多管理者都认为，研究心理是一种巩固权威的好方法（“我能看透你”）。但如果员工感受到了你的意图，他们就会对此产生怨恨的情绪。所以总结下来，我们所针对的应当是员工做得怎样，而不是他这个人怎样。

在避免消极评估的方面，也有一些例外的建议。第一，在正式的绩效评估中，管理者需要运用不同的尺度对员工的业绩做出评估，以下这种评论也许不太受欢迎：“你在那方面做得很好，但在这方面做得却不太好。”很明显，与消极评论相比，我们都更加偏爱那些积极的评论，但因为正式年度评估是一整年来积累的结果，并且会被用于决定员工的奖金，所以消极的评估也是必不可少的。从更远的角度来说，员工也都希望知道上级是怎样看待自己一年来的表现的。如果每一条评估都是有事实依据的，并且是对全年的总结，从而不会让人感到太惊讶的话，年终绩效评估中消极评论所产生的不好影响就会被大大降低。

第二，针对那些真正无法让人满意的员工，不得不让他们知道，而且必须尽早让他们知道别人对他们的不满。（我们将在本章后面讨论这个问题。）

5. 反馈要限于与员工绩效有关的行为部分

在绩效反馈中，有些管理者会将重点放在令自己感到不快的员工行为上，但却没有或很少关注与员工的业绩以及组织的成功相关的方面。那些备受关注的问题也许根本与工作无关，比如说员工消磨休闲时光的方法，如何与自己的配偶相处，如何培养自己的孩子，等等。有时，有些管理者会挑剔员工的衣着，甚至是在其穿着完全符合职业要求的情况下。有一位雇员就曾在采访中愤恨地抱怨说，他的经理竟然讨厌他的南方口音。

实际上，员工生活和行为的很多方面完全与管理者无关，如果管理者对这些琐碎的事进行干涉，只能反映出管理者自己的偏好及偏见。很多管理者认为自己担任的是“家长”的角色，因此无论是否关系到业绩，无论是否重要，无论员工是否愿意接受，他们都要在各个方面向员工提出“很有帮助”的意见。这些管理者应当学会只关心员工的工作以及与其业绩有关的方面。只有在员工需要的时候，才应当对他们的其他方面提出意见（假设管理者具备这方面的知识）。

6. 在进行绩效反馈时鼓励双向交流

在进行反馈时，与员工一起讨论问题出在哪里，并且一起寻求解决方法，要比单纯地对员工进行指导有效得多。当然，在员工完全是新手、对工作毫无经验的情况下，询问他们的意见是不明智的。而且，在少数情况下，当管理者很清楚地知道应当怎样做，只需要员工付诸行动时，这样的做法也不可行。在那种情况下让员工参与交流——而不是阐明管理者的要求——看上去就像由员工来操控局面。除了以上情况，管理者都应当对员工进行询问，并且真诚地听取他们的意见。毕竟，他们是真正做那些工作的人，他们的经历和观察有助于找到改进绩效的方法，其中就包括管理者应当如何避免危害员工业绩的行为。一次有效的沟通能够让员工成为一位“搭档”，而不是批评的靶子。它有助于形成一种良好的氛围，在这种氛围中，员工能够主动向上级提出问题以提高自己的绩效。最佳的绩效反馈时间，就是员工主动提出要求的时候。

7. 记住反馈的目的是要产生改进绩效的行动

这条方针是很明显的，但人们却不断用各种不同的方式违背它。违背这条方针的第一种情形是，管理者习惯于假定是员工的意愿或者性格导致了问题的发生："专心做你手头上的事！""继续干，我们要的不只是这些！""不要与别人聊天！"这些评论只对极少数的员工——那些缺乏动力的员工——是有效的。对于绝大多数员工来说，这只能让他们感到没有受到尊重。员工所需要的是目的明确、切实可行的行动计划，以用来解决问题，而不是针对个人的指摘，就像下面这个例子一样（由现实事件改编而来）。

经理：我想与你谈一下我的上司要求你准备的报告的期限问题。我想你最近有两次没有准时交报告。

职员：我根本没有意识到这些要求有具体的期限。他只是走到我面前，把资料丢到桌子上，然后用很低的语调要求我去搜集一些信息。

经理：这正是他的风格。他的所有看似温和的要求都应该被当作紧急事务来处理。刚工作的时候，我也遇到过同样的问题。你也许会问他任务的期限，而他只会说尽快。这通常表示他希望你能够马上就开始工作，并且在一两天内完成任务。我知道这样让你很为难，如果再遇到同样的问题，我很愿意帮助你。

违背这条方针的第二种情形是，要求一个人去做并不由他负责的事，而且对此给出评论。需要牢记的是，行动计划必须是切实可行的。要达到这个目标，除了雇员的努力以外，有时也需要外界的支持。下面就有一个管理者帮助雇员成功实现目标的例子，这种情况正是我们想看到的。

我的领导很开放，也很诚实，所以我也以同样的态度对待她，她总是在各个方面给予我帮助，有时甚至会放下自己手中的工作帮助我获得更好的发展。有一次，我没有搞懂系统中的新变化。为此，她不仅帮我找到了有关的资料，让我参加有关的培训，甚至还联系到一位专家随时解答我的问题。要不是她的话，也许我早就无法在这儿工作了。

违背这条方针的第三种情形是，给员工布置了太多的任务，使他们不知从何下手，所以只能忽略一些问题，或者只做每件事的表面工作。解决这个问题的关键就是，让每个员工的手中最多同时有两三件工作。要做到这一点，需要对各项工作的可操作性和重要性进行排序，然后做出优先选择。

8. 追踪和巩固

对反馈之后的大多数行动步骤来说，管理者都需要对员工的进展进行追踪：是否采取了行动，结果怎样，还需要做什么。追踪也让管理者能够有机会对员工的进步给予赞扬，这会进一步巩固员工好的行为。而且，如果员工知道还会有追踪的话，就会更快地采取行动。

9. 只在自己有把握的领域里提供反馈

我们把这条最显而易见的指导方针放在最后：你必须知道自己在说什么。我们已经针对如何做出反馈给出了许多指导，但这并不能代替反馈内容的重要性。只有在强迫之下，雇员才会把注意力放在由那些对自己的工作一窍不通或者知之甚少的管理者所做出的反馈上。这样的事情常常发生在直接把毕业生安排在领导岗位上的企业中。这些新上任的上级会发现自己领导的是一群已经工作很多年、比自己的经验丰富得多的员工。

> 这个公司应当立刻停止雇用那些只有文凭的年轻大学生来做一线的主管。他们上任以后对我们指手画脚，但事实上他们什么也不懂。他们觉得只要几天，或者几个星期，自己就可以做得很好，但即使在一位经验丰富的老员工的帮助下，至少也需要好几年才能真正掌握操作机器的技能。从前，主管都是从普通工人中选拔出来的，我们尊敬他们，因为他们知道的东西至少和我们一样多。

在给出反馈时，不要逞强，要诚实、谦虚地对待员工，并且给他们你所能做出的正确的反馈。我们在本章的后面谈论“晋升”问题时，还会对那些毫无工作经验而直接当上领导的情况进行质疑。

在我们结束“认知”反馈这个话题之前，我们还要向读者介绍一种越来越被广泛使用的方式：“360 度反馈”。迄今为止，本章所讨论的都是有关管理者如何向员工提供反馈的问题。而“360 度反馈”则是对绩效的多个方面进行评价，并且从管理者之外的不同来源获得反馈，特别是下属的直接报告（如果该员工也是管理者的话）、同级反馈以及来自外部和内部顾客的反馈，等等（正因为如此，这种反馈体系才被称为“360 度反馈”）。这套反馈体系还被称为多源反馈系统和多评估人反馈系统。“360 度反馈”之所以准确，就是因为它从多种来源和多个角度获得反馈信息。来自管理者的反馈，多多少少都会有些偏见，即使没有偏见，也很可能会忽略员工行为的某些重要方面，比如说，他是如何与同事相处的。相当多的证据表明，在有经验的咨询组织的指导和支持下，辅之以追踪时，“360 度反馈”对于改进员工行为是非常有效的。[3]

评价、赏识和奖励

现在我们来谈一下反馈的情感或评价因素，也就是管理者和组织对员工干得怎样的判断以及此判断的含义。

在我们前面关于认知反馈的讨论中提到，要在反馈中完全忽略情感的因素是不可能的。尽管在要求员工改进工作时最好避免评价性评论，但我们还是不想在员工表现优异的情况下将事实与评价分离开来。这个时候，评价和事实是密不可分的，因为员工的绩效并不需要做出改进。为此，我们唯一能做的反馈，就是表扬这位员工，感谢他把工作干得很好。

给予员工赏识对于产生激情和保持佳绩到底有多重要？从表面来看，也许不太重要。从组织的角度来看，难道我们没有为他的佳绩付钱吗？但是，给予员工这样的赏识是很重要的：让自己的成就得到别人的欣赏是人类最基本的需求之一。我们可以在生命的早期观察到这一点。想想看，小孩如果在学校里获得了好成绩，不都希望大人会因此而表扬自己吗？这种需求一直会陪伴人们步入成年，而且强度不会减小，甚至当你没有发现它时，它依然存在。就像小孩获得些许小的成功时，大人会表扬他一样，在员工为组织做出贡献后，经理也应当给予赞美。在我们的调查问卷和采访中，职员都表达了强烈的对赞美的渴望。

如果管理者对雇员的高水平业绩不予理睬，其后果将是令大多数员工感到泄气，甚至对一些人来说是毁灭性的。

渴望自己的成就得到别人的赏识并不是孩子气或者神经质的表现。弗洛伊德（Freud），这位在儿童研究和神经学（及二者之间的关系）上颇有建树的学者，就曾在他 80 岁生日时说过这样的妙语："别人的赞美总能让一个人受益无穷！"有些时候，我们会听到某人否定赏识对于他的重要性。一个工人可能会说："别表扬我，我要的只是钱。"但他的行为却能揭穿这种假象。有一次，我们在一家传媒机构做调查，那里有一位非常粗暴的首席执行官，他总是嘲笑组织里那些渴望获得各种专业褒奖的员工。但他的雇员却发现了一个很有趣的现象：每当这位 CEO 与某个声望很高的行业奖项擦肩而过时，在他办公室的周围就更容易听到呵斥声和愤怒的跺脚声。

当然，有些人对于赏识的渴求确实有些极端和神经质。我们能看出有些人对赞美的渴求是无法得到满足的。他们时时都需要别人的赏识，甚至当他们的行为并不值得引起别人注意时也是如此。如果别人没有及时地对他们进行赞美，他们就会变得焦躁不安，甚至变得过分激动。此外，他们根本不在乎赏识的来源，他们希望全世界的人都欣赏他们：无论是他们所尊敬的人，还是轻视的人，也不管是那些掌权的人，还是与他们的职业毫不相干的人，都必须欣赏他们的成就。通常来说，他们就是我们所说的那种急功近利、想要站在聚光灯下的人，他们会抢夺各种奖项和荣誉，也不管这些东西是否属于整个集体。他们总是吵吵嚷嚷，想要引起别人的注意（而且爱发牢骚）。但是，正如我们之前讨论的那样，这种人只在员工中占很小一部分。

心理健康的人需要别人对他的杰出业绩做出肯定，而且会对那些由他们所敬仰的人提出的建议加以重视，因为他们很现实，所以也会注意那些能够帮助或者影响他们工作的人的意见。

在继续这次讨论之前，让我们反复重申对绩效给予赏识和尊重地对待员工这两者之间的差别（后者是第 6 章“尊重”的主题）。这里之所以用“尊重”这个词，是因为尊重涉及公平问题，那是员工只要受到雇用就应该得到的，就像他们应该得到基本工资一样。换句话说，这是他们作为员工和人的基本需求。而赏识针对的是“他们所做的”：他们的绩效和对组织的贡献。当然，赏识和尊重也不是截然分开的两个方面，它们不是相互独立的。“赏识”这个词有两层含义：认可某人的绩效和认可某人的存在。后面这种赏识，就是在工作场合里对员工的一种尊重，比如说，管理者肯定要向迎面走来的员工打个招呼，并且叫出他的名字。对于员工来说这是很重要的，但并不是我们本章所讨论的这类“赏识”。我们这里所谈论的赏识等同于说声“谢谢你”。而一个员工是否获得感谢或所获得的这种感谢的程度和方式会因其绩效而改变。这是它与尊重的不同之处，因为每个人应当得到的尊重都是一样的。赏识的重要性可以从全美国实际上还有全世界，公共的、私人的和非营利组织所颁发的奖项的隆重程度表现出来（物质的和非物质的）。奖励的形式也可以是多种多样的，从诺贝尔奖、奥斯卡奖、用名人（或即将成为名人者）的名字命名建筑和街道，到公司的勋章、纪念牌、金表和给予无名者的（或很快不再是无名者的）各种奖金。组织内部常常存在一些非常正式的奖项，而且管理者也已经深刻感觉到了奖项对于组织的推动力。但遗憾的是，因为不当的管理方式，这些奖项的影响力已经被大大削弱，有时甚至会反过来损害到员工和组织。更遗憾的是，当组织中的经理们考虑对员工的赏识时，他们通常会将之与正式的赏识计划等同起来，而几乎完全忽略平时对员工的非正式赏识，比如说，到工厂车间或办公室基层对雇员日常的良好绩效表示感谢。或者，他们把赏识与薪酬体系——工资、加薪、奖金、股票奖励，等等——等同起来。从这种观点出发，即使存在赏识，也不过被看作"蛋糕上的糖衣"——确实不错，但远没触及员工需求的核心，而只涉及金钱。

赏识员工的有效方法是什么？

以下是赏识员工的四种主要方法。仅靠任何一种方法，如金钱，是不足以向员工提供对于他们来说最重要、也对组织有益的那种赏识。

- **薪酬**。薪酬的发放因雇员绩效的不同而不同。
- **非正式赏识**。经常对员工的业绩给予赏识，其中最重要的是来自顶头上司的赏识。
- **荣誉**。应当针对员工的业绩颁发特别奖励，把它作为正式奖励计划的一部分，并且可以同时给予奖金。
- **晋升**。因为出色的业绩而被委任更高层的职位。

首先，我们考虑一下薪酬、非正式赏识和荣誉，这些东西的获得与否只与员工的实际工作和业绩有关，而不需要其他方面的标准。然后我们会讨论晋升的作用。

管理者可以用薪酬、非正式赏识、荣誉这些“工具”来表示对个体或群体中员工的赏识。这三种方式在某些方面是各自独立的，但同时也是互相依赖的。说它们是各自独立的，是因为它们不能相互替代，每种方式都很重要。在前面的章节中，我们曾强烈反对如下的观点：对工作本身的满意可由金钱来替代，并由此推论，当员工抱怨薪水时，很可能真正抱怨的是令人不满的工作。我们认为，员工两者都需要（并且需要更多其他东西），而且，忽略任何一项都会导致员工满意度和动力的大幅度下降。

与此相同，我们也反对如下观点：只有金钱才能真正表达对员工佳绩的赏识；或者另一个极端看法，认为员工“真正”渴求的只有“关注”或“自尊”（并且，当员工因得不到他们真正所需而产生挫败感时，对金钱的关注只是一种情感转移）。还有人认为，人类最基本的需求是觉得有人欣赏自己，这可以用赏识计划和无须任何花费的赏识方式来满足。[4]对于那些想要节省资金的管理层来说，这种建议当然能让他们感到很高兴，但事实上，这种办法并没有用——甚至是危险的——因为它忽略了金钱对员工的重要性，而且容易让管理者相信他们能够操控下属和“分析其心理”，并且节省劳动成本。无论如何，这种方法并不能久用。金钱的作用是其象征意义还是心理意义，这并不重要。无论是象征性的还是实质性的，它对大多数人来说都是极其重要的，而且无法用非物质奖励替代。

精神上的奖励不是金钱的替代品，但管理者也不应当犯相反的错误：相信金钱能够代替精神上的奖励。应当二者并重。举例来说，一家投资银行的一位高层经理曾经对我们说过一件他与董事长之间发生的事。那是在年末，银行里正在分配奖金。董事长走进这位经理的办公室，把装有奖金支票的信封递给他后，说了一句“这是给你的”，然后就转身离开了。这张支票的额度是 50 万美元。这位经理为此感到失望和恼怒：“为什么他不对我说点儿别的?”经理向我们抱怨道：“我一点都不知道他到底怎样看待我的业绩，也不知道他到底希不希望我继续留在这儿。他从来都不告诉我。”

这位经理的抱怨听起来确实有些不可理喻。难道一张 50 万美元的支票还不够吗？难道金钱的数量还不足以说明什么吗？但事实就是如此，单纯金钱上的奖励是远远不够的。对于雇员来说，能够直接从管理者那里听到他对自己的业绩的个人意见和赏识是十分重要的。在这家公司工作的员工，都觉得董事长想把他们放在“光滑的斜坡”上任由其发展，他们总是迫切希望知道他对他们的评价。就算是在走廊里碰到员工，他的“问候”也几乎只是提醒员工所负责的事情中有些事还没做好或还没有做。这位董事长非常不善于表达对他人的欣赏，即使在分发大额奖金时也是这样，按理说这应当是表达赏识的最好时机。六个月后，前面提到的那位经理离开了这家公司，他私下告诉别人：“我无法拒绝这个机会，我再也无法忍受××（这位董事长的名字）了。”

员工对金钱和非物质奖励的需求都是不能忽略的。二者不可相互替代。同时，它们也是相互依存的，这有两层意思：第一，它们能提高彼此的效用——并不只是简单的相加效应，而是乘法效应。所以，从消极的方面来说，如果这二者中有一种没有被运用，对于总效果而言，损失的不仅仅是未被运用的方法本应带来的那部分效果，另一种方法的效用也会大打折扣。在前面的例子中，我们可以清楚地看到这个问题：因为没有得到一句“谢谢你”，从而降低了大额奖金所带来的积极影响。相反，如果双管齐下的话，则可以提高二者的效果。我们的证据表明，如果能够在运用“荣誉”这个极为正式的奖励计划时，适当地配以奖金，总体效果会大大加强。在给员工颁发荣誉的同时加以金钱奖励，能够使员工感觉到公司十分重视他的贡献，而并不仅仅是口头上说说而已，也愿意为之付出物质代价。要想获得最佳的效果，在奖励员工时，就应当既有“精神”上的，也有“物质”上的。即使颁发荣誉时所发放的金钱数额可能无法与各类基本薪酬（提薪、奖金等）相比，但它应当足以表明这项荣誉不仅仅是一个“象征”。

当然，我们并不认为日常对员工的非正式赏识也应当伴随金钱奖励。而是说，如果所谓的非正式赏识不在适当时候反映在员工的薪酬上，就会失去其影响。

这三种表达赏识的方法是不可分的，这一点还表现为它们所用的赏识标准应当是一致的。举个例子：假设一家公司正在着手改进服务质量——至少从其公开声明来看是如此——它可能采用正式奖励计划，在公开场合中对那些服务质量高的员工给予赏识。但在日常的非正式沟通和赏识中，以及员工的报酬（如提薪）中所传递的信息则可能是不同的：如果这些信息表明，数量才是真正重要的，那么它们与奖励计划就是不一致的。正是这种矛盾让员工无法确定管理者的真正要求，并使他们怀疑管理者的真诚，这会严重损害组织的赏识效果。标准应当是一致的，并应当使每项标准与组织的真正目标和价值观相一致。这样，在员工得到奖励的同时，组织目标也得到了实现，价值观也得到了巩固。

要想达到最好的效果，组织必须将赏识看成是多个部分的集群，需要在使用各部分时彼此相一致并与组织目标和价值观相吻合。

如何最有效地给予赏识呢？我们在这里总结了几条基本原则，其中一些前面提到过：

- **赏识的内容要具体**。表扬员工时应该针对具体的成就。这样不仅能够强化管理者希望反复看到的具体行为，而且能够让员工感受到表扬是真诚的。

- **亲自给予赏识**。似乎这一点听起来是显而易见的，但通过长途电话或者委托他人对员工给予赏识的效果，确实比不上面对面给予赏识的效果。

- **及时**。在出现所期望的行为后尽快给予员工赏识。一般来说，员工行为的结束和强化行为的表扬之间的时间间隔越长，强化所起到的效果越差。这条建议可以精辟地概括为“及时捕捉他们的良好表现”。管理者们常常会在员工做错事时及时捕捉到他们的行为，但是在员工表现良好时采用同样的原则才恰恰是管理者应当做的。

有关及时性的这一指导方针主要适用于非正式的反馈。表达赏识的其他方式——薪酬和荣誉——一般都很难当时在当场做到。但是，它们的重要性在于，可以正式地巩固强化、“强上更强”，还可以向员工证明组织用金钱和公开赏识来支持其承诺。正像我们所说的那样，将三种赏识方法结合起来，就能够形成一个有力的组合。

- **真诚**。这是一条非此即彼的建议。毕竟，管理者要么是真诚地表扬员工，要么就是不真诚的。对于那些不是真正欣赏员工业绩的管理者，我们是无可奈何的。一些管理者从不真正欣赏员工——他们相信只有自己的努力是最重要的——而我们这本书并不是如何真诚待人的指导手册。然而，还有些管理者真诚地表扬员工，但却没有让员工感觉到。可能是因为他们所说的话过于笼统，或者给予表扬的时间太晚，使得员工们觉得这是管理者不得不做的事，而非他们真正想要做的事。或者，他们在评价员工的业绩时所表达的意思过于混杂，比如说，“你在这方面做得确实不错，但……”或“谢天谢地你终于把这件事做对了”。可能还因为他们自己感觉不自在，在运用“幽默”时效果不好，比如这样的评述：“你的工作干得真不错，要不别人永远也不会知道你还有 MBA 学位。”“他对公司是如此忠诚，以至于他已经好几个月都没回过家了！”还有的管理者做得过分夸张，用一些毫无意义的恭维话来夸大员工的成就，比如“最棒的……”、“最伟大的……”、“公司历史上前所未有的……”。虽然有些关于如何给予赏识——以及赏识本身——的建议可能显得有点陈旧，但可以肯定的是，赏识对于员工来说是无比重要的，他们会仔细倾听你给予赏识时所说的每一个字。称赞越简单、越直接越好，例如，“你在……方面做得很好，我想让你知道这一点。我尤其喜欢……非常感谢你”。如果赞美中夸大了员工的实际成就，或者加了过多的修饰，就很难让人相信。如果意思过于混杂，那么即使管理者以积极的表述结尾，员工最容易记住的还是消极的评论和含义。简单地说，员工所需要的是针对其贡献的坦诚的、自己应得的赞美，当他得到这种赞美时，他会非常感激。不要破坏这种感觉。

- **对团队和个人的绩效都应当给予赏识**。在“薪酬”那一章中，我们曾建议，对大多数员工来说，绩效工资应当以团队成就为基础。我们认为，个体奖励方案（如计件工资和业绩工资）通常是管理者和员工关系的噩梦，这会导致许多员工无法感受到激励，并且一般会削弱团队合作。但我们也必须承认，在每一个团队中，总有人比别人做出更多的贡献（这种差别有时是很显著的）。那么这些人是否应当——以及如何——获得额外的赏识呢？一方面，特别是在按团队发放工资或奖金的情况下，他们能够从同事那里得到这种赏识。在那种情况下，一位杰出贡献者会得到团队成员的尊重，因为他的工作给所有成员带来了经济利益。（相比之下，在个体薪酬体系中的“效率狂人”则会受到排斥，因为他的高绩效给其同事带来了损害。）

充分利用这三种赏识方法能够让个人和团队都因其工作而得到应有的承认。虽然我们认为，对大多数员工来说，绩效薪酬应该以团队绩效为基础，但管理者还是需要经常给予个人非正式的反馈。在恰当的时候，管理者还可以把整个团队召集起来，向集体表示感谢。

荣誉这项正式的奖励，同样需要兼顾到个人和团队。但在我们的观点中，荣誉主要应当留给真正杰出的成就：组织的“诺贝尔奖”。如果这种荣誉颁发得过多过滥，并且奖励不够正式的话（如公司的免费车位、简单的证书、二人晚餐的优惠券或者每月优秀员工的称号），我们的调查显示，在实行一段时间之后，员工们就会对它们越来越不重视。实际上，这种过于普遍化的荣誉反而会导致其他一些问题，比如员工会对这些荣誉获得者产生怀疑，或者对评选的过程产生不信任感。这类荣誉计划应当得到员工的热忱欢迎——毕竟它们是为了提供赏识——但对大多数员工来说事实常常相反。在听了员工的抱怨之后，管理者往往会修改荣誉计划，让更多的人获得奖励，这样员工就不会感觉被排除在外。于是，像绩效赏识一样，多数这类荣誉计划就逐渐变得没有意义了。

此外，我们的建议是，只设立一个（或者很少几个）荣誉计划，并且只对真正杰出的贡献颁发这项荣誉。荣誉应当既针对个人，又针对团队，而且需要组织一个包括同级员工的委员会来评出得奖者。让同级员工参与大大有助于减少选拔过程的神秘性，增强员工对评选过程的公平性的认同。

晋升

我们已经讨论了如何在当前工作情境下给予员工赏识和奖励。但对于很多员工来说，最为有效的奖励莫过于在组织内部从当前工作岗位晋升到更高层职位的机会。它之所以有效，是因为它同时给予了多种奖励：更多的金钱，更高的地位，通常还有更富挑战性的、有趣的和具有影响力的工作，以及公开的赏识。

对员工来说，一个主要问题是公司致力于内部晋升的程度。大体上说，我们可以把组织分为两类：一类是尽量从组织内部人员中选拔晋升对象；另一类则认为内部人员实际上是“已被污染的东西”，而倾向于从外部聘用。正如某家客户公司的一位经理在谈到其组织挑选新的高层管理者的理念时所说的：“我猜想，我们觉得在这里工作的每个人都无法更能干了，所以我们最好从外面找人。”在书面调查中，这样的论述经常出现：

> 现在通过晋升的方式来发展自己的机会……是非常有限的……这家公司从外面雇用了许多人来担任关键管理职位和专业职位。我认为，这种机制是不恰当的，它无法发掘公司中最优秀的人来填补空缺的职位。
>
> 我认为这家公司最大的问题是不重视对内部员工的赏识、发展和晋升，相反，却从公司外面招了许多人来担任领导职务。
>
> 虽然他们并不承认，但我没看到任何迹象表明我所在单位的高层管理者有兴趣晋升内部人员。难道他们真的认为公司内部的人一点儿用都没有吗？如果真是这样，又该如何解释公司取得的成就呢？

不注重内部晋升哲学的组织会在很多方面遭受损失：

- 它们向员工传递这样的信息：它们不太尊重自身员工的能力，这样就会丧失因尊重员工所带来的员工忠诚和激情。
- 它们会丧失因晋升和晋升期望所产生的动力，而那些有抱负的员工也会因此变得沮丧，缺乏斗志。
- 它们会丧失一批有经验的（在某项业务上和所有层次上有经验的）员工带给组织的优势。
- 它们会丧失组织目标和文化的稳定性。
- 它们会因为总是招聘新员工而增加招募和培训的成本。

当高层职位空缺时，有三个主要的原因使得公司不从内部晋升。最常见的原因是，组织内部没有合适的人选适合该岗位，或者组织外部明显存在着更优秀的人选。另一个原因是，组织陷入了麻烦——或者处于停滞状态——因而必须从外部引进“新鲜血液”。最后一个原因是，公司需要雇用“高潜力的”人员，而空缺职位——通常是基层管理岗位——为之提供了“发展”机会。这些观点在理论上是成立的，在现实中的某些情况下也是适用的。比如，公司需要某类特别的专家，而公司现有的雇员中没有这方面的人才，这时，公司只能从外部雇用这类专家。

但是，已有的研究强烈地证明了如下观点：一般来说，坚持内部晋升政策的组织比不坚持的组织有着更好的绩效。比如，在《基业长青》[5]一书中，柯林斯和波勒斯在对高绩效和低绩效公司的对比研究中发现：“与低绩效的公司相比，那些高绩效公司更注重从内部培养、筛选和晋升管理人员。”实际上，与在低绩效公司工作的员工相比，那些在高绩效公司工作的人得到内部晋升的机会是前者的六倍。[6]

有些管理者喜欢对现有雇员吹毛求疵。相反，他们总认为那些他们想要雇用的人是完美无缺的，看起来就像“期待永恒的春天”。当然，这只是白日梦而已，因为完美的经理人是不存在的，而在新员工上任之后，管理者才发现如此——有时会感到惊讶和沮丧。那些很适合某个职位——但并不完美的人——常常就在管理者眼皮底下，只要他们肯看一眼的话，就能发现他们。如果管理者无法在自己身边找到合适人选，很可能就是因为那些具有潜力的人没有得到适当的培训，或者那些能够胜任这个职务的人已经因为对晋升失去希望而离开了。

公司迫切需要首先从所有可能的内部候选人中为空缺职位选拔人员。要让这条政策切实可行，显然必须建立一套与之相适应的组织人才识别和发展计划。

组织是否应该只是晋升业绩最佳的人？这是一个很有趣但也很令人烦恼

的问题，但答案是否定的。一个最优秀的工程师不一定能成为最优秀的工程部主管。最优秀的推销员也不一定就能做一个最优秀的销售主管。但如果不晋升那些业绩最佳的人，是否会影响到他们的工作激情和动力？是的，肯定会，而且即便以业绩为晋升标准，那个业绩最佳的人也要面临在一群业绩优秀的人中被选择的情况，更何况他本身可能并不适合晋升到这个职位。而当这一群业绩优秀的人中有了合适的人选时，就不应该再在业绩表现一般的员工中寻找所谓“令人满意的人选”了。即便这位“令人满意的人选”可能拥有所有适合这个职位的其他品质，但是他仍然不应得到这个机会。消极地说，业绩高的员工在晋升后表现不好更能被人理解，而且事实上，在业绩高的员工中找不到合适的晋升人选的可能性非常小。

等式的另一边：处理令人不满意的绩效

在本书中，我们一次又一次地提到那些业绩明显一直都无法让人满意的雇员。这样的人就不应当再留在组织中，或者至少不应当继续从事他们现在的工作。虽然这样的人只占整个员工队伍中很小的一部分（很少超过5%），但他们确实浪费了管理者的大量时间。

我们可以把这类明显一直令人不满意的员工分为三大类：

- 那些在正确的指导、清晰的目标和适当的激励下能够有所改进，在当前职位上达到令人满意绩效的人。
- 那些选择了错误的工作，只有在岗位合适时才能改进绩效的人。
- 那些无论得到多少指导，无论在怎样的工作岗位上，绩效都不好的人。

如果不对那些绩效不佳的人采取适当措施，就会影响到其他员工的士气。实际上，造成员工消极的主要原因就是组织没有采取恰当的方式来处理绩效不佳者。当问到“您认为组织在多大程度上敢于面对绩效不佳者?”这个问题时，从平均水平来看，调查所得的各种反馈的比例见表 10—1。

表 10—1　对“您认为组织在多大程度上敢于面对绩效不佳者”这一问题的回答

答案	回答者所占百分比
极大	2%
很大	5%
不大不小	52%
很小	29%
极小	12%

不会有 41%（29%＋12%）的员工被看成是绩效不佳者。无论员工队伍的规模有多大，绩效不佳者都只占很小的比例，通常在一个部门中只有一两个。但是，他们会激怒许多人。特别令人失望的是管理者明显不愿面对这种问题并采取某些措施。对每个人来说，这个问题都是很明显的，并且员工通常都很清楚谁是制造麻烦的人。在焦点小组调查里，他们几乎总是指向同一个人——有时是很精确的。

举个例子，有一次我们对一个政府机构进行焦点小组调查，该小组由某个部门的全部 10 名员工构成。许多参加者的主要抱怨之一就是，该部门的一名员工“整天游手好闲”。由于部门的人员都参加调查，所以那名雇员也必须在场，但即使如此，对他的讨论也始终没停。讨论最后改变了话题，而一位一直保持沉默的雇员直到那时才开始参与讨论。小组的其他人很有默契地朝会议主持人点点头，他们巧妙地让他知道大家所说的游手好闲者是谁。

同事们的意见一致不仅仅体现在讨论“肇事者”时，还体现在讨论绩效不佳的原因和解决方法时。在涉及诊断同事的问题时，员工总有很好的洞察力，他们最清楚自己的同事到底遇到了什么问题：是没有得到足够的训练?还是无法适应自己的工作?（比如，“他根本就不适合做推销员”。）而对于无可救药的人，他们也会很清楚地说："对于他，我们什么也做不了。"他们很愿意去帮助那些他们认为值得帮助的人，而对那些无可救药的人，他们也会抱着一种很复杂的态度来思考该怎样对待他。通常情况下，雇员都不希望看到自己的同事被解雇，但如果他们相信管理者已经采取了一切可行的措施帮助过这个人，并且一直以公平的态度来对待他的话，他们也不会觉得解雇这位同事是不可接受的。

无论造成绩效不佳的原因是什么，关键是要快速、正直、公平地解决问题。第一步是对员工进行指导，而且应当按照之前我们所建议的那样去做，有一点很重要，就是要给员工倾诉的机会，让他们说出自己的意见：问题出在哪儿？该怎样解决？接下来，对员工的工作目标进行修正，并对后来的进展进行跟踪调查，以了解员工的业绩是否令人满意——或者至少有了改进。但如果在足够长的时间之后依然无法解决，管理者（与其主管，通常还有人力资源部门商量）就应当考虑是否应该在组织内调换该员工的工作岗位或者开除他。工作调换对于两类人来说应当是不大适用的：一类是无法胜任任何工作的人（何必为他们大费周折呢）；另一类是能力很强，但由于性格的原因（过分叛逆、非常被动、完全无组织性、十分懒散等），无论去到哪里都会制造麻烦的人。

在这里，我们不去评论有关解聘雇员的法律和行政法规，比如要充分告知他们近期的解聘举措并提供足够的文件证明。当然，管理者必须遵守那些要求，不仅仅是为了避免法律诉讼和罚款。虽然依照这些法律法规行事需要耗费大量的时间和金钱，但这些法律法规确实对雇员起到了保护作用，让他们不会因为管理者单边的、不负责任的武断决策而蒙受损失，而且这些法律法规还能够保证雇员和管理者处于平等的位置，增强他们的信心。

管理者经常会责怪工会、行政部门的规章制度或人力资源部门拖延了对绩效不佳员工的处理。根据我们的研究，并没有数据能够证明这一点。管理者不愿意面对绩效不佳的问题与这些因素之间看来并没有太大的关系。例如，我们的数据表明，针对公司如何面对绩效不佳这个问题的回答上，有工会的公司与没有工会的公司中员工的答案几乎没有差别（见表 10—2）。所以，问题看来并不在于工会的限制，而在于管理者。

表 10—2　有工会的公司与无工会的公司的员工针对“您认为组织在多大程度上敢于面对绩效不佳者”这一问题的回答

	回答者的百分比	
答案	有工会的公司	无工会的公司
极大	2%	3%
很大	6%	4%
不大不小	48%	52%
很小	31%	29%
极小	13%	12%

反馈确定优先次序

反馈，无论是认知上的还是情感上的，都有一个极为重要的作用，就是向员工传递信息，告诉他们组织的优先选择。员工很快就会知道，组织在正式声明中所说的——比如，在其愿景和价值观宣言中所说的——相比于他们在工作中天天从管理者那里听到的，以及管理者确定物质和其他奖励的标准而言，并没那么重要。举个例子，如果一家公司宣扬客户服务，但客户服务呼叫中心的员工只有在自己处理电话数量不够的情况下才会听到上级的反馈时，他们就会认为公司真正重视的是服务数量，而不是服务质量。如果一个公司大谈道德，却对员工私人少量占用公司资源的行为视而不见，直到被占用的资源达到一定数额时才采取行动，员工就会开始轻视公司的政策。如果某家公司的口号是“全面追求卓越”，但却对低绩效不理不睬，“卓越”也就成了一句空话，对组织的实际运行起不到任何作用。

当公司能够对明确的愿景和价值观宣言采取认真的态度，也就是要让绩效反馈和赏识所传达的信息与该宣言相一致时，才可能让公司受益无穷。正因为如此，我们在第 7 章“组织目的和原则”中，要强调执行的重要性。只有通过对主要目标和价值观的执行，员工才能明白组织真正关心的是什么。言与行之间的巨大差异比根本不说还要糟糕，因为这种差异会让员工对管理者的能力或动机产生怀疑。

注释

[1] 要全面了解这项研究，可参见 Hellervik，L. W.，Hazucha，J. F.，and Schneider，R. J. (1990). “Behavior Change：Models，Methods，and Review of Evidence. In M. D. Dunnette and L. M. Hough (2nd ed.)，*Handbook of Industrial and Organizational Psychology* (pp. 823-895). Palo Alto，California：Consulting Psychologists Press。

[2] 对批评非常敏感的雇员需要更多的关注、表扬和信任。在对待他们时应当逐字逐句地遵守我们所提出的指导方针，以便使其糟糕的心理状况不至于恶化。

[3] Lepsinger，R.，and Lucia，A. D. (1997). *The Art and Science of 360° Feedback*. San Francisco，California：Jossey-Bass；Sederburg，M. E.，and Rogelberg，S. G. (1998). “Informed Decisions：Research-Based Practice Notes 360 Degree Feedback：Methodological Advice from Multiple Sources.” *The Industrial-Organizational Psychologist*，36，67-76.

[4] 参见 Smith，G. P. (November 2001)。*Here Today，Here Tomorrow：Transforming Your Work forece from High-Turnover to High-Retention*. 还可参见 Illinois：Dearborn Publishing。Smith 认为，在留住“最优秀的和最聪明的”员工时，表扬胜过奖金。“人们有一种基本的人类需求，就是要感觉受到赏识，而赏识计划有助于满足这种需求，”Smith 指出，“金钱可能吸引人们来到门前，而必须用其他东西来避免他们离去。”而且，Bob Nelson

在《质量文摘》中写道："提薪和奖金都是好事，但它们很少能激励人们持续不断地尽最大努力去工作……在得知雇员会受到非物质奖励的激励时，明智的公司应该考虑的是，在试图激励雇员尽全力去工作时，不需要成本的激励作用有多大，可能性有多少。" Nelson, B. (2004). "Secrets of Successful Employee Recognition." *Quality Digest*, *QCI International*. Retrieved from www. qualitydigest. com.

[5] Collins, J. C. and Porras, J. I. *Built to Last*. New York: Harper Business Books. 1997.

[6] *Built to Last*. supra (p. 173).

第 4 篇

激情的员工队伍：同事情谊激励

第 11 章

团队合作

我们若不团结，必然各无死所。

——本杰明·富兰克林（Benjamin Franklin）

不吝时间助人登山，瞧，自己也登上了高峰。

——西藏谚语

人类是彻彻底底的社会化动物。其特点表现为：有着成为群体一员的归属需求；能够从给予和得到帮助中获取快乐。很自然地，情感上健康的人们聚集成群，将生命中的绝大多数时间用于与他人交往，尤其是与家庭成员、朋友以及同事交往。

本书是关于工作场所的，而不是关于关系本身的。然而，工作场所中社交关系的质量——它的“社会资本”——是极为重要的。这不仅是因为人们对同事情谊的普遍需要，还因为合作关系对高绩效起着关键作用，从而影响着一个人的工作成就感。[1]

回顾过去

绝大多数企业都强烈而有意地阻碍员工之间的社交，担心这会浪费时间，并认为这纯属“游手好闲”之事。从某种意义上说，这种做法和想法几乎是很可笑的。我们曾对一家工厂做过一次调查，调查中收到了如下的评论：

> 如果你试图说话，女工头一定会跑过来，分配更多的工作让你做，或者她会大喊："你为什么还没有做完？"

这听起来像是讽刺剧的内容，但它确实描绘了工作中人际交流的情形，这与很久以前不完全相同。

工业和组织心理学兴起于 20 世纪二三十年代，它在很大程度上回应了一些有关员工激励和行为的偏见观点。在著名的霍桑研究的基础上，工业中"人际关系"运动的公认奠基人埃尔顿·梅奥（Elton Mayo）把员工的社会需求作为其理论的中心：

> 人们对在工作中与同事持续合作的需要，即使不是最强的，也是相当强的一项人性特征。任何在管理上对这种需要的漠视，或者任何打消这种人性冲动的不明智的尝试，都将立即导致管理本身某种形式的失败。[2]

梅奥所说的"管理的失败"是什么意思呢？他指出了两种表现：第一，对员工士气的消极影响；第二，几乎每项工作的有效完成所需的合作都会减少。

自从"人际关系"运动出现以来，该领域已经走过了一段长路。尽管其理论和规则已进一步扩大，包含了其他的人类需求，比如在本书中提到的那些需求，但你还是不能否认社交关系对人们在工作中获得满意和绩效的重要性。

我们现在做得更好吗？

由于受过人际关系方面的教育，如今的许多管理者不愿承认他们为工作中的员工交际问题担忧。但是，即使是最高层的管理者，这种不安也总是存在的。比如说，在对一家大型电脑服务公司的首席执行官进行深入访谈的过程中，论及他领导的高层管理者，他与我们分享了以下观点：

> 有一件事困扰着我，这与其说是关于我直接领导的团队，不如说是关于为团队工作的一些人。这关系到他们的午餐习惯——我听说他们能在一顿午餐上花两个小时甚至更多时间。我知道有的时候他们是和客户在一起，但他们同样会带上其他人共进午餐。不管你信不信，他们还要公司报销，把这些费用加进报销单中。这种情况一个月要发生好几次。他们说他们是在洽谈公司业务，但我真的不知道……

而对那些经理的采访却展现了一幅完全不同的画面。他们说他们不仅仅在午餐时进行社交活动，而且通常还要在就餐时进行许多其他活动（一会儿被“电话叫走”，一会儿被“老板叫走”，诸如此类）。他们说，这些午餐绝大多数是工作会谈，而且他们声称公司可以比付出的价值收获更多。除此之外，考虑到他们每周 60 多个小时的工作时间以及他们的级别，他们诧异为什么所有的人都在担心他们的午餐时间过长。

作为一家大型公司的首席执行官，他有必要为这种显而易见的琐事——比如，高级经理是否花费过多时间在午餐上——而烦恼吗？的确如此！当论及人际关系时，这些基本的问题在各个层次上竟然如此一致。在经理层中的这些琐碎小事就如同在车间中的一样普遍，任何高层管理者都会这么告诉你。

员工是想浪费时间吗？有一些的确如此，如果允许，那些极少数人甚至愿意花费一整天时间用于社交。但是，绝大多数员工在时间被浪费时会感到沮丧，他们不愿意浪费时间在无谓的工作上（比如，在那些徒劳的会议上）或是在过多的工作间隙中。当然，他们不愿——事实上也不能——每时每刻都工作。与休假相比，工作间隙只是浪费时间。

我们指的不是如下情形：工作太繁重或工作环境太压抑，以至于社交成了逃避它的一种方式或是员工表达对公司不满的一种方式。我们是说，当员工失去工作兴趣或是感到烦躁的时候，工作间隙就不仅仅是工作日中所需的暂停了。它们也很可能是多余的，从而引起管理者去处理那些“装病的人”，可这更疏远了员工。这种恶性循环有损于组织及其员工的利益。

我们在本书中所描述和建议的实践措施在一些组织中有所体现。在这些组织中，员工受到激励从而努力工作。花一些时间用于休息和社交没什么可担心的，事实上，还是应该鼓励的。这些休息很有必要，因为它提高了员工的整体绩效，同时标志着管理者关心员工福利，包括他们的健康。

边工作边社交

尽管员工能从与他人交际中获取快乐，比如在工作间隙闲聊，但是，他们最大的满意源于在为共同绩效目标努力的过程中像团队一样互动。这是员工士气的巨大源泉。就如同我们在第8章“工作赋能”中提到的，这是创新想法的主要来源。

事实上，许多社交中的互动都与工作相关。在拥有良好团队合作的组织中，工作与休息的界限变得模糊，即使在交谈关于非工作类问题时，社交也有利于巩固团队成员间的关系。事实上，通过团队合作以及简单而重复的社会交往，一个工作团体就建立了：人们享受着彼此的陪伴，彼此共担责任，并且为团队的成就感到骄傲。

幸运的是，社交关系对人们十分重要，因为事实上几乎所有的工作都需要高度的团队合作。这似乎是显而易见的，但一些管理者和管理理论家仍然坚持认为，在许多工作中，团队合作是完全不必要的。最经常被提及的例子是从事高度细分工作的流水线工人。对于如此简单化、标准化并且被分割成单个任务的工作来说，团队合作除了在会议上浪费时间之外，还能给其绩效的提高带来什么呢？我们先前在讨论有关让员工参与日常工作中的决策制定时，曾经提到过人们对其价值也持类似的怀疑观点。我们的研究表明，众多参与性试验的成功恰恰是在那些环境中实现的，这是对怀疑论者最好的否定。

这同样适用于团队合作。事实上，就我们所知，参与性试验总是涉及团队方法，比如自我管理团队。这一方法需要人们共同协作（在单位内部和在单位之间）以解决问题和制定决策。这是一种对管理者和组织非常有效的方法，已经得到了反复的证实。

对于已标准化、结构化——像机器一样——并分成细小的任务由不同个体去完成的工作来说，为什么这也应当是正确的呢？之所以正确，是因为这种工作情形的现实与机械模型所提出的理论条件是不同的。事实上，当工作高度细分化时，每个部分间的相互依赖程度自然比一项工作只由一个“整体”完成时更大。员工的表现，哪怕只是操作中的一步，也依赖于准时地从前一个工人那里获得劳动产品，且该产品的质量需符合完成工作的需要。轮班多的组织中的员工，更是依赖于其他班次中做同样工作的同事们的顺利完工。员工极大地依赖于各个支持部门来为之提供完成工作所需的资源（如工具、机器的维修等）。变化（如在规格、程序或设备方面的变化）可能很频繁，员工需要他人向自己传递关于变化的信息并提供所有可能需要的培训。

因此，即便是已经把工作高度细分了，员工之间依然存在着相互依赖。而且分工越精细，相互依赖程度就越高，几乎每个层次的每项工作都需要团队合作。合作才是连接组织各部分的黏合剂，而非工作描述、组织图或正规的程序。

不合作同事的极大负面影响

当一个同事不合作时，其对绩效的影响就不能仅仅简单按此人不合作的程度来计算减少的比例了。因为这几乎总会导致与他人合作的锐减，这种损害的后果便会成指数地增加。更进一步说，合作的缺失会导致偏执狂之间严重的冲突。比如，他们会说："你不帮我是因为你想看我失败，所以我最好保护好自己，而最好的防守就是积极进攻。"

如果高层管理者忽视了这些争斗，它们就会自然而然地发展，并且可能代价高昂。这些成本不仅仅是花费在争斗上的时间，还包括不能共同发现机会。

正如合作的缺失会带来大量问题一样，好的合作也会产生可观的增效。当组织不只是被当作个体的集合来管理时，整体的结果显然比各部分相加要好。尽管团队经常因一味追求一致（"群体盲思"），或者相反，因奇怪的解决方案（就像"骆驼是委员会拼装出的一匹马"一样，群体中不同的意见被组合在一起）而被嘲笑。但研究证据表明，团队表现的质量，如问题的解决，总体上要优于个体独立工作的质量。除了它们的团结精神之外，当被合理组建和管理时，团队还有利于引发和思考不同观点，这对于解决问题和制定好的决策而言是十分重要的，同时还能让成员对结果有更大程度的认同。[3]我们自己的分析几乎总是表明，组织中团队合作（像员工意识到的那样）与组织绩效间有着极强的正相关关系。

在极端情况下，曼哈顿或阿波罗计划以及数以千计此类的计划，在没有高度有效的团队合作的情况下，要想成功是绝对不可能的。就那些对"委员会"工作方式持批评态度的人来说，请记住像美国宪法（U. S. Constitution）

和英王詹姆士钦定版《圣经》(King James Version of the Bible) 这样著名的委员会的产物。在没有经过适当的组建和管理，或者只是把它们作为避免决策而非制定决策所设置的工具时，委员会或团队就会失效，那不是我们心目中委员会或团队的样子。

好争吵的工作团队是组织的阻力

正如我们在第 1 章“员工想要什么——全景图”中所说的，我们的调查表明，团队合作在部门内一般是较好的（80%的满意率），但在部门之间则差远了（66%的满意率）。之所以在部门内部更有利，是因为合作有其自然倾向，如果管理者没有扰乱那些合作关系，员工自己会想办法一同工作。举个例子，这是对一家零售公司的经理的采访，谈及一位高级经理本能地扰乱了合作关系的形成：

> 他（该高级经理）总是告诉我们，我们没有很好地共同工作。他说得没错，我们总是争执，但大多数时候是他造成的。比如说，某人在一次会议上接到一项任务，会议结束之后，他将同样的任务交给另外的人却并不告诉这个人。我们都在奔忙——我们的员工也在奔忙——试图完成任务，但同时我们又发现其他人也在做着同样的事。所以我们怀疑，是其他人侵入了我们的地盘并让我们彼此猜疑。这是对宝贵时间的极大浪费。另一个问题是：他总是在我们之间挑拨离间。

当这种情况发生时，部门内部的冲突通常就是管理者的独特风格或一两个员工的举动所导致的结果。而部门之间的冲突更加频繁，这是因为除了个人因素外，工作中广泛的组织因素也能制造纷争。由于需要，组织被分成经营或职能部门，而部门成员则主要或完全专注于他们自己目标的完成。他们相信，达到他们自己的目标不仅对他们有利，而且对整个组织以及他们交往的部门都有利。然而实际上，他们常常与那些部门争吵。

比如说，许多组织被“一线”和“辅助”部门之间持续而严重的争吵所困扰。一线部门，如产品研发、生产以及销售部门，对完成组织的最终目的直接负责。而辅助部门，如信息技术、人力资源、财务以及法律部门，则主要用于协助一线部门的工作。尽管辅助人员坚信，他们为支持一线人员做出了贡献，因此理应受到一线人员的欢迎，但事实常常相反。正如常言所说，“有了这样的‘朋友’，我们便不再需要敌人了。”

关于这种冲突，最常见的例子很可能是信息技术部门与一线部门之间的冲突。我们将在本章的后面详细说明这一关系。也许，第二种常见的冲突类型是人力资源部门与员工之间的冲突——是的，员工！难道人力资源部门不就是应该帮助员工的吗？来看看这些评论：

> 在选择了（一套福利）以后，我发现人力资源部门会误传消息，这带来了许多压力。我发现我们的人力资源部门毫无用处。感觉好像是一旦谈及福利问题，我们就完全被忽略了。
>
> 当我们在有关人力资源问题上存有疑问时，我从来就找不到合适的人述说，我进入了一个怪圈，被推给更多的人，他们总说比别人知道得更少。
>
> 在与人力资源部门谈及薪水问题、改变福利的问题以及为所花费的时间或公司的花费报销的问题时，我完全失望了。
>
> 我讨厌处理一大堆有关人力资源的问题。我既接触不到合适的人，也接触不到给我错误意见和答复的人。我认为公司的每个分部都应该拥有一个合格的代表，他可能并且愿意为你提供帮助。
>
> 适应人力资源部门和薪酬政策的改变是很困难的。这些改变由公司

的领导决定，却没有一个明确的警示，比如，取消在旺季之初的加班时间或补偿时间之类的政策变动。人力资源部门不是员工的后盾，根本就是高层管理者的代言人。

他们（人力资源部）就是一帮官僚——每件事都是形式、形式、形式，答复就是不能、不能、不能。我们称他们为没有人情味的人力资源。

部门之间的冲突不仅局限于一线—辅助关系中。看一看生产和销售之间的紧张状态吧，这两个都是一线部分。

销售人员说：

我是负责向有意购买的顾客销售产品的，但是生产部门却不能在顾客需要产品时解决我的提货问题，我的销售机会就这样一次次地丧失了。我如何及时取得生产方面的回应呢？他们似乎总在尝试新方法以提高办事效率。同时，他们又经常要花好几天的时间才能回复我。而与其他公司交易时就容易得多。

生产人员说：

我们的销售人员应该搞清楚我们能做什么、我们能做多快。他们向顾客承诺我们能及时发货，坦白地说，其实我们并不能，这一状况真要让我们发疯了。在做出承诺之前，如果销售人员能先与我们核实一下，那将会很好。不这么做，加快发货便成了常规而不是例外情况了。我们根本不像一个团队那样在工作。

共同工作是人类天生的本能，而纷争也就存在其中。在很多情况下，我们先前提到的工作团体似乎不会发展成为一个团结的整体。具有讽刺意味的是，人们会因为想要维护同事之间的情谊而使得问题扩大化。对人际关系的强烈需求，会产生以下负面影响：为了让身边的同事满意，可能会牺牲非亲近团队。不在亲近团队中的人会被当作竞争者，甚至“敌对阵营”。员工常常在他们的组织中提到“我们—他们”，“他们”可能是走廊另一边其他部门的员工，或是在本国或世界另一边的公司总部里的工作群体。

当然，从本质上来说，冲突并非有害的。最广义地说，冲突及其结果（竞争）不仅是我们经济和政治系统的核心，而且会带来很大的回报。比如说，同一行业的公司就需要彼此间的激烈竞争。然而发生在公司内部部门间如此激烈的竞争，则会对组织有效性带来严重损害。这种破坏包括三个基本方面：为进行争斗而增加的资源、合作机会的丧失以及对员工士气的消极影响。就士气来说，尽管“我们—他们”的提法能暂时提升与“敌人”相对而言的小集团的身份认同，但从长期来看，很少有员工喜欢这样的冲突。冲突不利于员工的表现和组织的绩效，而且这太令人疲倦了。大多数员工想为竞争而奋斗——这会令人十分兴奋——却不想针对彼此。

除了带来浪费和使人疲惫不堪之外，很多组织中的冲突都是不必要和不理智的。它们之所以不必要，是因为它们可以得到解决：当事人会因合作或双赢的关系而聚集在一起。它们之所以不理智，是因为它们是由一种误解导致的，这种误解认为人们之间的冲突是不可避免的。确实，利益的内在冲突在于：一方的所得等于另一方的损失。许多劳工—管理者关系的问题也源于此。不要期望员工会愉快而合作地参与到裁员、业务外包以及境外建厂之类的事情中来。这种不调和的情况通常只能通过一个传统的对抗过程来解决，这一过程主要与双方的相对权利、双方运用此权利的能力以及对未解决纷争的成本评估有关。

许多组织中群体与群体之间的纷争并非源于本质上的不合，而是源于一种看法，即认为这种不合早已存在。比如说，信息技术部与其“用户”（各分部）间存在本质的利益冲突吗？这些部门可能会有冲突，但是，难道信息技术不是主要用来帮助其“用户”完成工作的吗？难道这两个群体不都是为了促进组织的成功吗？这些群体之所以没有帮助促进整个组织的成功，是因为他们所认为的事实是：每个群体都只为了自己的利益做事，并不在意是否会伤害别的群体的利益。因此，每个群体都在自我保护，当冲突继续时，就会使人们进一步感受到彼此意图中的恶意。事实上，这些感觉确实成为了现实，因为每个群体依其假设，确实开始走上了设法削弱他人的道路。每一方都视另一方为不可靠的和危险的，这已不再是曲解：冲突的过程已使感觉变成了现实。换句话说，如果各方都相信冲突存在，它就存在——或者将会存在。

建立合作伙伴关系

除了极少数的管理者相信组织中个体与群体间的冲突是有利的（就像在“昔日美好的美国竞争”中一样）之外，大多数管理者都懂得，那种冲突的代价是极不寻常且不必要的。事实上，他们像几乎所有的员工一样讨厌它。人们不愿在工作中争斗！协同工作是人们的基本渴望，理解这一点是很重要的，因为在此基础上，层层怀疑和怨恨将烟消云散，而后团队合作得以建立。

正如我们所说，冲突在其真实性或内心自发程度上是不同的。思考减少冲突的方法时必须将此也考虑进去，以下就是两种基本策略：

- **冲突管理**。各团体达成一致，不相互争斗，并通过建立机制来帮助避免分歧和解决分歧。
- **合作伙伴关系的建立**。各团体达成一致，在实现共同目标的过程中积极合作——也就是说，建立一种关系，旨在增加价值，而不仅仅是减少纷争和费用。

当冲突源于真正的利益分歧时，冲突管理便是最适当的了，而当其根源是误解时，建立合作伙伴关系便是适当的。劳工关系就是这两种方法的好例子。通过冲突管理，劳工与管理者之间代价高昂的敌对关系得以改变，员工和公司一致同意采取有效机制来避免和处理纷争，比如，采用有序且较无争议的申诉程序以及在合同到期前进行适当谈判以避免引起罢工。如果各团体认识到其相互利益都是通过包容或减少冲突成本来实现的，而且冲突只会引起双方可得利润的减少，那么情况就会转好，尽管双方追求的具体财务利益是不同的。

并且，双方还可以达成一致，超越这一结果，进一步考虑如何共同工作来增加共享的利润成果。他们通过提高效率、质量等达到这一目的。这就是尊重对手之类的关系与积极联盟关系这两者之间的不同。

让管理者和员工在提高质量等方面进行合作，首先需要成功的冲突管理机制。团队之间在基本公平问题上的对抗导致有关其他事情的合作关系也变得困难。但是，管理好这类冲突并不能确保双方的合作会进入下一层次。另一个必须克服的障碍是：就其对质量改进这类事情的兴趣及为实现那些目的而确立真正的合作关系的兴趣而言，双方通常会对彼此存在误解。比如说，关于质量，管理者一般会认为员工并不真正关心质量，而员工则一般认为所有管理者想要的就是产量，并不在乎质量。这些想法很少正确，或者至少被大多数人歪曲了。除非人们清楚地认识到这种误解并承认它的存在，否则，团队是没有机会组成长久联盟来提高质量的。成功的基础（像第8章“工作赋能”中所描述的自我管理团队一样）就是双方都相信它们共享同一目标。

如何发现、面对和纠正误解？

解决组织冲突的第一步只是要把各方的感觉“摆在桌面上”。最好通过调查的方式来完成，不论是访谈或是问卷都可以。这一阶段是整个过程中最有用的步骤之一，因为它表明了在没有不确定条件的情况下，两个团体实际上有多么相似：在它们的许多基本利益、关于它们自身的积极假设以及它们对彼此的消极假设等方面。这样的数据，如果经过认真的分析和坦诚的报告，对于变革来说便是作用极其强大的催化剂。

具体来说，让我们彻底考察一下我们所研究的一家大型财务服务公司中信息技术部门与其“用户”（分部）之间的关系。该研究的起因在于用户对内部信息技术职能部门的强烈不满。其抱怨包括出错、过高的成本，尤其是感觉“态度”不好，即许多信息技术人员并不关心为其用户提供真正优良的服务。公司的高层管理者，那些对用户抱有极大同情心的人，找到我们，帮他从本质上分析并确定信息技术部门哪里出错了，以及应该如何进行修正。

我们对那些单位中的全部管理者以及非管理人员代表进行了深入的访谈。我们所发现的远比最初的想法复杂：单独任何一方都不是根源，问题出在部门之间的关系上。

起初，每个群体都认为自己是有能力的、忠于公司利益的，同时能为完成工作做出极大贡献。信息技术人员认为他们致力于为用户提供高质、及时、成本合理的服务，这与人们对他们的看法相反。每一方都觉得对方只看重自己的成功（也就是说，既不关心公司也不关心另一方）。信息技术人员主要认为用户总是不合理地过分苛求、不断地改变有关他们想要什么的想法（不顾这种中途改变对信息技术部及其开展工作的能力的影响），而且对费用极为关注（除非将所花费用的明细都提供给他们，否则他们总感觉自己被索要了高价）。信息技术人员认为，许多用户对技术的无知完全等同于对他们的不了解。另外，信息技术人员还坚信用户并不关心信息技术部所面临的挫折，尤其是在众多“最优先”项目蜂拥而来之时，所有的项目都要求及时、不出错地完成，而信息技术部门却恰恰不具备相应资源来提供所有这些服务。

用户分部对信息技术人员的特点存在同样的偏见。他们认为，信息技术部在工作时没有紧迫感（因此总是较晚交付）、不理解用户的目标（即使用户已清晰阐明了这些目标）、抵制用户的想法和建议、对用户的日常需求不负责任（包括不回电话，这是一个极大的错误）以及他们的工作收费过高。与信息技术部的观点一样，用户认为信息技术部无视（而且很不关心）公司的主要业务及其变革需求。

从本质上说，这些观点就像彼此的镜像：每一方都认为自己专注且胜任，认为另一方很大程度上热衷于自己的想法且无知。

尽管这些感觉可能从某种程度上说有其正确性（比如，用户不能对信息技术部的压力表示理解），但从本质上说，这些感觉存在误解，因为其假设是认为双方基本利益不相容并且另一方无能。比如说，一个有关冲突的假设认为，在用户眼中，信息技术部犯错误不是因为过度的压力或是对用户想要什么的误解，而是因为他们根本不关心为用户提供优质的服务。同样，信息技术部认为，用户不断改变项目规格，是因为他们根本不知道他们想要什么而非他们不断变化的需求。

你可能会试探性地问：“为什么这些人不能成熟些？他们的行为就像孩子：‘你对我这样做了。’‘不，我没有。你对我那样做了。’为什么他们不能着手于工作而停止不断的争吵和指责呢？”

如果只是着手于工作，那就简单了。不论幼稚与否，我们知道，在人们的关系中很少没有感情因素，包括成熟的商务人士，而且错觉和误解也会经常出现。这些误解自我膨胀，从而对每个人的利益和士气都造成日益增长的、不必要的并且严重的损害。尽管有时这些问题能自己解决，但通常还是需要第三方的帮助：一位能力娴熟的诊断者和协调者。

我们现在来详细解释一下建立合作伙伴关系的方法，这已经在多种情况下被成功地运用了。它有利于双方建立互利合作的关系。这一方法已经被成功地运用于各种关系中，如经营单位之间、本土和海外单位之间、兼并公司和被兼并公司员工之间，以及高级管理团队成员之间。它也被运用于公司及其关键外部相关者，如供应商、顾客以及社区。

这一过程由协调者来管理，其核心是一个以调查数据为基础的构建合作伙伴关系的讨论会。这种方法必须是针对某个组织的情况和目标特别订制的。接下来的几节描述了一套相当典型的基本步骤。

讨论会前打好基础

明确方向和评估准备情况。协调者约见组织的高层领导，以便从他们的看法中了解情况；理解他们在构建合作伙伴关系方面的目标；与他们一起评价将要使用的方法及其对该问题、所涉及的人员个性和组织文化的合适程度的看法；确定他们是否准备好贡献所需的资源和时间（包括他们自己的）以达成真正持久的合作。

计划。在确定该过程是合适的并且组织已做好了准备之后，就要最终敲定该过程的目标、程序、进度和具体的期望结果。

沟通。就建立合作伙伴关系的目标和计划与将要受这一过程影响的组织员工进行充分沟通。

诊断。通过访谈，或是访谈和问卷的结合，对组织成员进行调查。调查目的是深入了解如下情况：成员所持的对自己和另一方的看法的大致情况；他们对缺乏合作的关键要素、原因及结果的看法；他们对增进合作可能提出的建议；根据特定业务的问题和机会，他们认为增进合作所存在的潜在利益。

设立讨论会的基本原则

诊断之后，设立讨论会，旨在使各方之间建立起富有成效的、持久的合作关系的基础。讨论会通常大约持续三天，而参与者主要是那些将在增进合作中获利的人。只要参与者遵循一系列基本原则，讨论会几乎总会成功。这些讨论会能成功主要是因为参与者希望成功：他们希望合作，他们想取得通过团队合作所能带来的高绩效。在整个讨论会中，协调者都要坚持一些关键的基本原则，具体如下：

- **经营导向**。与某些团队建设工作不同，这里所采用的过程与经营业务有着清楚而直接的联系。我们的目标不是建立关系本身，而是建立能促进经营目标的关系。这种讨论会很少使用模拟练习来让人们一同工作；他们是在现实的、重要的、需要团队共同应对的经营问题和机会上协同工作，在这种经营环境中来认识和处理人际关系问题；适当的时候，讨论会要花费些时间来评价、讨论和解决那些问题。
- **开放的氛围**。很重要的一点是讨论会参与者能自由表达自己的观点。对此极其有用的是在讨论会之前收集的用于诊断的态度数据，即评价人们对自己和另一方的看法的数据。讨论会之初，协调者将展示这些数据并引发讨论，让讨论会参与者公开提出问题，这些问题最初可能是他们不愿自己提出来的。接着，这些问题就会变成适于讨论的“安全”话题，并且有助于为讨论会的其他参与者提供开放的氛围。

- **建设性的氛围**。观点的开放式交流应该在相互尊重的氛围中进行。相互尊重体现在明显做出努力去了解另一方情形的过程中，这表明人们在这些问题上存在合作的意图，证明其相信另一方也有同样的合作意图，并且避免了粗俗的语言。

- **后续工作的行动方向**。讨论会的结果是一个共同制订的行动计划，涉及双方密切持续的合作，并且会对达到其共同的经营目标做出重大贡献。该计划包括后续工作的机制，以确保一致认同的行动得到执行；还包括对结构变化的建议，比如，通过整个组织的奖励系统的变化来加强单位间的合作。

- **灵活的方法**。尽管某些一般原则支配着为建立合作伙伴关系所做的努力，但还有某些细节会常常随着讨论会的进程而被修改。从许多方面来看，讨论会中的互动是动态的且不可预测的，因此，适时的调整十分重要。

归结起来，成果丰富的讨论会的关键在于参与者的及时准备、开放且有礼貌的意见表达、对于现实经营目标的坚决关注、规范的行动计划，以及在情况许可时根据议程做出调整的意愿。

一个典型的讨论会议程

（1）高级管理者和协调者审查目标、议程以及讨论会的基本原则。

（2）参与者表述他们有关各方之间关系的观点，包括关键优势、改进要求以及可以在增进合作中获利的具体经营活动。

（3）协调者展示从诊断调查中得到的结果。与参与者的陈述相比，这些结果一般更关注敏感的关系问题。

（4）讨论参与者的陈述和诊断结果，从考虑人际关系开始（如引起摩擦的误解），并以大量经营问题结束。

（5）参与者在数量有限的优先经营问题上达成一致，这些经营问题将在合作中解决。接着，他们将决定如何最好地处理讨论会中的关键问题（如那些需要被团队作为一个整体来处理的问题和那些最好在子群体中进行处理的问题）。

（6）参与者仔细界定优先问题，同时提出行动计划以处理这些问题。

（7）讨论会以建立如下机制结束：

- 评审、敲定和实施行动计划。
- 决定如何最好地维持部门间的合作关系。如果不强调的话，随着时间的流逝，当参与者重新开始他们日常活动并受到导致摩擦和分歧的压力影响时，讨论会所形成的团队合作将大量失效，这几乎是必然的。

除了讨论会的业务会议之外，还应安排各种各样的社会活动（通常在晚上），从而为轻松而随意的交流提供机会。

行动实例：信息技术部及其用户

我们先前描述了在一家财务服务公司中信息技术部与其用户之间的不和关系。接下来，我们要总结一下他们在建立团队的讨论会中以及随后的会议中都做了些什么。

讨论会参与者为他们的工作制定了以下基本目标：

> 为帮助信息技术部成为真正关注用户的机构，每个用户一定要感觉到信息技术部正在尽其所能帮助他完成工作；每个用户一定要感觉到信

息技术部是关心他个人的；每个用户一定要对他从信息技术部接受的服务感到满意。这将通过两方面的工作来实现：一方面是改变信息技术部内部的态度和方法；另一方面是改变用户，帮助他们成为更受信息技术部关注的顾客，从而使信息技术部可以更有效地帮助他们。

用参与者自己的话来说，以下是对他们的行动计划的摘录：

（1）建立公司范围内的信息技术部—用户合作关系委员会，以确保顺畅的工作关系，并且按如下议程每月会面，包括：

● 讨论已遇到的具体问题，由委员会决定如何去解决。

● 考虑还需要做出的基本变化以确保良好的工作关系。

● 探寻信息技术部与其用户之间的其他合作机会。

● 方便时，通过对信息技术部及其用户的态度和绩效的定期测评来考察结果。

单个用户机构可以建立自己的合作关系委员会，以确保对具体问题的充分关注。

（2）信息技术部将委任个人来担当每个用户机构的联系人。这些人将成为信息技术部与其用户机构的主要——但不是唯一的——接触点。通过沟通和协调，这些人将确保用户对信息技术部的期望得到满足，包括帮助确定符合现实的用户期望。

（3）沟通和参与：

● 在每个用户机构内部，将召开与信息技术部的沟通会议。

——将向信息技术部完整描述用户业务的相关方面。

——将向用户完整描述相关的信息技术过程。

——将对构成合作性工作关系的各种行为提出指导方针，要针对双方设定。

确保有足够的时间用来提问和讨论，还要包括社交和相互交流。每个会议的议程将由信息技术部及其用户代表共同提出，以确保透明和恰当。

● 所有项目现在将从信息技术部与其用户对项目目标和要求的充分讨论开始；要求将被记录，不过是作为一个很可能会变动的工作文件被记录（与法律意义上的静态的文件相对而言）；随后将举行定期会议，进行项目状况、变化等方面的评审。另外，将向用户提供有关项目状况的电子通告；“不意外”地收费：项目实施之初就对费用开支进行详细说明和解释；当改变收费标准时，将给用户提问和商谈的机会并做出详尽的解释。

● 对于不由用户发起但却影响到用户的信息技术项目，要与用户进行详细讨论，以确保用户的理解并得到用户的参与。

● 对用户的电话咨询要在两小时内进行答复。

● 为信息技术部及用户出版电子版的每月新闻通讯（关于成就、新发展等）。

（4）有计划地安排培训：

● 为信息技术人员（包括接待人员）提供基本的沟通和客户关系能力方面的培训。

● 为信息技术人员提供新技术方面的培训（在职与非在职培训）。

● 为用户提供为他们所开发的系统方面的培训。

（5）信息技术部内部结构和流程：

● 将减少不必要的官僚主义：通过减少要求审批的数量，大大缩短过长的审批流程，尤其是在应用开发流程方面；“破坏者”任务组将审查所有文件并取消不再有用的文件。

● 将在信息技术部内部加强跨职能的沟通机制（会议等）。

● 形成新的、透明的确定优先顺序的流程（综合考虑所需时间、紧急程度、资源的数量和可用性等因素）。

行动实施开始了。在讨论会被设立八个月后的一项跟踪访谈调查显示，与合作相关的态度在大多数方面都获得了大幅提升。下面是一种典型的评论，来自与一位用户的一次访谈：

现在情况已经转好。他们（信息技术部员工）中的大多数现在态度都不同了；他们会立即回复我的电话；大多数人看来都愿意提供帮助。一个很大的变化体现在我们现在一起制定开发项目计划的方式上，而且我们不必担心要记住在每个“i”字上打一点，要在每个“t”字上划一横了，因为我们知道情况总会改变的，我们将保持联系并一同工作。此外，如果事情延误，他们会告诉我们；如果他们不明白我们想要的，他们会问我们。唯一真正的问题就是，一小群程序员还沉浸在过去之中。这是由于他们的管理者——他仍然同以前一样傲慢（骂人的话被略去）。而且，我认为他们的内部审批流程仍然有点官僚化，这很浪费时间。

下面的评论来自对信息技术部员工的一次访谈：

我现在更喜欢我的工作了——争吵少多了。我们现在更理解对方。我曾经认为他们不怎么聪明——这是我过去对银行家的想法：只有昂贵的穿着，没有别的了。他们确实还没有上升到技术层次，但我发现他们中的大部分都具有奉献精神和商业意识。和他们共同工作去解决他们的问题真是太棒了，我对这项业务也越来越有兴趣了。我们对于他们在那么短的时间内就有那么多要求还是有些看法的，他们让我们有种挫败感。不过，他们的火气不像以前那样大了。他们现在几乎不会缠着我们或者向高层领导汇报，以强迫我们屈从于他们的要求。我们能更多地面对面地就问题进行沟通，这样就解决了大多数问题。我们更多地理解了我们每个人身上的压力。

建立合作伙伴关系的过程当然不会达到乌托邦式的理想境界。某些问题依然存在，必须得到处理，而且，假定在组织中还存在强大的力量要将员工和部门分离，那我们还必须不断对关系问题进行关注，否则严重的问题一定会重现。因此，一个不错的方法是双方定期会面，专门用一天左右的时间来全面而坦率地检查它们之间关系的状况。这样的检查通常会引起进一步的变化以加强合作；有一些变化可能是基本的，而有一些对个人而言则可能是很痛苦的。

比如说，双方可能做出结构调整的决定，如将辅助部门的一部分职能授权给一线部门。某些关系可能要求改变薪酬方式，使报酬能更多地反映团队合作的成果，而不仅仅是个人的努力。还可能需要人员变动，如将一个员工调到另一个岗位上，甚至解雇那些不顾改变其行为的忠告和时限，总是不愿或不能遵循新的合作规范的人。这些措施使合作伙伴式工作关系的建立不仅仅是一种短暂的时尚或是对问题的临时修补。它们致力于使其制度化，并保持一种真正合作的文化。

注释

[1] 对于“社会资本”及其重要性的更多更有趣的探讨，参见 Don Cohen's and Laurence Prusak's，*In Good Company*：*How Social Capital Makes Organizations Work*（Harvard Business School Press. 2001）。

[2] Elton Mayo. *The Social Problems of an Industrial Civilization*. New Hampshire：Ayer. 1945（p. 111）.

[3] 参见 Hill，G. W. “Group Versus Individual Performance：Are N+1 Heads Better Than One?” *Psychological Bulletin*. May 1982（p. 535）。还可参见 Morgan，John，and Blinder，Alan. “Are Two Heads Better Than One：An Experimental Analysis of Individual Versus Group Decision Making.” National Bureau of Economic Research. September 2000，No. 7909。

第 5 篇

大集合：合作关系文化

在本书中我们已经介绍了许多具体的管理政策与实践，从广泛的公司政策到组织内单位之间的关系，再到员工与经理之间的日常互动。这些内容貌似互不相干，但它们都代表和强化了一种强有力的组织文化——合作关系文化。在第 5 篇，我们将探讨合作关系究竟意味着什么，其中包括对梅奥诊所的案例研究，该诊所是合作关系文化的典范。此外，我们将描述真正的领导力内涵的基本特性，尤其是与合作关系文化中的领导力有关的情形。最后，我们还将为那些真正寻求向合作关系转变的组织提供路径指导。

第 12 章
合作关系文化

正如我居住的鳕鱼角地区的人所说的，潮涨众船高。从定义上说，合作伙伴关系对双方都是有利的，没有支配关系，也没有不公平的地位。既然我们在逆境中曾是伙伴，那么让我们在昌盛繁荣中仍然是伙伴。

——约翰·F·肯尼迪（John F. Kennedy），

1963 年 6 月 25 日于联邦德国

我发现，要想有所收获，必须让那些与你打交道的人也有所收获，只有通过真诚地看待并严格地坚持这一看法来实现成功，你才能得到更大的满足。

——艾伦·格林斯潘（Alan Greenspan）

本书中，我们已经列出了激发员工激情并产生高绩效的管理行为的具体构成要素。我们的目标是给那些设法改变他们自身或他们的组织的管理者和执行官们提供指导，我们希望每个管理者都认为我们的建议有助于他们管理员工和组织中的其他部门。但是，要进行一场真正重大且持久的组织变革，我们不能仅仅单独考虑每个构成要素，而必须将它们看成一个系统，一个被一种组织文化所统辖的系统。

说到系统，我们指的是各部分能够互相影响，因此，如果只改变一个要素而不改变其他，将会减少前一要素的影响。事实上，仅仅改变一个要素可能会给其他要素造成消极的影响，正如一家公司设法为明显感觉到薪酬太低的员工创造一种“参与式”环境一样。那时，管理者不仅被视为贪婪的，而且被视为伪善的。仅被当成贪婪的老板总比同时被看成骗子要强。

说到文化，我们指的是如下的标准和价值观：它们明确了组织对员工的行为举止的期望，尤其是在他们彼此的关系以及与外部利益相关者（如顾客）之间的关系方面。适当安排好的措施（如一个有效的薪酬系统）是不够的。在情况变化时，为了对他们从根本上产生最大影响并且持续下去，必须通过可以深切感受到的和明确表述的价值观来支持商业实践（“我们这样做是因为……”，“我们将改变这个，而不是那个，因为……”）。对此的最好阐述就是我们在第7章“组织目的和原则”中讨论过的强生公司的信条，它已经在政策和实践方面引领公司长达60多年。

换句话说，这些大量的实践必须以深厚且一贯的组织文化为支撑。

我们在本书中描述的系统和文化的本质是合作伙伴关系。我们在第1章“员工想要什么——全景图”中已经说明，合作关系是商业关系的附加。这种附加是人性的维度——信任和善意，它使人们超越了金钱算计、正式合同和短期利益所要求的范畴。我们已经提供了相当充分的证据来证明，一般来说，合作关系能为组织带来最高的长期绩效水平。合作关系既有纵向维度，即员工与管理者之间的关系；又有横向维度，即个人之间、部门之间以及与其他相关群体之间的关系。这就是为了共同的目标而一起工作的人们之间的关系——纵向或横向。

合作关系既有心理因素，又有经济因素，比如，员工的信心能为组织成功做出重大贡献，他们也能从贡献中分享财务收益。它是一个高度关联式模型：关系到员工带给组织什么，还关系到他们从组织中获得什么。双方的利益都在得到满足。

更具体来说，成功的合作关系有以下特点：

- 双赢。双方承认他们有共同的关键经营目标，一方的成功取决于另一方的成功。
- 基本信任。双方对彼此的意图相互信任。
- 长期愿景。双方信守长期关系，这是一种超越短期商业兴衰的关系。
- 卓越。双方为他们自己和彼此设定了高绩效标准。
- 能力。双方对彼此的能力有信心。
- 共同制定决策。双方在影响他们每一方的问题上共同制定关键决策。
- 开放式沟通。双方之间进行充分的沟通。
- 互相影响。双方彼此倾听并受彼此的影响。
- 互相帮助。双方在完成任务时互相帮助。
- 赏识。双方对彼此的贡献很赏识。
- 日常对待。双方通常会周到而尊重地对待彼此。
- 财务分享。如果合作旨在增加财务结果，那么双方将平等分享那些成果。在困难时期，他们也平等地承担代价。

这些标准可以应用于任何商业关系：员工与管理者之间、部门之间，甚至与其他商业实体或个体（如顾客和供应商）之间的关系。

有些人可能争辩说，“合作关系”这一术语不适用于员工—管理者关系。对这些人来说，这个术语暗示的是双方间的基本平等，而在实践中，这种平等极少在任何员工—管理者关系中出现。因此，将它应用到那种关系中可能看起来是不诚实的和巧妙操控的——试图巧妙地使员工相信他们的权利比实际要大。

然而，这既不是目的也不是关键点。权利不平等在每个组织中都存在：几乎每个人都有上司，即使是首席执行官，他们也要服从于董事会。但是，上司在运用他们的权利所做的事情方面却大不相同，那些差异导致了极其不同的结果。从这种意义上说，权利的使用就是本书所关注的内容。所以，尽管员工与管理者之间确实存在巨大的权利差异，但是，员工也确实能接受这一差异的合法性和必要性。事实上，他们在领导者不进行领导时反而感到困扰，比如，当他们对制定决策过分犹豫不决或者感到经营战略模糊不清时。但是，员工并不认为被上司当作懒汉或笨蛋（就是说，他们不愿或不能为企业的成功做重大贡献）来对待是合理的。这不是权利本身的问题，而是权利如何恰当运用的问题。类似地，员工是不会看轻薪酬差异的。对于一些人来说，合作关系可能意味着同薪同酬，但在我们的表述中，它意味着公平薪酬。我们从没听说过员工反对高层管理者收入比他们自己多。他们抱怨高层管理者的薪酬，只是因为收入差距过大，大到用组织绩效来衡量有些不合理，并且那种绩效导致员工的薪酬受损。另外，他们还会想："让那些厚脸皮们爱挣多少就挣多少吧——我已经做得很好了。"

合作关系型组织与其他三种主要组织类型形成了对比。没有哪个组织完全适合某种类型，而且在某种程度上来说，它们都是混合型的。这一方面是因为用于定义文化的这些单个的标准——比如，前面列举的关于合作伙伴关系的标准——虽然彼此相关，却不一定要同时得到满足。一家轻易解聘员工的企业在日常管理实践中却可能非常尊重员工的天赋和创意，并且在工作中给予他们相当大的自主权。这种情况并不罕见，因为现代管理理论与研究——一般会关注工作中的自主权和"人际关系"——的影响已经相当大。这些企业只是没有意识到他们的员工在某些方面尤其"享有权利"，比如说，享有工作稳定性的权利，而这是合作关系型组织的基本属性。此外，混合型在组织处于转型期时尤为明显，这是由于经营状况发生了变化或是新来的高层管理者专注于改进组织的运营和文化。同样，不同阶层的员工——如支薪员工与计时工——可能被差别对待；单个管理者和管理部门可能根据当时的环境而采取不同的行动。尽管我们因此永远无法找到完全一致的类型，但明显的倾向使得我们可以把大多数组织以及其中的主要部门，看作接近某一种类型（或至少正在从一种类型转向另一种）。

除了合作关系型之外，主要的组织类型还有交易型、家长型以及对抗型。

交易型。近20年来，我们看到，出现了一系列明确的哲学观念和管理实践在本质上将员工当作商品来对待，他们具有“价格”，而且除此之外几乎什么也没有（也就是说，他们几乎只有薪水）。我们先前讨论过这种管理风格，尤其在第3章“工作稳定性”中，并且，我们认为它既是为适应竞争更激烈的世界而出现的，也是对公司家长式作风的成本和缺乏灵活性的反应。其最明显的表现是近二三十年出现的裁员、重组、再造、合理精简、外包和离岸现象（所有这些术语的背后都是摆脱员工的做法）。这些现象已经明显出现在先前就很知名的有员工安全壁垒的公司里，如IBM、柯达（Kodak）、施乐和通用电气。交易型管理方式的明证还表现在，公司越来越多地采用临时员工、独立承包商以及能随时雇用和解雇的转包商等形式。

个人职责和个人问责制是管理中的流行用语，用来描述并有意识地证明交易型管理方式的合理性。这些术语与主要由家长型组织所培育出的员工权利的思想形成了对比。

正如我们曾指出的，将员工当作无个性的商品（即在不盈利时就被处理掉的可置换部分）来对待，对员工的士气和绩效会产生影响。员工的反应并没有太多的愤怒，而只是辞职或是对工作和公司的态度冷漠，比如：“这就是这段日子的样子——公司忠诚已不在，为什么我还要关心呢?”交易型管理不应该与“残酷”的管理相混淆，后者是试图从员工身上压榨每一分钱和每一滴汗水。交易型组织通常按现行的或接近现行的工资水平来支付报酬，至于工作量，大体上还没有倒退回声名狼藉的血汗工厂时代。从本质上说，这是一种冷漠的管理——除了遵从命令和完成与所支付报酬相对应的具体任务之外，更是对人的价值的冷漠。它们不期待从员工中得到更多，但如果它们收获较少，员工就会被解雇。在最纯粹的交易型管理方式中，对员工是不讲关系或义务的。为什么当员工表现平平、经常缺勤或迟到时，情况就会恶化，员工压力就会加大？这是因为管理者可能会与他谈一两次，如果员工还不改进，管理者就会解雇他。

交易导向不仅仅限于车间或工厂的层次，根据我们的经验，它可能频繁地在高层经理中出现。第10章“反馈、赏识和奖励”，就谈到了有关合作的一件事，公司的高级经理们觉得他们自己总是位于“光滑的斜坡”上；他们过去的表现似乎与首席执行官毫不相关：只是“你今天为我做了什么”。在与一家美国中西部制造公司的高层管理者的访谈中，被采访者是这样描述其首席执行官的态度的：

> 让我告诉你一些事：不论我们是去是留，他都不会谴责。他认为他是公司一切成功的原因，他能花钱买到任何人去执行他的命令。确实，当你被雇用时，你像得到大生意一样得到了一份工作，那时你是个大英雄，“我们真的需要你”，但是仅仅过了几个月，你又“从英雄归为零”。他不能忍受来自为他工作的任何人的竞争。我们就像商品，而他是唯一有价值的。

其他的所有高级管理成员也表达了类似的观点。这个群体中的人员流动率是80%，只有一位高级经理在公司工作超过了18个月。他们都是自愿离职的，而且所有报告表明，他们都是能力很强的高级经理。

家长型。这一术语的言外之意表明，公司与其员工之间的关系就像关怀备至的父母与他们孩子之间的关系一样。在美国，从19世纪末到20世纪初，那一时期见证了一场工业增长的大高潮，它同时又伴随着工会运动潮，但在20世纪的最后十年中消失了。它在很大程度上被交易型管理方式取代了。

另外，最重要的是，家长型组织为它们的员工提供保障，反对失业并为员工提供福利，使员工从对医疗和退休保障的担忧中解脱出来。其他的福利通常还包括教育项目、娱乐设施、有补贴的自助餐、公司贷款，以及早期的"企业城"的低价房。绝大多数员工怀着对他们终身职业的憧憬加入这样的公司。

从长期来看，具有家长式作风的公司并不全都一样。最重要的是，在确实好好对待员工的公司与那些隐藏在家长式作风外表下采取剥削甚至残忍的管理手段的公司之间是有差异的。后者尤其明显的特征是，在有许多"企业城"里，公司拥有几乎所有的一切——房子、商店、学校——而员工除了从他们的雇主那里租用住房、购买商品等之外，别无选择。员工的工资很低，而公司所有的善行就是允许员工以代金券的形式在发工资前将他们工资的一部分提取出来。然而代金券只能在公司的商店中使用，而且一旦员工开始使用，对他而言就很难从与公司有关的债务中抽身了。一个员工可能95%的债务都是欠公司的。

这种管理方式必须与其他公司的家长型管理方式区分开来，后者的行为是真正仁慈的，公司雇主的决定是为其员工着想，如IBM、伊斯曼柯达（Eastman Kodak）、西尔斯罗巴克（Sears Roebuck）、康宁（Corning）以及强生公司。这些公司为其员工提供高于平均水平的工资、丰厚的额外福利、员工持股或购买计划、好的工作条件，当然还有工作稳定性。但是即便如此，这些公司也同样容易遭到来自各方面尖锐的批评。

有一种批评我们曾提到过，即家长式作风在高度竞争和快速变化的经营环境中花费过大，太不灵活。这一批评主要来自这样一些人，他们几乎为员工的任何一个“权利”而感叹，为管理者在管理能力上的任何一点局限而感叹。

另一种批评来自意识形态范畴的对立面：左派，尤其是工人领袖，他们认为家长式作风只是一种策略，一个用来对抗工会和维持对员工控制的阴险工具。

从这两方面看来，家长型公司的一个主要目标就是控制，除此以外，就没有什么了。通过家长式作风，雇主试图防止工人联合起来，而且试图使他们的私人和社交生活与雇主对道德行为的观念保持一致，甚至到了令人震惊的地步。

就工会组织来说，家长式公司力图在经济方面为其员工提供与他们通过加入工会能获得的至少一样多——通常更多——的回报。那是基本的经济账，但是经济因素也会激起强烈的情感：员工对组织强烈的信任和忠诚，进一步促使他们不愿组织工会。本书的主要作者戴维·西洛塔曾效力于IBM公司——一家没有工会的公司——旨在结束其家长式作风的时代，而且能证明公司是能够在绝大多数员工中获得极大忠诚的。

有人可能会争辩道，仅就经济领域而言，这些家长式组织与工会争斗没什么意义。毕竟，它们为避免员工联合而为其员工所做的事可能花费更多，也许多于工会为员工所争取的。争论的双方都有理有据，我们在这里不会深入讨论。但是，一家公司通过仁慈的家长式作风获得的经济利益并不那么清晰，这一事实让我们去思考家长式作风的非经济动机。许多建立并运营这些家长式组织的人也真诚地相信，他们有一个使命：不仅要从物质上，还要从精神上提升他们的员工。换句话说，他们确实视自己为家长了。

对今天学管理的学生来说，早期的商界领袖受精神和宗教冲动所驱使的程度实在令人惊诧。这些雇主认为，在单位内部和外部约束员工的行为是他们的职责。

戴维·汉弗莱（David Humphrey），康涅狄格州汉弗莱斯韦尔公司（Humphreysville）的创始人，让他的“工厂女孩”早早睡觉，吃很多新鲜蔬菜。马萨诸塞州的梅里麦克工厂（Merrimac Mills）发明了一套寄宿制度，让女孩们住在有宿舍管理员监督的宿舍里。公司还让女孩们签合同，对从“始终行为得体”到定期参加礼拜的每件事都做出了要求。[1]

家长式作风还在管理公司的方式中得以体现。当“爸爸最清楚”时，他的控制就很少只局限于员工关系了。家长型公司倾向于在决策制定的所有方面进行高度集权，就像家长作风型家庭一样。公司并不特别看重员工独立实施判断这一做法：决策的所有大的方面，甚至经常是最琐碎的方面，都要取得老板的批准。这种权利和权威的集中——概括为给老板服务的大型中央参谋团队（“国王和他的宫廷”）——增加了家长式组织的僵化性。

在家长式组织中，实现“爸爸”的愿望是很重要的，这导致了对忠诚的强调，它是晋升和其他奖励的标准。如果你认为绩效没有得到重视，那你就错了，不过，“国王”的“宫廷”中有很大一部分是侍从，这些人通过向首席执行官及其意见和观点表现绝对忠诚来获得他们的职位。尽管高绩效也可能获得高职位，但如果他们被视为过于独立，那么他们的机会就是有限的。因此，对于拥有才华、雄心和独立性格的人来说，加入或留在这些组织就变得不那么有吸引力了。员工的家庭成员则可以优先被组织雇用。

另一个使组织的平均能力水平变弱的因素是它们面对员工低绩效时的犹豫不决。从某方面来说，这是对工会畏惧的结果，但是它也源自对忠诚而非绩效的重视。而在解雇或处罚一个违背了组织道德准则的员工时，组织则很少有犹豫的时候。

尽管绩效问题是家长式组织中固有的，但是，在行业内竞争不太激烈时，家长式组织仍能很好地生存——有些甚至很兴旺。许多公司事实上是垄断者。然而，国际和国内竞争的夹击却使这种管理风格无法持续了。

对抗型。家长型管理方式在很大程度上避免了工人的联合，而且情况大都是这样的。一旦说到一个人会如何看待依赖、服从以及员工操控等问题时，这些公司——仁慈的家长型公司——中的员工就会认为他们正处于糟糕的境地。尽管他们常常有这样那样的抱怨，比如，管理者的决策制定太慢、决策制定中他们参与较少以及员工晋升的甄选标准等问题，但是，终身雇用、丰厚的额外福利和其他福利却成为强大诱因，使得他们不会惹是生非，并且愿意留在公司直至退休，甚至鼓励他们的孩子也这样做。

还有些公司确实拥有惹是生非的员工——很大的是非。这些公司的员工争取组成工会以改善他们认为糟糕的雇佣状况。一旦组成了，他们就认为必须继续斗争以维护他们的战果，同时要进一步改善他们的状况。这就是对抗型组织。在那里，员工相信，除非被逼，否则他们公司的管理者不会给他们任何东西，而且如果条件成熟，他们就会组成工会以取得他们认为员工需要和应得的东西。这些组织的员工有这样一种意识，即他们和管理者不会有共同的目标，他们注定是不安定因素和永远的反对者。

对抗型组织中员工“你赢我输”的观点几乎总是可以在管理者的信仰和行为中找到根源。员工工作是为了谋生，为了从工作中得到成就感，并从与同事的交往中获得满足。他们来工作当然不是为了争斗。有少数人确实是好斗的，但如果没有任何需要争斗的，他们很快就会受到同事排斥。然而，如果那些人强烈意识到自己受到了不公平待遇，那么，他们可能就会成为这些愤怒的劳工的领袖。

管理者当然也不愿意在工作中争斗，但在对抗型组织中，确实存在着许多极度敌视员工的观点，他们的行为表明争斗仿佛是不可避免的。他们认为，如果员工有过分的经济要求，又想做尽可能少的工作，这时就必须与员工对抗，而且也要限制他们“操控此处”的愿望。粗暴甚至极端粗暴地对待员工是有必要的，否则“他们就要凌驾于管理者之上了”。员工通常也会做出强硬的回应，从他们在这些公司中的观点和行为来看，他们是管理者的镜像。

就其带来的冲突和痛苦而言，对抗型组织彼此互不相同。这些不同由员工感觉受虐待的程度造成。一个极端是先前描述的员工对企业城中工作条件的反应（恶意的家长型管理方式）。这些是美国历史上一些最痛苦和暴力的劳工冲突的例子。

对抗程度不高的公司，劳工关系紧张但并不会爆发冲突。双方并没有丧失爱，而是学着共处，并包容冲突的代价。与过去痛苦的对抗相比，这种关系更具有如今对抗型组织的特点。

事实上，近50年来，劳工与管理者的冲突导致的示威运动在美国明显减少。一方面，罢工大大减少了。25年前，超过100万的工人卷入298起罢工事件。10年前，36.4万名工人卷入35起罢工事件。但是在2012年，只有19起主要罢工事件，仅涉及14.8万名工人。[2]近几十年来，这种趋势对那些熟悉总体劳工运动发生情况的人来说并不奇怪。现在的工人远远不像以前的工人那样热衷于加入工会了：2012年加入工会的劳工总数只占11.3%，而在20世纪50年代，这一比例大约是35%。

工人阵营中这种特别安静的现象——明显的对抗行为近乎消失——原因何在？人们提出了许多原因，它们解释了为什么工会成员会减少，如从事制造业的员工比例下降，而在历史上制造业的工人远比服务部门的更团结；公司将业务转移到本国其他地方或是海外的能力更大，这样就对工人加入工会或从事工会武力活动产生了更大的阻碍；工人中有了更多的女性，她们中的许多人是兼职或临时工因而较难组织；近年来有关工人组织工会的权利的监管法律的执行力有所减弱。

但是，一项系统的研究却表明，工会成员的减少仅仅是因为工会中工人利益的减少。回顾1977—1991年有关态度的调查，研究者发现，对加入工会的利益持肯定态度的工人比例就是在那段时期明显下降的。这与他们对雇佣条件满意度的增加是同步的。因为工会成员的利益和不满不仅彼此密切相关，而且，与实际的工会成员身份相关，同时，因为自20世纪50年代以来美国工会成员确实已减少，因此，一个可能有效的假设是，从那时起，工会的利益也在减少，而员工满意度却在增加。[3]

出现工会利益和满意度的这些趋势的原因何在？首先，工人的基本工作条件平均来说比前几十年要好很多。除了仁慈的家长型公司（通常在公司总数中占较小比例）中的工作条件之外，过去与现在的状况确实无法相比。美国劳工通过他们的工会赢得了很多，如更高的工资、更好的利润、更多的休假、更好并且更安全的物质工作条件，而其他一些雇主，部分原因是为了避免组建工会，也已不得不为其工人提供更好的条件。

进一步说，政府还通过工资和时间、职业安全与健康以及反对种族歧视等方面的法律来保护工人。工人也在失业保险和福利方面获得了财务支持。工会通过漫长、艰辛的斗争，成功地使政府实施了这些措施，但具有讽刺意味的是，在潜在工会成员的眼中，这一成功反倒减少了其对工会的需要。

今天交易型公司很少有形成工会的，即使是那些因摆脱家长式做法而引起员工愤怒的公司。劳工权势的丧失使得公司转向交易型管理方式，而不用过分担心员工们会被组织在一起。

这些公司仍然是相当好的工作之地。然而对抗型管理方式和交易型管理方式之间还是有很大区别的，这些模式的不同能在每天的工作中显现出来。工作场所中对抗型管理方式的罪过主要可以描述为权利的罪过——他们在与工人的关系中所做的事情；而交易型管理方式的罪过是疏忽的罪过——他们所没有做的事情。在一个纯粹的交易型组织中，管理者不怎么把工人当人看；而在对抗型组织中，管理者过于关注工人了，而且是错误地关注，因为他们被告之，要想从工人身上获得高质量的产品，除了通过直接监督和不工作时的惩罚措施来驱使他们外，别无他法。交易型管理方式下的员工也许会失望地抱怨："他不知道我的存在。"而对抗型管理方式下的员工却希望管理者别再唠叨了。工人不再加入工会是为了从管理者那里获得更多关心；而他们加入工会则是为了防止管理者采取他们认为被滥用的行为，在今天的美国工业中，这种情况越来越少了。要记住，现如今在一些"权利意识"是贬义词（比如，对工作稳定性的期待）的企业里，员工的日常待遇——像工作中自主权的多少——是可作为楷模的，接近于合作关系型组织中的情形。

总而言之，在当下，工会代表基本上不再像以前那么有价值了。

美国工业大多已达到了这样的地步，即对抗关系的对抗方式和家长式作风似乎都不适用于现状了。今天，组织在管理员工方面面临着两种选择：一是保持距离的交易关系；二是手挽手的合作关系。更确切地说，这是一个关乎它们将向任何一方或向双方靠近多大程度的决定，因为双方的融合，尽管不是理想的，却是可能的。

选择交易型管理方式是很诱惑人的。如果没有必要，管理者为什么还要承担合作伙伴关系所需要的如此之多的承诺呢？

当然，管理者确实没有必要这么做，但是本书中我们的基本主张是，在基本方面对员工的承诺在长期可以换来巨大的成功。就我们的主张而言，我们要求你们牢记，我们所指的是合作伙伴对彼此的承诺，而不是家长对孩子的承诺。合作关系型和家长型管理方式的主要区别在于：合作关系是一种商业关系，所以它的持续性是以合作双方高水平的绩效为条件的。如果一方在一段时间内不能或不肯按照对方期待的方式去做，合作关系就会解散或发生重大变动，以反映绩效差异。因此，在合作中绩效虽然关系巨大，但并不是像交易型管理方式中的如下问题所说的那样："你今天为我做什么了?"

如果合作伙伴关系或合作型方法确实如此可取，那么，就其全面或近乎全面的形式而言，为什么它只体现在如此少（有人估计大约为10%）的公司之中呢？为什么美国的主流倾向朝着交易型管理方式发展呢？一个自然的问题是，为什么在这种方法的优越性已被论证了几十年之时，合作型公司仍然只占极少数？答案在于，第一，美国经理们更希望逃避对工人的承诺，因为这使得他们可以用（对公司来说）最小的成本和痛苦来摆脱工人。承诺的其他方面可能看起来比实际上更麻烦，比如，用有意义的方式与员工沟通并倾听员工的需要。

倾听的需要将我们带入第二个理由，即合作伙伴关系常常不那么吸引人：许多高级经理强烈相信，有必要通过自上而下的管理进行控制。（交易型管理方式通常包含自上而下的结构和作风。）事实上，合作关系型与其他三种管理方式在其自愿地——实际上是故意地——分权给员工方面是不同的。尽管说权利平等是过于天真的，但在合作的背景下，员工对实施工作的方式和直接工作环境中决策的影响远比在其他三种方式中要大。在一些经理看来，向非管理员工分权是愚蠢的——毕竟，员工能贡献什么呢？而另一些人又对此感到害怕，因为他们将这种分权与组织的无政府状态（先前描述过的不稳定的自由放任式管理）等同看待。当然，没有证据表明，多数工人希望在工作领域之外获得权利，他们只是需要一位掌舵的领导，而且是这样一位领导：能意识到轮船每个部分的日常工作最好留给最精通这部分工作的人。

第三个接受合作型管理方式的障碍在于许多高层管理者的短期导向，他们追求利润和公司股价的快速收益。取得合作需要时间，因而需要更长期的眼光。本书关于商业绩效中合作的积极影响的研究证据就涉及长期的结果。我们之前提到过一个关于公司目的和原则的类似的观点（顺便说一句，它常常包含对合作的承诺）：如果这些目的和原则不是为了装饰门面的话，长期导向几乎总是被需要的。

第四，交易型管理方式的吸引力因其与反权利意识相容而有所提升。正如我们所指出的，合作型管理方式常常与家长型管理方式相混淆，而事实上，家长型管理方式下，绩效在作为奖励标准时，只能排在权利之后成为第二位的。

因此，强大的力量导致人们反对合作型管理方式，而且在过去这些年里，一些极不相信任何非对抗方式的工会领导的观点进一步强化了这些力量。工会仍被看作在某些行业和公司中的一股势力。

然而，许多工会和公司选择了合作方式并取得了令人印象深刻的结果。在这些事例中，各方承认他们的共同利益，如提高产品质量，并建立相关机制，使他们能为之共同努力并同时为集体谈判过程留出争论余地。研究表明，积极的工会—管理者关系总体上是与较高的组织绩效相关的。[4]将这一关系上升一个层次——主动地一起工作，以识别和解决绩效问题——能产生真正惊人的结果。[5]

始于20世纪70年代末80年代初的美国的劳工—管理者合作，与我们的主要主张尤为相关，因为它强调了在激烈竞争的商业环境中高度对抗关系日益增加的不适应性。组织工会与建立劳工—管理者合作关系在本质上并不矛盾。一个很好的例子是西南航空公司。西南航空公司不仅有工会——这对每个人来说都很意外——而且拥有美国所有航空公司中最高比例的工会会员。西南航空公司总裁兼首席运营官科琳·巴雷特（Colleen Barrett）这样说：

我们像对家人一样对待所有人，包括外部的工会代表。我们走进一个房间，不像敌人，却像一起工作的人。我们的态度是，我们都必须做对公司有利的事……（工会）有它的支持者、它的顾客基础，我们对此表示尊重。我们与卡车司机工会有很好的关系，而且他们作为强硬的谈判代表有着很好的名声。我们试着重视每一个人，这样我们就真正像合作伙伴了。[6]

马西娅·米恩斯（Marcie Means），一名西南航空公司的顾客服务代理和工会激进分子，提供了工人的观点：

西南航空公司帮助我在我的世界里做出了极大的贡献。我并没有滥用或利用公司。我只是想要正确的东西。有些事情我们需要提出异议，但是没有必要威胁公司……如果你不能以其他方式解决差距，罢工也是可以的。但是我们不需要罢工……我们不希望争斗。我们属于这家公司。这是运行多年仍然有效的体制。[7]

这些意见所表达的精神与多数美国航空公司完全矛盾，在那些公司中，管理者和工会的关系常常是高度对抗的。对相关历史的任何客观的分析都会迅速地揭示，劳资关系的质量很大程度上是管理者的态度和行为的结果。当管理者把员工及其组织当作敌人对待时，他们也会被当作敌人对待。就是这么简单。

合作并不需要各方之间利益完全一致。可以存在差异，但是合作关系文化——一种信任和相互尊重的氛围——使这些差异能以更现实、更富有建设性、更创新的方式得以解决，以满足双方的利益。

应用于其他相关者

合作关系文化的概念是强有力的。它可以被应用于一个组织与其所有关键相关者的关系中。就拿供应商来说，供应商可能被当作不值得信任的对手看待，必须不断密切地监视它们，有必要压榨它们口袋里剩下的最后一分钱。或者，可能把它们当作“交易”，这么说还不算非常糟糕，但对它们来说，作为经营实体，客户除了支付货款之外什么也不欠它们的，而且它们需要不断地与客户重新为其工作定价。与此相反，还可以把它们当作真诚的合作伙伴。对供应商关系的研究显示，合作伙伴关系可以带来巨大利益，尤其是在供应商提供给其客户的产品或服务质量以及送货的及时性方面。这一绩效的提高来源于供应商能力的提高，因为有了更好的与客户的双向沟通以及在长期关系中获得的经验，也源于供应商在工作中对将其视为合作伙伴的客户所付出的额外努力。

让我们回到西南航空公司的例子。西南航空公司如何看待其与供应商之间的关系呢？以下是来自一名机场主管的评论，当然，机场包含为航空公司提供服务的一群关键供应商：

> （西南航空公司）使机场成为其团队的一部分。我们向他们汇报，接着他们也向我们汇报，说这就是他们对共同工作的看法……它给了你一个印象，相比起其他航空公司，这就是我真正想为之工作的团队。与西南航空公司在一起，你知道你能为公司做什么。我认为它会支付大笔红利。我对如何与西南航空公司相处的看法是，它使我想要竭尽全力。
>
> ——凯文·狄龙（Kevin Dillon），
>
> 新罕布什尔州曼彻斯特机场主管[8]

这一评论的精神与我们从被公司当作合作伙伴对待的激情员工那里听到的没有太大不同。人，尤其是员工和供应商，并没有期望从公司那里得到特殊的待遇。而一旦发生，积极的影响——人们为绩效全力以赴的意愿——便很明显了。

一项文化案例研究：梅奥诊所

在本书中多次提到的梅奥诊所的做法恰恰证明了该诊所是一家合作型组织。根据我们对梅奥诊所的深入了解，我们现在更加详细地阐述：该诊所的具体实践是如何与充满凝聚力的、强大的文化相结合，为它所服务的人和受雇于它的人造福的。

我们的阐述应当能够清楚地解释，我们认为梅奥诊所是合作型组织的范例的理由。但是，就像我们早前谈及优秀企业时说的那样，它也不是“乌托邦”。它的目的是改变人们的基本观念，更确切地说，是改变他们的工作环境，这样一来，绝大多数的员工身上优秀的、正直的一面（他们本性中善良的一面）就会自然而然地显现，并且支配他们工作生活中的行为。

梅奥诊所是在医疗护理、研究和教育方面享誉世界的佼佼者。它的三家分支机构每年都为超过一百万名病患提供服务，并得到比其他美国大型医院或诊所更多的知名国立评估机构的认可。它在《美国新闻》（*US News*）最佳医院荣誉榜中常年位居前列或荣登榜首。除此之外，《财富》杂志已连续十年将梅奥诊所评为“美国100家最适宜工作的公司”。

西洛塔曾对该诊所进行了广泛的研究。依据我们的研究，我们可以这样说：像其他几个组织所做的那样，梅奥诊所也证明它具备我们所说的那种真正的合作伙伴文化。正是这样的一种文化，让我们得以理解梅奥诊所那些著名的成就和员工们极其高昂的斗志。（2011 年该组织的员工调查显示，89% 的员工认为在梅奥工作很满意。当年这一问题的标准值为 73%。）

本书资深作者戴维・西洛塔博士于 2010 年发表了一篇关于该诊所的论文。[9] 他写那篇论文是因为那时美国才开始就医疗改革进行激烈辩论，而梅奥诊所的成就与“奥巴马医疗法案”［《患者保护与平价医疗法案》（the Patient Protection and Affordable Care Act）］中的许多规定都有直接的联系。除了为数百万美国公民提供可负担的医疗保险，“奥巴马医疗法案”的主要目标还包括提升医疗卫生质量、降低医疗卫生成本增长速度。奥巴马总统本人就曾多次赞扬梅奥诊所是高质量、高成本效益的医疗卫生企业的典范。

西洛塔博士的论文（在本书及之后详细叙述和讨论）并未直接就“奥巴马医疗法案”的利弊发表意见，而是着力解释一家组织的文化（是的，仅有法律不够）对实现真正的卓越何其重要。

梅奥诊所到底有何特别之处？

核心价值观才是关键

戴维・西洛塔

虽然听起来难以置信，但在明尼苏达州中南部的大片麦田中的小城市罗彻斯特，伫立着美国首屈一指的医疗机构——梅奥诊所最大也是最初成立的诊所。这所位于罗彻斯特的诊所是由两位医生——查尔斯・梅奥（Charles Mayo）与威廉・梅奥（William Mayo）兄弟于 1889 年成立的，拥有 3.3 万名员工，每年都为来自世界各地的无数病患提供服务。在纽约市东河地区邻近能找到具备此种规模及名望的组织并不出奇。可是在明尼苏达州的罗彻斯特市呢？这仅仅是反常现象的开始。（另外两家梅奥诊所，一家于 1986 年在佛罗里达州的杰克逊维尔市建立，另一家于 1987 年在亚利桑那州的斯科茨代尔市建立。）

梅奥诊所得到了人们的高度关注，这其中就有在讨论《患者保护与平价医疗法案》（“奥巴马医疗法案”）期间对其频繁赞扬的奥巴马总统。梅奥诊所提供的医疗服务经证实是美国质量最高的。然而，反常的是，其提供的医疗服务的费用也是最低的。该诊所的这一特点与人们的高质量必然意味着高成本的传统认知相悖，梅奥诊所的方法也因此引起了那些力图改革国家医疗卫生体系的人的强烈兴趣。“奥巴马医疗法案”的目的就包括大幅降低医疗卫生费用增长速度与改善医疗卫生质量。

怀疑论者则认为，梅奥诊所面临的挑战与其他地方，尤其是在拥有更加贫穷、病情更严重、受教育程度更低的病患的大城市中心的医疗机构所面临的挑战是迥然不同的。其实，梅奥诊所只是众多具有出色表现的医疗机构中的一个，而且它们面对的环境大不相同。举例来说，俄亥俄州的克利夫兰市虽与明尼苏达州的罗彻斯特市几乎完全不同，但它却是克利夫兰诊所的所在地，该诊所的实践和成果与梅奥诊所极其相似。其他类似的、频繁地被援引的成功组织有：宾夕法尼亚州丹维尔市的盖辛格卫生保健系统公司（Geisinger HealthSystem）、盐湖城的山间医疗保健公司（Intermountain Healthcare）以及北加利福尼亚州的凯萨医疗集团（Kaiser Permanente）。最后，另外两家梅奥诊所所在地虽与罗彻斯特市在很多方面都不相同，但它们同样取得了与罗彻斯特市的梅奥诊所相近的成就。

对于数以千计这样的医疗机构的系统研究为民众对单个的高绩效医疗机构的看法提供了强有力的支持。举例来说，达特茅斯医疗保健地图集（Dartmouth Atlas of Healthcare）就发现，美国各地的人均医疗支出差别较大，但却得出结论认为，“超出的支出中，只有30%可以归因于（患者的）收入和健康因素。”那剩下这些占绝大多数的支出又是什么呢？

是浪费的支出：据达特茅斯医疗保健地图集与其他医疗机构估计，美国的医疗账单中，有高达6 000亿～7 000亿美元浪费在那些不必要的检查、手续、住院时间、出诊和其他类似的事情上，而且各个医疗机构中像这样不必要的事情也大不相同。[10]

许多专家认为，因为医疗服务提供者凭其提供服务的数量（而非质量）得到奖励，从而导致出现滥用医疗服务的现象，因此，医疗费用偿付系统是主要的罪魁祸首。萧伯纳（George Bernard Shaw）早在一个世纪以前就曾说过："对于任何一个有理智国家的人来说，若是知道面包师为了一点金钱利益就能让他为你烤面包，那么你应该也知道，医生为了一点金钱利益也会砍掉你的腿，仅这一点就够令人绝望了……"

达特茅斯的研究人员没有局限在质量和成本的关系这一既定认知里，而是试图促使美国各地区提供高质量医疗服务的医疗机构降低医疗成本。他们这么做的原因有很多。就像萧伯纳提醒我们的那样，不必要的医疗程序既有害身心健康，也代价高昂。过多的住院时间可能会因为医院的过失和疏忽而给病患带来危险和高额的费用。并且，服务质量差往往需要"返工"，因此费用又会增加。从美国政府的角度看，医疗保健是一个整体，因此质量最重要。但从医疗服务提供者的角度看，保证质量会压低收益。

因此，主要的问题就是：面对这些反常动力，一些组织是如何成功逆流而行并做到高质有效的。许多行业都面对着同样的问题。例如，汽车制造商是营利性实体，其收入来自于汽车销售量，类似于医疗费用偿付系统。为什么在过去几十年里，一些公司，比如那些日本的汽车公司，生产的产品质量要比其他公司好很多？

在解释某个公司为何能成功时，研究者常常高度强调明显不同的实践，如日本公司中实施的正式的质量计划。在有关医疗卫生行业的研究中，许多研究者关注的是，在很多高品质、低成本的医疗机构（如梅奥诊所）中，医生们是全职的支薪员工。因此，多余的检查、手续和出诊也是没有任何经济报酬的。

员工薪酬很重要，但是对它的关注会分散对这些组织文化（即其无形架构）的注意力。工资制度只是其中的一部分，且事实上是源于该无形架构的。毕竟，当薪酬与业绩无关时，减少的不仅仅是不必要的治疗，还有医师们倾注到其工作中的关怀和努力。而且，当医生们是支薪员工时，其老板的收入主要取决于诊疗收费。那他们为什么不给医生们施压，使其增加诊疗量而承受不良的质量与成本后果呢？

答案无疑存在于组织的文化中，这里将其定义为公司领导层真正重视且因而期望从其员工身上获得的东西。在每个我们已研究过的行业中，公司之间在质量和效率上的差异主要是由于它们的价值观和实施该价值观的技能的不同。让我们来看看这在梅奥诊所是如何表现出来的。

梅奥的文化在整个诊所中随处可见，源自其简单的七字宗旨：患者的需求第一。虽然这听起来像其他无数老生常谈且空洞的口号，但是，我们的研究清清楚楚地表明，在梅奥诊所，该宗旨是诚心诚意的，且督促着各级员工的日常行为。在最近一次员工调查中，该诊所90%的员工都赞成这样的观点："在梅奥，患者的需求第一。"

在与医师们的讨论中，他们反复提到该宗旨及其作为他们来到并留在梅奥的主要原因的真实性。对病人的调查表明，在实践中对该宗旨的践行是多么令人印象深刻。在这些调查中，梅奥的员工经常被记录到给予病人超出他们需要的额外关注。一位曾经的患者评论道："两个护士放弃了他们的休息日，和我待在一起，以抚慰我的心灵。她们给我带来了冰沙。她们缝好了我妈妈送来的睡衣。她们实在太好了。”另一个说道：“有一次电话响了，是梅奥的一个心脏外科医生。我简直不敢相信。他亲自打电话说要来看我。”第三个患者评论道：“我的肿瘤医师是我碰到过的最好的人。他把他的某些私人生活时间都给了我。我对他来说不只是患者。他把我当作一个人来看待。”这些有代表性的事情乍看似乎微不足道，但是对治疗中的病人和他们的信心有着巨大影响。

该宗旨既激励医生们的日常行为标准，也是梅奥诊所的正式政策与实践的基础。这些政策与实践的范围涵盖了从对遵守法律和道德标准的执著，到为了患者的身体和情感健康而对异常吸引人的且舒适的设施的投资。纯粹的薪资制度直接源自该宗旨：该制度希望其医师们完全专注于病人的需要，而不是那些可能增加他们自己薪酬的事情。

该诊所实践的一个标志性特点就是，其在提供治疗护理时的协作方式。医生和其他医疗专业人员在一个有着各种专长的团体中工作，该团体的组成是由某个病案中的具体情况所决定的。在团队中工作有助于保证护理质量并减少重复性检查、手续和预约，且该种工作方式是在广泛平等的环境中培养出来的，在该环境中互相尊重是一种明确的行为标准。

为了支持其团队方法，梅奥刻意避免了医生招聘中的明星制度。他们寻求那些能力拔尖的人，但却希望他们主要关注患者的治疗而不是构建个人的外部声誉。纯薪资制加强了团队工作，因为没有任何因素激励医生为了经济利益而收留患者。在对医生绩效的评估中，最重要的标准就是临床治疗的质量和在该治疗中与同事合作的能力。梅奥的协作不仅仅涉及医生。它期望所有员工之间都互相协作，这就需要一个各级以及各专业员工之间相互信任的环境。除了技术能力外，在梅奥工作中相互信任的主要来源就是平等，即将地位和其他不必要的障碍都保持在最低限度上。平等是梅奥文化的一大特色，这在医疗机构中很少能实现。举个例子，医生和其他人之间的地位差异，虽然在该机构中并不是完全不存在，但被极大地缩减了。在梅奥的员工调查中，76%的员工赞同：“基于过去一年中我的个人经验，医生/科学家和协同工作的医护人员之间会互相尊重。”虽然我们对这个问题没有规范性数据，但是我们确实知道，在许多医疗机构中医生对非医师人员的不尊重是一个众所周知且严重的问题。在梅奥，所有人必须参加人际关系方面的正式培训，从而进一步口头重申和强化相互尊重的必要性。

员工之间的团队合作与员工和组织整体之间的紧密联系是并行的。人们都想为一个他们能引以为傲且真正关心他们的公司工作。在调查中，94%的梅奥员工说他们以为梅奥工作为傲，且75%的员工赞同“梅奥真正关心员工的幸福”。（在西洛塔的研究数据中，前一个问题的标准值是81%，后一个是65%。）该诊所关注员工幸福感的一个例证就是一项关于将裁员作为资金困难时期最后手段的政策，这在2009年得到充分表现，当时经济萧条席卷美国，在罗彻斯特的医生和高级管理人员为了避免裁员和为其他员工加薪而主动放弃了自己的加薪。该诊所还对员工的教育和发展进行大量投资，从而使员工可以在该诊所的职业生涯中多次在不同部门之间轮岗，并加强其就业保障。

所有这一切的结果就是一支敬业的员工队伍，他们在对病人的服务中与梅奥及其他人员互相协作。这是一种合作伙伴关系文化，在该文化中，人们不再只是追求其工作绩效，而是最想且确实在此度过其职业生涯。2012年梅奥的员工流失率是4.1%，而全美国医疗机构的人员流失率则是13.5%。

梅奥的价值观可能显得不合时宜，似乎是一种倒退，退至这样一个时代，那时忠诚——对顾客的、员工的以及员工相互之间的忠诚——被认为是商业成功至关重要的因素。但是，这种被我们称为“合作伙伴关系”的模式在一个多世纪前梅奥成立时就已成为其宗旨，在这段时间，医疗实践在几乎所有其他方面都发生了巨大变化。1910年，梅奥的联合创始人威廉·梅奥写道：“患者的最佳利益是唯一需要考虑的利益，而且，为了让患者获得科技进步的好处，各种力量的联合是必要的……将医学发展成合作性科学已成必要……”一个世纪后的今天，也无须对梅奥的核心宗旨和价值观进行丝毫补充。

梅奥的合作伙伴关系文化是如何持续这么久的呢？首先，诊所对实现该文化不懈努力。如果一种文化要从周期性的、有时是很严重的财务压力下存活下来，而且还要经历不同个性的高管，面对各种管理思潮的诱惑，是需要相当大的努力的。通过对创始人梅奥兄弟的遗产和价值观的不断重申和传颂，通过员工对与该价值观一致的自身成就的认可以及对违反该价值观的相关政策和实践变化的不断审查，该宗旨才能始终保持最首要、最中心的位置。

其次，梅奥诊所是一个由医生领导的机构，除极少数例外，这些担任高管的医生都是从梅奥内部提升上来的，这有助于保证其文化的连续性。它确实是一种企业制度文化，而不是依赖于某个或几个人的展望或者突发奇想。

当然，如果结果不妙，所有这些对其文化连续性的努力自然会化为乌有！虽然该组织多年来一直面临着巨大的财务挑战，但是具有讽刺意味的是，其生存和繁荣的能力在很大程度上源自其缺乏财务目标的核心宗旨。对患者的关注为其带来了良好的名声——成为最有名望且最值得尊敬的医疗机构品牌之一——这有助于保证来自世界各地的源源不断的病人来此就诊。大量之前的患者慷慨解囊，以感谢其在梅奥获得的照料。

维持一个真正的组织文化需要的不仅仅是口号或对优秀公司实践的借鉴。美国汽车制造商努力复制日本的质量管理方法（在最终承认日本产品质量确实更好之后），但是几十年来仍难以缩小其质量差距。为什么这么难？这是一名美国汽车工人于20世纪80年代中期在一个墙上印满质量标语的工厂中告诉我的："让我告诉你在这里真正重要的是什么——这正是我老板告诉我的：'快点把这些零件组装起来运出门。'"

怀疑论者寻找某个组织成功的巧合因素，而不是从娴熟的、有远见的管理方式中找原因。据此，我们可以看到，人们将梅奥诊所及类似组织的成功归因于其患者群体的特征。当日本汽车制造商开始将其高品质汽车运到美国并占领重要的市场份额时，人们通常将其成功归因于日本工人的纪律和奉献精神。之后，日本公司在美国开建工厂并雇用美国工人继续生产出高品质汽车。于是，人们又将其成功的原因归为其工厂是新建的并且工人没有组建工会这一事实上。这些都是借口而不是原因。这些日本公司成功的主要原因是它们的文化，即将质量放在首位、将员工当作合作伙伴以及以团队方式来组织工作。听起来是不是很熟悉呢？

在医疗卫生机构中真正重要的，正是一个组织的价值观，就像梅奥诊所一样，要求将患者的需求放在首位，并且在合作伙伴之间营造一种信任与合作的氛围以满足患者需求。试图改变其组织的管理者们千万不要在一开始就关注实践，不管它多么容易模仿，而是要更多地关注核心价值观，并确定人们是否能够热情地拥抱这些价值观。接下来的任务就是使这些价值观通过实践来体现，并进一步强化它们，这些实践要最适合组织的特殊情况（如医生是否为支薪员工），并能够适应不断变化的环境。梅奥诊所的领导者说，一切皆要准备好做出改变，唯独核心价值观除外。这些价值观的实质和恒久不变与为了在一个不断变化的世界里将其实现而努力适应的意愿是并存的，这就是这个组织能够惊人地长存与成功的原因。

这些时期的合作关系

梅奥诊所这个例子给我们提供的一个重要经验就是，合作伙伴文化如何帮助公司有效地应对各种变化。该例子的实质是强大的核心价值观——一个鼓舞人心的目的，加上合作伙伴之间真正的凝聚力——能产生一种适应力，这对于一个环境不断改变的组织来说，具有不可估量的重要意义。那些可能非常危险、混乱且令人沮丧的情况可以转变成人们想去克服并相信他们能够克服的挑战。"我们在一起，为了我们所共同信仰的东西"成为指导性的座右铭。这与如下的情形是完全不同的：先是第一个，然后是一个接一个的员工，在变化的时期显得十分焦躁，要么由于担心自己岌岌可危的一点利益而狠狠地与同事斗争，要么干脆准备离开公司。

虽然历史上，曾有过国家的、社会的和经济的大动荡时期，例如，工业革命的变化速度之快、变化规模之大、涉及数量之多、时间之久是前所未有的，因此，我们可以合理地认为，自工业革命以来，即便有任何大动荡时期，其规模也是无法与之相比的。信息技术及其在短短数十年间所造成的数以百计的方向的变化并没有结束的迹象；全球化促进全球竞争、创新、低成本的生产以及资本光速般在国际上流动；全球变暖以及它——和减轻它——将对我们未来的生活方式和组织（包括企业）产生巨大的影响。

组织在商业环境中做出变化受两个因素影响：人们的需求对此变化的反

应以及组织文化。正如我们将在最后一章讨论抵制变化时所指出的，假设人们本能地恐惧和抗拒改变是不准确的。有许多积极的变化是受到热烈欢迎的，如新产品或经营策略的成功，它们会带来业务的拓展以及员工工作稳定性和机会的增加。但也有一些变化是具有威胁的——可以说极具威胁——如竞争对手的出现，它们有着成本明显更低的产品或新的具有创新性的产品，能够更好地满足客户的需求。在当今不断变化的、竞争激烈的世界中，对于绝大多数公司来说，这些类型的挑战是不可避免的。

组织需要改变以适应不断变化的环境，就这方面的努力而言，组织文化极为重要。有趣的是，将这点做得最好的那些组织，像梅奥诊所，其核心价值观是不变的。如柯林斯和波勒斯已经表明的那样（见我们在第 7 章中的讨论），这些价值观包括一个"超越利润"的宗旨，而且从我们的观点来看，它们还包括一系列原则，以此明确指出"我们都是为此努力的合作伙伴"。正如我们在本章中已经表明的那样，合作伙伴之间存在许多不同的属性，包括开放式的交流（向上的、向下的和组织横向的）、共同的决策、相互的帮助和尊重式交往。大多数的外部威胁绝不可能靠一个人或一小群人就能处理，唯有合作关系才能使公司从整个组织中获得人才、意见和激情。而且不变的核心价值观给合作伙伴提供了一个稳定的和共享的指南针，来应对商业生活中不可避免的风暴。

此外，对真正的合作伙伴关系而言，最基本的一点就是财务共享。这意味着要同甘共苦，既在需要迎接外部挑战时共同做出牺牲，也在有效的应对带来收获时共同分享。当人们不觉得他们由于变化（不是"被甩下了公交车"那样的剧变）而处于危险之中时，他们对于变化的抵制性明显大大降低，对变化进程的贡献则相应地增强。同样显而易见的是，我们认为一项变革的结果可能对于员工群体来说是有害的，如用裁员来削减难以为继的经费。但是，我们已经证明（第 3 章），即使在并不理想的情况下，在实施这些措施时也可以有良好的规划，可以对被解雇的员工表现出关怀和慷慨，从而大大减轻裁员带来的伤害。

在本质上，我们要问管理者：你希望你的员工在应对商业环境的改变时是与你同行还是与你对着干？这似乎是一个反问句——难道答案不显然就是“与你同行”吗？—— 但也有许多管理者会回答：“无所谓。”

这些经理人员通常被一家业绩不佳的公司雇用来“从其自身”“拯救”自己，特别是当商业环境发生了变化之时。他们迅速地、彻底地集中权威，认为该组织的人是问题的来源，而肯定不是解决方案有问题，并且将变化的恶果强加在他们身上，完全没有考虑他们的才能可以提供帮助或者他们有什么需求。为什么要在变革过程中牵扯到这些人，而仅仅因为“人难免会抗拒改变”？这种模式已经拥有了许多知名的践行者，阿尔伯特·J·邓洛普（Albert J. Dunlop）就是其中最有名的——或者说是最臭名昭著的。邓洛普先生最广为人知的就是在斯科特纸业公司（Scott Paper）的成就。在其他几家公司就职后，1994 年他被斯科特纸业公司雇用，成为该公司首位外来的首席执行官，人们期望他能够迅速采取行动来使公司复兴。斯科特纸业公司的收益和利润多年来一直令人失望。像许多老牌美国公司一样，斯科特纸业公司在面对来自竞争对手（如宝洁公司）的激烈竞争时，反应十分迟缓。

他们迅速采取了行动。邓洛普是带着“企业复兴专家”的声誉来到斯科特纸业公司的，华尔街的许多人士都十分喜欢他。这个声誉是相当极端的，即便对他的专长而言也是如此，他擅长采取策略，迅速削减劳动力成本和出售资产，并因此赢得了“链锯阿尔”的绰号。在斯科特纸业公司任职不到一年的时间内，邓洛普将公司 34 000 名计时工和支薪员工中的近三分之一裁掉。并且，在他加入该公司之后 18 个月，公司被出售给金佰利公司（Kimberly-Clark）。到那个时候，该公司普通股的市值增加了超过 200%（30 多亿美元），邓洛普的个人财富增加了近 1 亿美元，包括他的薪酬以及他在斯科特所持股权和期权。

在这里我们不欲对邓洛普的行动和结果进行辩论或者做出道德判断。可以这么说，从商业——不仅仅是人性或者道德——方面而言，这是极具争议性的。例如，沃顿商学院乔治·W·泰勒（George W. Taylor）教授和沃顿人力资源中心主任彼得·卡普利（Peter Cappelli）认为，"（邓洛普）……是在说服别人相信股东价值是最要紧的和最终极的目标。但邓洛普并没有创造价值。他将来自员工和社会的收入重新分配给股东们。"[11]［除了他的其他行为之外，邓洛普还结束了斯科特公司长达数十年的传统，即每年贡献给社区组织 300 万～400 万美元和让员工到联合劝募会（United Way）做贡献。］尽管他说他的目标是为重建斯科特做长远打算，但其他人都说邓洛普的意图从一开始就是准备将公司快速出售。

我们的观点是，应对变革需求有很多种显著不同的方式。我们一开始就说过，那些只有短期目标的人对这本书不会有太大兴趣，即使不像邓洛普在 18 个月内将一家大公司重组和出售一样那么极端。相反，这本书是为那些有志于建立一个具有持久价值观的、持久的组织的人所写的。梅奥兄弟就是我们所说的这类人的明显例子，另外还有我们已经在这本书中讨论过的那些私营企业和公司的管理者，如纽科公司的肯·艾弗森、西南航空公司的赫布·凯莱赫和好市多公司的吉姆·辛内格。在面对和克服严峻的短期和长期商业挑战时，其能力的核心就是文化，主要体现在两个方面。一方面，在变革期间，他们都会继续保持——事实上，往往是加强——对了解和满足客户需求原本就强烈的关注。因此，他们在那儿不会掉链子。另一方面，他们不会把员工看作问题，而是将他们视为战斗中强有力的、知识渊博的和天然的盟友。他们成功地应对变化的首要资本就是其不变的核心价值观。

注释

［1］Alice Ross，"Boarding Houses，" *Journal of Antiques and Collectibles*，March 2003.

［2］U. S. Department of Labor，Bureau of Labor Statistics，Mass Layoff Statistics (MLS)，www. bls. gov/mls/home. htm.

［3］Farber，H.，and Krueger，A. "Union Membership in the United States：The Decline Continues." Working Paper No. 4216，National Bureau of Economic Research，1992. 这些结论是在对经济体中的结构性变化（如服务业员工比例上升）的影响分析的基础上得出的。

［4］Katz，Harry C.，Kochan，Thomas A.，and Weber，Mark A. "Assessing the Effects of Industrial Relations Systems and Effort to Improve the Quality of Working Life on Organizational Effectiveness." *Academy of Management Journal* 28 (1085)：519；Ichniowski，Casey. "The Effects of Grievance Activity on Productivity." *Industrial Relations Review* 40，1986：(p. 75-89).

［5］例如，参见 Adler，Paul S. "The 'Learning Bureaucracy'：New United Motor Manufacturing，Inc." *Research in Organizational Behavior* 15，1992：120；George W. Bohlander and Marshall H. Campbell. "Problem-Solving Bargaining and Work Redesign：Magma Copper's Labor-Management Partnership." *National Productivity Review* 12；Russell Eckel，Paula Falzon Eckel，and Andrew Herman. "Lean Manufacturing，Worker Empowerment and Labor-Management Collaboration at Ford Cleveland Engine Plant ＃2."

［6］Gittell，Jody Hoffer. *The Southwest Airlines Way：Using the Power of Relationships to Achieve High Performance*. McGraw-Hill，2003.

［7］Ibid.

［8］Gittell，Jody Hoffer. *The Southwest Airlines Way：Using the Power of Relation-*

ships to Achieve High Performance. McGraw-Hill，2003，p. 183.

[9] *Sirota Monthly*，2010.

[10] The Dartmouth Atlas of Healthcare.

[11] As quoted in：Byrne，John A. and Weber，Joseph.（1997）"Did CEO Dunlap save Scott Paper—or just pretty it up?" Business Week Archives，copyright Bloomberg LP.

第 13 章
领导力和合作关系文化

最糟糕的事情莫过于当你试图去领导别人的时候，你向身后望去，却发现没有人在那里。

——富兰克林·D·罗斯福（Franklin D. Roosevelt）

在合作关系文化中，领导力意味着什么？本书中曾多次提到领导力——或它的体现者：首席执行官、高层管理者、执行官。在下一章中我们将更详细地探讨它，我们将讨论合作关系型管理方式的实施，因为没有来自高层的持续而强有力的支持，真正的文化变革就无法持续。本章中，我们将详细探讨领导力本身——包括有关杰出领导力的具体特征的基于证据的结论，以及杰出领导力与企业文化之间的密切关系。更加普遍的是，杰出领导者——那些建立了有着持续高绩效的组织的领导者——常常信奉合作伙伴文化。

我们关于领导力的结论是通过如下方面得出的：我们自己的关于领导力的系统研究，我们对一起共事过或者多年来观察到的那些杰出的和不太杰出的领导者的观察，以及其他人的研究。关于领导力的研究已经成为组织行为学领域中一个研究最广泛的主题。

有效领导的至关重要性

虽然有人说“新生代”员工寻求自主权，渴望新型的、灵活的——甚至是无政府的——组织形式以对抗层级制度的功能失调，不管所有这些说法如何，但是没有领导，公司就不能正常运转，没有强有力的领导，公司就不能良好地运转。领导是组织的舵手，能够引领组织的方向，并且能确定如何去实现组织目标。如果没有领导，公司就会瓦解或者只能勉强维持。任何一个组织被问到的首要问题之一——不管是被雇员或者其他跟该组织打交道的人问到——都会是“谁在这里负责”。当对谁在负责的回答模糊不清时，这对有效性是一种严重的打击；而当没有答案的时候，那将是一场灾难。当领导的模糊不清或缺失成为一个问题时，在我们的调查中雇员将会对此强烈抱怨——无论这个问题是公司层面的，还是他们自己的部门层面的。

这里有一些来自员工的关于领导的积极评论：

所有层级的领导人都非常平易近人，设定了清晰的愿景，展示并期待高水平的道德行为，并且期待卓越的成效。

我们的首席执行官和领导团队有着强烈并且清晰的愿景。

我们的高管都是很棒的领导者，他们能够带领公司走向成功。

我很享受公司的快节奏特性以及我们正在为之努力的目标，我深深敬佩我们的首席执行官和管理层团队。

高管团队拥有智慧、远见、激情以及开放的态度。这让我对公司的产品和未来有 100%的信心。尽管付出越来越多，但我不能想象我会在别的地方工作。

我喜欢来自强大的高层管理者的愿景和领导所带来的稳定性。

我欣赏高管的总体目标和关注重点。通过这一切，最终的结果能够持续。

有远见的领导层令员工信任高层领导以及公司前进的方向。

然而，也有一些来自员工对于领导的不满评论：

缺乏明确的领导力——似乎没有任何人出来负责，或者说人人都在负责，这就导致了派系之争、资源浪费以及效率低下。

高层管理者不断变化，带来一种非常不稳定的感觉。

决策是分散的和不明确的，关键时刻人们仍然在权衡要去做什么……但当你应当在第二天发布产品时，我们则需要明确的领导来打破僵局。

人人都觉得有权对另一个人指手画脚。

有三个强大的领导者导致了我们的策略不一致，并且将会给整个公司带来更糟糕的后果。首席执行官应该带领我们制定一个战略，我们所有人都去执行这个战略，而不是通过一系列不相关的战略，来帮助不相干的领导人满足自己的个人目标。

我们的领导团队在这个变革时期感到害怕和不确定。他们表现得十分幼稚和缺乏经验，而没有像灯塔一样为我们其他人树立起信心。

会议室里声音最大的似乎赢了。而真正有权威的人应该能够代表真正的整体愿景。

组织没有自上而下，而是反过来自下而上地运行。太多的层级，太多的群体，而且没有明确的领导层。关注的重点总是在改变，这个月还是重要的事情，下个月就不重要了。

我们急需一个清晰的领导层和愿景。

还没有一个明确的领导者能让我们团结一致地追随其后。

从抽象意义上说，在一个恒定不变的企业中，是不需要领导的——也就是说，在没有发生任何变化的地方，任何事情都是例行的，已预先设定好了程序。但是，对于人们的努力来说，没有任何事情是恒定不变的——除非死亡。外部环境会变化（经济上、竞争上、客户偏好上），内部环境也无时无刻不在变化，这就要求企业有警觉性和不断适应性（雇员入职离职，新技术引进，事情并未按原本设想的那样发展，等等）。

这并不仅仅是一个在纯商业意义上的组织运行问题。领导也在构建企业内部文化，即决定如何开展工作以及如何对待员工和其他利益相关者。文化可以要求人们采取合乎道德的行为，也可以忽视（甚至鼓励）不良的行为。它可以致力于为客户提供价值和服务，也可以容忍冷漠对待客户的行为。它可以把员工看作资产，对他们非常重视，也可以看作可交换的“手”，以便完成工作。它可以高度官僚化和僵化，也可以激发员工的自主性和创造性。一个组织的文化直接从真正的价值观和公司领导层的行为上体现出来。公司之间文化的差异是惊人的，文化直接反映了什么是首席执行官想要的，以及首席执行官究竟是一个什么样的人（开放的或遮遮掩掩的，短期导向的或长期导向的，合作的或竞争的，道德的或不道德的）。

信任

组织有许多“领导者”——即有其他人向其汇报的、拥有正式职权的那些人。我们使用引号，是因为权利并不是领导者自带的。没有追随者就没有领导者，而且在我们看来，领导意味着追随者愿意追随的意愿——在最佳情况下，也叫渴望。

追随者之所以去追随，有四个原因：第一，他们被迫跟随；第二，他们为了报酬去跟随；第三，跟随可以使他们有所依赖；第四，他们可能受到鼓舞从而想要追随。当一个人在组织中被赋予在他人之上的正式权利时，这一权利就包括了前三种类型——即运用权利采取消极和积极的制裁措施去影响行为。然而，当组织说它们试图并想要培养“领导者”的时候，它们的意思几乎无一例外都是希望培养有鼓舞员工的能力的领导者。那种领导力的重要性是普遍的，即便在表面看来最自上而下、最依靠武力的组织（即军队）中也适用。

> 一个年轻军官首先要做的事情就是打赢一场战役，这场战役就是赢得他手下的心。如果他赢了这场战役以及随后的类似战役，他的手下就会永远跟随他。如果他输了，他将永远无法真正做到最好。
>
> ——伯纳德·劳·蒙哥马利（Bernard Law Montgomery），英国陆军元帅

> 你不能通过敲打人们的头去领导——那是袭击，不是领导。
>
> ——德怀特·D·艾森豪威尔（Dwight D. Eisenhower）

当讨论到领导时，我们和其他人都倾向于聚焦于组织的顶端——特别是首席执行官——但是领导却存在于每个层级，它甚至出现在没有正式职权的时候。想想非正式群体——无论工作与否——以及那些自然而然出现的领导者，即其他人愿意指望他们来指引方向和获其认可的那些人。甚至在孩子们的游戏群体中也是这样的。在工作部门内，同事们常常认为某些个体带有“领导潜质”，这些潜质可能有助于加强或者规避正式的监督。换言之，领导不仅是一个职位或者头衔的问题。一个人可能会有一个冠冕堂皇的头衔，比如首席执行官，但却不被看作一个领导者。而且正如我们所说的，这是一个巨大的问题。

当任命正式的领导者时，我们会想谁会是天生的领导者，或者谁行动起来或经过培养可以像一个真正的领导者？通过研究和丰富多样的观察，我们下面将要描述什么是领导的基本要素。这些要素的重要性在于，它们是信任一个领导者的基础。当员工自愿跟随一个领导者，毕竟是在拿自己的未来做赌注，某种程度上已经将对自己命运的掌控权放在了另一个人手中，并期望从中有所斩获。随着追随者和受信任的领导者之间情感纽带的发展，这很快

就不再只是理性的计算了——甚至在公司这样经济性的、理应理性的实体中也是如此。

领导不是独角戏：它是义务双方当事人之间的一种关系。这不仅仅是领导者确定方向，然后告诉跟随者自己对于他们的期望的问题。真正的领导需要了解跟随者想要什么，并且知道领导者如何能帮他们实现愿望。这并不是因为跟随者自私，像人们通常所理解的自私那样。公司有需要，而它们的员工也有需要，本书的基本前提是正确的管理方法假设，大多数时间内劳资双方的大多数需求是兼容的，因而目的存在共同性是可能的。进一步讲，它不仅仅是一个关于员工经济需求的问题。我们说人是复杂的，虽然公司在处境危险时忽略了工人的经济需求，但经济需求仍是伟大的公司和杰出的领导者理解并极力满足的更广泛的一系列员工目标的一部分。在这一系列目标中，人们会回想起来，它是对你的工作和你为之工作的公司感到骄傲的一种需求。在一些公司中，员工自豪感部分源自公司领导者的成就和个性。

应该清楚，真正的领导力，正如我们所理解的，其所有方面只和合作关系文化相一致，很快我们将详细介绍真正领导力的要素。交易型管理方式的主要控制机制是金钱：我们给你薪水让你跟随。对抗型管理方式依靠权力（当工人寻求保护时，这通常具有反作用）。家长型管理方式取决于依赖，就像孩子信任家长让其带路。合作关系型管理方式也取决于信任，但它是成熟的成年人之间的信任，这种信任带有相互尊重和钦佩，大家自愿合作，一起实现长远目标。这并不是说，在合作关系中上级和下级权力平等——这只是一个幻想，并且若真的尝试则会导致功能失调。而大不相同的正是上级权力的运用，尤其是当它来源于上级对其下属的智力和诚信的信心之时。这种信心使上级不只是将其下属看作“手”，认为他们除了按命令行事外没有多做任何一点贡献，或者认为他们一心想用最少的劳动赚尽可能多的钱。这种信任下属的合作伙伴式领导者是乐意将权力分配给下属的，而这有助于确保从下属那里获得高于平均水平的业绩，并给予下属高于平均水平的财务和心理回报。

当我们谈及公司绩效和杰出的领导方式相关时，正如我们曾说过，我们所指的是持续的绩效——甚至当领导者退休或因其他原因离开时仍然持续。许多聪明的首席执政官知道如何实现出色的短期成果，如通过迅速的大幅裁员或其他方法削减成本。在谈及工作稳定性的一章中，我们曾提到这些措施几乎实现不了任何长远利益。因此，对于我们来说，一个关键问题是该公司领导人所做的一切是否有助于公司长远发展，即便是在该领导人已经因为某些原因离职之后。这将带我们去探讨领导魅力和不可或缺的领导者这一话题。

超凡魅力

“坟墓里躺满了不可或缺的人，”夏尔·戴高乐（Charles de Gaulle）曾经这样说道。我们通常所说的具有“超凡魅力”的领导者中，许多人鹤立鸡群，甚至被认为是超人，有着“神赐般的魅力”，当然，这里所提的大多是政界、军事以及宗教界人物。最近几年，在美国，出现了众多受万人仰慕的商业领袖，如李·艾柯卡（Lee Iacocca）、杰克·韦尔奇（Jack Welch）以及史蒂夫·乔布斯（Steve Jobs）。尽管我们还没有听说有人认为他们拥有“神赐的天赋”，但是人们对这些具有超凡魅力的首席执行官如此敬重，以至于当他们离开自己所在的公司时，一股绝望之情久久不能散去，人们认为这些公司可能最终沦为平庸之辈，甚至走向毁灭。换言之，许多人认为超凡魅力对真正伟大的领导力是至关重要的。

人们通常认为“超凡魅力”是某种神秘甚至神奇的东西。我们需要祛除其神秘色彩，至少在商界中如此。在我们看来，当商界中某人富有领袖魅力时，这仅仅表明：大家强烈地认识到跟随此人必将走上光明大道。他们认为与他人相比，这些商界领袖具有众多基本的领导特征，我们稍后也会提到，如聪明、有远见、决策果断且精力充沛，并且真正关心自己下属的福祉。另外，富有魅力的商界领袖最终几乎都会获得出色的商业成就。

换言之，在我们看来，真正优秀的商业领导者所具有的重要品质，同富有魅力的领导者所具有的主要品质之间没有什么不同。

但是有一个重要的例外。

如今你肯定已经知道：我们认为关心下属的需要和利益是有效领导力的一个核心特征。然而，“超凡魅力”这一词语经常用来描述那些对下属的利益和需要毫不关心的人。他们非常自负，完全将所有精力集中于如何让自己令人叹服，而不是考虑怎样让一个组织作为整体令其员工和其他利益相关者感到叹服和满意。确实，这些领导者中某些人对他们所属的组织、组织内的员工极具破坏力，有时甚至最终会摧毁自身。

一切都要以这些自大狂妄者为中心：关注度、声望、决策权。他们想要将公司的成功完全归功于自己，而且通常不会为将来他们的离开做准备。这样做有什么好处呢？让他们变得不可或缺吗？他们是飞蛾们围绕的那团火。

虽然企业之外的人会把这些人形容为魅力非凡的，但是大多数企业内部人员——那些已经非常了解他们的人——却不会长时间受他们愚弄。内部人员会认为，这些领导者，与其说是魅力非凡的，不如说是极端自我主义者、“拿破仑”、吹牛大王、操纵者，他们甚至还会用一些更特别的词来形容这些领导者。

因此，有些作者曾将魅力型领导者划分成两种类型：以自我为中心（或

“个人主义”、“不道德”）的魅力型领导者及以企业为中心（或“集体主义”、“道德”）的魅力型领导。前者是如下这样的领导者：

> 仅为个人利益或影响力而行使权力；仅推进自己的个人愿景；谴责批判性或反对的观点；要求众人无条件地接受自己的决定；单向沟通；无视追随者的需要；依靠方便的外部道德标准来满足私利。
>
> 与此相反，以企业为中心的领导者的特征为：行使自身权力服务于他人；将愿景与追随者的需要和抱负相结合；考虑和吸取批评意见；鼓励追随者独立思考，并敢于质疑领导者的意见；进行开放的双向沟通；训练、培养并支持追随者；与他人分享获得的赞扬；依据内部道德标准来满足组织和社会的利益。[1]

吉姆·柯林斯（Jim Collins）在其广为流传、影响力颇高的《从优秀到卓越》（*Good to Great*）一书中进一步阐释了他的观点，即“伟大的”领导者（他称之为“五级”领导者）的性格十分倾向于“内敛谦逊”。柯林斯如是写道：“一个公司的长期健康发展需要一位能将自己的而不是其他人的明确目标注入公司的领导者。”他的“雄心壮志首先是为了公司，他要关心公司的成功，而不是个人的富有和名望”。[2]

当然，员工与组织的现实世界要比商业新闻和管理文献中描述的情况复杂得多。虽然那些极度或差不多极度以自我为中心的领导者并不在少数，但要是认为那些以企业为中心的领导者没有私利那就太荒唐了。我们并不是要讨论那些在企业中位居高位的谦虚的圣人，至少这样的人本书作者就没遇见过。以企业为中心的领导者能充分理解自己的价值，并希望能得到合理的回报。他也能理解其他人的价值，同时希望他们也能得到相应的回报。更重要的是，他明白他的价值是由于其他人的贡献才得以成倍增加的。这才是他与自我陶醉者的本质区别。

我们要补充的是，以企业为中心的领导者可能并不总是以别人的利益为出发点来行事，也并不总是多么感激他们对自己的成就做出的贡献。这些领导者归根结底还是人。因此，此时最好还是讨论一下领导者以企业为中心的程度，而不是单纯讨论以企业为中心的领导者。

同一个人在不同的情况下的行动也不同，这一事实令情况变得更加复杂。举例来说，在自己的选区内取得了许多实质性成就的政治领袖，在私生活以及工作成绩方面行事鲁莽，而且明显地轻视他人，这样的情况不在少数。我们对于纽约市前市长鲁迪·朱利安尼（Rudy Giuliani）的案例研究显示出，领导力的关键因素是如何适应不断变化的情况的。在该案例中，纽约市发生了“9·11”恐怖袭击事件，鲁迪·朱利安尼从原来的主要以自我为中心的、自认是市长职位不二人选的市长转变为一位以社区为中心、富有同情心但依旧强势的市长，领导并慰藉着这座饱受创伤的城市。[3]

九大关键领导力特性

经过我们的研究和丰富多样的观察，我们现在总结出了有效领导力的几个关键特性。要知道，没有一位领导者可以最大限度地拥有所有这些特性，当然这并不是指当代所有的领导者，在理解这一点的基础上，我们总结了作为真正有效领导力的基础的如下九个特性。

卓越的能力

实际上，组织心理学家对诸如人际关系和个性等因素情有独钟，却常常忽略组织领导力的认知方面，即对于智力和商业能力的需要。又或者，我们通俗一点说，没有士兵愿意在一个蠢人的带领下打仗。因为他们不相信蠢人能领导他们。而对于员工来说，能力的证据有一部分体现在领导者说什么与领导者怎么想之中，但最主要还是来自于领导者做了什么——他过去及现在的业绩记录。史蒂夫·乔布斯可以称得上是他那一代最具魅力的商业领袖，拥有大批几近疯狂的追随者。他的魅力是其沟通技能（尤其是他引人注目的天赋）和个性在发挥作用吗？当然，他的魅力的确发挥了一定的作用，但如果仅有魅力，他就不会成为拥有成功开发无数产品、挣得巨额利润的辉煌成就记录的史蒂夫·乔布斯，而只是又一个有些古怪的 IT 男了。

前瞻性眼光和行动

领导者的定义有许多。有些是“动态的”，比如，能够驱使人们朝着新的、更好的方向前进的人；有些则是“静态的”，比如，单纯的决策者或组织者。传统上，后者通常与“管理”一词挂钩，而非“领导”。没有必要去争论它的定义。总而言之，每当我们询问人们为什么会视某个高级经理为领导者时，他们无一例外地都会以“动态的”标准来回答：因为那人有意将公司带到一个明显比原来更好的位置上。因此，他们也会形容这位领导者为“有远见的”。他们可能会，也可能不会，把该领导者看成一位特别优秀的经理。在某些情况下，领导者可能是一位相当糟糕的经理，这一点会严重影响到他的领导能力，也不利于他将自己的愿景转化为具体的变革措施及经营成果。在理想情况下，领导者能够认识到自身的不足，并通过引进拥有强大管理能力的高级管理人员来弥补不足。

那么领导者对于一个组织的愿景何时能够激发组织成员的热情呢？关于这一点，在本书的其他部分（特别是在第 7 章——“组织目的和原则”）已有介绍，这里不再细述。从本质上说——同时也是本书的目的——所谓愿景，应该是可靠的，而不是一些陈词滥调、空想或学术理论；它应该是鼓舞人心的，要体现追随者能够认同的目标和价值观，包括那些超越利润的目标和价值观；它应该是长期的，是我们渴望这家公司多年后成为什么样子，而不是下个或下下个季度的样子；它应该包含着令人向往的企业文化的构想，最令人渴望的就是合作伙伴文化，员工据此来实现愿景。

值得详细阐述与强调的是，一个杰出的领导者的愿景才是真正长期的。这样的领导者想要建立一个持久的组织，事实上，是一个比他自己更持久的组织。

> 对一个领导者的最后试炼就是他能否给后继者们留下继续前行的信念和意志。
>
> ——沃尔特·李普曼（Walter Lippmann），记者兼哲学家

在我们研究的所有组织中，梅奥诊所可能是最接近实现这一理想的组织。在之前的章节中，我们已经介绍了这家一个多世纪前由梅奥兄弟建立的诊所在如今的巨大变化下依然屹立不倒，其基本价值观（尤其是“患者的需求第一”与“共同为患者利益服务”）及从这些价值观中衍生出来的基本结构和流程（如以团队方式提供医疗服务）始终未变。诊所创始人的天才之处就在于宣布其追求卓越医疗的愿景，并成立了一家可以实现这一愿景并能比创始人更持久存在的机构。就像我们提到的那样，这对梅奥诊所也就意味着，领导力并不是由那些体现英雄主义的词（如明星）来界定的，因为那些从外部引进的并一心想要用他自己的形象来改造机构及其文化的“明星”常常追求短期收益。因此，梅奥诊所即使面临着短期利益的挑战，依然以长期利益为先。

梅奥诊所的领导者都以其组织提供的服务为傲。通常与具有长远眼光的领导者相关联的是他们对组织的产品和服务的强烈兴趣（甚至可以说是热爱）。也正是出于这个原因，他们不仅把企业看作一项经济事业，不仅关注

公司的损益表，还经常展示出他们对于公司的产品、服务、运营以及顾客的深入了解。当然，这也可能成为一把双刃剑，因为他们的热情可能会诱使他们干涉其他下属的工作。但是我们也发现，总的来说，领导者的下属通常非常感激他能有这样的兴趣，因为这代表着他们的上司拥有与他们一样的价值观和自豪感，也拥有能令公司成功的长远眼光。

诚信

在我们的调查研究中，我们经常能看出对员工来说，为一个具备诚信品质的领导者工作有多么重要。在企业中，领导者的诚信包含两个基本内容：

- **基本道德规范**。在商业交易中，领导者不会做出诸如伪造财务报告、诱骗消费者或销售危险产品等不合法或不道德的行为。
- **公信力**。说到做到。在企业中经常能够听到像“言出必行”、“言行一致”这样的词是有原因的：领导者的公信力对员工来说是极其重要的。

可是，想到人们也愿意选择追随那些他们认为不诚实的人（举止明显体现出不诚实，如欺骗、欺诈，或是言行不一致），就有些自相矛盾了。这些人可能是由于缺少可选择的就业机会，所以才暂时（有时甚至是长时间）留在公司，但是他们与领导者之间的关系除了交易关系（你给钱，我办事）之外再无其他。即便是自己领域内的高素质人才，如果缺乏诚信，也会危害到作为领导者—追随者关系根基的信任。

实力

只是对未来有着令人印象深刻的愿景还不够。领导者还需要具备不屈不挠的韧性——意志薄弱的领导者只会成为又一个矛盾综合体。根本在于，追随者能够感觉到他们领导者的决心、驱动力、勇气、自信心、决断力、应变力，若领导者具备了所有这些品质，我们就可以说此领导者有实力，且是一位“强大的领导者”。员工需要的是一个实干家，一个能确保机构按照其目标和战略前进的人，而不仅仅是一个有趣的思想家或是一位优秀的演说家。他们希望自己的领导者能够刚毅果决，乐于为自己的决定负责。在公司里，你总是能听到这样的话：经理的意见都是最后与他们交谈的人的意见。这种说法是一种蔑视，有时还带有警告的意味，绝不是赞赏。

实力与长远眼光和诚信特质之间是一种正相关的关系。诚信的根本就是在某一可能带来短期利益的行动明显临近不道德边界，并可能危害到企业的长期健康发展的情况下，能够有骨气地说“不”。

谦虚与开放

不要将实力与夸夸其谈相混淆，也不要将之与傲慢（例如，不愿意聆听他人的意见）相混淆。一个真正强大自信的人不需要夸夸其谈，不需要自以为是，更不需要吸引所有的关注。

同时也不要将在这些方面的谦虚与胆怯相混淆，或者，正如我们说过的，与对经济报酬漠不关心相混淆。事实上，并不乏杰出的首席执行官在创建了伟大而悠久的公司的同时，积累了巨额财富。经济报酬并不是偶然的，也不是一个更崇高目标的副产品；我们研究过的而且认识的人都曾明确地表示关注财富的积累。

这些杰出的经理和普通人的明显区别在于，第一，他们不只是专注于财富，其他目标——创建一个持久的企业，提供伟大的产品——对他们同样重要；第二，一如他们对生意所持的长远目光，他们也倾向于长远地看待个人财富的积累——他们不是那种贪婪到逢利必争的人。

第三个区别在于他们如何看待达成目标的方法：他们会认为自己雄心的

实现是完全依靠自己的才智与努力，还是他们明白了自己的成功在很大程度上依赖于他人的才智与努力？伟大的领导者的智慧核心便是他们知道无论自己多么聪明、多么强大、多么精力旺盛，也必须依赖他人。

因此，伟大的领导者也是思想开放的，因为他们深知，在许多决策上面自己所掌握的信息和经验不过是所需要的一小部分而已。

无惧面对事实

促使领导者去聆听和寻求他人意见的谦虚和开放，同样帮助他们在面临个人和公司窘迫的状态时勇敢地面对事实。令人不快的事实毕竟是令人不快的，而且人们可能会为了避免或者否认与自己所相信或想要相信的完全相反的事实而做出巨大的努力。

在经营一个企业的过程中，失败和错误是难以避免的。一个开放的领导者了解人类（可能也包括他自己）的倾向，那便是故意忽视弱点，而他则会特意且有意识地训练自己去面对现实。而且，他会确保有合适的流程可以在一开始便帮助他发现事实，这样便可以为他自己和其他决策者提供一系列稳定可靠的、相关的信息。这不是一个可以机械完成的事情。只有在一个发现问题和解决问题被鼓励，避免问题和推卸责任被严格禁止的氛围内，整个流程才能运行。最好的情况下，这个机制成为企业运行的自然而常规的模式，即思维定势。一个曾用于业务流程的例子便是最初由日本制造业公司研发出来的“持续改进”的方法与思维。持续改进的根本前提是，改进永远都是可能的；被发现的问题是现场系统的问题，不是员工的问题，而补救之道（采用严格的“解决问题”的方法）将在很大程度上来自于员工。[4]这种恰当的文化（开放而不一味追责），对于防止“持续改进”变得平庸发挥着重要作用。而这样一种文化的建立首先要依赖于高层管理者的态度和行动。

关注员工福利

由此可见，谦虚的领导者——那些明白自己的成功在很大程度上依赖于他人的才智和努力的人——会特别关注其他人的福利，而这种关注是真正领导力的基本特性。我们说过，没有一名士兵想让一个蠢人来领导战斗，也没有几个人自愿跟随那些会因为自大和贪婪而牺牲他们的领导者。跟随者必须要能够感觉到，领导者是与他们同在的，而且他会遵循传统军队座右铭："先喂饱军队。"

正如本书一再重申的，对员工的关注既有经济层面的，也有心理层面的。经济层面基本上遵循有福同享、有难同当的原则，视收益和牺牲的程度决定具体做法：成功时与员工公平分享财务收益，困难时也要公平承担损失。如果经理们在形势大好时攫取所有收益，在困难时期毫无承担（甚至索取利益），那便不要期待有自愿的跟随者。决策必须是出自互利的动机，而非自利的动机。在心理层面上，跟随一个仅仅提供工作稳定性和薪水（因为紧张的劳动力市场或强势的工会，这些或许还令人满意），对待员工如孩子或罪犯一般的领导者是极其艰难的。一个不信任他人的领导者将不被信任。

> 员工、顾客、股东，谁最重要？这个问题在过去是企业的难题，对我来说却从来都不是问题。员工最重要。只要员工开心、满意、敬业又有干劲，自然就会从心里关心顾客；只要顾客开心，自然就会再次光临，最后股东也就会开心。
>
> ——赫布·凯莱赫，西南航空公司前CEO

> 一个领导者能得到的最大的权力源泉来自忠心服务的跟随者的信任。
>
> ——詹姆斯·奥图尔（James O'Toole），南加州大学领导力研究教授

员工绩效的服务者

与关心员工福利紧密相连的，便是为他们提供圆满完成工作所需之物。一个信任员工的领导者不仅会以我们描述过的方式来尊重员工，也会将为员工绩效最大化提供所需环境等作为自己的责任。在这个层面上，是领导者为员工“服务”，而为了更好地服务于员工，领导者不仅需要专业建议，如来自效率专家的建议，也需要对员工的沮丧感和他们对于改进的看法保持警觉。当然，这种理解和提高员工绩效的方式与传统的胡萝卜加大棒式的命令控制方式有很大的差异。这种方式不是简单地行使权利来确保领导者的需要，更重要的是帮助员工去完成他们被要求完成的任务，我们相信，我们所强调的也正是员工所想要完成的任务。员工需要的资源囊括了宏观的（例如，影响员工的合适的组织结构）和微观的（例如，为他们提供足够且保养良好的设备以及及时准确的交流）。生产一个个零部件或为顾客提供服务的人并不是经理们，而是员工，因此在员工的工作中为他们服务是上上下下每一个领导者最基本的领导责任。

合作的促进者

没有一个领导者是单独工作的，与此相对的是，显然也没有一个员工是单独工作的。确保启动和培养合作关系文化是领导者的主要责任；否则，合作可能会迅速沦为竞争和冲突，因为来自单位（部门、分部、职能）的和个人自身的绩效压力将压垮员工自然的合作本能，并严重损害企业整体的绩效。

在这方面，高层领导者有三个重要的职责：

- 构建适当的组织结构以使冲突最小化，例如，第 11 章“团队合作”

中描述的团队结构的例子。

● 通过正式的奖惩系统（例如，与员工合作行为明显相关的加薪和升职）和非正式的形式（例如，领导者通过他的日常行动表明他支持的行为和那些他不支持的、实际上也不会容忍的行为）进行奖励和处罚，以强化合作。

● 以自身行为树立合作榜样，尤其是在与他的高级管理团队一起工作时。

> 在我看来，最有效的领导者，永远不会说“我”。那并不是因为他们曾训练自己不说“我”。他们不会以“我”的角度思考。他们会以“我们”的角度思考，会以“团队”的角度思考。他们了解他们的职责是让团队运作起来。他们承担这个责任，并且从不回避它，而“我们”将会赢得声望……这就是创造信任的方式，也是让你能够完成任务的方式。
>
> ——彼得·德鲁克

我们无须走向“无私圣徒”的极端，就能认识到团队合作对绩效有多么重要，以及它会如何被领导者独角秀的需要破坏。为维持那种独角秀的状态，他常会采取如下方式：与下属保持一对一的关系，并鼓励他们之间以及他们的机构之间为获得他的支持而相互竞争。

这是我们对领导力关键特性的总结，是从自己和他人大量的领导力研究中总结出来的。然而，有一个特性我们没有提到，因为它适用于每项工作，并不仅仅是领导者才有的特性，那就是：你想要！我们经常假设公司中的每个人都对领导的位置感兴趣，想成为老板。这并不正确。有的员工将成为老板看作一件头疼的事，甚至对某些人来说，这是一个可怕的预期。回忆在第 9 章中描述过的饼干包装工的内容，提到大多数人喜欢他们的日常工作，很少人对监工或管理职位有兴趣。这种现象在从事各种各样工作的人群中都存在，无论技能高低。

那么一个老板的核心工作是什么呢？答案是让别人来完成工作，并对绩效负责。对于任何工作，它对人们有吸引力的地方很大程度上在于一个潜在工作者是否认为他能够胜任这份工作，而很多人认为自己无法胜任“管理别人”的工作。他们对于告知下属不愿听到的事情尤为谨慎：比如，他们的表现、工作时间的变化以及即将发生的裁员，等等。具有讽刺意味的是，也许对获得权力十分不适的更深层次原因是他们会感到无力：由于老板的工作成果依赖于他人的表现，必须通过他人来完成任务意味着领导者对某些结果将失去控制。很多员工会想“我宁愿自己来做”。

当然，也有许多人迫不及待地想成为老板。他们不仅喜欢金钱和地位，而且认为他们可以做得很好，他们享受权力。享受权力不一定是负面的。当评价对权力的渴望时，我们需要问：为什么要获得权力并且权力是否是垄断的？如果只是为了获得权力，那么这种动机一定存在问题。但如果有其他目的，比如，建立一个部门或整个组织以完成渴望的目标，那么希望获得权力恰恰是一种正确的驱动。如果权力不是“囤积”起来的，而是分配给作为“合作伙伴”的下属，那么这种权力的分配是正确的。一个明智的领导者很快会了解到，这种方式并不会削弱他的影响力，而是使它显著增强。

注释

［1］Excerpted from *The Ethics of Charismatic Leadership* by Jane M. Howell and Bruce J. Avolio，Academy of Management Executives，1992，Vol. 6，No. 2；*The Charismatic Leader as Narcissist* by Daniel Sankowsky，*Organizational Dynamics*，Spring 1995，Vol. 23，No. 4；“Why Charismatic Leaders Are Not Always the Answer.” Dr. Mike Rugg-Gunn. On Human Development International website，2011.

［2］Collins，J. C.（2001）*Good to Great*. New York：Harper Business Books. Chapter 2，p. 26-27.

［3］David Sirota（2001）．“Observations on Mayor Giuliani’s Leadership in the Wake of 9/11.” Sirota Survey Intelligence.

［4］Crosby，Philip B. *Quality Is Free*. New York：New American Library，1979；Juran，Joseph M. *Quality Control Handbook*. 4th ed. New York：McGraw-Hill，1988.

第 14 章
将合作关系理论转变为合作关系实践

我们认为，合作关系文化是建设高绩效组织的最可靠途径。合作关系文化之所以有效，是因为它利用了绝大多数员工天生具有的动力和激情。其他管理方式则抑制了那种动力和激情（有些甚至几乎消灭了它们）。合作关系型组织之所以有效，恰恰因为它基于如下的假设，即认为绝大多数员工天生就是能被激励的。合作哲学产生了一种良性循环（做最好的假设和期望并且得到它），而不是一种恶性循环（做最坏的假设和期望并且得到最坏的结果）。

合作关系文化总是有效的吗？就我们所知，没有任何东西是始终有效的，而且在有些情况下合作关系文化还是不恰当的。

原因在于存在个体的差异。我们在本书中曾指出，有一些员工不能被当作合作伙伴来对待。他们或者是天生太懒惰、充满敌意，或者不是很诚实，因而不会参与协作努力。如果管理者试图如此做的话，那将会弄巧成拙，因为这些员工不会积极响应。这些员工几乎总是一小部分个体，我们必须区别对待，或者将他们从公司中解雇，或者把他们放到对同事和组织影响最小的岗位上。

遗憾的是，存在一些不可能与之形成合作关系的员工。而且，还有一些管理者也是如此。在这种情况下，问题大多出在管理者不接受基于合作关系的那些观念，比如，员工希望好好工作，或假设他们对工作条件的期望是合理的。有时，这个问题可以通过让有合作经验的管理者对他们进行培训并提供忠告加以解决，但有时却无法解决。已转向合作关系文化的组织总是不得不去应付那些无法（或不会）改变的经理，并且，通常还不得不撤去他们的管理职务。否则，他们会逆流而行，对新文化的创建造成破坏。

我们现在来看看高层管理者。这里的问题不是高层管理者是否同意合作关系文化这一观念和方法——如果他们不同意，那它就不会发生——而是他们是否真正相信他们所说的。在许多公司中，高层管理者创建了（或者更确切地说，允许人们创建）听起来很好的项目，却很少有实质性的后续行动。真正相信合作关系文化意味着不仅仅是言语上的认可，更意味着采取行动（我们在全书都在描述这一点）并坚持下去。我们绝不应当只是肤浅地尝试将一个组织的文化向合作关系文化方向改变，比如，仅仅有口号标语而无实际行动，或仅仅有孤立的行动，却无法彼此关联或者同员工日常工作的现实联系起来。这些努力通常很快就会消失（被戏称为“当月项目”），它们除了导致或强化员工对管理者及其意图的怀疑之外没有任何作用。如果高层管理者，尤其是首席执行官，不能真正证明他们愿意采取认真的行动投入合作关系文化中去，那么，忘了它吧！（我们将在本章后面再次谈到高层管理者的投入这一关键问题。）

我们还没有通过区分职业或国别文化来证明合作关系文化的作用。不过，没有迹象表明这种方法在用到某种类型的工作或者某个国家或民族中时不起作用。显然，我们必须做出调整，但就我们所知，基本的观念是通用的。从事哪种职业的人不希望合作实现共同目标呢？有哪个国家不需要合作呢？我们认为没有。是该扔掉那些用于多数员工的陈腐论调的时候了，那些陈腐观点可能使人们将问题的责任推到员工或者国家文化的“个性”上，而不是管理他们的方式。正如我们所说，个体员工可能存在个性问题，但对大多数人来说，无论他们做什么以及在何处做，恰当的指令都是：“管理者，请先管好你自己。”

在本书中，我们曾提出能够将关键合作观念转变为行动的具体的最佳实践措施，比如，用于避免或最小化裁员的不良影响，促进团队协作和与员工分享绩效收益的团队激励。我们并不是在虚构，它们来自以合作观念为基础并采取了认真行动的那些组织，以及对这些努力做出了认真评价的研究者。这些都是最佳组织（从我们的角度看）和研究者教给我们的。在描述这些行动时，我们对将想法转变为行动的那些方法给予一定的关注，尤其是在讨论将“目的和原则”转变为实践（如全面质量管理）（这在第7章“组织目的和原则”中进行了讨论）以及在公司的独立部门之间建立团队合作时（见第11章“团队合作”）。本章将这些线索串成了提高组织合作文化过程的一个更综合的表述。

从高层开始

许多合作型组织并不一定需要形式上的转变，因为它们一开始就是那样做的，它们的有远见的创始人兼CEO强烈地相信，那就是管理员工所应当采取的方式。联邦快递公司的弗雷德里克·史密斯和西南航空公司的赫布·凯莱赫就是这类优秀的例子。但是，其他那些长期以完全不同的管理方式运作的组织却有意识地经历了向合作关系转变的显著文化变革。优秀的例子便是大陆航空公司在戈登·贝休恩（Gordon Bethune）的带领下实现了巨大文化变革和转向，以及与此相类似的纽科公司的肯·艾弗森的极其成功的努力。

这些合作关系型组织的主要收获是：行动必须始于高层管理者并得到其持续支持。本章的目的是要帮助感兴趣的高层管理者实施合作观念和措施。

有些经理人没有读过本书或类似的书籍，但他们很自然地采取了合作的方式，因为那是他们本应采取的方式。我们摘录了《人力资本：战略和新闻》杂志（*Human Capital*：*Strategy and News*，*HCSN*）对戈登·贝休恩的一次采访，其中谈及他所策划的大陆航空公司的变革方式：

1994年，大陆航空公司离无法支付员工工资仅有3周时间，每月亏损大约5 500万美元。经过10年内更换10位CEO的动荡，该航空公司只是偶尔能将乘客（也许还有他们的行李）在准确的时间运送到准确的地方。

“这是一个糟糕的工作之地。经过几年的裁员和限定工资以及减薪和违背诺言，大陆航空公司变成了流言盛行、缺乏信任、充满恐惧和令人讨厌的公司之一。”贝休恩说道，“温和地说，员工们不喜欢来工作。他们对顾客无礼，对彼此无礼，并以公司为耻。如果没有热爱工作的员工，你就无法拥有优质的产品。而我们恰恰无法做到。”

杂志：“公司文化和士气对大陆航空公司的变革重要吗？”

贝休恩：“那就是一切。你无法量化它。我是说，你知道你的肝脏有多重要吗？如果你没有适当的文化和士气，根本不会取得任何成功。它就是无法起作用。”

杂志：“当你来到大陆航空公司时，你认为员工基本上是一群好人而不是一团糟。为什么呢？”

贝休恩：“所有你必须做的事情就是四处走动。如果是你，你也会看到这些员工的思想没有任何问题；他们的工具都还好，我们的物品还在。但是，如果你在经营一家航空公司，为什么你会经营成一家落后的呢？你弄不明白现在是几点了吗？你不知道飞机飞得有多快吗？我的意思是，我们在这里谈论的是六年级的算术。事实上，每个人都在某种程度上知道要做什么，但是，没有任何人表示关心。如果在过去10年中，无论你做什么，每次都失败，你肯定就不会再去尝试了。”

杂志：“那你要如何才能获得员工的信任呢？”

贝休恩：“你不得不去获得和培养信任。这就像应付受责骂的孩子一样。他们有点喜欢你谈话和行动的方式，但是，他们所遇见的每个成年人都责骂他们——于是他们就会有点犹豫，直到你耐心地、始终一贯地向他们表示你不只是旧瓶换新盖。要让他们相信情况真的不同了，需要花费时间并采取一些具体变革措施。”

杂志：“在你的《从落后到领先》（*From Worst to First*）一书中，你谈到了真诚对待员工、与他们交流、明确期望并精简大量规则和政策的重要性。还有其他的吗？”

贝休恩：“最重要的是，我们以具体的例子来证明我们为他们所做的积极改变。我们在第一周就成了一家无烟公司。我们把经理人员办公室房门的锁去掉了。我们在星期五上班时穿着休闲只是为了改变我们的着装行为。当我们迅速把工作做得更好时，他们的生活也变得更好，因为如果我们准时，员工也会准时。他们开始回家接孩子放学或做其他任何对他们个人重要的事情。”[1]

贝休恩接着描述他采取的其他变革举措，比如，关注顾客满意度、每月及时对绩效进行奖励、替换了“独裁的”员工手册并代之以一套指导方针，而“不会把员工框在荒谬的程序中使其工作的每个方面都受限制”。他还觉得不得不替换许多中层管理者。

下面是贝休恩对其思想来源的看法：“有人问我……我为何对员工如此了解？我说，‘我过去曾是他们中的一员。’因此，我认为，了解你的同事是走向成功的先决条件。没有他们的帮助你无法实现成功，因此，你不得不先学会如何与他们交谈并欣赏他们。”

行动过程

我们讨论了什么是合作关系，现在我们来看看如何引入并维持这种关系。我们没有现成的东西；你可以以多种方式引入文化变革，它从来都不是一种系统有序的并完全可预测的过程。而且，某些方法看来比另一些方法更有效（本章后面部分将描述一系列的步骤），我们要了解这些方法是什么，这将有助于组织以最小的风险取得显著的进步（如果适应具体环境的话）。

你对本书的反应可能属于以下四种主要类型之一：这是废话；这是我们已经做过的；这听起来很有趣，让我们进一步了解它；或者，这的确说到点子上了，让我们开干吧！当然还会存在各种中间类型的反应，比如，“我们做过其中的一些，但其他部分则是废话，或者太激进了”。

如果你已经做过了，你可能没有做到本书所说的程度，否则你应该不会认为我们所说的是废话。如果你认为这是你的组织已经做过的，那么，请你再坚持一小会儿。你可能是对的，但也可能不对，或者可能只是部分正确。一些经理人员认为，他们是与员工一起协同努力来经营组织的，因为他们经常与员工沟通，有建议计划，有“开放政策”，他们称其员工为“同事”或“团队成员”，等等。但是，如果采用我们在本章所提出的诊断方法，这些经理可能会发现，现实状况是不同的。这里唯一有价值的现实是员工的现实，而非高层管理者的。

如果你认为我们所主张的这些想法和实践措施可能对你的组织有用，那么，你可能倾向于立刻开始实施。然而，我们认为，首要的步骤不是实施，而是评估你的组织为接受合作关系文化已经做了怎样的准备——尤其是高层管理者，最重要的是 CEO。这一评估需要数据的大力支持，这些数据有助于高层管理者认识他们对合作关系文化观念和政策的真正感受。在本章后面部分，我们将解释“准备状态问卷”如何帮助高层管理者将这些想法“摆到桌面上”，这样才可以做出基本的决策。(这对我们真的有用吗?)

然后，下一步才可以在组织中考虑和引入合作关系。我们推荐的步骤主要用于想要从整体上进行变革的组织（无论这个组织是整个公司还是一个相对独立的经营单位)。这个流程可以用于组织的一部分，如单个部门，但通常效果不是很明显，因为那些部门的发展通常受它所隶属的整个组织的文化以及它与其他部门的关系的极大影响。

引进合作关系的步骤主要涉及每个步骤所强调的如下问题：

第 1 步：我们的经营目的是什么?

第 2 步：我们为此做好准备了吗?

第 3 步：我们确实想要什么?

第 4 步：我们现在何处?

第 5 步：组织需要在哪些主要方面做出改变，从而使我们从现有地方走向我们想要去的地方?

第 6 步：应当如何将这项计划向员工传达?

第 7 步：我们如何决定需要做出的具体改变以及应当如何实施改变?

第 8 步：应当如何培训管理者以便合作关系的实施?

第 9 步：如何评价实施效果?

对于如何能够最有效地发起这类文化变革，这些步骤是从我们自己的经验和许多其他实践者的经验中归纳提炼出来的。尽管这些步骤看起来系统有序，但实际上，其中存在大量重合之处，你可能需要根据情况做出调整。在我们描述这些步骤之前，先看看如下四项指导实践的原则：

● 不要忽视经营目的。本章主要从两个方面来关注过程：合作关系本身是一个过程，因为它明确了员工在一个组织中共同工作的最佳方式；现在描述的是如何引进和维持这一过程的最佳方式（换句话说，这是另一个过程）。在关于应当如何开展工作的所有讨论中，我们可能忽略了为什么要这么做。我们所做的努力可能变成“为合作而合作”，这是对此观念的拙劣模仿。这类醉心于过程的行为与一个官僚过分关注方法（程序和规则）而不是方法旨在实现的结果没有太大区别。

尽管为所做工作确定一个明确的经营目的不一定能保证合作关系的成功，但是，忽略它则肯定会导致失败。在短期来看，组织把注意力转向了其经营目标以及它所熟悉的实现那些目标的方法上，这些目标几乎肯定不会包括建立合作关系。于是，建立合作关系退而成为附带工作。不过，在一个组织明确自身的合作关系方面及在引进合作关系后将如何评价其价值方面，经营目标必须是其中的一个组成部分。

● 在合作关系被最为有效地执行的公司中，基本的经营目的几乎总是为客户改进产品或服务。培育协作——纵向和横向——是为了更好地满足顾客的需要，并且通常是为了使顾客感到愉悦。这个目的非常好，因为它正是企业的职责所在，而且员工能够为实现它真正充满激情。

● 用合作关系准则引进变革。合作关系准则的采用不应当仅仅局限于此项目（即建立合作关系型组织），还应当对如何实现这一目的有所指导。结果和方式的不一致会引起人们对整项工作可信度的质疑：“管理者真的相信这些东西吗?”而且，积极的并能影响许多员工的根本变革最好是通过协同工作来实现的。我们不必秘密地设计并将之强加于员工。就像人们欢迎合作一样，他们也会欢迎参与合作关系的形成和实施的机会，只要他们感觉这是一件严肃的事情，而不仅仅是又一次“演习”。我们认为，这一过程的基本结构是：高层管理者应当负责确定此项工作的总体目标和基本原因。这是对领导力的一项要求，并且，员工想要知道这些基本目标来自高层。但是，将那些表述转化成详细的政策和实践措施并将之贯彻实施，则是来自整个组织的由个体所组成的任务小组的责任。大多数情况下，“斜分层”——从各个层级和各个职能部门选出的人员——是形成任务小组的最好方法。大多数任务小组应当由高层管理团队中的某位成员来主持，这有利于确保他们继续得到所需要的支持和关注。

如果该组织有工会，那么，就需要寻求工会的积极参与。工人—管理者的合作努力几乎总是由一个联合的工人—管理者指导委员会负责的。

● 避免假设员工天生拒绝变革。这类关于拒绝变革的假设是我们在本书中所讨论的关于员工的又一个悲观看法（其他悲观看法包括认为员工天生懒惰）。员工抵抗变革是因为他们认为变革对他们或对组织有害，他们欢迎那些他们认为有益的变革。上一次看到员工拒绝加薪是什么时候？上一次看到员工因为新任经理比前任经理更尊重他而感到不适是什么时候？上一次看到员工抱怨管理者调整工作进度以使员工提高工作质量是什么时候？那些也是变革，如果员工天生拒绝变革的话，那么他们也会拒绝那些变革。认为员工难以忍受变革的想法是从“心理上”解释员工为什么不想做管理者想让他们做的事情的一种方式。他们不想做那些事情是因为他们认为那些事是有害的！一个员工拒绝将要替代他的新技术难道是因为他“拒绝变革”吗？他对换一个更无趣的工作感到难过难道是因为他拒绝变革吗？他是在拒绝受到伤害。

认为员工天生拒绝变革的想法使管理者以一种反效率的方式来行动。比如，制定计划后才告知员工；不倾听员工对变革的真实和具体的担忧（毕竟，如果他们“只是拒绝变革”，为什么要倾听?)；不必要地向员工过度宣传变革；没有采取必要的规划来缓冲变革可能带来的不利影响（“无论我们做什么他们都会抱怨”）。由于这些行为的存在，事实上，员工确实看上去像是在拒绝变革。这又是自我应验的预言在起作用了：员工的行为反映了他们受到对待的方式。因此，我们的建议是，摒弃“天生拒绝”的假设，并且，正如我们所说的，要假设大多数员工欢迎合作关系带来的变革。随后的合作关系的形成和引进也要以与此信念一致的方式进行。

- 确保高层管理者的持续关注和参与。关于高层管理者对变革过程的明显投入的重要性，我们怎么强调都不为过。变革必须由高层发起，并得到高层的持续支持。组织中的每个人都想知道高层想要什么，尤其是在像引入真正的合作关系文化这样的非传统的、创新的工作方面。一般对合作关系起到影响作用的力量——工作中不可避免的挫折以及当员工和部门关注于自己的目标时受到组织批评的倾向——会因为其来自当权者而从根本上强化它的重要性。那种支持必须用语言甚至是行动来表达，包括给予奖励和赏识的方式。如果在给予赏识时没有把员工作为合作者的绩效加以考虑，那么，合作关系的价值将逐步消失殆尽。

下面是我们所提出的在公司中开始并持续向合作关系文化转化时的关键步骤。

第 1 步：我们的经营目的是什么?

在组织中引进合作关系的主要原因必须是为了实现具体的经营目标，而不能仅仅是“这样做情况会更好”、“员工将会更愉快”或者“我们应当效仿那些成功的日本公司”这类原因。正如我们先前所说的，我们见到的最成功的合作发生在那些将为顾客改进产品和服务作为主要目标的组织中。但是，无论是什么，该经营目标必须是组织思考合作关系的方式以及评价其效果的方式的一个组成部分。

第 2 步：我们为此做好准备了吗？

为实现经营目标而转向合作关系文化的决策应当是经过深思熟虑的，要充分理解到文化变革是一个漫长而费力的过程；最大的陷阱就是试图做表面文章，也就是说，不是去解决基本问题和进行变革，而是将这项努力转变成充满虚假口号、华而不实的交流、委员会叠委员会结构的一个“项目”。所有这些完全与经营业务的主流趋势和员工日常工作中所发生的事情没有关系。

在这一前期步骤中，高层管理者需要做两件事情：清楚地理解合作关系是什么和它要做什么；清楚地理解他们自身。前者通过阅读、与该领域的专家讨论以及拜访实施合作伙伴文化的组织中的管理者和员工来实现。拜访那些组织，看看实践中的合作情况（包括其绩效影响）是特别有用的，因为对管理人员思想的最大影响来自可观察到的事实——看到某件事确实在发挥作用——以及由他们所尊重和信任的其他管理人员来解释和证明的那些事实。

后者需要立即进行自我诊断。对此，我们建议采用诊断问卷来评价准备的情况（如“准备状态问卷”，在我们的网站 www. sirota. com/enthusiastic-employee 上免费提供）。该问卷应当由所有高层管理人员来填写，通常为董事长、总裁以及他们的直接汇报者。当然，关键是这些人在填写问卷时要按照他们真正感觉到的，而不是按照他们认为社会可接受的答案或他们的老板想要的来填写。个人的答案必须完全保密，因此，完成的问卷最好送到外部第三方或其他值得信赖的地方进行评价。评价准备状态问卷的方法也可以在我们的网站（www. sirota. com/enthusiastic-employee）上找到。

高层管理者需要对这种自我诊断的结果进行彻底而苛刻的审查，而且最好在一个非现场的环境中进行，这样，充分而坦率的讨论才有可能出现并受到鼓励。问卷结果并不是对准备程度的精确测量，但是它推动了讨论的展开，这些讨论需要对是否以及在哪些方面继续前进做出深思熟虑的决策。

第 3 步：我们究竟想要什么？

如果决定要继续，那么下一步最好是在非现场会议中，制定一个关于组织想要做什么和为什么做的声明的初步草稿，提供可能采取的行动步骤的具体实例。最好将这个与组织的目的和原则或愿景声明（见第 7 章）结合起来，如果组织拥有目的和原则的话，它应当包含合作关系这一经营理念。公开将它与经营目的联系起来会使该项声明（事实上，在整个过程中）在员工看来更可信，而可信度还会通过具体化而不是陈词滥调进一步得到加强。具体化对管理人员规划一定范围的文化变革也有帮助：它使得努力是真实的，也就是说，这是我们将要共同承担的。比如，这份声明可以包括"我们将提供极具竞争力的薪水和福利"和"我们将组成自我管理团队，并将赋予其所需要的权利去有效地完成工作"等话语。可信度还通过对组织准备做的事情施加适当限制而得到加强，如"我们无法保证终身雇用"（不过，要表述它打算做什么，比如，在可能范围内、用正常裁员方式以及通过员工的重新培训和重新调整来处理员工冗余）。

关键在于，该项声明是由高层管理者制定的，而且当最终制定出终稿并发布时，是被员工看作高层管理者思想和意图的产物的。

在此阶段，声明将是草稿的形式，并将在第 5 步中定稿、在第 6 步中发布。

第 4 步：我们如今身在何处?

确定了基本方向之后，对于在声明中表述了合作目的的组织来说，现在有必要对组织的状况有一个清楚的理解。依靠高层管理者来考察这个问题是不够的。高层管理者可能会认为他们知道组织身在何处，但是，他们的看法通常是不完全正确的，其偏见既可能是积极的，也可能是消极的。

发现组织身在何处的最好方法就是将主观测量（如态度调查）和客观测量相结合。比如，对于薪酬，能从主观测量中了解到员工如何看待他们的薪水，从客观测量中了解到他们的薪水实际上与其他相关公司相比如何。就某些问题而言，比如，员工感觉他们受到尊重对待的程度，我们除了通过态度调查方式获得数据之外，别无他法。人们可能认为，员工的看法是最重要的。比如说，如果薪酬调查显示，公司支付的报酬具有竞争力，但是大部分员工感觉不满意，那么，薪酬调查数据所表明的情况真的重要吗？回想一下，我们的调查并不是要证实如下普遍观点，即认为员工总是会对其薪酬表示不满。当他们不满意，而薪酬调查数据说明他们不应当如此时，那么有可能是员工用来判断薪酬公平性的标准与公司用在薪酬调查中的标准不同。员工可能会将他们的薪酬与不同公司中（可能是全国的而不是地方性的）员工的薪酬做比较。至少，这种差异应当引发管理者去调查它为什么存在，而不是像通常发生的一样，单纯依靠客观信息来衡量组织身在何处，并因此“教育”员工为什么他们是错的。

我们已谈及组织范围的结果。但是，还应当实施一项调查，以便信息的产生不仅仅依靠员工的整体观点，还针对不同的单位、职业和层级。这就像给组织进行了“X 光检查”，不仅知道这些观点是什么，而且知道它们来自哪里，这使得规划和采取的行动更加准确。例如，可能蓝领工人感觉他们受到的尊重不如专业员工；或者与组织中其他部门相比，某些部门的员工可能认为与其他部门的合作更少。因此，将该过程后期阶段的数据分开来分析，能让管理者了解他自己的员工对合作的各种要素是如何评价的，这对于管理者的自我分析和培训是尤其有用的信息。本章后面将更详细地讨论采用调查问卷获得单个管理者反馈的情况。

调查工具在过程的开始阶段给我们指引了方向，同时，它（与客观数据结合起来）还是随后评价所采取行动的影响的一种方式。

第5步：组织需要在哪些主要方面做出改变，从而使我们从现有地方走向我们想要去的地方？

在至少尝试性地确定了公司期望的合作类型以及公司现在所处位置之后，高层管理者就要准备对需要采取的主要变革以及采取的顺序安排做出更明确的决定。如下三个原则可能有助于指导这些决策：

- 将合作关系看作一个整体系统。正如先前所说，一种合作文化的许多要素是相互依赖的：改变一个要素而不考虑其他要素可能降低变革的影响力，甚至可能带来负面结果。管理者必须特别谨慎对待的是，在改变其与员工关系中的非财务方面时，他应该首先关注公平性缺乏问题，如果有的话（比如，薪酬和工作稳定性方面），或者至少应该声明他如此做的认真态度。如果员工感觉在基本的公平问题上受到错误对待，非正式的赏识或更大的工作授权是无法充分实施或长久持续的。如果其结果之一是在提高生产率时却导致人员富余和裁员的威胁，那么，不要期望合作能得到加强。实施的顺序不仅仅取决于哪个要素更重要，更在于哪个要素更基本——也就是说，哪个要素实施之后更能促进其他问题的解决。
- 相当快速地实施某件显而易见的事情。除了管理者的最佳意图之外，变革过程的早期阶段可能会遇到许多员工的怀疑，因为他们先前可能经历过听起来很棒却什么也没实现的项目。因此，在适当考虑合作的不同要素彼此间的相关方式之后，决定并推行一两件重要而极其明显的行动可能是有用的。事实上，这样做是管理者真诚的表现。诊断调查数据能提供一些重要线索，帮助管理者去了解这些步骤可能是什么。例如，一家公司从调查中了解到，"经理楼层"是绩效和及时决策的一个主要障碍，因为它使员工与其单位的高层领导之间的交往变得困难。（事实上，管理者并不需要这项调查来揭示这种抱怨，他们已经听说很久了。调查使这一事实浮出水面，并使人们无法逃避这一问题。）公司决定重新安排管理者的办公室，使其靠近员工，这一变革受到了大多数管理者发自内心的欢迎。这是一项重要的、显而易见的、与合作观念相一致且较容易快速实施的行动。

另一类可以相当快速地开始实施的重要变革就是那些涉及部门间关系的行动。大多数调查显示，具体部门之间常存在破坏性冲突，从而形成了第11章"团队合作"所描述的构建合作关系的那类障碍。

- 在大多数变革的形成和引进上给它们应有的时间。一些变革可能可以快速引进，但是，大多数变革需要相当长的时间来调研和实施。例如，采用自我管理的工作团队。这是一个根本的结构变革，必须经过仔细的思考，并且不仅涉及创建团队本身，还涉及支持性行动，如培训管理者和员工，让他们为此做好准备。自我管理团队和其他类似的主要创新通常最好在试验性基础上，在组织的一两个区域逐步推行。这样做可以进行仔细的观察和修正，以便更好适合企业及其员工。尽管引进一种新的文化是一项永不会真正结束的工作，但是，一家大型组织应当考虑在三四年内看到效果，这样才有足够的时间让大多数人逐步看到一个真正的参与性文化是什么样的。
- 不断修正行动计划。行动的初始计划只是一个开始。它意味着行动计划是一个动态的计划，将会随着工作进程而增加、删除和修正。一些变化是计划阶段疏忽的结果，而另一些变化则是由日益变化的经营环境或者由经验而获得的新的、创造性的见解所引起的。我们需要把计划的这种进化性告知员工，给予他们鼓励，并形成一种机制，让他们参与出谋划策，使计划不断得以改进。

有了这些原则，对目的、经营目标和可能的行动的最初声明，以及对组织当前所处状况的衡量，高层管理者发现他所期望的变革开始实行了，或者至少是在为可行性开展调研了。在这一阶段，行动计划不应当过于详细。下面是从一家公司的这类行动计划中逐字摘录下来的。这家公司是一家大型金融服务公司，有大量办公室职员，该公司中此项工作的经营目标是“要显著地改进客户服务”。

实现合作关系的行动——初始计划

1. **工作稳定性**。向员工保证不会因为在整个项目期间所采取的行动而导致裁员；形成一种制度，以最大限度减少因任何理由所致的裁员。

2. **薪酬**。调查和更正存在于具体部门中的薪酬不公现象；研究所有员工对薪酬的看法。

3. **开始按客户来重构组织**。研究（在可行之处和试验基础上）组建团队来为特定顾客群体（按产品和行业划分）服务的情况；围绕这些团队组织测评工作；考虑给予团队的奖金（但是要防止对公司其他部门的不公平现象）；培训管理者进行团队和参与性管理，并培训团队成员彼此合作；向团队了解在向客户提供最好的服务方面存在的障碍。

4. **团队建设**。在辅助和一线部门之间发起团队建设项目，特别是在指定的部门之间。

5. **正式沟通**。与全体员工定期沟通经营结果（包括客户服务和满意度测量）。

6. **执行委员会（高级管理者）与员工交谈**。确定进度和方法，让所有执行委员会成员与公司所有机构中的员工进行非正式的交谈和互动。

7. **着装规范**。制定非正式的着装规范（适当时候也有例外，比如在客户会议上）。

8. **地位差别**。取消为经理人员保留的停车区——对所有员工实行先来先用的原则；取消为高级职员单独设立的就餐设施。

9. **物质工作环境**。在部门内（指定的部门）改正问题。

10. **赏识**。研究为突出的个人和团队绩效给予特殊赏识的方法。

高层管理者想要立即开展的两项变革是消除地位差别和引进非正式着装规范。这些变革在他们看来既重要又显而易见，会在早期树立员工的信心。

我们的体会是，我们所推荐的行动过程的第 1 步到第 5 步可以在差不多三次非现场的高层管理者会议中实现，每次会议 2～3 天。显然，大量支持性职员的工作是需要的，比如，准备教育材料、找到发言人、准备对其他公司的走访以及开展调查和分析结果。

就这一点来说，该项目在相当大的程度上是高层管理团队的职责所在。现在，是在与其他管理层（通常是往下一两层）的会议中来审查这些想法的时候了。高层管理者思考的产物——尝试性决定采取的行动步骤以及引进该项工作所遵循的过程——呈现给了中级管理者并得到了他们的回应。这时，特别重要的是，要强调该项工作可能会如何影响管理者自身（比如，在团队方式下他们的工作性质以及他们将为此接受的培训）。一些人可能会对其中一些变革感到不快，比如失去地位象征，正如一位经理在一次会议中指出的：“我靠这些年的工作才走到这一步。”另外，还需要描述他们在此过程中的角色，比如将广义的合作计划交由具体行动的任务小组负责。

关键在于，高层管理者对合作关系的大力投入在这些会议中得到了肯定。同样重要的是，那时候，管理者有机会表达他们关心的事情、他们的建议以及他们所预知的他们的需要将会有哪些，以使该项目在其领域内发挥作用。高层管理者需要去倾听，并且在适当的时候，要对他们所听到的采取行动。他们不会接受将大大削弱该项工作的建议（比如，维持地位差别），但是，那些将被提出的大部分建议会是有用的，并且对该计划应当做出相应修正。

第6步：应当如何将这项计划向员工传达？

计划应当向所有员工充分传达，在交流中，必须在管理者对合作方法的高度希望以及对成功所需的时间和艰苦工作的现实之间达成一种平衡。出于希望员工“同舟共济”的渴望，组织一般会夸大这类工作的好处。他们把它看作一种神奇的药物，而对于在很长时期内使之发挥作用所需的东西以及一路上可能存在的障碍则轻描淡写。没有必要让大多数员工相信合作是一个好主意；他们所需要的是管理者的真诚，并且只能通过行动来实现。这种交流的目的是要让员工了解合作伙伴文化的基本，尤其是对企业经营的成功和员工工作满意度的预期影响；了解它的主要构成要素是什么；了解需要整个组织的员工参与来使之发挥作用；了解它的局限性和潜在陷阱。也就是说，管理者必须将他对合作伙伴文化的兴奋感传递出来，但是要以一种具有信息性和现实性的方式做到这一点。坚信和可信度——而非推销术——是关键。在告知员工之后，除了让他们知道这是管理者的真正意思之外，不必向他们推销其他任何东西。

传达计划时，既应当通过组织的正式媒体途径传递来自CEO的信息，又应当在管理者与员工的小型会议中传达。要实现后者，首先需要与各层管理者开会，完整而简要地向他们传达正在计划的事情及其原因，回答他们的问题和关心的事情，并让他们为各自部门的员工会议做好准备。

第7步：我们如何决定需要做出的具体改变以及应当如何实施改变？

在高层管理者制定出基本计划之后，需要将它转变成具体行动步骤，正如我们所说的，在多数情况下，这是由来自整个组织的代表组成的任务小组的职责。"斜分层"方法对于选择任务小组成员来说是有用的：所选择的成员来自各个层级和各个职能部门。我们强烈建议，由一个高层管理团队成员来领导每个任务小组。员工不会厌恶这种领导结构；相反地，它是认真对待组织正在从事的工作的一种附加信号。如果高层管理团队成员没有适合这类领导角色的管理风格或观点，就不应该选择他来担此任务。

任务小组方法的主要例外就是在问题最好由管理者并且通常是由高层管理者来讨论和决定时的那些情形。薪酬就是一个明显的例子。如果没有工会和正式的谈判过程，让员工来参与决定他们的薪酬结构就是不恰当的和棘手的。他们可能被问到对薪酬的观点，比如，在薪酬调查表明他们的薪酬具有竞争力时，为什么还主观认为并非如此，或者如何看待以团队为基础的可变薪酬。不过，关于要做什么的建议应当保留给管理者。福利包是又一个例子。不过，我们在这里也可以从员工那里获得有用的信息，了解其福利倾向和平衡点。

在其使命的完全指引下，每个任务小组主要负责如下任务：

- 彻底明确所分派的问题。
- 学习所有需要了解这一问题的东西，包括其他组织处理该问题的方法。
- 制定一个经过推荐的行动计划。

- 描绘实施该计划的责任、所需资源、时间表等。
- 指明如何对所提出的建议的有效性进行评估。

任务小组和实施工作应当由组织范围内的指导委员会来协调，该委员会一般来说可能每月会面一次，并由任务小组向其定期报告进展情况。该委员会将对单个任务小组的计划提供修改意见，并批准最终决定的行动，或者去寻求股东批准。指导委员会还是一种有效的机制，可以随着变革过程的进展，对于员工所关心的问题和建议进行宣传并采取行动。应当由一位高层管理者来主持该指导委员会。

就这一点来说，你可能觉得我们需要占用太多高层管理者的时间。你是对的，是对他们要求很多。如果这“只是又一个项目”，就不需要花费他们太多的时间，可能只是要批准整个目标和计划，要听取一场临时的或正式的进展报告以及要发表临时演讲。换句话说，它不会是十分正式的事情。这里，我们谈论的是组织文化的根本变革。如果做不到那么严肃认真的程度，组织应当重新考虑它是否想要继续推进。

第8步：应当如何培训管理者以便于合作关系的实施？

在合作关系的基础阶段，管理者要做好准备，考虑如何就实施计划与员工沟通（第6步），除此之外，他们还需要经过培训，了解合作伙伴文化对他们自己行为的意义。在本书中，我们对整个组织层面的政策和实践措施提出了建议，比如，关于工作稳定性和正式的赏识计划方面的政策。同时，我们还讨论了与单个管理者相关的事情，比如，如何富有尊严地对待员工以及对优秀绩效给予赏识。这些对任何一个试图改进员工士气和绩效的管理者都是有帮助的，对于在合作关系型组织或试图成为其中一员的组织中工作的管理者来说，尤其有用。由于组织文化和政策对员工有着显著影响，因此，要让单个管理者像在非合作关系型组织中那样有同样的积极影响，通常是很困难的。然而，相反的情况也是事实：当管理者的行为举止不符合合作准则时，我们显然无法期望一种合作关系文化会对员工产生预期的影响。

许多管理者培训方法是可以采用的。其中有一种方法对于达到我们的目的来说特别相关和有效，它就是“行为模范”，即管理者的学习主要是通过观察和随后效仿优秀管理行为模范的方式来进行的。[2] 当然，培训必须适合采用它的组织环境和目标以及单个管理者的需要。这种适应性可以通过测评方式来指导，通过态度调查可以了解组织的管理者的优势和劣势及其对合作的准备情况。广泛的问题可能与所有管理者有关，而通过将调查数据按组织的不同部门分类，我们也发现管理者之间总是存在一些差异。因此，调查数据为所需培训指引了方向，并且，当将员工态度汇报给管理者时，它们可能会成为更强的变革驱动力，因为它们使管理者面对映射出其行为的镜子——这面镜子就是员工的观点。因此，个人调查数据反馈与行为模范培训结合起来，就成为了非常有用的工具，可以让管理者的行为与组织的合作文化保持一致。[3]

第 9 步：如何评价实施效果？

文化变革除了具有复杂性之外，还是一段漫长的旅途，即使在小心试验之后，因为它从来都不会做得非常完美。我们所面对的是人，他们总是会让人吃惊。一个自我管理团队的管理者可能因来自关心眼前严重的经营问题的上司的压力而转向他先前的独裁风格。一个关键的支持性职能部门可能最终不愿与团队合作。一个新引进的用于奖励团队绩效的薪酬制度可能引起对所用评估方法有效性的质疑。这些事情都发生在现实世界中，并且组织必须经常问：“我们现在做得怎么样？”并准备对它所了解到的情况采取行动。企业需要安排与员工一起召开定期会议，这些会议有助于让这些事情浮出水面并得到处理。我们还建议，应当对员工进行定期的调查，获得有关他们观点的定量数据，这些可以让我们追溯不同时间段的观点并与绩效结果结合起来审查。毕竟，合作的主要目的是提高员工士气，从而为提高绩效打下基础，所以应当像针对绩效一样进行系统的测量。如果公司确实做出了重大变革并且已经做得很好，那么，其作用毫无疑问在设计良好的调查中也能反映出来。设计或实施不好的变革会导致员工在态度方面没有变化，甚至出现倒退。这一点在整个组织层次和个体管理者层次上都是事实。

具有讽刺意味的是，组织生命（就像人生）中最令人满意的方面就是那些只有通过辛勤工作才能实现改善的方面。这一点在试图改变如下关系时尤其真实：人们在工作中如何对待彼此。我们所指的既包括运用不同权利的方式，即“纵向”关系，也包括拥有相对平等权利的个体和群体的“横向”关系。本书的主旨是，组织中的绝大多数员工仅仅是想要追求公平、成就（为了自己和他们的组织）以及同事情谊。他们既不想让组织受损，也不想让同事受到伤害，但常常看起来却是这样，好像他们不关心组织或同事是否成功或者组织是否有所改进。这些情况的发生是因为当员工加入组织时在他们身上所发生的事情，是因为日常工作中的挫折结合起来使员工无法以更好的状态发挥作用，是因为管理者将他们看成了问题、成本和对抗的来源而不是资产，是因为那些确实不关心甚至伤害组织的极少数员工常常最易引人注目，使得他们的行为强化了管理者对员工的悲观看法。

当高层领导者——多数情况下就是 CEO——预见到组织应该可以成为的样子而非仅仅现在的样子时，合作关系型组织就会出现。这不仅需要对人性的洞察力（尤其是认识到员工想要为一家好组织好好干），也不仅需要在表达合作哲学思想时的雄辩口才，而且需要坚忍的毅力、辛勤的工作和多年的坚持，从而将哲学思想转变成具体的政策和日常管理实践措施——这正是本书所描述的。它需要在实现变革的过程中真正把员工看作盟友。

注释

[1] "At Continental，Morale Is Everything." *Human Capital*：*Strategies and News*（no date found，after 1998）.

[2] Goldstein，A. P.，and Sorcher，M. *Changing Supervisory Behavior*. Pergamon Press，New York，1974.

[3] 第 10 章所描述的"360 度反馈"也是一种向管理者提供关于他们自身行为的反馈的有效方式。在这里，管理者能从多种渠道获得数据，而不仅仅从其雇员那里。

作者简介

戴维·西洛塔有两个长期不变的专业兴趣：组织行为和调查研究。这两个兴趣都是他在密歇根大学时形成的，他在那里取得了博士学位，并在这所大学的社会调查研究所工作，该研究所在应用调查方法研究组织方面是一家领先的机构。在获得博士学位后，他被 IBM 聘用，帮助公司发起行为科学研究。他曾在 IBM 公司担任各种管理和研究职位达 12 年之久，在 1972 年他离开 IBM 创办了自己的公司：西洛塔咨询公司，简称西洛塔。西洛塔咨询公司主要专注于诊断和改进组织与所有关键相关者之间的关系：员工、顾客、供应商、投资者以及社区。1996 年，戴维与关键员工一起完成了他自己的继任计划，之后他退休成为公司的名誉主席。他继续为优选的客户提供咨询，主要涉及组织内部及组织之间的领导问题、团队合作与冲突问题。

在开展顾问事业的同时，他还兼顾学术事业，曾在康奈尔大学的工业与劳工关系学院、耶鲁大学的工业管理学院、麻省理工大学的斯隆学院以及宾夕法尼亚大学的沃顿商学院任教。

戴维结婚后有了两个孩子，现生活在纽约市。

道格拉斯·A·克来恩同样在调查研究领域耕耘多年，有着长达25年的研究经验。在加入西洛塔之前，他在美国电话电报公司工作，负责领导力评估中心的建设，同时开展员工调研的工作，之后他加入了时代华纳，在那里他开展了员工和顾客满意度研究。道格拉斯将他在员工和顾客满意度研究领域的洞察力带到了西洛塔，并协助启动了西洛塔的“相关性”（linkage）工作，即将员工态度、顾客态度与“硬性的”业务指标通过统计学方法关联起来。他为公司管理规范的数据库超过十年时间（本书第 1 版和第 2 版多有赖于此），更被许多人视为员工态度领域真正的历史学家。目前作为公司首席领导力顾问，他能够将他强大的分析能力和数十年间积累的客户经验应用于解决组织价值观和文化问题以及公司高管在公司管理工作中日复一日面临的诸多问题。

道格拉斯是一位活跃的顾问、演讲家和作家。（在 www. sirota. com 上访问他的博客，可以看到他写的或参与写作的多篇文章。）他在纽约大学获得了工业与组织心理学的硕士学位。

道格拉斯与他的妻子艾琳和两个孩子居住在纽约的梅里克。

图书在版编目（CIP）数据

激活：让员工享受工作/（美）戴维·西洛塔，（美）道格拉斯·A·克来恩著；付彦译.
—2 版.—北京：中国人民大学出版社，2016.10
书名原文：The Enthusiastic Employee：How Companies Profit by Giving Workers What They Want，Second Edition
ISBN 978-7-300-23100-6

Ⅰ.①激… Ⅱ.①戴… ②道… ③付… Ⅲ.①企业管理-人事管理 Ⅳ.①F272.92

中国版本图书馆 CIP 数据核字（2016）第 159131 号

激活：让员工享受工作（第 2 版）
［美］戴维·西洛塔
道格拉斯·A·克来恩 著
付彦 译
Jihuo

出版发行	中国人民大学出版社		
社　　址	北京中关村大街 31 号	**邮政编码**	100080
电　　话	010－62511242（总编室）		010－62511770（质管部）
	010－82501766（邮购部）		010－62514148（门市部）
	010－62515195（发行公司）		010－62515275（盗版举报）
网　　址	http://www.crup.com.cn		
	http://www.ttrnet.com(人大教研网)		
经　　销	新华书店		
印　　刷	北京中印联印务有限公司	**版　　次**	2007 年 1 月第 1 版
规　　格	170 mm×240 mm　16 开本		2016 年 10 月第 2 版
印　　张	28.5	**印　　次**	2016 年 10 月第 1 次印刷
字　　数	343 000	**定　　价**	58.00 元
